征服者

Conquerors

How Portugal
Forged the
First Global Empire

葡萄牙帝國的崛起

羅傑・克勞利——著 陸大鵬——譯
Roger Crowley

獻給巴斯卡（Pascal），他啟發和鼓舞這次旅行，我對他感激不盡。

有界線的海，或許屬於希臘或羅馬，沒有界線的海，屬於葡萄牙。

——費爾南多·佩索阿①

① 費爾南多·佩索阿（Fernando Pessoa，一八八八至一九三五年），二十世紀最重要的文學人物和葡萄牙語的最偉大詩人之一，代表作《惶然錄》（*Livro do Desassossego*）。他還從英語和法語翻譯文學作品。（編按：本書所有隨頁註均為譯者註）

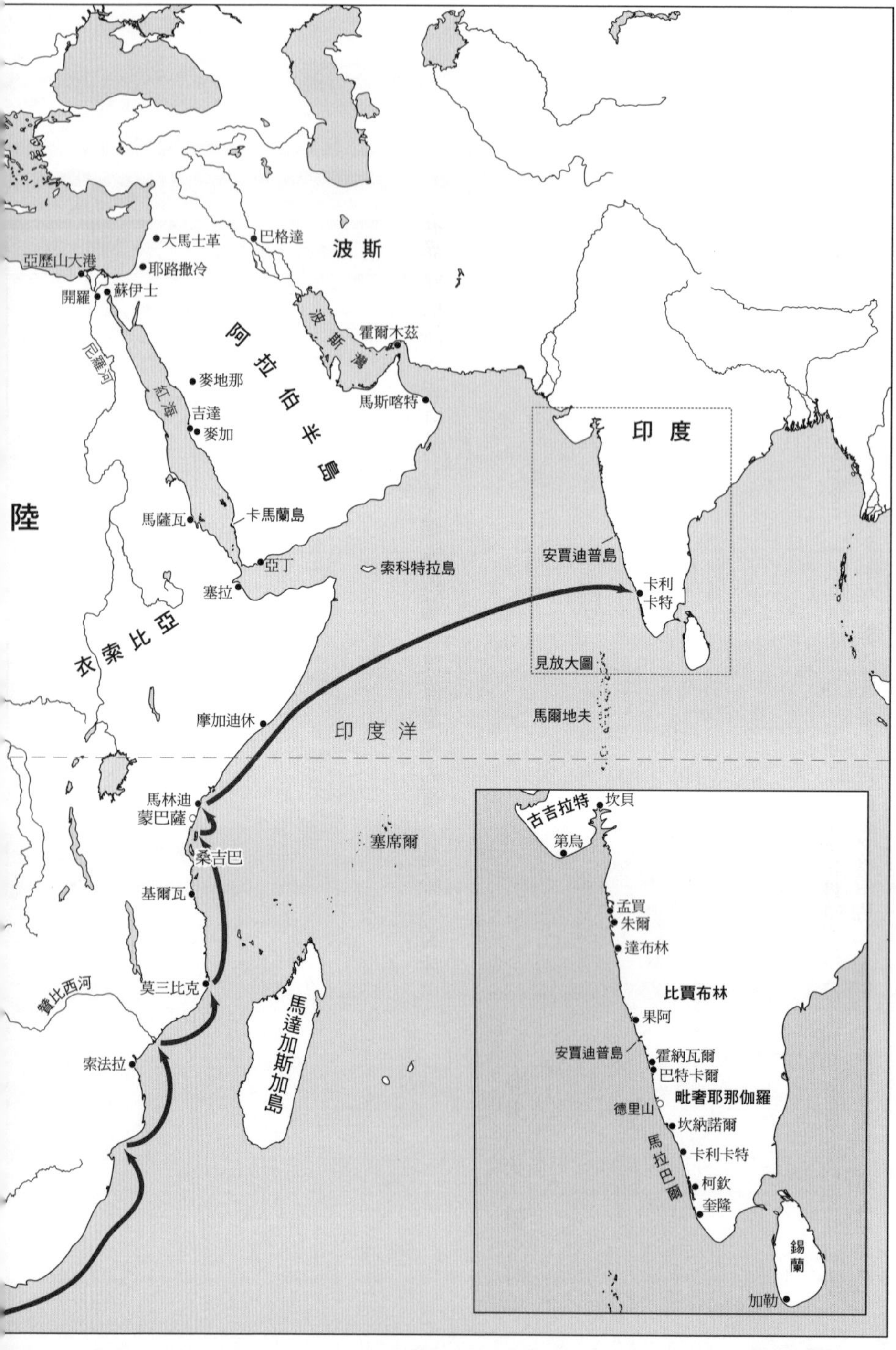

大馬士革
巴格達
波斯
亞歷山大港
耶路撒冷
開羅
蘇伊士
尼羅河
阿拉伯半島
波斯灣
霍爾木茲
麥地那
紅海
吉達
麥加
馬斯喀特
印度
陸
馬薩瓦
卡馬蘭島
安賈迪普島
亞丁
索科特拉島
卡利卡特
塞拉
衣索比亞
見放大圖
馬爾地夫
摩加迪休
印度洋
馬林迪
蒙巴薩
桑吉巴
塞席爾
基爾瓦
莫三比克
贊比西河
馬達加斯加島
索法拉
古吉拉特
坎貝
第烏
孟買
朱爾
達布林
比賈布林
果阿
安賈迪普島
霍納瓦爾
巴特卡爾
毗奢耶那伽羅
德里山
坎納諾爾
馬拉巴爾
卡利卡特
柯欽
奎隆
錫蘭
加勒

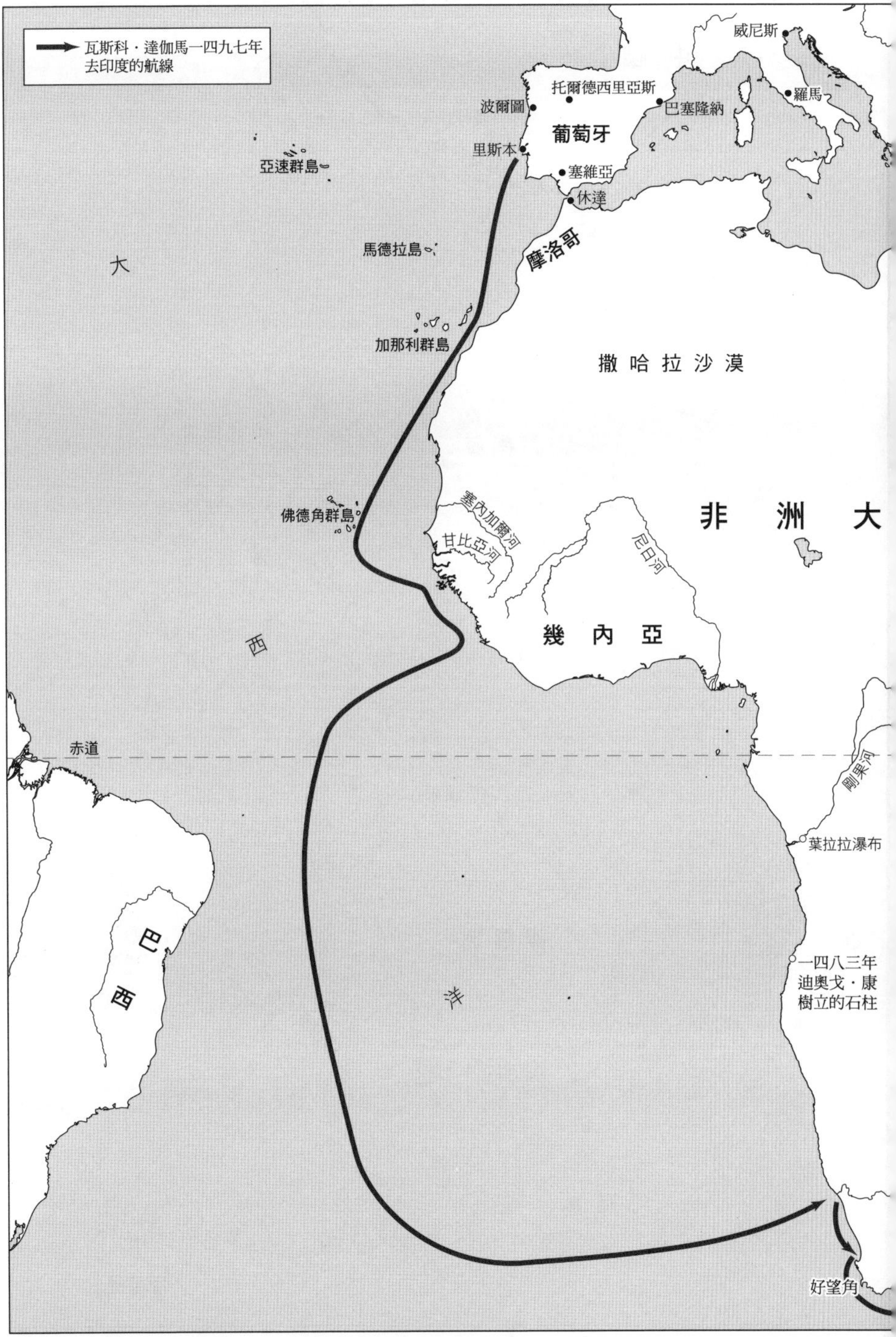

從葡萄牙到印度，約一五〇〇年

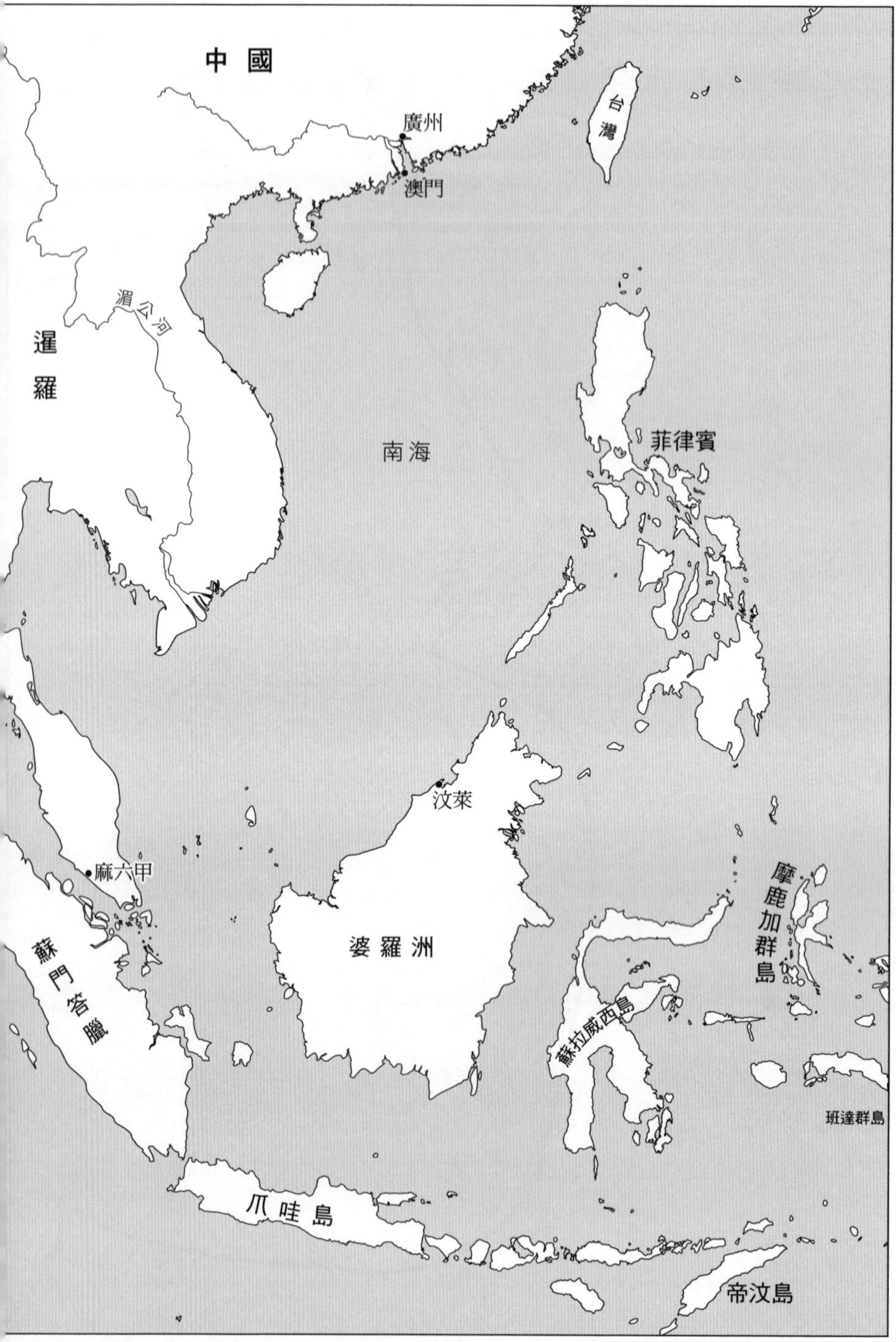

中國
廣州
澳門
台灣
湄公河
暹羅
南海
菲律賓
汶萊
麻六甲
摩鹿加群島
婆羅洲
蘇門答臘
蘇拉威西島
班達群島
爪哇島
帝汶島

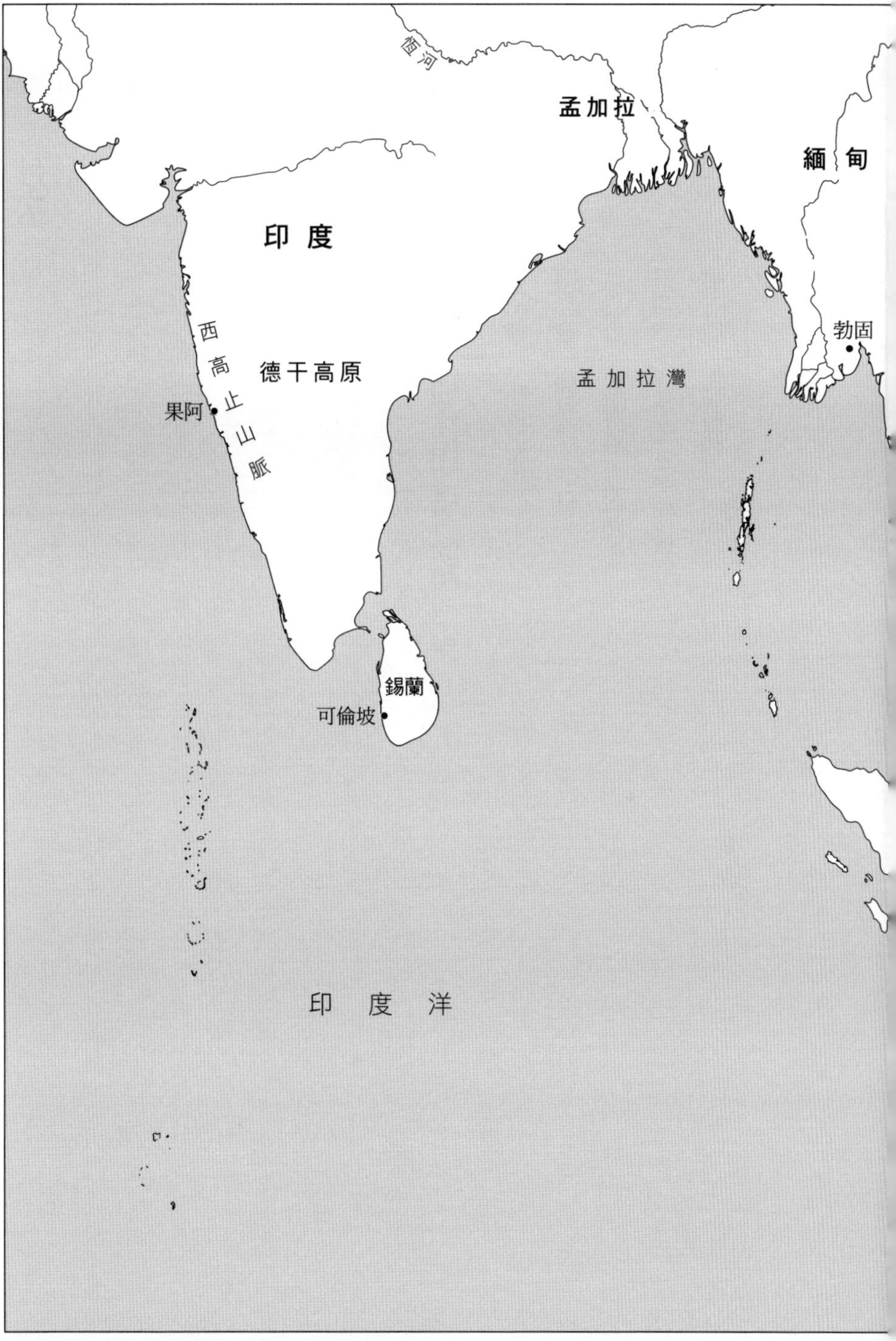

從印度到中國，約一五〇〇年

目次

第二部　競爭：壟斷與聖戰

第三部　征服：海上雄獅

序幕　歐洲的船頭

一四一四年九月二十日，中國土地上出現的第一頭長頸鹿正在接近北京的皇宮。①據欣喜若狂的宮廷詩人沈度說，人們伸長脖頸，去瞥一眼這「麋身馬蹄，肉角黦黦，文采焜耀，紅雲紫霧」[1]的稀罕動物。長頸鹿顯然對人無害：「趾不踐物，遊必擇土……疏疏徐徐，動循矩度……群臣歡慶，爭先快睹。」[2]一個專職負責照管這動物的孟加拉人牽著長頸鹿前進。牠是遙遠的東

① 長頸鹿第一次來到中國的確是在一四一四年，但並非來自馬林迪（Malindi），而是榜葛剌（今孟加拉一帶）的貢品（當然應當是榜葛剌從長頸鹿原產地非洲獲得的），可能與鄭和無關。當時中國人認為長頸鹿就是麒麟。翰林院修撰沈度寫了一篇〈瑞應麒麟頌〉，宮廷畫師畫下麒麟圖像，將〈瑞應麒麟頌〉抄在圖上。馬林迪的長頸鹿於一四一五年送抵中國，可能與鄭和有關。永樂皇帝朱棣於一四〇二年在南京登基，不久之後開始經營北京，修建宮殿，開展各種工程，一四二〇年正式遷都北京。遷都之前，首都雖然還是南京，但北京被做為陪都，地位大大提升。另外，一四一四和一四一五年，永樂皇帝巡幸北京，在北京一直待到一四二〇年，所以接見長頸鹿時應當在北京。

非沿海的馬林迪②蘇丹進獻給中國皇帝的禮物。

當時的一幅繪畫描摹了這嬌美的動物。牠是世界航海史上最怪異也最壯觀的遠航之一帶回的稀罕戰利品。十五世紀初的三十年裡，建立不久的明朝永樂皇帝派遣一系列龐大的船隊，跨越西方的大洋，以彰顯天朝國威。

這些船隊規模極大。第一支船隊於一四〇五年啟航，包括約兩百五十艘船，運載兩萬八千人。船隊中央是所謂「寶船」，即擁有多層甲板和九根桅杆、長四百四十英尺的平底船，配有創新的水密浮力艙。寶船周圍有一大群輔助船隻，如運馬船、給養船、運兵船、戰船和運水船。各船之間透過旗幟、燈籠和鼓點來交流。除了領航員、水手、士兵和輔助工匠外，有譯員隨行，以便與西方的蠻夷交流，還有負責記載這些航行的史官。船隊攜帶著足夠維持一年的糧食，因為中國人不願意欠任何人的恩惠。他們還帶著指南針和星盤（黑檀木雕刻而成），從馬來西亞駛往斯里蘭卡，徑直穿越印度洋的心臟。寶船被稱為「星槎」③，意思是足以遠航至銀河。史書記載：「而我之雲帆高張，晝夜星馳，涉彼狂瀾，若履通衢……。」[3]④船隊司令是一名叫做鄭和的穆斯林，他的祖父曾到麥加朝聖⑤，他本人則享有「三寶太監」的光榮頭銜。

這些遠航在永樂皇帝在位期間進行了六次，在一四三一至一四三三年還有一次。它們是航海的史詩。每一次遠航都耗時兩、三年，縱橫印度洋，曾遠至婆羅洲和桑吉巴（Zanzibar）島。儘管這些船隊有足夠的力量清剿海盜、廢黜君主或運載貨物以開展貿易，但它們不是軍事冒險，也沒有經濟目的，而是精心安排的軟實力展示。星槎的遠航是非暴力手段，目標是向印度和東非的沿海國家彰顯中國的強大實力。他們沒有嘗試對所到之地實施軍事占領，也沒有阻撓自由貿易體系。他們是來給與，而不是索取的，是為了向世人表明，中國地大物博，什麼都不缺。當時的一份碑銘稱：「齎幣往賚之，所以宣德化而柔遠人也。」[4]⑥印度洋周邊各國大感敬畏，派遣使者與中國船隊一同返回，向永樂皇帝稱臣納貢，承認中國是世界的中心，對其表達景仰。他們奉獻給皇帝的珠寶、鑽石、象牙和稀奇動物，無非是象徵性的姿態，表示承認中國的優越。史書記載：「際天極地，罔不臣妾。」[5]⑦此處指的是印度洋世界，不過中國人對印度洋之外的情況也有不少了解。歐洲在思索地中海之外的天際、各大洋如何互相連接，以及非洲大陸可能是什麼形狀時，中國人似乎已經掌握了這些知識。他們於十四世紀繪製的地圖上將非洲大陸描繪為一個銳角三角形，其中心有一個大湖，多條河流向北流淌。

✯

②中國古代史料稱為「麻林」。

③星槎出自明代費信的《星槎勝覽》。費信四度隨鄭和等出使海外諸國，擔任通事（翻譯）一職，《星槎勝覽》是費信歷二十餘年採集風土文物，圖寫而成。

④出自〈天妃靈應之記〉碑，又稱〈天妃之神靈應記〉碑，俗稱「鄭和碑」。一四三一年，鄭和第七次出使西洋前夕，寄泊福建長樂以等候季風開洋，鐫嵌〈天妃靈應之記〉碑於南山宮殿中。全文共一千一百七十七字，記述永樂三年至宣德六年（一四〇五至一四三一年）間，鄭和統率遠洋艦隊百餘艘，以先進的航海技術七次下西洋的經歷。

⑤鄭和的祖父和父親曾去麥加朝聖，因此獲得「哈吉」（對曾經去過麥加聖地的朝聖者的尊稱）的稱號。

⑥出自〈天妃靈應之記〉碑。

⑦出自〈天妃靈應之記〉碑。

長頸鹿送抵北京之後的那一年，在兩萬一千海里之外，另一種迥然不同的力量正在接近非洲海岸。一四一五年八月，一支葡萄牙船隊駛過直布羅陀海峽，攻打摩洛哥的穆斯林港口休達（Ceuta），這是整片地中海最固若金湯、最具有戰略意義的要塞。休達的陷落令歐洲為之震驚。在十五世紀初，葡萄牙人口僅有一百萬。它的國王們太窮，以至於無力自行鑄造金幣。漁業和自給農業是經濟支柱，但這個窮國卻雄心勃勃。國王若昂一世（João I），綽號「私生子若昂」，於一三八五年奪取王位，建立了阿維斯（Aviz）王朝，並抵禦鄰國卡斯提爾（Castile），捍衛葡萄牙的獨立。

攻打休達的目的是，用一場融合中世紀騎士精神和十字軍聖戰熱情的軍事行動，消耗掉貴族階層躁動不安的旺盛精力。葡萄牙人是來用異教徒的血洗手的，他們一絲不苟地執行了自己的使命。三天的洗劫和屠殺將曾被描述為「非洲各城市之花……它的門戶與鑰匙」[6]的休達城化為廢墟。這場驚人的戰役讓歐洲的競爭對手們知道，葡萄牙王國雖小，卻自信滿懷、精力充沛，而且正在大舉出動。

若昂一世的三個兒子，杜阿爾特、佩德羅和恩里克在休達的一天激戰之後獲得騎士資格。八月二十四日，在城市的清真寺（根據儀式，用鹽淨化，並更名為「非洲聖母教堂」）內，他們被父親封為騎士。對三位年輕王子來說，這是命運的一個重要瞬間。在休達，葡萄牙人第一次瞥見非洲和東方的財富。這座城市是從塞內加爾河跨越撒哈拉沙漠輸送黃金的商隊的目的地，也是伊斯蘭世界與東印度的香料貿易的最西端貿易站。葡萄牙編年史家寫道，全世界的商旅，來自「衣索比亞、亞歷山大港、敘利亞、巴巴里⑧和亞述，居住在幼發拉底河另一端的東方人，和來自東印度的人……以及來自其他許多軸線另一端國度和我們不曾見識土地的人」[7]。親眼見到休達庫存的胡椒、丁香和肉桂的基督教征服者們為了尋找埋藏的財寶，恣意銷毀了這些香料。他們洗劫了據說有兩萬四千名商人經營的商鋪，橫衝直撞地闖入富商鋪著華麗地毯的豪宅，奔入擁有美麗穹頂和鋪設地磚的地下蓄水池。「與休達的房屋相比，我們的可憐房子簡直像豬圈。」[8]一位目擊者寫道。就是在這裡，恩里克首先體會到，假如能繞過伊斯蘭世界的屏障，沿著非洲海岸南下，並抵達「軸線的另一端」[9]，將會獲得怎樣的財富。休達是葡萄牙擴張的開端，也是一個嶄新世界的門檻。

天命和幸運使得葡萄牙被排除在繁忙的地中海貿易與思想交流之外。葡萄牙位於歐洲的邊緣，文藝復興的周邊，只能羨慕地看著威尼斯和熱那亞等城市的財富。這些城市壟斷了來自東方的奢侈品（如香料、絲綢和珍珠）市場。它們從亞歷山大港和大馬士革等伊斯蘭城市獲取這些東方奢侈品，然後以壟斷高價賣到歐洲。葡萄牙雖然不能染指地中海貿易，卻面向大洋。

在海港拉古什（Lagos）以西二十英里處，葡萄牙海岸線的末端是一片怪石嶙峋的海岬，俯瞰大西洋。這就是聖文森特角（Cape St. Vincent）。這就是歐洲的船首，是歐洲大陸的最西南角。在中世紀，歐洲人對世界的有把握認知以此為界。從懸崖上眺望，人們能看到一大片汪洋，並感受到勁吹的海風。海平線向西彎曲，一直延伸到太陽西沉、落入未知黑夜的地方。數千年

---

⑧ 歐洲人稱之為巴巴里（Barbary），而阿拉伯人稱之為馬格里布（Maghreb）的地區，也就是今天的摩洛哥、阿爾及利亞和突尼西亞一帶。

來，伊比利半島邊緣的居民從這條海岸線舉目遠眺，注視那虛空。天氣惡劣時，捲浪長湧，以令人膽寒的猛烈氣勢錘擊峭壁，浪花的頂端隨著大洋的長距離節律而顛簸起伏。阿拉伯人對世界的知識很豐富，但也只到直布羅陀海峽以西不遠處為止。他們稱這片大海為「黑暗碧海」：神祕、恐怖，可能無邊無際。自古以來，這片大海就是無窮無盡猜測的物件。羅馬人知道加那利群島的存在，那是摩洛哥海岸的一群破碎的岩石。羅馬人稱之為「幸運群島」，並從那裡開始測量經度，向東推移。往南方去，非洲漸漸消失在傳說中，人們對其面積和末端一無所知。在古典時期和中世紀繪製於紙莎草紙和精製皮紙之上的地圖裡，世界一般被描繪為圓盤狀，被海洋環繞。美洲還無人知曉，地球的末端被無法逾越的黑暗之水的障礙分隔。古典時期的地理學家托勒密（Ptolemy）對中世紀的影響極其深遠，他相信印度洋是封閉的，從歐洲無法走海路進入印度洋。但對葡萄牙人來說，從聖文森特角看到的景象就是他們的機遇。就是在這一線海岸，透過漫長的捕魚和航行，他們學習到在廣闊海洋航行的藝術，以及大西洋風的奧祕。這些知識將賦與他們無與倫比的主宰地位。在休達戰役之後，他們開始運用這些知識，沿著非洲海岸南下，最終決定嘗試通過海路抵達印度。

針對北非穆斯林的聖戰將與葡萄牙的航海冒險緊密交織。阿維斯王族於一四一五年在休達開始崛起，一百六十三年後在休達附近滅亡⑨，它的發展軌跡是一道對稱的弧線。在此期間，葡萄牙在全世界快速推進，愈走愈遠，超過了歷史上的任何其他民族。他們沿著非洲西海岸南下，繞過好望角，於一四九八年抵達印度，一五〇〇年抵達巴西，一五一四年來到中國，一五四三年登陸日本。葡萄牙航海家費爾南·德·麥哲倫（Fernão de Magalhães）幫助西班牙人在一五一八年之後的歲月裡完成首次環球航行。休達戰役是所有這些行動的出發點；它是為了發洩宗教、商業和民族主義的激情而祕密籌備的，動力則是對伊斯蘭世界的仇恨。在遠征北非的「聖戰」中，好幾代葡萄牙征服者首次嘗到戰火的滋味。在這裡，他們學習到，軍事擴張的胃口和條件反射式的暴力能夠威嚇印度洋的各民族，讓人數不多的入侵者也能獲得極大的影響力。在十五世紀，葡萄牙全國人口差不多只相當於南京這樣一座中國城市的總人口，但它的船隊的威懾力卻遠遠超過鄭和的大船隊。

✯

明朝震撼人心的下西洋船隊就像登月行動一樣先進，代價也同樣昂貴。每一次航行要消耗全國年賦稅收入的一半，而且留下的影響極小，就像月球塵土中的腳印一樣。一四三三年，在第七次下西洋的遠航途中，鄭和去世了，地點可能是印度海岸的卡利卡特（Calicut）。他的葬禮極可能是海葬。在他身後，星槎再也沒有出海過。中國的政治潮流發生了變化：皇帝們加固長城，閉關鎖國。遠洋航海被禁止，所有航海檔案資料被銷毀。一五〇〇年，法律規定，建造超過兩根桅杆的船隻，將被處以極刑。五十年後，寸板不得下海。星槎的技術和鄭和的遺體一起，消失在印

⑨ 一五七八年，在摩洛哥北部的「三王戰役」中，葡萄牙國王塞巴斯蒂昂（Sebastião）及其盟友，被廢黜的摩洛哥蘇丹阿卜杜拉·穆罕默德二世（Abdallah Mohammed），與摩洛哥蘇丹馬利克一世（Abd al-Malik）交戰，葡軍慘敗，塞巴斯蒂昂喪命。葡萄牙迅速衰落，一五八一年被西班牙吞併。

度洋的波濤中；它們留下了一個等待填充的權力真空。一四九八年，瓦斯科．達伽馬（Vasco da Gama）抵達印度海岸時，當地人只能告訴他一些模糊不清的故事，講到蓄著奇怪髯鬚的神祕訪客和令人難以置信的大船曾經拜訪他們的海岸。鄭和的遠航只留下一座重要的紀念碑：用漢語、泰米爾語和阿拉伯語寫的紀念碑銘，分別向佛祖、濕婆⑩和阿拉表達感激和讚頌：「比者遣使詔諭諸番，海道之開，深賴慈佑，人舟安利，來往無虞。」[10]這是非常大方的宗教寬容的姿態。碑銘樹立在錫蘭（今斯里蘭卡）西南角附近的加勒（Galle），中國船隊在那裡轉向印度西海岸，然後進入阿拉伯海。

葡萄牙人的到來沒有這樣的祝福，也不像中國船隊那樣威武雄壯。鄭和的一艘平底船就可以容納達伽馬的幾艘小船和約一百五十名船員。達伽馬向一位印度國王呈上的禮物寒酸得可憐，國王拒絕查看。但葡萄牙人用自己船帆上的紅色十字和銅砲宣示了自己的意圖。與中國人不同的是，葡萄牙人先發制人地開砲，並且再也不會離開。征服是一項滾滾前進的國家大業，一年年地鞏固他們的地位，直到他們扎下根來，當地人無法驅逐他們。

加勒的紀念碑至今尚存。它的頂端雕刻著兩條中國龍，正在爭奪世界。但首先將兩大洋連接起來並為世界經濟打下基礎的，是來自原始歐洲的葡萄牙水手。他們的成就在今天已經大體上被忽視。這是一部範圍廣泛的史詩，涉及航海、貿易與技術、金錢與十字軍聖戰、政治外交與間諜活動、海戰與海難、忍耐、蠻勇和極端暴力。其核心是震撼人心的大約三十年，那就是本書的主題。在這三十年裡，少數葡萄牙人在幾名非同一般的帝國建設者的領導下，企圖摧毀伊斯蘭，控制整片印度洋和世界貿易。在此過程中，他們建立一個影響力遍布全球的航海帝國，開啟歐洲人地理大發現的偉大時代。達伽馬時代的歷史開啟西方擴張的五百年，釋放出如今塑造我們世界的全球化力量。

⑩ 濕婆（Shiva）是印度教崇奉的主神，集多種神威於一身，是複雜而矛盾的神話人物。他既是毀滅者，又是起死回生者；既是大苦行者，又是色欲的象徵；既有牧養眾生的慈心，又有復仇的凶念。他在濕婆教中也是主神。

第一部

偵察：通往印度之路

Reconnaissance: The Route to the Indies 1483-1499

第一章 印度計畫

一四八三至一四八六年

南緯十三度二十五分七秒，東經十二度三十二分零秒。

一四八三年八月，在今天的安哥拉海岸的一處海岬，一群飽經風霜的水手將一座石柱樹立起來。石柱高五點五英尺，頂端有一個鐵製十字架，用融化的鉛固定在石柱的一個槽內。圓柱形石柱的頂端被做成立方體，其表面雕刻著一個紋章和一句葡萄牙語銘文：

> 自創世起第六千六百八十一年，自我主耶穌基督降生以來第一千四百八十二年，最高貴、卓越和強大的君主，葡萄牙國王若昂二世（João II），派遣他的宮廷紳士迪奧戈·康（Diogo Cão），發現了這片土地，並樹立這些石柱。[1]

這座紀念碑，相對於龐大的非洲來說只是微不足道的小痕跡，但卻標誌著歐洲探險家在地中海沿海之外向南推進最遠的極限。它既是宣示占有的不謙遜的舉措，也是向南傳遞的接力棒，象徵著葡萄牙人一個海岬又一個海岬，沿著非洲西海岸南下，尋找通往印度的海路。它宣示了自己關涉時間、歸屬和宗教使命的神話。康奉御旨南下的途中，樹立了一連串這樣的石碑。它們可能是於一年前在里斯本附近青翠欲滴的辛特拉（Sintra）山區雕刻的，所以時間有點錯誤。它們被一艘顛簸的卡拉維爾帆船①運載了四千海里。它們自有深切的用意，如同即將參加登月探險的飛船帶著美國國旗一樣。康從這根石柱的所在向南眺望，海岸似乎在向東彎曲。他似乎覺得，他已經接近非洲的末端。通往印度的道路已經在視野之內了。

如同「阿波羅」號登月探險，這個時刻背後是數十載的努力。在休達戰役之後，恩里克王子（Prince Henrique，他永垂青史，享有「航海家恩里克」的美名）開始出資贊助沿著非洲海岸南下的探險活動，以尋找奴隸、黃金和香料。一年又一年，一個又一個海岬，葡萄牙航船沿著西非向

圖1　這根石柱標誌著迪奧戈·康沿著西非海岸南下之旅的終點。它於一四八六年一月被樹立在納米比亞的十字架角，一八九三年被運往柏林。

西南方傾斜的突出部，艱難跋涉，小心翼翼地用鉛垂線測量水深，始終對淺灘和礁石（大海越過它們，掀起驚濤駭浪）保持警惕。在這過程中，他們漸漸摸清了非洲大陸的形貌：茅利塔尼亞的荒蕪沙漠、他們所稱的幾內亞（意思是「黑人的土地」）地區繁茂蔥蘢的熱帶海岸、以及非洲赤道地區（塞內加爾和甘比亞）的奔流大河。在恩里克的領導下，葡萄牙人一邊進行探索、襲掠和貿易，一邊也調查研究當地民族學情況並繪製地圖。他們發現的每一個海角和海灣都被標記在海圖上，用基督教聖徒的名字或當地明顯的特徵或事件來命名。

這些探險的規模都不大。只有兩、三艘船，由恩里克宮廷的一名紳士指揮，不過航海和船上的管理工作由一名經驗豐富、通常沒沒無聞的領航員負責。每艘船都載有一些士兵，接近未知海岸的時候端著弩弓嚴陣以待。這些船隻，即卡拉維爾帆船，是葡萄牙人對之前舊船型（可能源自阿拉伯世界）的改良。它們配有三角帆，因此可以搶風航行，這在退離幾內亞海岸時非常有幫助。而且它們吃水淺，非常適合探索海灣上游。它們尺寸雖小（長不到八十英尺，寬二十英尺），但非常適合探險活動。不過船艙的空間很小，能攜帶的給養不多，所以長途航海會是極大的考驗。

恩里克的動機是很複雜的。葡萄牙是個貧窮的小國，被排擠在歐洲事務之外，被強大的鄰國卡斯提爾包圍和壓制。在休達，葡萄牙人瞥見了另一個世界。恩里克及其後繼者希望獲得非洲的黃金資源，擄掠奴隸和香料。馬略卡（Majorca）島的猶太地圖師繪製的中世紀地圖對他產生了

---

① 卡拉維爾（caravel）帆船是十五世紀盛行的一種三桅帆船，當時的葡萄牙和西班牙航海家普遍用它來進行海上探險。

影響。在這些地圖上，閃閃發光的河流通往傳說中曼薩・穆薩（Mansa Musa，「萬王之王」）的王國，他在十四世紀初統治著馬利（Mali）王國，控制著傳奇的塞內加爾河的金礦。地圖顯示，有些河流縱橫穿越整個大陸，並且與尼羅河相連。這讓人胸中不禁燃起希望，或許可以通過非洲大陸的內部水道穿越非洲內陸。

葡萄牙王室向教宗建議這樣的航行計畫，將其描繪為十字軍聖戰，與伊斯蘭世界的持續鬥爭。在其鄰國卡斯提爾許久之前，葡萄牙人就成功地將阿拉伯人從自己領土驅逐出去，並建立一種早熟的民族認同。但他們對聖戰的胃口還很大。阿維斯王族以天主教君主的身分，做為基督的戰士，在歐洲舞台尋求合法性和與列強平起平坐。一四五三年君士坦丁堡陷落之後，歐洲人覺得自己愈來愈受到咄咄逼人的伊斯蘭世界的威脅。在這樣的背景下，阿維斯王族從教宗那裡獲得了精神上和財政上的妥協，並且得到授權，以基督的名義占有他們探索的陌生土地。羅馬發布的十字軍聖戰的命令是「入侵、搜索、捕獲、戰勝和征服所有撒拉森人②和形形色色的異教徒，以及基督的其他敵人……並將其永久奴役」[2]。

他們也受到了建功立業的欲望的驅動。恩里克及其兄弟有一半英格蘭血統，他們的母親是蘭開斯特的菲利帕（Philippa of Lancaster），即愛德華三世（Edward III）的孫女。他們的表兄是亨利五世（Henry V），阿金庫爾戰役③的勝利者。騎士精神的氣氛受到他們的盎格魯—諾曼（Anglo-Norman）祖先和中世紀羅曼史的渲染，在葡萄牙宮廷影響極大，給躁動不安的葡萄牙貴族注入一種幹勁十足、富有活力的驕傲而魯莽的勇氣，以及對榮耀的渴望，再加上十字軍聖戰的熱情。這群貴族，在葡萄牙語中被稱為「顯貴」（fidalgo），字面意思是「大人物的兒子」，遵照一種榮譽法則來生活、戰鬥和死亡，而且這種法則將伴隨葡萄牙人走遍世界。

在非洲計畫的背後，是一個非常古老的積極進取的基督教夢想：繞過伊斯蘭世界，因為它阻擋了從歐洲通往耶路撒冷和東方財富的道路。有些地圖上描繪了一位威風凜凜、富有帝王威儀的人物，身穿紅袍，頭戴主教冠，寶座是亮閃閃的黃金。那就是傳說中的基督教祭司王約翰。他的神話可以上溯到中世紀早期。歐洲人相信，有一位非常強大的基督教君主，他居住在伊斯蘭世界構成的障礙之外遠方的某地。西方基督教世界或許可以與他聯手，消滅異教徒。這個神話源自旅行者的故事、文學虛構（十二世紀有人捏造了一封據說來自這位偉大國王的書信）和模糊的知識（即認為歐洲之外存在基督徒）。中亞有聶斯脫利派④，東印度有聖多馬⑤的追隨者，衣索比亞高

---

② 撒拉森人（Saracens）是基督教世界對阿拉伯人的稱呼。

③ 阿金庫爾戰役（Battle of Agincourt）發生於一四一五年十月二十五日，是英法百年戰爭中著名的以少勝多的戰役。在英王亨利五世的率領下，以長弓兵為主力的英軍在法國的阿金庫爾擊潰了由大批貴族騎士組成的法軍，為隨後在一四一九年收服整個諾曼第奠定了基礎。這場戰役成了英國長弓兵最輝煌的勝利，在戰爭史上影響深遠。此役還成為後世大量文藝影視作品的主題，包括莎士比亞（Shakespeare）的名劇《亨利五世》（*Henry V*）。

④ 聶斯脫利派（Nestorians）是基督教早期的一個異端派別，得名自其宣導者聶斯脫利（Nestorius，三八六至四五〇年，曾任君士坦丁堡牧首），認為耶穌的神性與人性分開（後來的正統基督教認為耶穌只有一個性，神性與人性是融合的）。聶斯脫利派在羅馬帝國遭到鎮壓，後傳入波斯和東方。聶斯脫利派是唐代傳入中國的最早的一支基督教教派，漢譯名稱為景教。

⑤ 聖多馬（St. Thomas）是耶穌的十二使徒之一，據說在羅馬帝國範圍之外傳福音，於西元五十二年抵達印度，在那裡建立了教會組織。

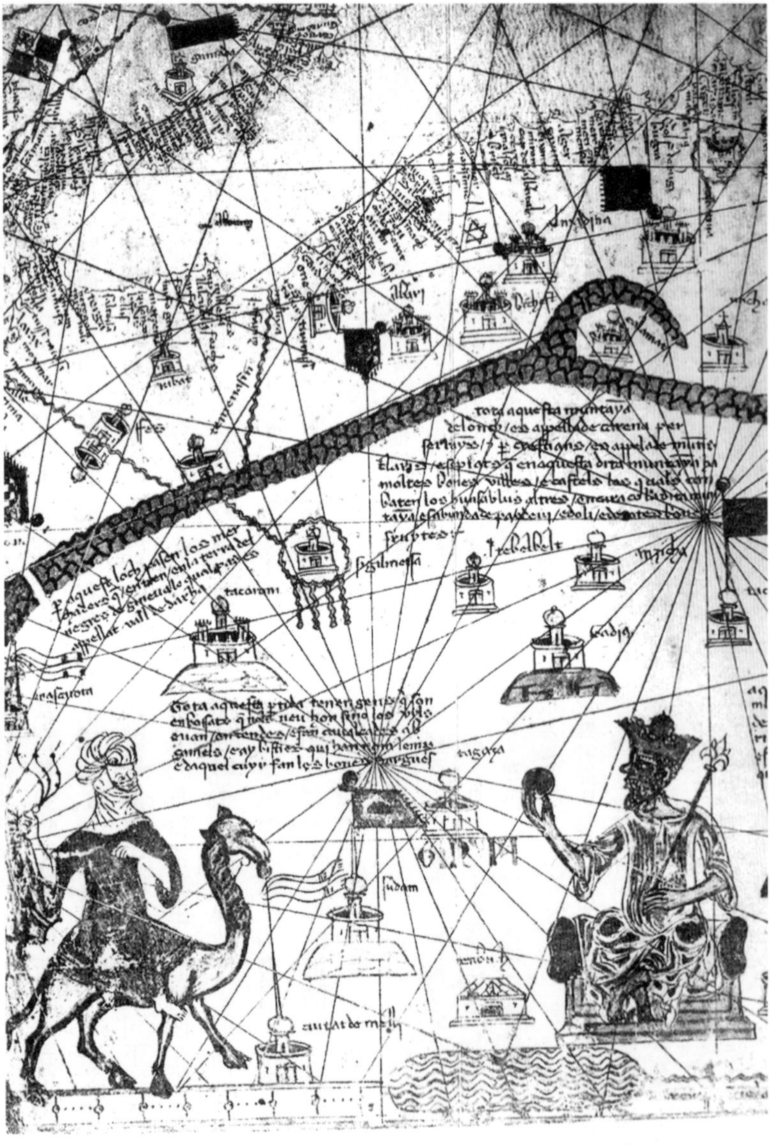

圖2　一三七五年的加泰隆尼亞地圖（繪製於馬略卡島）細部，圖中曼薩・穆薩拿著金塊。北方是神話中的黃金河、北非海岸與西班牙南部。

原有一個古老的基督教王國。傳說祭司王約翰統率著龐大的軍隊，富得流油，據十四世紀的一份史料說，他「比世界上任何人都更強大，也更富裕，擁有不計其數的金銀和寶石」[3]。他的宮殿的屋頂和內壁都是金磚砌成的，他的軍隊的兵器也是金的。到十五世紀，祭司王約翰的形象被認為就是衣索比亞某些真實的基督徒國王。地圖表明，通過穿越非洲中心的河流，就可以抵達他的王國。在一個多世紀裡，這種令人眼花撩亂的海市蜃樓將會對葡萄牙人的想像力和戰略構成極大的吸引力。

地圖；旅行者的故事；關於深入非洲心臟的大河的混亂圖像；關於黃金的不可思議傳聞；關於強大的基督教統治者傳說，歐洲人或許可以與他們結盟，共同抵抗伊斯蘭世界。這些漩渦般半真半假的故事、異想天開和錯誤的地理知識，滲入了葡萄牙人的世界觀。就是這些東西，引誘他們沿著非洲海岸不斷南下，尋找黃金河或能夠帶他們到祭司王約翰那裡的河流。在滿懷探索精神的葡萄牙水手眼中，每一個海灣、每一條河流似乎都充滿了希望。但沿海岸南下的推進不是一帆風順的，經歷了許多艱難險阻。驚濤駭浪讓登陸充滿危險；與當地人的關係總是高度緊張。在河流入海口，他們遇到過碩大無朋的潟湖、蜿蜒曲折的紅樹林沼澤地、密不透風的濃霧和猛烈的赤道暴雨。熱病讓水手們損失慘重。在幾內亞灣，當地反覆無常的風向和從東向西的強勁海流嚴重阻礙了葡萄牙人的前進步伐，但在很長時間裡，向東延伸的海岸線激勵他們繼續前進。漸漸地，他們產生一種信念，即他們正在一點一滴接近非洲最南端，通往印度財富的道路或許是海路而非內河。但非洲大陸的面積相當於伊比利半島的五十倍，它的形狀和規模讓他們困擾和迷惑了差不多八十年。

繞過伊斯蘭世界對歐洲的箝制的想法，既是經濟方面的，也是意識形態上的。為了與撒哈拉以南非洲的各民族直接開展商貿，為了尋找黃金（或許還有香料；葡萄牙人認為馬利國王控制著大量黃金），是莫大的誘惑。與祭司王約翰及其神祕的軍隊連成一片，從伊斯蘭世界背後發起攻擊，同樣也很有吸引力。恩里克去世後，葡萄牙的努力鬆懈了一段時間，直到一四七〇年代他的侄孫若昂王子再度推動航海探險事業。一四八一年，若昂登基為王之後⑥，非洲計畫得到了新的推動力。

若昂二世黑鬚、長臉、身材挺拔健壯、表情有些憂鬱，「風度非常嚴肅和不怒而威，所有人都一下子看到他的人君之風」[4]。他「慣於號令天下，任何人都不能對他發號施令」[5]。他或許是現代早期最有意思的歐洲君主。對葡萄牙人來說，他在歷史上留下的稱號是「完美君王」。他的競爭對手伊莎貝拉（Isabella，卡斯提爾女王，後來成為統一的西班牙王國的女王）給了他最終極的嘉許。她簡單地將他稱為「那個男子漢」⑦。若昂二世專注於「建立偉大功勳的深切欲望」[6]，他著手去做的第一件偉大功業就是探索非洲。他登基後，啟動了長達五年由國家出資的大規模探索活動，並希望達成兩個目標：找到通往東印度的道路，以及傳說中祭司王約翰的王國。他把這些任務託付給了在西非海岸樹立許多石柱的迪奧戈·康。

圖3　若昂二世，「完美君王」。

但到一四八〇年代，里斯本的碼頭區在流傳其他的理論，稱前往東印度或許還有另一條路。里斯本城是探索的前沿，是測試關於世界的各種觀念的實驗室。在歐洲各地，天文學家、科學家、地圖師和商人都到葡萄牙尋找關於非洲形狀的最新資訊。猶太數學家、熱那亞商人和日耳曼地圖師被吸引到葡萄牙熙熙攘攘的街巷，從塔霍（Tejo）河的入海口眺望無邊無際的大洋，葡萄牙卡拉維爾帆船就從那裡返回，運回黑奴、色彩鮮豔的鸚鵡、胡椒和手繪地圖。若昂二世對航海的興趣引發一個科學委員會的問世，該委員會將利用所有這些知識資源。有一位知識分子是若澤·維齊爾尼奧（José Vizinho），當時最偉大的猶太天文學家和數學家亞伯拉罕·薩庫托（Abraham Zacuto）的弟子；還有日耳曼人馬丁·貝海姆（Martin Behaim），他後來發明了地球儀的原型。為了科學探索，這兩人都乘坐葡萄牙船隻，以便觀測太陽。

一四八三年夏季，康在一點一點地沿著非洲海岸南下摸索的同時，熱那亞冒險家克里斯多夫·哥倫布（Christopher Columbus，西班牙人稱他為克里斯托瓦爾·科隆〔Cristóbal Colón〕）來到里斯本宮廷，提出了抵達東印度的一種新方案。若昂二世已經知道他的方案了。十年前，他收到著名的佛羅倫斯數學家和宇宙學家保羅·托斯卡內利（Paolo Toscanelli）的一封信和一張地圖。托斯卡內利提出，「從此地前往印度，即香料國度，有一條海路；這條海路的距離比通過幾

---

⑥ 即前述的若昂二世。

⑦ 原文是El Hombre，字面意思是「那個男人」。也有的說法稱，伊莎貝拉女王憎惡若昂二世殘暴，所以鄙夷地稱他為「那個男人」，而不說他的名字。

內亞要短」[7]。他的推斷是，因為地球是圓球形的，所以無論往東還是往西航行，都可能抵達東印度，而向西航行的距離更短。除了此時尚無人知曉的美洲的無形障礙之外，托斯卡內利還犯了一個根本性的錯誤：他對地球的圓周長估算過低。然而，在該世紀最後幾十年裡，伊比利半島的幾個國家爭奪世界的競賽愈演愈烈，所以這封信和這張地圖注定要成為重要的因素。哥倫布知道托斯卡內利信的內容，或者擁有這封信的一份副本。現在他大膽地求見若昂二世，要求國王給他足夠的資源，嘗試一下。國王十分開明。他將極度自信的哥倫布的提議轉交給他的學者與數學家委員會斟酌，並等待康歸來。

康於次年，即一四八四年四月初返回里斯本，帶回關於非洲海岸向東延伸的報告。若昂二世仔細地詢問他的探險家，對結果非常滿意，賞賜給他一大筆年金，並封他為貴族，允許他使用國王的紋章。康選擇的紋章圖案是兩根石柱，頂端有十字架。對若昂二世來說，東印度已經近在咫尺。顯然再來一次遠航就足夠了。

康的報告意味著，哥倫布的希望破碎了。他的談吐風格和數學計算都被認為是錯誤的。若昂二世的委員會判斷，哥倫布在托斯卡內利的基礎上錯上加錯，嚴重低估了地球的尺寸：按照他對前往東印度距離的估算，他把地球的尺寸縮小了百分之二十五。而他那種自信滿懷、不容置疑的傲慢模樣更讓人難以忍受，再加上他大言不慚地要求賞賜，更是讓人不悅。「因為國王看到哥倫布夸夸其談，並且非常傲慢地吹噓自己的本領，同時對日本島的位置完全是異想天開，所以對他沒有多少信任。」[8]葡萄牙歷史學家若昂．德．巴羅斯（João de Barros）記載道：「於是他大失所望地離開了國王，前往西班牙，在那裡兜售他的計畫。」哥倫布開始遊說伊莎貝拉和斐迪南⑧，利用西班牙與葡萄牙之間的競爭關係，來鼓吹自己的宏圖大略。

與此同時，若昂二世對成功自信滿懷。一四八五年五月或六月，康在馬丁・貝海姆陪伴下，攜帶著更多石柱再度出航，打算將石柱樹立在非洲的最南端。幾個月後，葡萄牙國王向全世界宣揚，他的水手已經接近最終的突破點。十一月，他的演說家瓦斯科・費爾南德斯・德・盧塞納（Vasco Fernandes de Lucena）起草了國王給新教宗英諾森八世（Innocent VIII）的書信，其中充滿了民族主義宣傳和聖戰的浮誇言辭。他寫到祭司王約翰：

> 阿拉伯海周邊那些居住在亞洲的王國和民族，我們對其知之甚少，但它們極有可能虔誠地信奉我們救主的神聖宗教。如果最淵博的地理學家的闡述是正確的，那麼葡萄牙航海家距離這些王國和民族已經只有幾天的航程。我們的人探索非洲海岸的大部分，在去年接近普拉蘇斯海岬（Prassus Promontory，非洲的最南端），阿拉伯海就從那裡開始。從里斯本出發，四千五百英里的範圍內，我們探索了所有河流、海岸和港口，最為一絲不苟地觀察了海洋、陸地和星辰。探索該地區之後，我們將發現數額巨大的財富和無上的榮光，它們屬於所有基督徒，尤其屬於您，我們的聖父。[9]

---

⑧ 伊莎貝拉是卡斯提爾女王，斐迪南（Ferdinand）是亞拉岡（Aragon）國王，他們的婚姻為西班牙日後統一和形成民族國家奠定基礎。

盧塞納隨後引用了《詩篇》（*Psalms*）第七十二章：「他要執掌權柄，從這海直到那海，從大河直到地極。」[10]這裡的大河指的是約旦河，而在若昂二世愈來愈膨脹的全球視野中，它完全也可以代表塔霍河。

然而，就在盧塞納慷慨陳詞的同時，國王的希望又一次破滅了。在數千英里之外，康發現，海岸線向東延伸只是個幻覺，那只不過是一個大海灣，海岸線很快又繼續向南延伸，似乎無窮無盡。這年秋季，他在南方一百六十英里處的一個海岬樹立又一根石柱；海岸的景致逐漸從熱帶森林變成低矮荒蕪的沙丘、稀疏的植被和半沙漠。一四八六年一月，康的耐力到了極限，此時他抵達了現代納米比亞（Namibia）的一個地方，他稱之為十字架角。他在那裡樹立他的最後一根石柱，周圍是一大群海豹在黑色礁石上曬太陽。非洲似乎會無窮無盡地延伸下去，康在這個時刻從歷史中消失得無影無蹤。他要嘛在歸途中喪命，要嘛返回了里斯本，而若昂二世因為自己公開鼓吹的勝利化為泡影而惱羞成怒，對康大肆羞辱，讓他從此沒沒無聞。

不管康的最終命運如何，他為地圖增添新的一千四百五十英里海岸。葡萄牙人似乎不知疲倦、吃苦耐勞，而且願意驅使自己奔向已知世界的邊緣，乘坐他們靈敏的卡拉維爾帆船翻越驚濤駭浪，或者探索西非的奔流大川，以尋找那捉摸不定的祭司王約翰的王國，以及通向尼羅河的內陸航道。在努力的過程中，許多人失去了生命。他們死於船隻傾覆、瘧疾、毒箭和孤寂，留下了少量痕跡，否則歷史將徹底遺忘他們。

康的奮鬥的最震撼人心紀念物，位於剛果河的葉拉拉（Yellala）瀑布。乘帆船或划槳船抵達此處的人，必然要從海口逆流而上一百英里，途經紅樹林沼澤和植被茂密的河岸。隨著他們的前進，水流也愈來愈強勁，直到他們抵達一處怪石嶙峋的峽谷，看見聲若雷霆的瀑布，巨大的激流就這樣從非洲的心臟噴湧而出。他們的船隻再也不能前進，於是他們丟下船，攀爬岩石，前進了十英里，希望找到可供通航的上游水道，但接連不斷的湍流粉碎他們的希望。在震耳欲聾的激流之上高高聳立的岩壁，他們留下一幅雕刻，這是另一種類型的紀念碑。他們刻下國王若昂二世的紋章、十字架和幾句話：「偉大的君主，葡萄牙國王若昂二世的船隻抵達此地，水手有迪奧戈·康、佩德羅·阿內斯、佩德羅·達·科斯塔、阿爾瓦羅·皮里斯、佩羅·埃斯柯拉·A……。」右下角是另一個人刻下的其他姓名：「若昂·德·聖地牙哥、迪奧戈·皮涅羅，貢薩洛·阿爾瓦雷斯，病號有若昂·阿爾瓦雷斯……。」[11]另一個地方則只刻下了一個教名：「安塔姆。」

這些銘文都斷裂了，刻下這些文字的具體

圖4　葉拉拉瀑布岩壁上的主要銘文。

情況也模糊不清，彷彿極地探險家日記的最後一段。銘文顯示了船長們的名字：迪奧戈・康和其他刻在十字架旁邊的人名。但這些指揮官可能並不曾真正到場。康可能是派人進行一次探索，以檢查剛果河的適航性；第二批名字可能就是真正執行任務的人。兩批銘文都不完整，彷彿在同時被打斷了。顯然有人患病或死亡，可能是因瘧疾而死。他們是因為太虛弱而無力繼續銘刻嗎？他們是在岩石上雕刻的時候遭到突然的襲擊嗎？不尋常的是，銘文沒有留下日期，也沒有當時的史料記載此次探險。直到探險家於一九一一年發現這些銘文，世人才知曉此事。

✯

葡萄牙人認為存在橫跨非洲的水道或陸路的觀念，受到古代地理學家推測的鼓舞，以及中世紀地圖師帶有黃金的書頁的誘惑，所以生生不息，延續許久。這些信念，如西非的大河與尼羅河相連，祭司王約翰的王國就在非洲大陸的另一端，但他們錯誤估算整個非洲大陸的寬度，這使得葡萄牙人花費了幾十年時間，堅持不懈而困惑滿腹地努力。若昂二世派遣了多支代表團，走陸路去搜尋資訊和黃金，建立葡萄牙的威望。葡萄牙人還開展多次類似剛果河探索的行動。卡拉維爾帆船在塞內加爾河逆流而上五百英里，但止步於費盧（Felu）的激流。一次類似的內河探險在甘比亞的巴拉昆達（Barrakunda）瀑布受阻，若昂二世派遣工程師去摧毀河床的岩石，但任務太過艱巨，他們未能成功。與此同時，王室的僕人和侍從徒步進入內陸。小群探險家穿越茅利塔尼亞沙漠，抵達瓦丹[9]和廷巴克圖[10]；他們來到齊洛夫人[11]和圖庫洛爾人[12]的國度；他們來到尼日河上游他們稱之為曼迪・曼薩的曼丁哥人[13]國王那裡。有些探險家帶回關於王國和貿易路線的報告，有些人則徹底消失。

但若昂二世既不畏懼甘比亞和剛果的頑固激流，也不怕依然持續延伸的非洲海岸，更不擔心找不到半神話的基督徒國王的國度。他的印度計畫的規模、一貫性和堅忍不拔令人驚嘆。一四八六年在里斯本，他的地理學家委員會更加專注地審視歪曲事實的世界地圖，哥倫布在遊說西班牙君主支持他的西進路線，而若昂二世只是加強了他的努力。同年，「發現」（descobrimento，即 discovery）這個詞第一次出現在葡萄牙書寫材料中。

---

⑨ 瓦丹（Wadan）位於今天茅利塔尼亞中部，是世界文化遺產地。

⑩ 廷巴克圖（Timbuktu）位於今天西非馬利共和國，十二世紀興起，一度是重要的貿易城市，非常繁華，在其黃金時代有許多伊斯蘭學者居住於此，因此成為非洲重要的學術和文化中心。

⑪ 齊洛夫人（Jollof），或稱沃洛夫人，十四至十五世紀統治今天塞內加爾一部的民族，曾建有齊洛夫帝國。

⑫ 圖庫洛爾人（Tokolor）是生活在西非的一個民族。

⑬ 曼丁哥人（Mandinka）是生活在西非的一個民族，分布在今天的甘比亞、幾內亞、馬利等國家。

第二章　競賽

一四八六至一四九五年

里斯本的聖喬治城堡坐落在一座崎嶇的海岬之上，視野極佳，可以遠眺塔霍河。城堡收藏的寶物包括一張豪華版的世界地圖。它是若昂二世的父親阿方索五世（Afonso V）在三十年前聘請威尼斯的一位僧侶地圖師繪製的，目的是囊括當時最尖端的地理知識。

毛羅（Mauro）修士創作了一幅非同小可的藝術品，極其詳盡，飾有金葉、波浪起伏的蔚藍大海和帶有鋸齒形城堞的城市圖像，熠熠生輝。它就像一張巨大的圓盾，寬十英尺，根據阿拉伯傳統，上南下北。它展示了任何歐洲人製作的地圖都不曾表現的東西：它將非洲描繪為一塊獨立的大陸，其南部有一個海角，他稱之為迪亞布角（Cape Diab）。儘管非洲的形狀被嚴重扭曲，而且很多細節因為若昂二世時期的發現已經顯得過時，但毛羅修士努力根據他掌握的證據來創作。威尼斯與東方的貿易關係歷史悠久，因此威尼斯是關於歐洲之外世界的資訊與旅行者故事的交換中心。

除了圖像，地圖還配有數百條紅色或藍色墨水寫的文字評論，資訊主要來自馬可·孛羅

（Marco Polo）的所見所聞，和一位名叫尼科洛・達・孔蒂①的十五世紀旅行家的記述，以及「葡萄牙人執行或籌劃的所有新發現的資訊」[1]。「很多人認為，並且寫道，海洋並沒有環繞我們整個可居住陸地和南方的溫帶地區，」毛羅在他的地圖上寫道，「但有很多證據可以支撐相反的觀點，尤其是葡萄牙人的證據，他們的國王派遣他們乘坐卡拉維爾帆船，去親眼查看真相。」他特別提到香料群島和印度洋各港口（葡萄牙人對其特別興趣濃厚），並直截了當地反對托勒密地理學的一個關鍵概念：印度洋是一片封閉的海洋。毛羅相信存在有一條從歐洲通往東印度的海路，他給出的證據包括古代地理學家斯特拉波（Strabo）對這樣一次航行的記載，以及一個關於中國平底帆船環繞非洲航行的故事（可能是孔蒂講述的）。

毛羅修士的地圖以視覺形式表達葡萄牙人尋找通往東印度海路的雄心壯志，也凸顯歐洲人是多麼無知。世界從來不曾如此分裂過。歐洲人在中世紀與東方的接觸比羅馬帝國時期少得多。馬可・孛羅曾徒步和騎馬，取道蒙古人控制下的絲綢之路，然後乘坐中國平底帆船渡過印度洋。他的記述具有極其深遠的影響力，因為到十五世紀，歐洲與東方的幾乎所有直接聯繫都被切斷了。蒙古帝國已經土崩瓦解，遠途陸路貿易路線由此消失；在中國，新朝代明朝在寶船的偉大遠航之後，產生仇外心理，封閉自己的邊境。除了孔蒂的報告之後，歐洲人對東方的幾乎所有知識都還是差不多兩百年前留下的。伊斯蘭世界把基督教歐洲封堵起來。鄂圖曼人攻入歐洲，封鎖歐洲通往東方的陸路。開羅的馬穆魯克王朝②控制著令人垂涎的東方財富，透過亞歷山大港和大馬士革，以高額壟斷價格兜售東方商品。威尼斯人和熱那亞人從馬穆魯克王朝那裡購買香料、絲綢和珍珠，但對於這些東方奢侈品的來源，只有一些竊竊私語的傳言。

康企圖繞過非洲的失敗並沒有讓若昂二世灰心喪氣，他繼續堅持努力。他探索研究的範圍愈來愈廣泛，不會輕易排除任何可能性。兩名僧人奉他的御旨，在地中海各地搜尋關於東方祭司王約翰的資訊。關於哥倫布提議的西進路線，若昂二世也下了賭注。他雇傭一名叫做費爾南・德・烏爾默（Fernão de Ulmo）的佛萊明（Flemish）冒險家，授權他自費率領兩艘卡拉維爾帆船向西航行四十天，允許他占據他發現的任何土地，王室提成其全部收入的百分之十。也就是說，國王認為西進路線主要是推測，可能性不大，但他又不能完全排除其可能性，於是將這項冒險事業承包給了私人。似乎烏爾默沒有辦法籌措到足夠的資金；兩名僧人因為不懂阿拉伯語，在耶路撒冷被攔回來。若昂二世無所畏懼，繼續努力嘗試。

國王在自己身邊聚集新一代忠心耿耿且才華洋溢的航海家、水手與冒險家。他選拔這些人的時候看重的是才華，而不是出身地位。他呼籲這些人再做一次最後的努力。一四八六年，他精神

①尼科洛・達・孔蒂（Niccolò de' Conti，一三九五至一四六九年），義大利商人與旅行家，生於威尼斯的基奧賈（Chioggia），曾旅行至印度和東南亞，可能去過中國南部。他於一四一九年離開威尼斯，在大馬士革居住，學習阿拉伯語，熟悉了伊斯蘭文化，後來以穆斯林商人的身分，去過亞洲很多地方。

②馬穆魯克（Mamluks）王朝在約一二五〇至一五一七年間統治埃及和敘利亞。「馬穆魯克」是阿拉伯語，意為「奴隸」。自九世紀起，伊斯蘭世界就已開始啟用奴隸軍人。奴隸軍人往往利用軍隊篡奪統治權。馬穆魯克將領在阿尤布（Ayyubid）蘇丹薩利赫・阿尤布（As-Salih Ayyub，一二〇五至一二四九年）去世後奪取王位。一二五八年，馬穆魯克王朝恢復哈里發的地位，並保護麥加和麥地那的統治者。在馬穆魯克王朝統治下，殘餘的十字軍被趕出地中海東部沿岸，而蒙古人也被趕出巴勒斯坦和敘利亞。文化上，他們在史書撰寫及建築方面成就輝煌。最後他們被鄂圖曼帝國打敗。

百倍地籌劃三路並進的計畫，去解決印度問題、找到祭司王約翰。他打算在問題的兩端同時下手。一路是集中力量於非洲西海岸，超越康立下的石柱，繼續南進，努力繞過非洲；沿途，探險隊將派遣會說葡萄牙語的非洲土著深入內陸去打探傳奇基督徒國王的消息。同時，為了彌補從陸路前往東方計畫的失敗，他招募會說阿拉伯語的人，進入東印度腹地，去打聽香料產地、基督徒國王和通往印度洋的可能航線。

一四八六年十月，也就是康（或者他的船隻）回國不久之後，若昂二世任命宮廷的一名騎士巴爾托洛梅烏・迪亞士（Bartolomeu Dias）去指揮沿著非洲海岸的下一次遠航。大約在同一時期，他選了一位新人從陸路前往印度洋探險。

他為此次行動招募到的人是佩羅・達・科維良（Pêro da Covilhã）。此人大約四十歲年紀，出身低微，卻是一位機智敏銳、多才多藝的探險家，劍術高超，是葡萄牙國王的忠實僕人，也是一名間諜。除了葡萄牙語，他的卡斯提爾語說得也很流利。更彌足珍貴的是，他還懂阿拉伯語，可能是從西班牙的阿拉伯居民那裡學來的。他曾在西班牙為若昂二世執行祕密任務，並與摩洛哥的費茲③國王開展祕密談判。如今若昂二世將一項大膽的任務託付給科維良和另一個會說阿拉伯語的人——阿方索・德・派瓦（Afonso de Paiva）。

一四八七年春季，迪亞士在準備船隻的時候，科維良和派瓦聽取了坦吉爾④主教和兩名猶太數學家（是拒絕哥倫布提議的委員會的成員）的介紹報告。兩位探險家得到一張中東和印度洋的航海圖，這可能是歐洲內部關於地中海之外世界的最好猜測，或許大幅度參考了毛羅修士的作品。五月七日，他們在里斯本城外的聖塔倫宮最後一次祕密覲見國王，領取了信用狀，以便支付前往亞歷山大港的海路旅費。此次會議在場的人當中有國王的堂弟，十八歲的貝雅（Beja）公爵唐・曼努埃爾（Dom Manuel），對他來說，此次冒險將會有著重大意義。這年夏天，他們從巴塞隆納乘船前往基督徒統治下的羅得島，在那裡買了一批蜂蜜，以便在阿拉伯世界假扮商人。從羅得島，他們又坐船去了亞歷山大港，那裡是伊斯蘭世界的門戶。

✯

在里斯本，迪亞士正在為自己沿著西非海岸的遠航做最後的準備。他得到了兩艘屬於王室的卡拉維爾帆船，另外由於航程遙遠，而卡拉維爾帆船的載貨量有限，他們還帶上一艘橫帆補給船，「以便運載更多給養，因為之前多次缺少給養，探險船返航時吃了極大苦頭」[2]。迪亞士效仿康，也在船上運載一些石柱，以便標示航行的每個階段。迪亞士本人是經驗極其豐富的航海家，他的部下也是當時最優秀的水手，其中有佩羅・德・阿倫克爾（Pêro de Alenquer），此人注定要在印度冒險中發揮關鍵作用。若昂二世顯然對阿倫克爾評價極高，稱他「憑藉其經驗和航海本領，理應得到榮譽、恩寵和獎賞」[3]。補給船的領航員是若昂・德・聖地牙哥（João de Santiago），他的名字被記載在葉拉拉瀑布的岩壁上，他對追蹤康的遠航極點有著不可估量的貢獻。

---

③ 費茲是今天摩洛哥的第四大城市，一度是首都，也指摩洛哥北部地方。在本書涉及的時代，費茲王國指的是統治摩洛哥的柏柏人的馬林（Marinid）王朝，其首都就是費茲城。

④ 坦吉爾（Tangier）在今天摩洛哥北部，位於直布羅陀海峽入口處的北非一側，是一座歷史文化名城。

這支小船隊於一四八七年七月底或八月初從塔霍河啟航。這將是人類地理大發現歷史上最重要的航行之一，也是最神祕莫測的之一。當時的文獻記載中幾乎完全沒有提及此事，彷彿葡萄牙編年史家故意對其視而不見。只有一些地圖和書頁邊緣留下一些零星紀錄，編年史裡也有少量零散的資訊。此次航行的細節、規模和成就要等到十六世紀歷史學家巴羅斯來記載。雖然迪亞士遠航任務的具體細節已經佚失，但我們可以重建其大體情況：首先從康的最後足跡繼續南下，追尋那捉摸不定的普拉蘇斯海岬，即非洲的最南端。然後，派遣人員沿著海岸搜尋通往祭司王約翰國度的陸路或水路通道。這將與派瓦和科維良的探險相配合，為葡萄牙朝廷確立堅定不移而連貫一致的戰略，去破解亞洲之謎。

為了這個目的，迪亞士船隊帶著六名非洲人，兩男四女，都是康在某次旅途中綁架的，並向其傳授葡萄牙語。據巴羅斯記載：「國王下令將他們留在沿海各地，給他們打扮得富麗堂皇，並分發黃金、白銀和香料。」[4]目的是「讓這些非洲人進入村莊，告訴當地人，他的王國是多麼輝煌壯麗，他是多麼富有，他的船隻在沿著這片海岸航行，並且他在尋找印度，尤其是一位叫做祭司王約翰的國王」。葡萄牙人特意選擇女性來執行這個任務，是因為她們不會在部落糾紛中被殺死。而在亞歷山大港，兩名間諜科維良和派瓦發了高燒，奄奄一息。

✯

迪亞士沿著西非海岸南下，途經康的最後一根石柱，沿途用聖徒瞻禮日為他發現的海角與海灣取名，所以我們可以判斷他旅程中每個進展的日期：聖馬塔灣（十二月八日）、聖多美（十二月二十一日）、聖維多利亞（十二月二十三日）。到耶誕節，他們抵達一處他們稱之為聖克里斯多夫灣的海灣。他們出海已經四個月，頂著海岸沿線的西南風蜿蜒前進，海流則湧向北方。他們一定在途中的不同地方放下那些不幸的使者，不過其中一人已經在中途死去，其他人的情況則沒有留下記載。此時，他們決定將補給船以及九名水手留在納米比亞海岸，另外兩艘船返回時再與補給船會合。

隨後幾天內，兩艘卡拉維爾帆船經過一片丘陵起伏的荒蕪海岸。這時，水手們做出一個驚人的決定。大約在南緯二十九度，他們放棄面對逆風與逆流的消耗戰，而是遠離海岸，將帆降到半桅，向西駛入蒼茫大海，儘管這與他們向東航行的目標南轅北轍。沒有人知道他們為什麼會這樣做，這可能是水手們預先設計的方案，也可能是靈機一動的天才之舉，因為他們之前從幾內亞海岸返航時（他們向西航行，遠離非洲海岸，繞一大圈進入大西洋中部，然後借助西風，向東返回葡萄牙）已經了解到大西洋風的特點。或許，他們推斷，這種規律在南大西洋同樣有效。不管他們的邏輯如何，這都是世界歷史的一個關鍵時刻。

圖5　卡拉維爾帆船適合探險，但在長途航行中顯得過於擁擠。

一連十三天，將近一千英里，船帆降到半桅的卡拉維爾帆船駛入茫茫大洋。他們進入南半球溫帶地區之後，天氣變得酷寒。有水手死亡。在大約南緯三十八度，他們的直覺發揮了效果。風向愈發多變。西風將他們的船隻吹向東方，他們希望並期待會抵達他們想像中仍然由南向北無盡延伸的長長的非洲海岸。他們繼續行駛了幾天。海平線上沒有出現陸地的蹤影。他們決定改為向北航行，希望能找到陸地。將近一月底，他們看到高聳的山嶺。一四八八年二月三日，他們登陸了，並將這個地點命名為牧牛人灣⑤。他們在開闊海域已經航行將近四週。他們繞的一大圈已經讓他們錯過好望角（Cape of Good Hope）和厄加勒斯角（Cape Agulhas），即非洲的最南端，也就是大西洋和印度洋融為一體的地方。

此次登陸的情形高度緊張。他們看到大群的牛，守護牛群的人「頭髮似羊毛，就像幾內亞人」[5]。他們無法與這些牧牛人交流。九年後，領航員佩羅·德·阿倫克爾故地重遊，回憶當年的情況。葡萄牙人將禮物堆到海灘上，當地人卻逃之夭夭。此地顯然有泉水，但「迪亞士在靠近海灘的地方取水時，當地人企圖阻止他。他們從一座小山上向他投擲石頭，於是他用弩弓殺死了其中一人」[6]。

在此次衝突之後，葡萄牙人繼續航行兩百英里，海岸線毋庸置疑地折向東北方。他們第一次清楚地認識到，自己一定已經繞過非洲的最南端。海水變得更溫暖，但海浪的顛簸勞苦給他們造成沉重的打擊。三月十二日，他們抵達一處海灣，在那裡樹立最後一根石柱。此時，筋疲力竭的水手們「開始異口同聲地喃喃抱怨，要求不再繼續前進，說給養已經瀕臨耗盡，他們需要返回補給船（載有給養物資）那裡。此時他們距離補給船已經非常遙遠，他們還沒到那裡肯定就已經全死了」[7]。迪亞士希望繼續前進，但國王給他的指示是，在大事上，他必須徵詢其他官員的意見。他們同意繼續航行三天。他們遇到一條河，給它取名為因方特河⑥，隨後便調頭返航。迪亞士顯然大失所望，但他服從民主決議。在六十年後寫作的歷史學家巴羅斯稱，迪亞士開始原路返回的時候，依依不捨地回頭望去：「他離開自己在那裡樹立的石柱時，感到莫大的悲傷和極深切的情感，彷彿他在向一個被終身流放的兒子道別；他記起他和所有部下曾面對的巨大危險，他們走了多遠才到這一步，然而上帝沒有把最重要的獎品給他。」[8]「他看見了印度的土地，」另一位編年史家寫道，「但不能進入，就像摩西無法進入應許之地一樣。」[9]⑦但以上這些都只是後人的想像。

✩

在里斯本，若昂二世一邊等待迪亞士或科維良的消息，一邊在多方下注。他不能徹底排除西進路線的可行性，並且深切地認識到西班牙與葡萄牙的競爭愈來愈激烈。三月二十日，他向哥倫

---

⑤ 今稱為莫塞爾（Mossel）灣，屬於南非。

⑥ 得名自迪亞士艦隊中的一名船長若昂·因方特（João Infante）。這條河在今天的南非境內，現稱大魚河。

⑦ 摩西不能進入上帝給以色列人的應許之地，見《申命記》（*Book of Deuteronomy*）第三十二章：當日耶和華吩咐摩西說，你上這亞巴琳山中的尼波山去，在摩押地與耶利哥相對，觀看我所要賜給以色列人為業的迦南地。你必死在你所登的山上，歸你列祖去，像你哥哥亞倫，死在何珥山上，歸他的列祖一樣。因為你們在尋的曠野，加低斯的米利巴水，在以色列人中沒有尊我為聖，得罪了我。我所賜給以色列人的地，你可以遠遠地觀看，卻不得進去。

布頒發安全通行證，允許他返回里斯本。哥倫布之所以需要通行證才能回到葡萄牙，是因為他在葡萄牙負有債務。與此同時，在亞歷山大港，患熱病的科維良和派瓦奇蹟般地恢復了健康。他們乘船溯尼羅河而下，來到開羅，跟隨一支商隊跨越沙漠來到紅海之濱，然後乘船來到紅海出入口處的亞丁（Aden）。兩人在此分道揚鑣。派瓦將擇路前往衣索比亞，他相信那裡就是祭司王約翰的王國。而科維良將前往印度。

現在，迪亞士率領船隻向西返航，首次發現了好望角。這是一個歷史性的時刻，他明確無誤地證明，非洲大陸是有盡頭的，這就一勞永逸地推翻了托勒密地理學的一大重要信條。據歷史學家巴羅斯記載，迪亞士及其夥伴將這個地方命名為風暴角，而若昂二世將其改為好望角，「因為它承諾了印度的發現，我們為此渴望那麼久，追尋那麼多年」[10]。迪亞士離開好望角的時候，背後吹來對他有利的勁風。

補給船上的人們被困在納米比亞的沙漠海岸達九個月之久，淒涼地等待那或許永遠不會再出現的卡拉維爾帆船。一四八八年七月二十四日，兩艘卡拉維爾帆船返回到補給船那裡的時候，補給船上原先的九人已經只剩下三人。其他人都在與當地人因貿易而發生的糾紛中被殺了。迪亞士自己的兄弟佩羅可能就死在這裡。倖存者之一，補給船的文書費爾南·柯拉索（Fernão Colaço）因為患病而羸弱不堪，目睹卡拉維爾帆船出現的景象，「重逢自己的夥伴，竟喜極而亡」[11]。補給船已經被蟲子蛀得千瘡百孔。他們將補給船上的物資搬到卡拉維爾帆船上，將停在沙灘的補給船付之一炬，然後踏上歸途。飽經風霜的兩艘卡拉維爾帆船於一四八八年十二月再次駛入塔霍河。迪亞士此次旅途耗時十六個月，發現一千兩百六十英里新的海岸線，並首次繞過非洲。

我們知道迪亞士的返回過程，是因為此時仍然滯留里斯本的哥倫布在一本書的邊緣寫下一條著名的紀錄。迪亞士向國王彙報的時候，哥倫布顯然也在場。他寫道：

一四八八年十二月，巴爾托洛梅烏．迪亞士，三艘（原文如此）卡拉維爾帆船的指揮官，抵達了里斯本；葡萄牙國王派遣他去幾內亞探索；他報告稱，他在此前已經抵達的極限之外又航行了六百里格⑧，向南行駛四百五十里格，然後向北一百五十里格，一直抵達一個他稱為好望角的地方；我們估計這個海角位於阿吉辛巴（Agisimba），根據星盤判斷，它應當在南緯四十五度，距離里斯本三千一百里格；迪亞士在海圖上描繪和描述了每一里格的路程，以便向國王彙報；彙報的全部過程，我都在場。[12]

哥倫布提及的緯度成為歷史學界激烈爭議的主題。但似乎沒有疑問，國王及其宇宙學家們研究迪亞士遠航的細節（它們將很快被當時的地圖吸收）時，哥倫布的確在場。迪亞士取得兩項偉大突破。他明確地證明，非洲是一塊大陸，與印度有海路相通，因此推翻了托勒密地理學的一些準則；他天才地先向西深入大西洋的航行，解開了季風之謎的最後一部分，告訴人們，抵達印度的辦法不是緊貼著非洲海岸緩緩前進，而是繞一個大弧線，先進入茫茫大西洋，再信賴可靠的西

⑧ 里格（league）是歐洲和拉丁美洲一個古老的長度單位，在英語世界通常定義為三英里（約四點八二八公里，適用於陸地上），即大約等同一個人步行一小時的距離，或定義為三海里（約五點五五六公里，適用於海上）。

風將船隻吹過非洲大陸的最南端。這是葡萄牙水手六十年艱辛努力的顛峰，但聽取迪亞士彙報的人們未必理解這項成就的意義。空歡喜那麼多次之後，他們或許比以往更謹慎。迪亞士沒有得到獎賞和榮譽，也沒有宣布發現陸地的公告，彷彿人們還不能相信迪亞士揭示的真相：更溫暖的海洋，以及海岸線的彎曲。人們仍然堅守古典地理學的殘餘部分，仍然相信非洲的最南端還沒有被發現。次年，一份新的演講（內容與之前向教宗做的報告幾乎雷同）宣布：「每一天，我們都在努力抵達那些海岬……以及尼羅河的泥沙，我們通過那裡可以抵達印度洋，然後從那裡前往野蠻人的海灣，那就是無盡財富的源泉。」[13]迪亞士遠航的價值要到九年之後（一四九七年）才能為人們所清楚地認識。而哥倫布感覺到，若昂二世對他的興趣已經消失了，於是他返回西班牙，去遊說西班牙朝廷。

✯

在遙遠的印度洋，科維良還在旅行。這年秋季，他搭乘一艘經商的阿拉伯三角帆船，穿越印度洋，來到了卡利卡特（今天的科澤科德〔Kozhikode〕），那是香料貿易的中心和從更東方來的大部分遠途貿易的終點。一四八八年初，他可能已經到了果阿（Goa），然後乘船北上，來到波斯灣入口處的霍爾木茲（Ormuz），這裡是印度洋的另一個中心。他在印度洋來回穿梭，蒐集並祕密記錄關於航道、風向、海流、港口和政治的資訊，搭乘一艘船從東非海岸出發，抵達遙遠南方的索法拉（Sofala），那裡與馬達加斯加島只有一海之隔，是阿拉伯人在印度洋南部向南航行的極限。他在努力研究從海路繞過非洲的可行性，以及沿著非洲東海岸航行的資訊。一四九〇年或一四九一年初他返回開羅的時候，他已經幾乎馬不停蹄地奔波了四年。他已經偵察印度洋的主要貿易航線，能夠為國王提供詳盡的報告。

回到開羅後，他得知派瓦已經在前往衣索比亞途中某地去世了。在此期間，若昂二世還派出兩名猶太人，一位拉比和一位鞋匠，去尋找他那兩位杳無音訊的間諜。兩名猶太人想方設法在喧囂的開羅找到並認出科維良，將國王的書信交給他。國王命令他在「目睹並了解偉大祭司王約翰之後」[14]返回里斯本。科維良寫了一封長信給國王，由鞋匠送回。在信中，他詳盡記述自己曾看到和了解到的所有資訊，涉及印度洋的貿易與航行，以及「他的卡拉維爾帆船常去幾內亞，可以四處航行，尋找馬達加斯加島和索法拉的海岸，能夠輕鬆地進入那些東方海洋，抵達卡利卡特海岸，因為海路是貫通的」[15]。

此時科維良似乎已經沉迷於漫遊，一心嚮往遠方。他決定完成派瓦的工作，但對若昂二世的命令做了寬泛的理解。他陪同那位拉比來到亞丁和霍爾木茲，然後喬裝打扮，遊覽伊斯蘭教聖城麥加和麥地那，然後前往衣索比亞高原。他成為第一個見到他們所謂的祭司王約翰（衣索比亞的基督徒皇帝）的葡萄牙人。當時的皇帝埃斯肯德（Eskender）隆重歡迎他，但不肯放他走。三十年後，一支葡萄牙探險隊在衣索比亞找到他，他向探險隊講述自己的故事。他一直留在衣索比亞，直到去世。

✯

迪亞士和科維良的冒險實際上已經摸清了通往東印度的可能海路。印度計畫業已完成，不過我們不清楚科維良的報告是何時被送到國王那裡的，甚至不能確定他的報告最終有沒有被呈給國王。我們也不知道，葡萄牙朝廷對迪亞士的成就保持沉默，究竟意味著什麼。不過，在此期間，一名衣索比亞神父被教宗派到里斯本。若昂二世讓他送遞一封寫給祭司王約翰的信，表達「他與祭司王約翰締結友誼的意願，以及他如何探索整個非洲海岸和衣索比亞」[16]。這種措辭可能說明他已經收到科維良的消息。到一四九〇年代初，若昂二世可能已經掌握做最後一步努力、進入印度洋、將整個世界連接起來所需的全部資訊。

然而他無所作為。停頓了八年，葡萄牙才重新拾起之前幾十年探索的努力。迪亞士回國後的歲月裡，若昂二世遇到許多麻煩。一四八〇年代末，他在摩洛哥捲入一場激戰，畢竟宗教聖戰始終是葡萄牙國王的責任。他染上了腎病（最終因此喪命），並且接二連三地遭遇厄運。一四九一年，他的獨生子和繼承人阿方索在騎馬時出事故死亡。一四九二年，西班牙開始驅逐猶太人，很多猶太人逃往葡萄牙，這雖然給葡萄牙帶來一大批勤勞而受過教育的人才，但也需要小心處置。

次年又來了一次沉重打擊：一四九三年三月三日，一艘破破爛爛的船掙扎著駛入里斯本附近的賴斯特羅（Restelo）港，這裡是從海外返回的船隻的傳統錨地。但這艘船不是葡萄牙的。哥倫布回來了，帶回了消息。他在葡萄牙的競爭對手西班牙贊助下，乘坐「聖瑪利亞」號找到所謂的「東印度」，但實際上是今天的巴哈馬、古巴、海地和多明尼加共和國。哥倫布的謊言極多，編造和粉飾自己的過去，很不可靠。我們不知道他是被猛烈風暴偶然吹入塔霍河的，還是故意來拜訪並羞辱曾經拒絕他的葡萄牙國王。等候與他會面的人是迪亞士，就是他的遠航使得哥倫布喪失葡萄牙朝廷的贊助。哥倫布自稱抵達了靠近日本的島嶼。他說自己得到若昂二世的盛大歡迎。葡萄牙方面的資料對此保持沉默。哥倫布的傲慢狂妄到了讓人難以忍受的地步。葡萄牙宮廷看到，哥倫布「趾高氣揚，在講述自己旅程時不斷誇大其詞，極大地誇張了自己此次航行獲取的黃金白銀與財富」[17]，並指責國王對他缺乏信任。若昂二世看到哥倫布做為證據帶來的土著人質（從外貌看他們顯然不是非洲人），大受震動；這些土著看上去的確更像他想像中的東印度居民，但沒人說得準，這個自吹自擂的熱那亞人發現的究竟是什麼。國王的謀臣提出一個簡單的解決方案：不動聲色地把哥倫布殺掉，西班牙的發現就將湮滅。若昂二世否決了這提議，因為這在道德上是錯誤的，而且在外交上也很糟糕，畢竟兩國之間的關係已經高度緊張了。

他決定，迅速給正在塞維亞（Seville）的斐迪南和伊莎貝拉送去一封措辭嚴厲的信，聲稱哥倫布侵犯了葡萄牙的領土。一四七九年，為結束之前的一場戰爭，兩國同意在大西洋畫一條界線，規定雙方專有的探索範圍，並得到教宗的批准。若昂二世相信，哥倫布發現的土地屬於他的勢力範圍，於是準備派遣自己的探險隊。西班牙人向西班牙裔的教宗亞歷山大六世⑨求助，他支持西班牙人，將大西洋的很大一部分判給了西班牙，剝奪葡萄牙人自認為屬於自己的海域。突然間，葡萄牙在大西洋的霸權受到威脅，他們可不願意眼睜睜地看著自己幾十年的投資化為泡影。

---

⑨ 亞歷山大六世（Alexander VI，一四三一至一五〇三年），本名羅德里戈・德・波吉亞（Rodrigo de Borgia），出身西班牙，是歷史上最具爭議的教宗之一。一方面，他生活腐化、利欲薰心、心狠手辣；另一方面，他大力贊助文藝，拉菲爾（Raphael）和米開朗基羅（Michelangelo）都曾受他庇護；同時他同情被壓迫的猶太人，反對奴隸貿易。

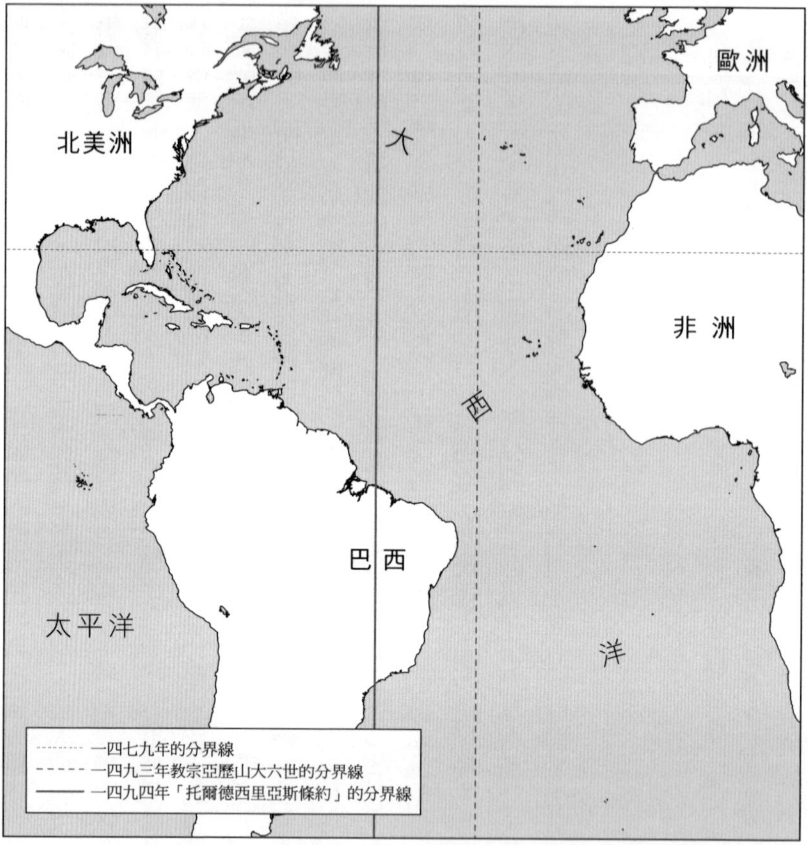

圖6　瓜分世界。葡萄牙與西班牙為爭奪大西洋之外新發現土地的競爭將導致一系列持續的爭端。若昂二世說的對，哥倫布的確侵犯了一四七九年邊界以南的葡萄牙勢力範圍。教宗的解決方案對西班牙非常有利。在一四九三年的一連串教宗詔書中，他規定，以南、北兩極之間、亞速（Azores）群島和佛德角群島以西一百里格處的子午線為界。於是，西班牙人有權占據這條子午線以西的所有土地，遠至印度，而葡萄牙從這條線向東航行似乎得不到多少東西。若昂二世不能接受印度被排除在葡萄牙勢力範圍之外。在托爾德西里亞斯，這條線被向西推移了兩百七十里格，囊括此時尚未被發現的巴西的海岸。葡萄牙還重新獲得這條線以東未發現土地的權益。一五二一年，西班牙人向西航行抵達摩鹿加群島⑩的時候，「托爾德西里亞斯條約」在世界的遠端引發了更多爭議，因為葡萄牙早在一五一二年就透過向東航行抵達這裡。

若昂二世以戰爭相威脅。兩國決定繞過教宗，當面協商，以避免一場大規模的外交衝突。

在西班牙中部平原的古老小鎮托爾德西里亞斯（Tordesillas），兩國代表團舉行了會議，為瓜分世界而討價還價。他們簡單地「從北極到南極」[18]畫了一條直線，將大西洋一分為二；這條線以東屬於葡萄牙，以西屬於西班牙。若昂二世和他的天文學家與數學家的團隊可能經驗更豐富，本領也更強，迫使西班牙將這條線從原先的位置（即教宗之前批准的那條線）向西移動了一千多英里，到達葡萄牙所屬的佛德角（Cape Verde）群島與哥倫布發現的加勒比海群島（他認為那是亞洲海岸的一部分）之間。「托爾德西里亞斯條約」將尚未被發現的巴西海岸納入葡萄牙的勢力範圍。因為我們沒辦法準確地確定托爾德西里亞斯子午線的經度，所以關於這條線的具體位置仍存在激烈爭議。這場爭吵一直持續到一七七七年。

如一四九二年發現美洲一樣，這項條約本身也標誌著中世紀末期的一個關鍵時刻。儘管「托爾德西里亞斯條約」後來得到教宗庇護三世（Pius III）的批准，但瓜分世界的權利已經不在教廷的掌控之下。科學家們根據世俗國家的利益，做了計算和分割。伊比利半島的兩個國家處於探索發現的最前沿，實際上已經將歐洲之外的所有土地變成兩國政治鬥爭的空間，這令其他國家的君主感到好笑。一些年後，法蘭西國王法蘭西斯一世（Francis I）譏諷道：「讓我看看亞當的遺囑裡有沒有這麼寫。」[19]但在一五〇〇年，除了西班牙和葡萄牙，沒有一個國家能夠進入大西洋，或

---

⑩ 摩鹿加（Moluccas）群島位於今天印尼的蘇拉威西（Sulawesi）島東面、新幾內亞西面以及帝汶（Timor）北面，是馬來群島的組成部分。中國和歐洲傳統上稱為香料群島者，多指這個群島。

者有足夠的經驗去挑戰伊比利半島的兩位先驅。而哥倫布在奔向東印度的競賽中無意識地駛入一個死胡同，被美洲大陸擋住。只有葡萄牙人擁有足夠的知識，能夠找到通往東印度的海路，將世界連為一體。葡萄牙人擁有一個機遇，而他們的西班牙競爭者卻喪失了這個機遇。

✯

儘管哥倫布的吹噓讓若昂二世大受震動，他還是修訂了自己的印度計畫，準備發動新的遠征。但這一次太晚了。一四九五年，若昂二世駕崩，據說西班牙女王伊莎貝拉得知消息時喃喃地說：「那個人死了。」她曾將自己的女兒嫁給若昂二世的兒子阿方索，但阿方索已經去世。王位被傳給年輕的貝雅公爵唐・曼努埃爾，他曾聽取派瓦與科維良臨行前接受的報告。機緣巧合，曼努埃爾一世繼承了王位、積累了八年的探索經驗和最後衝向印度的跳板。他甚至能夠獲得建造船隻所需的木材。若昂二世在葡萄牙歷史上的綽號是「完美君王」，而曼努埃爾一世則注定將成為「幸運的國王」。

第三章　瓦斯科・達伽馬

一四九五年十月至一四九八年三月

新國王繼承了葡萄牙阿維斯王朝根深柢固的救世主般的命運。他出生於耶穌聖體節，獲得的教名是非常光輝的「曼努埃爾」，意思是「上帝與我們同在」。他認為自己獲得王位，自有神祕不可測的天意。他二十六歲，圓臉，胳膊長得不合比例，一直垂到膝蓋處，讓他看上去有點像猿猴。他能夠登上寶座，實在是出人意料：六個人先後死亡或被流放，包括若昂二世之子阿方索神祕的騎馬事故，以及曼努埃爾一世自己的兄長迪奧戈被若昂二世殺害，才讓他繼承大統。他認為自己成為君主，是因為上帝選擇了他。

十五世紀末，基督降生一千五百週年快到的時候，全歐洲的人們都感到世界末日彷彿要降臨了。伊比利半島尤其如此，穆斯林和猶太人被逐出西班牙，被認為是一個預兆。在這種氣氛下，曼努埃爾一世相信，並且其他人也鼓勵他相信，他必然要成就偉大的事業：消滅伊斯蘭教，將基督教傳播全球，並且由一位世界君主來統治天下。「西歐的所有君主當中，」航海家杜阿爾特・帕謝科・佩雷拉（Duarte Pacheco Pereira）寫道：「上帝只選擇了陛下。」[1] 蕞爾小國葡萄牙完全可能成就不世功勳，因為《聖經》裡說：「那在後的將要在前，在前的將要在後了。」[2]①

印度計畫在若昂二世統治末期有所鬆懈，而在曼努埃爾一世登基後成為他夢想實現的途經。曼努埃爾一世相信，他繼承自家叔祖「航海家」恩里克的衣缽。自君士坦丁堡陷落以來，基督教歐洲愈來愈覺得自己受到封堵壓制。曼努埃爾一世的目標是繞過伊斯蘭世界，與祭司王約翰和傳說中在印度的基督徒群體會合，控制香料貿易，並摧毀開羅的馬穆魯克蘇丹的財富。從他登基後的最初幾個月，他就開始醞釀一個雄心勃勃的地理戰略設想，假以時日，將會讓葡萄牙人稱霸全球。這個計畫是以十字軍聖戰的精

圖7　曼努埃爾一世是一位世界的君主，最上方的箴言為「仰仗天堂的上帝，與人間的你」。他的一側是王室紋章，有五個盾形徽章，右側是渾天儀，象徵葡萄牙探索世界的遠航。

神設計的，但也有物質的層面，葡萄牙不僅要從馬穆魯克王朝手中攫取貿易，還要取代威尼斯人，成為東方奢侈品的市場。所以他的計畫既是帝國主義的，也是宗教和經濟的。就是抱著這樣的精神，曼努埃爾一世開始集結人馬，向東印度進發。由於他們缺少詳細的知識，所以東印度是一個定義含糊的空間，在歐洲人的想像力可能囊括整片印度洋和所有種植香料的地方。

這個計畫並沒有得到大家全心全意的支持。一四九五年十二月，也就是曼努埃爾一世登基幾週之後，他召開會議商討此事。貴族階層強烈反對。他們曾受到若昂二世的欺壓，並且認為這樣長途的冒險沒有什麼光榮，而且風險巨大，反而在咫尺之外的摩洛哥開展聖戰能夠輕鬆得到報償。曼努埃爾一世在統治期間有時會顯得優柔寡斷和躊躇不決，但他有時也非常專斷。他宣稱自己繼承探索新土地的責任，並運用自己神聖的使命感去壓倒一切反對意見。

> 對那些認為探索印度的遠航太困難的人，他用壓倒性理由反駁道，他的事業自有上帝佑助，上帝會保衛葡萄牙王國的福祉。最後，國王決定繼續探索。後來在埃什特雷莫什（Estremoz），他任命自己宮廷的紳士瓦斯科・達伽馬為指揮官，率領船隊向印度進發。[3]

起初，達伽馬似乎僅是次要人選。曼努埃爾一世原先打算讓瓦斯科的兄長保羅去，但他稱病辭謝，不過後來還是同意在瓦斯科指揮下參加遠航。達伽馬「是單身漢，足夠成熟堅強，能夠承

① 典出《馬太福音》（*Gospel of Matthew*），第二十章，第十六節。

圖8　瓦斯科・達伽馬

受此種遠航的艱辛」[4]，此時達伽馬才三十多歲。我們不清楚他的職業生涯早期狀況和他的履歷，也不知道國王為何選擇他。一四九六年之前的史料裡很少提及他。我們不知道他有多少航海知識。他來自海港城市錫尼什（Sines，在里斯本以南）的小貴族家庭，可能曾在摩洛哥沿海從事海盜活動。他的生活，以及後來的經歷，都像哥倫布一樣，被籠罩在神話中。他顯然脾氣火爆。他得到國王任命的時候，他正受到起訴，罪名是滋事鬥毆。在後來的遠航過程中，他的執拗個性將會展露無遺。他遵循十字軍的傳統，極度仇恨伊斯蘭世界；他吃苦耐勞，能夠堅持不懈地忍受航海生活的艱辛；但非常關鍵的是，他對外交的細微部分非常不耐煩，後來被描述為「行動果決勇敢，發號施令嚴苛，發怒時令人膽寒」[5]。國王之所以挑選達伽馬，可能主要是讓他指揮水手、與東方的未知君王談判，而不是因為他擅長航海。

到一四九〇年代，沿著非洲海岸的探索已經將里斯本化為一座生機盎然而滿懷期望的都市。珍奇的外國貨物，如香料、奴隸、鸚鵡和糖被卸載到塔霍河平緩的河岸，讓人憧憬那防波堤之外的新世界。到一五〇〇年，里斯本人口可能有百分之十五是幾內亞黑人。這裡的奴隸數量超過歐洲其他任何地方。里斯本充滿異國情調、活力四射、五彩繽紛而目標明確。「（里斯本）規模超過紐倫堡（Nuremberg），人口也比它多得多。」[6]一四九四年造訪里斯本的日耳曼博學之士希羅尼穆斯・閔采爾（Hieronymus Münzer）寫道。這座城市是關於宇宙學和航海、世界形態與地圖繪製的新思潮的最前沿。一四九二年，猶太人被從西班牙驅逐出境。一些猶太人，其中有不少是知識分子或商人，為里斯本增加更多活力。儘管他們在葡萄牙受到的歡迎也很短暫，還是給葡萄牙帶來了大量寶貴的知識。難民包括猶太天文學家和數學家亞伯拉罕・薩庫托，他發明的航海星盤和記錄天體位置的圖表書籍後來將為航海技術帶來一場革命。

對閔采爾來說，里斯本是一座遍布奇觀的城市。在這裡，他能看到一座雄偉的猶太會堂，其中懸掛十架巨大的枝形吊燈，每架枝形吊燈可容納五十或六十支蠟燭；一座教堂內，一具鱷魚屍體被當做戰利品，陳列在唱詩區；一隻鵜鶘的喙，一條劍魚巨大的鋸齒狀長嘴；在加那利群島海岸蒐集來的神祕巨型藤條（哥倫布也發現過這種藤條，並將其帶回，做為遙遠西方土地的證據）。他還有機會看到「一張巨大的、製作極其精美的黃金地圖，直徑為十四個手掌的長度」[7]。這就是毛羅修士在一四九四年製作的地圖，在里斯本的一座城堡內展出。閔采爾可以邂逅一些水手，他們會為他講述令人毛骨悚然的生存與逃亡的故事；他可以與一群日耳曼鑄砲工匠與砲手交談，這些人享有葡萄牙國王的極大尊重。

這座港口出售商品的豐富性令閔采爾驚訝：大堆的燕麥、核桃、檸檬和杏果，數量驚人的沙丁魚、金槍魚可供出口至地中海世界的各個角落。他拜訪負責管理新世界進口商品的官衙，在那裡看到非洲產出的商品：來自突尼斯的染色布料、地毯、金屬盆、銅鍋、彩色玻璃珠，以及大量來自幾內亞海岸的火辣胡椒，「他們給了我們很多這種胡椒」[8]，還有象牙與黑奴。

閔采爾目睹的，不僅僅是遠方那富有異國情調的世界，還有造船業、航海物資供給與軍械廠的工業基礎設施，正是它們賦與葡萄牙強大的航海實力。他看到：

一座碩大無朋的工坊，擁有許多熔爐，人們在那裡製造船錨、火砲等，以及航海所需的一應器具。熔爐周圍有那麼多皮膚被熏黑的工人，我們覺得自己彷彿置身於武爾坎②的獨眼巨人中間。後來我們看到，另外四座建築裡有不計其數的巨大而精緻的火砲，還有投擲武器、標槍、盾牌、胸甲、臼砲、手槍、弓、長槍，全都製作精良，數量極大……還有數不勝數的鉛、黃銅、硝石與硫磺！[9]

精力充沛的若昂二世已經擁有生產優質銅砲的能力，並掌握在海上有效運用火砲的技術。他是個熱中於探索、充滿好奇心的人，興趣非常廣泛，包括船載火砲的實驗。他曾在卡拉維爾帆船上安裝大型射石砲，並進行試射，以確定如何在顛簸的甲板上最有效地運用射石砲。解決方案是，讓火砲在吃水線高度水準射擊，若是砲位更高，砲彈就可能掠過目標上方。有的情況下，如果能將火砲設置在船首足夠低的位置，砲彈就可能在水面打水漂，增加射程。葡萄牙人還研發後裝迴旋砲，即後膛裝填的砲身可旋轉的輕型火砲，可以將其安裝在小艇上，與傳統的前裝火砲相比，優勢是射速更快，每小時可發射二十發。葡萄牙人在火砲方面的優勢（他們雇傭了日耳曼與佛萊明鑄砲工匠和砲手，更加大這種優勢）將在隨後的事件中發揮清晰可辨的作用。

達伽馬籌劃的遠航規模不大，但做了精心準備，它建立在幾十年來逐漸獲取並積累的知識基礎上。許多年來為大西洋航行而積累的關於船舶設計、航海與物資供給的全部技術與知識，都被應用於建造兩艘堅固的船隻。曼努埃爾一世在這項造船工程中運用了才華洋溢的新一代人的實踐經驗。卡拉維爾帆船是葡萄牙人海上探索的主要工具，非常適合在熱帶河流逆流而上，並逆風沿著非洲海岸前進，但非常不適合在廣闊大洋的漫長航行。迪亞士繞過好望角的航行已經揭示卡拉維爾帆船在操作上的侷限：他的水手因為補給匱乏，不願繼續前進。

迪亞士奉命設計並監督建造兩艘堅固的克拉克帆船③，以執行此次遠航任務。需求是很明確的。它們必須足夠堅固，足以承受南大西洋的驚濤駭浪；足夠寬敞，能夠比卡拉維爾帆船的顛簸甲板更適合船員的住宿和補給；足夠小，能夠在淺灘和港口順利活動。在岸邊建造的新船的骨架周圍搭滿了木製鷹架，船體矮胖，船舷很高，有一座艉樓和三座桅杆；但它們的吃水很淺，尺寸也不算很大。它們長約八十英尺，每艘重量大約有一百至一百二十噸。它們配的是方帆，所以在

② 武爾坎（Vulcan）為羅馬神話中的火神與工匠神。

③ 克拉克（carrack）帆船是十五世紀盛行於地中海的一種三桅或四桅帆船。它的特徵是巨大的弧形船尾，以及船首的巨大斜桅。克拉克帆船體型較大、穩定性好，是歐洲史上第一種可用做遠洋航行的船隻。

圖9 在里斯本船塢建造克拉克帆船，圖右有一艘卡拉維爾帆船停在海灘。

逆風時比較笨拙；但另一方面，它們船體非常堅實，以便抵擋未知海洋不可預測的洶湧波濤。另外還建造了一艘補給船，並計劃在好望角附近將其拆解。

為了建造這幾艘船、為其配備物資、招募水手並支付薪水，朝廷可謂不惜血本。「造船的是最優秀的師傅和工匠，用的是強韌的釘子和木料，」航海家杜阿爾特・帕謝科・佩雷拉回憶道：

……每艘船配備三套帆和錨，其他的索具和設備則準備三、四套。盛裝葡萄酒、水、醋和油的木桶都用許多道鐵圈加固。準備的麵包、葡萄酒、麵粉、肉、蔬菜、醫藥、武器與彈藥，數量都超過這樣的航行所需的定量。葡萄牙最頂尖、技術水準最高的領航員與水手奉命參加此次航行，他們得到許多恩寵，而且領到的薪水也高於其他國家的任何海員。在此次遠航的幾艘船上花費的金錢極多，我就不詳細說了，免得大家不相信我。[10]

從船塢跳板被推上船的木桶裡盛裝足夠維持三年的食物。達伽馬為此次冒險獲取了兩千金克魯扎多④酬金，這是一大筆錢；他的哥哥保羅也得到同樣數額。水手們的薪金被提高，並預支了一部分，以維持其家人生計。這或許是因為大家認識到，其中很多人永遠回不來了。事無巨細，全都一絲不苟地辦理。船隻攜帶當時最好的航海輔助設備：除了測深鉛錘和沙漏、星盤和最新的地圖，或許還有亞伯拉罕・薩庫托前不久印製的根據太陽高度測算緯度的表格的副本。二十門火砲被運上船，既有大型射石砲，也有較小的後裝迴旋砲，另外還裝載大量火藥（密封起來，以免被海上的潮濕空氣損害）和砲彈。對於熟練技工，如木匠、填塞船縫的工人、鐵匠和製桶工人，每個工種都招募兩人，以防技工死亡後便無人從事相關的工作。探險隊裡有會說班圖語和阿拉伯語的譯員；有樂師為水手號子領唱，以及演奏慶典音樂；有砲手、武士和本領高強的水手，再加上一群地位低微的「甲板小廝」。這些小廝包括非洲奴隸、孤兒、皈依基督教的猶太人和犯人，被招來從事體力勞動：拖曳繩索、起錨和起帆、抽乾艙底汙水。犯人是死不足惜的廉價勞動力。他們被特別從監獄釋放，參加遠航。到了無書面記載、可能對探險隊抱有敵意的海岸之後，他們將率先被送上岸去打探消息。還有神父負責引領禱告，並為死者舉行海葬，為其靈魂祈禱。

一共有四艘船：兩艘克拉克帆船，名字分別是「聖加百列」號和「聖拉菲爾」號，即大天使的名字，這是根據若昂二世去世前的一個誓言取的名字。還有一艘卡拉維爾帆船「貝里奧」號，以及一艘兩百噸的補給船。達伽馬招募一些他認識的水手，以及他能夠信賴的親戚，以減少這個緊密小團體在遠航時發生內訌的可能性。其中包括他的哥哥保羅，擔任「聖拉菲爾」號的船長，以及他的兩個堂兄弟。他的領航員和高級船員是當時經驗最豐富的人。其中有佩羅・德・阿倫克爾和尼古拉・科艾略（Nicholas Coelho，他曾與迪亞士一起繞過好望角），還有迪亞士的弟弟迪奧戈。還有一位領航員佩羅・埃斯科巴爾（Pêro Escobar）的名字被鐫刻在葉拉拉瀑布的岩壁，他曾與迪奧戈・康一同航行。迪亞士也計劃參加遠航的第一階段，乘坐其中一艘船前往幾內亞海岸。

此次遠航是向未知世界的一次試探，規模不大，但成本很高。朝廷用來自幾內亞海岸的黃金

---

④ 克魯扎多（cruzado）在葡萄牙語中的字面意思是「十字軍戰士」，是葡萄牙古時的金幣或銀幣名稱，面值和價值差別很大。巴西的貨幣也曾用這個名字。

為其提供資金。另外，還有一筆意外之財也被用於此次遠航。一四九六年，為了與西班牙的伊莎貝拉公主結婚，曼努埃爾一世不得不同意她的要求，將葡萄牙境內不願改信基督教的猶太人驅逐出境。這些猶太人的家財和貨物被政府沒收，成為意想不到的資金來源。

✯

遠航準備就緒的時候，已是一四九七年仲夏。船帆被畫上聖戰者基督騎士團⑤的紅十字，木桶被滾上船，重砲被絞車安放就位，船員們集合起來。小船隊離開造船廠，停泊在賴斯特羅（里斯本下游的一個漁村）的海灘。在酷暑時節，曼努埃爾一世返回位於新蒙特莫爾（Montemor-o-Novo，距離海岸約六十英里）的山頂城堡。達伽馬及船長們前往那裡，接受航行指示和國王的儀式祝福。達伽馬在國王面前跪下，隆重地接受此次遠航的指揮權。國王還賜與他一面飾有基督騎士團紅十字的絲綢旗幟。國王向他發布了命令：在印度一座名叫卡利卡特的城市尋找基督徒國王，他應向其呈送一封用阿拉伯文和葡萄牙文寫的書信；建立香料和「古代作家們交口稱頌的那些東方財富，後來威尼斯、熱那亞和佛羅倫斯等國家因此興盛」[11]的貿易。還有一封信是寫給祭司王約翰的。達伽馬的使命既是神聖的，也是世俗的，十字軍聖戰的意味和商業競爭交融。

自航海家恩里克的時代以來，里斯本城牆之外，塔霍河畔的小村賴斯特羅就是葡萄牙航海家們啟程的傳統出發點。它坡度平緩的海灘為宗教儀式和感情洋溢的啟航慶典提供一個寬闊的舞台：「對出發的人來說，這是灑淚的地方；對回家的人則是喜悅的場所。」[12]在賴斯特羅之上的山丘，恩里克的小教堂俯瞰著向西注入廣闊大海的塔霍河，這座教堂是奉獻給「伯利恆的聖瑪利亞」的，為的是向啟航的水手們送去聖餐。在啟航的酷熱前夜，全體船員（一百四十八至一百六十六人）在那裡守夜和祈禱。

✯

一四九七年七月八日，星期六。尋找「隱藏了許多世紀」[13]的印度的行動開始了。這一天是聖母瑪利亞的瞻禮日，宮廷星相家為船隊出發選擇了這個吉日。一個月前，教宗授權曼努埃爾一世永久占有從異教徒手中征服的土地，條件是沒有其他基督徒國王已經對其提出主權聲明。人們從里斯本蜂擁而出，為親友送行。達伽馬率領部下進行一次虔誠的遊行，從小教堂走到海灘，由基督騎士團的神父和僧侶組織。水手們身穿無袖上衣，手捧點燃的蠟燭。神父們緊隨其後，吟唱連禱，人們呼喊應答。遊行隊伍走到水邊時，人群陷入沉默。所有人都跪下告解，並根據教宗詔書接受恕罪。恩里克從教宗那裡得到這份詔書，為所有「因探索和征服」[14]而死的人免罪。據歷史學家巴羅斯記載：「此次儀式中，所有人都落了淚。」[15]

然後，水手們乘小艇來到大船上。在節奏感很強的鈸聲中，船帆升起，小艇被推開，達伽馬的旗艦「聖加百列」號升起王旗。水手們向天舉起拳頭，吟唱著傳統的呼喚：「一帆風順！」在口哨聲中，小船隊在風力驅使下開動了，由兩艘克拉克帆船引領，它們的船首載著大天使加百列

---

⑤ 一三一二年，聖殿騎士團遭受教宗克雷芒五世（Clement V）鎮壓。葡萄牙國王迪尼什一世（Dinis I）保護了葡萄牙境內的聖殿騎士團組織，後來將其改建為「基督騎士團」。

圖10　藝術家對「聖加百列」號的復原。

和拉菲爾的木刻像，塗色非常美麗。人們涉水前行，隔著愈來愈遠的距離，再望自己的親友最後一眼。[16]「就這樣，一群人轉身眺望陸地，另一群人望著大海，同樣涕泗橫流，思慮著那漫長的旅途。他們保持這個姿態，直到航船遠離了港口。」船隊順塔霍河而下，直到經過河口，開始第一次感受到大洋的刺激。

在「聖拉菲爾」號上有一個人（我們始終無法百分之百地確定他的身分），已經在開始準備記錄此次航程。這位不知名的作者這樣驟然地開始他言辭簡練的日記（這是隨後事件的唯一一份親歷者記述）：

以上帝的名義，阿門！

一四九七年，葡萄牙國王曼努埃爾一世派遣四艘船去發現和尋找香料。我們於一四九七年七月八日，星期六，離開賴斯特羅。願天主允許我們為了祂完成此次旅行。阿門！[17]

他們的目標之一——「尋找香料」是明確的，但奇怪的是，發現（descobrir）是個不及物動詞，沒有說要發現的物件是什麼。這暗示在很大程度上，這是一次奔向未知世界的盲目之旅。

他們借助有利的風向，沿非洲海岸南下，不到一週就看到加那利群島。考慮到天氣可能變壞，達伽馬下令，假如各船分散了，那麼就在南面一千英里處的佛德角群島集合。次日夜間，「聖拉菲爾」號在濃霧中迷失了方向。第二天霧散之後，「聖拉菲爾」號的船員發現另外三艘船已經無影無蹤。它只得獨自繼續航行。七月二十二日，「聖拉菲爾」號發現了佛德角周邊的零星島嶼，看到其他船隻。但這一次，「聖加百列」號連同其指揮官都失蹤了。其餘三艘船的水手大感挫折，加之遇上風平浪靜，船隻因無風而受困四天之久。七月二十六日，「聖加百列」號終於露臉，大家長舒了一口氣。「當晚我們與他們聯繫上了。為表達喜悅的心情，我們多次開砲並奏響喇叭。」[18]遠航的初期，大家的情緒都十分緊張。他們在佛德角群島的聖地牙哥島停留了一週，修理桅杆，補充肉食、木材和盡可能多的淡水（盛裝在木桶內），為遠洋航行做準備。

「八月三日，星期四，我們向東進發。」[19]不知名的日記作者這樣記載道。事實上，他們即將開展一個幾乎完全沒有先例、僅有極其含糊記載的行動。在佛德角群島以南約七百英里、南緯約七度處，「聖加百列」號及其他船隻沒有沿著已經很熟悉的非洲海岸進入幾內亞的赤道無風帶，而是轉舵朝向西南，繞了很大一個弧線，深入大西洋的心臟。陸地已經消失。快速進入未知海域的船隊很快彷彿就被茫茫大洋「吞沒」了。船帆在鹹濕的海風中劈啪作響。

達伽馬的航程遵循迪亞士九年前發現的貌似違反直覺但非常有效的路線：要想繞過非洲，需要先繞個大彎，向西進入大洋，然後轉身向東，借助西風，從好望角外海駛過。而「聖加百列」號的航行方法把迪亞士的做法放大了許多倍。很顯然地，到十五世紀末，葡萄牙航海家一定已經清楚地掌握了南大西洋風的運作模式，但我們不知道他們是如何了解到大西洋西南部分的風向知識的。有人提出，在迪亞士返航之後，葡萄牙人還開展了一些祕密的探索之旅，但這目前還只是推測。葡萄牙人的自信——將船隻駛入大洋深處，依賴太陽位置來判斷方位——一定來源於其他方面。如果達伽馬的這趟旅程讓船員們也膽戰心驚，那本不動聲色的日記卻沒有顯露出來。八月二十二日，他們看到類似鷺的鳥向東南偏南飛翔，「彷彿在前往陸地」[20]，但此時他們離開海岸已經有八百里格，即超過兩千英里。他們根據日曆中的聖徒瞻禮日來維持自己對時間流逝的把握，除此之外他們的世界就是一片空蕩蕩的海與天、太陽與風。再過兩個月，日記作者才看到一些值得記錄的東西，能夠表明他們並非迷失在虛空之中：「十月二十七日，星期五，聖西門和聖猶大瞻禮日的前一天，我們看到許多鯨魚。」[21]

甚至在水手們操舵轉向西南之前，航船也感受到大海的重壓。在聖地牙哥以南六百英里處，「聖加百列」號的主桁端斷裂，「我們以船首迎風，利用前桅帆保持船身靜止，降下主帆，就這樣過了兩天一夜」[22]。船員的堅韌一定受到極限考驗。所有人輪流值班，每班四個小時，不分晝夜；船上的小廝用沙漏計時，時間到了的時候，就呼喊：「換班了，時間到了！」[23]無需技能的體力勞動，如抽出船底汙水、升帆、拖曳繩索、擦洗甲板，由犯人和身無分文的窮人承擔。船員的飲食很不均衡，包括餅乾、肉類、油和醋、豆類和鹹魚，如果能捕獲新鮮的魚，就吃鮮魚。隨著漫長的時光流逝，所有食物都變質腐壞，餅乾被蟲蛀，老鼠也飢腸轆轆。不過海船一般會帶貓，有時是鼬，以對付老鼠。如果條件允許，可以一天吃一頓熱飯，飯菜是在沙箱裡烹飪的。食物不會短缺，但飲用水會變得匱乏。隨著旅程繼續，船上儲藏的淡水愈來愈汙濁變臭，必須兌醋進去。木桶內的淡水用完後，就灌入海水，以維持船隻的平衡。

船上的貴族是船長和領航員，他們的金項鍊上掛著哨子，身穿黑色天鵝絨斗篷，以表明他們的官職。他們在自己的私人艙房內吃睡，其他人則根據地位，安頓在不同地方。有經驗的水手住在艄樓，武士住在艦橋下。夜間艙內空氣混濁惡臭，而犯人和棄兒們更可憐。船隻駛過赤道，進入比較寒冷的海域時，他們只能睡在甲板上，裹著羊皮或油布瑟瑟發抖。所有人都穿著因為沾著鹽而硬挺的衣服，躺在稻草床墊上睡覺。如果天氣潮濕，他們的衣服永遠乾不了。如果水手死亡，他們的油布毯子將會做為他們的裹屍布，陪他們墜入深海。他們往木桶裡排泄，如果海況平穩，就直接向船外拉屎撒尿。沒有人洗澡。每天的日常生活就是呼喊換班、按時吃飯、緊急維修的任務，以及清晨和夜間定時的祈禱。在暴風驟雨的日子，水手們高高地攀爬在索具上，俯瞰著顛簸狂暴的大海，調整風帆、收放或者調節沉重的帆布，感受風雨的擊打。船隻狀況良好、海況穩定的時候，水手們也會娛樂一下。他們被禁止打牌賭博，因為這很容易造成麻煩。他們可以釣魚、補眠、讀書（如果他們識字的話），按照笛子或鼓點唱歌跳舞，或者聆聽神父朗讀聖徒傳記。在聖徒瞻禮日，可能在甲板上組織宗教遊行。舉行彌撒的時候，不分發聖餐，以免聖餐杯傾倒，褻瀆了聖餅與酒。樂師的任務就是為大家提供娛樂，以維持士氣。

水手們愈來愈憔悴、乾渴，因為暈船而羸弱。無法適應航海生活的人紛紛死於痢疾和高燒。雖然餐食中起初加入了水果乾、洋蔥或豆類，以促進水手的健康，但這些食物漸漸腐敗，無法入口。漸漸地，幾乎無人察覺地，所有船員都慢慢卻不可避免地染上了「水手病」。若沒有充足的維生素C，六十八天後就會出現症狀。八十四天後，開始有人死亡。一百一十一天後，壞血病就能消滅整條船的船員。對達伽馬的部下來說，時間正一分一秒地流逝。

★

雖然遭到大海的沉重打擊——赤道的酷熱，溫度逐漸下降，南方海域的驚濤駭浪——船隊還是繼續前進，平均每天能前進約四十五英里。在大約南緯二十度，水手們感受到風向的變化，於是轉向東南方，開始東進，希望能繞過好望角。十一月四日，星期六，言簡意賅的日記作者又一次提筆記錄，幾乎完全沒有提及他們前頭的旅程：「測深為一百一十一英尋⑥。九點，我們看到了陸地。然後各船靠攏。我們換上喜慶的衣服，鳴砲向總司令致敬，並以大小旗幟裝點我們的航船。」[24]這些簡潔的話語背後掩飾著壓抑已久的激烈情感。他們已經連續九十三天看不見陸地，在開闊海域航行約四千五百英里，並堅持下來。這是了不得的航海成績。哥倫布抵達巴哈馬的航行持續了僅僅三十七天。

事實上他們還沒有到好望角，而是在好望角西北一百二十五英里處的一座開闊海灣登陸。利用此次登陸，他們一絲不苟地維修了船隻：清洗船體，修補船帆和桁端。他們還狩獵以獲取肉類，並補充淡水。他們第一次得以組裝和使用星盤（在顛簸的甲板無法使用星盤），記錄準確的緯度。他們與土著的會面氣氛緊張。據日記作者說，這些土著「膚色黃褐」[25]。他還吃驚地發現，「土著的狗數量極多，與葡萄牙的狗相似，吠聲也差不多」。葡萄牙人俘虜了一名土著男子，將他帶到船上，給他食物。但譯員也無法理解這些土著的語言。「他們講話的時候，好像在打嗝。」[26]日記記載道。這些土著是科伊科伊人（Khoikhoi），西南非洲的游牧民族。後來歐洲人稱其為霍屯督人（Hottentots），這個名字是模仿他們說話的聲音。起初雙方的交流還是友好的。日記作者得到「一隻他們戴在陰莖上的殼子」[27]。但雙方最後發生衝突，達伽馬被土著用矛打成

⑥ 英尋為測水深的單位，一英尋合六英尺或一點八二八八公尺。

輕傷。「之所以發生所有這些事情，是因為我們鄙夷這些人，認為他們沒有鬥志，沒有能力施展暴力，因此我們登陸的時候沒有攜帶武器。」[28]這或許是此次遠征的一個重大時刻。此後，葡萄牙人登陸時總是小心戒備，並全副武裝。他們常常受到一丁點的刺激就射擊。

在暴風驟雨中，他們花了六天，嘗試多次才成功繞過好望角。他們再度登陸牧牛人灣（此時已經更名為聖布萊斯〔St. Brás〕灣，迪亞士九年前到過此地）時，大肆炫耀武力：他們身穿胸甲，弩弓蓄勢待發，長艇上的迴旋砲隨時待命，以便讓前來觀看他們的土著知道「我們有能力傷害他們，儘管我們並沒有這個意願」[29]。這些會面的時刻，雙方相互無法理解，就像之前葡萄牙人沿著西非海岸航行期間與土著的多次接觸一樣。但也有一些時刻，雙方逾越文化與語言的鴻溝，體現出人性的溫暖。在這裡，他們開始將補給船上的物資搬運到其他船上，然後將補給船燒毀在海灘上。

十二月二日，一大群土著，約兩百人，來到海灘。

> 他們帶來十幾頭牛和四、五隻羊。我們一看到他們，就上岸了。然後他們開始吹奏四、五隻笛子，有的是高音，有的是低音，構成悅耳的和聲，儘管我們沒想到這些黑人懂得演奏音樂。他們按照黑人的風格跳舞。總司令隨後命令奏響喇叭。我們在小船上跳起舞來，總司令重新回到我們身邊的時候也跳起來。[30]

一時間，非洲人與歐洲人在節奏和韻律中聯合起來。但雙方的相互猜疑並沒有消散。幾天後，葡萄牙人因為害怕遭到埋伏，從船上用他們的後裝迴旋砲開砲，驅散了土著牧民。葡萄牙人乘船駛走的時候，回望海灣，看到的最後一幅景象是科伊科伊人拆毀他們不久前樹立的石柱與十字架。為了洩憤，葡萄牙人一邊航行，一邊用大砲轟擊一群海豹和不會飛的企鵝。

小船隊因為未能儘快繞過好望角而付出沉重的代價。由於風暴，船隊暫時分散了。十二月十五日，他們頂著強勁的逆流，艱難駛過迪亞士的最後一根石柱。到二十日，他們又被海流沖回那裡。當初迪亞士的部下就是在此處拒絕前進的。幸虧從船尾方向刮起非常猛烈的風，達伽馬的船隻才脫離這海岸迷宮，得以繼續前進。「此後，上帝就仁慈地允許我們前進！」日記作者大感快慰地寫道，「願上帝保佑，一直是這個樣子！」[31]

但繞過非洲的艱難航行對人員和船隻都造成很大損害。「聖拉菲爾」號的主桅在接近頂端的地方破裂了，然後又損失一隻錨。飲用水愈來愈少。現在每人的飲水配給只剩三分之一升，而且他們燒飯用的是海水，所以讓他們更加乾渴。壞血病開始在船員當中肆虐。他們急需登陸，進行休整。

一四九八年一月十一日，他們抵達一條小河。他們立刻感受到自己進入一個全新的世界。聚集到海灘上觀看的人們身材魁梧，與科伊科伊人迥然不同。他們並不畏懼葡萄牙人，而是客客氣氣地接待這些陌生的白人。這些人是班圖人，葡萄牙人的譯員能夠和他們交流。葡萄牙人補充了淡水，但不能久留，因為風向對他們有利。一月二十二日，他們抵達一處低矮而林木蔥蘢的海岸和一條比之前所見大得多的河流的三角洲，水中潛伏著鱷魚和河馬。皮膚黝黑、身材挺拔的人們乘著獨木舟前來，與他們會見和做生意，不過有些土著在葡萄牙人的日記中被描述為「非常傲慢……看不上我們給他們的東西」[32]。

此時壞血病的肆虐已經非常嚴重，許多船員的身體狀況非常糟糕。他們的手腳和腿腫脹得可怕；他們的牙齦滿是血汙、腐敗發臭，並且覆蓋了牙齒，彷彿將牙齒吞噬了，所以他們無法進食。他們的口臭變得令人無法忍受。開始有船員死亡。保羅・達伽馬不斷用自己的藥品撫慰和治療病人與垂死者。但挽救整支探險隊的不是保羅的治療，也不是像有些人相信的那樣，是當地的健康空氣，而是因為贊比西（Zambezi）河兩岸長滿了水果。

他們在龐大的三角洲下錨，逗留了一個月，將船體傾側後進行清掃、堵縫或修理，維修「聖拉菲爾」號的桅杆，補充淡水，並從風浪顛簸的摧殘下恢復元氣。他們再次啟航之前，樹立了一根奉獻給聖拉菲爾的石柱，並將贊比西河命名為「吉兆河」。從空氣中、更溫暖的氣候和當地土著較高的文明程度，葡萄牙人感受到一種期許。航海七個月後，他們已經抵達印度洋的門前。

✯

二月二十四日，船隊出發，現在進入莫三比克（Mozambique）海峽，即東非海岸與馬達加斯加島之間的開闊海峽。此處海域的漩渦和湍流可能對航船造成嚴重威脅。天氣愈來愈熱；海天一色，盡是鮮亮的碧藍；陸地一面的景致是綠樹、白沙與碎浪。為了避免在沙洲擱淺，他們只在白天航行，夜間停船落錨。他們的航行一帆風順，直到三月二日發現一處大海灣。較輕型的卡拉維爾帆船「貝里奧」號在測深時認錯了水道，一段時間內在一處沙洲擱淺。領航員科艾略努力駕船脫離沙洲時，他們看到一群人乘坐獨木舟在銅喇叭的樂聲中，從鄰近一座小島駛來。「他們邀請我們進入海灣深處，說如果我們願意，他們可以引領我們入港。其中一些人登上我們的船，品嘗我們的飲食，吃飽喝足之後離去了。」[33]他們得知，這個港口叫做莫三比克，他們交流的語言是阿拉伯語。他們已經來到穆斯林世界。此時，他們複雜的任務出現一個新的轉機。

第四章　「讓魔鬼把你抓走！」

一四九八年三月至五月

數千英里之外，里斯本的聖喬治宮，牆上懸掛的毛羅修士繪製的原型地圖展示著自身版本的世界形態。這幅地圖上的非洲被嚴重扭曲，印度不像是個清晰的次大陸，而是巨大的圓形亞洲被撕裂的一角。地圖的大部分註釋和地名來自十五世紀威尼斯旅行家尼科洛・達・孔蒂的漫遊和講述。但這幅地圖清楚地表明葡萄牙人需要跨越的印度洋，以及沿海城市卡利卡特。孔蒂說，卡利卡特是印度貿易的核心。地圖上，「卡利卡特」下方寫著誘惑人的圖說：「胡椒產地。」據說，間諜科維良在消失於衣索比亞的高原之前，在開羅轉發了一封信，裡面記錄他強往印度的任務詳情。這應當能給葡萄牙人許多資訊，說明他們了解他們駛入的那個世界。但至今我們都不清楚，科維良的信有沒有被送回里斯本，更不知道若昂二世有沒有將其中的資訊傳遞出去。而達伽馬在遠航時，腦子裡有怎樣的祕密指示、地圖、目的地或地理學知識，這是記載達伽馬航行過程的那位不知名日記作者也不知道的。達伽馬似乎攜帶著一封信，收信人是非常含糊的卡利卡特的「印度的基督徒國王」。這封信是用阿拉伯語寫的，表明葡萄牙人知道印度洋地區有許多穆斯林。除此之外，從此後發生的事情來判斷，葡萄牙人對這個世界，包括它的氣候規律、歷史悠久的貿易網絡、伊斯蘭教與印度教之間複雜的文化關係、商業與政治傳統，知之甚少。他們犯下許多錯誤，產生許多誤解，而這些錯誤和誤解將引發深遠的影響。

印度洋的面積是地中海的三十倍，形狀像一個巨大的字母M，印度就是M中間的V。印度洋的西面是阿拉伯半島的熾熱海岸和東非斯瓦希里（Swahili）的漫長海岸；東側是爪哇島和蘇門答臘島，澳大利亞西部的末端將印度洋與太平洋隔開；南面是南極冰冷而狂暴的海流。在風帆時代，印度洋一切航行的時機與貿易路線都由規律性很強的季風所決定。季風是地球氣象的最宏偉戲劇之一，根據它季節性的周而復始，就像一套相互咬合的齒輪一樣，人們得以將貨物運過這片大洋。印度洋西部傳統的海船是阿拉伯三角帆船，這是一個大類的名稱，包括樣式與類型不同的配有三角帆的瘦長型船隻，尺寸和設計根據不同地區有所差別，從五至十五噸的沿海船隻，到數百噸的遠洋航船不等，後者比達伽馬的克拉克帆船雄偉得多。歷史上的阿拉伯三角帆船是用椰子外殼纖維和椰子纖維製成的繩索固定起來的，不用釘子。與哥倫布不同，葡萄牙人闖入的並非沉寂的海域，數千年來，印度洋一直是世界貿易的十字路口，將貨物運過遙遠的距離，從廣東到開羅，從緬甸到巴格達，借助於多個貿易體系、航海風格、文化與宗教和一系列中心交織而成的複雜網絡。這些中心包括：馬來半島上的麻六甲，它比威尼斯更大，是來自中國與更遙遠的香料群島的商品的集散地；印度西海岸的卡利卡特是胡椒的市場；霍爾木茲是通往波斯灣與巴格達的門戶；亞丁是紅海的出入口和通往開羅的路徑，也是伊斯蘭世界的神經中樞。印度洋沿岸還有其他數十座小城邦。印度洋輸送著來自非洲的黃金、黑奴和紅樹枝幹，阿拉伯半島的薰香和海棗，歐洲的金銀，波斯的駿馬，埃及的鴉片，中國的瓷器，錫蘭的戰象，孟加拉的大米，蘇門答臘島的硫磺，摩鹿加群島的肉豆蔻，德干高原①的鑽石，以及古吉拉特（Gujarat）的棉布。在印度洋，沒人能夠形成壟斷，因為它太龐大、太複雜，所以亞洲大陸的各個強國把海洋留給商人。印度洋有小規模的海盜，但沒有奉行貿易保護主義的武裝船隊；幾乎沒有領海的概念；曾經的海上超級大國——明朝的星槎船隊一度前進，又後退了。印度洋是一個碩大無朋而相對安定的自由貿易區，全世界財富一半以上要通過它的海域，流過一個被許多玩家瓜分的商業聯邦。據說：「神把大海給了大家。」[1]

這就是辛巴達（Sindbad）的世界。它的主要商人群體大部分是穆斯林，他們零散地分布在印度洋周邊，從東非栽種棕櫚樹的海灘，到東印度的香料群島。在印度洋，伊斯蘭教不是透過武力傳播的，而是由傳教者和商人乘坐阿拉伯三角帆船，播撒到各地。這是一個多種族的世界，貿易依賴於社會與文化的交往、遠途移民，以及伊斯蘭教、印度教、佛教的信徒和當地基督徒與猶太人之間一定程度的相互協調合作。印度洋世界比葡萄牙人起初能夠理解的要豐富得多、層次更多也更複雜。決定葡萄牙人思維的，是他們在非洲西海岸發展起來的壟斷貿易權，以及在摩洛哥開展的聖戰。他們似乎不知道印度教的存在，而他們受到遏制時的第一個衝動就是咄咄逼人地進攻：他們隨時準備綁架人質，點燃的蠟燭始終在射石砲的點火孔附近待命。他們帶著船上高射速

① 德干（Deccan）高原幾乎覆蓋了整個南印度，海拔從北部約一百公尺到南部一千公尺不等，在印度次大陸南部構成一個向下指的三角形。

的火砲闖入印度洋。他們是來自印度洋世界固有規則之外的闖入者。最致命的是，他們在印度洋遇到的那些船隻都沒有可與他們相提並論的防護。

達伽馬船隊接近莫三比克城的時候，當即發現此地與他們見識過的非洲大不相同。這裡的房屋整潔優美，屋頂覆蓋茅草；他們能夠瞥見禮拜尖塔和木製結構的清真寺。那裡的人們顯然是穆斯林商人，衣著華麗，身披絲綢鑲邊、帶有黃金刺繡的長袍。他們是說阿拉伯語的城市居民，葡萄牙人的譯員可以和他們交流。葡萄牙人通常都受到友好的歡迎。「當地人立即躊躇滿志地登上我們的船，彷彿他們早就與我們熟識，並與我們親切地交談。」[2]葡萄牙人第一次聽到他們前來尋覓的那個世界的音訊。透過譯員，他們得知了「白穆斯林」（來自阿拉伯半島的商人）的貿易情況；港內有四艘「白穆斯林」的船隻，運來了「黃金、白銀、丁香、胡椒、薑和銀戒指……珍珠、珠寶和紅寶石」[3]。不知名的日記作者以懷疑的語氣（他不肯輕信也是情有可原）補充道：「在我們即將前往的地方，這些貨物很多……寶石、珍珠和香料極其豐富，根本不需要去購買，只要蒐集來放到籃子裡就是了。」這種令人陶醉的財富誘惑對葡萄牙人是極大的鼓舞。他們還得知，沿岸地區居住著大量基督徒，並且「祭司王約翰的住地離這裡不遠；他統治著沿海的許多城市，那些城市的居民都是巨賈富商，擁有自己的大船」[4]。不管翻譯過程當中出了多少錯誤和遺漏，「我們興高采烈，懇求上帝賜與我們健康，好讓我們親眼目睹我們如此憧憬的東西」[5]。

葡萄牙人漸漸意識到，當地人把他們也當成穆斯林商人。起初當地蘇丹也秉承友好的精神，登上葡萄牙船隻。儘管達伽馬努力擺開排場（這應當不是很輕鬆，因為他的船隻和人員的外表都很寒酸），但蘇丹看到葡萄牙人呈上的禮物品質，還是大失所望。葡萄牙人顯然不知道這個新世界有多麼富庶，所以從里斯本啟航時只帶了一些用於取悅西非酋長的小玩意兒：銅鈴鐺和銅盆、珊瑚、帽子和樸素的衣服。蘇丹想要的是鮮紅色的布匹。既然這些怪異而憔悴的水手無法證明自己是商人或顯貴人物，那麼他們的身分和目的就招致了懷疑。蘇丹起初以為他們是土耳其人，因此熱切希望一睹他們著名的弓和《古蘭經》。達伽馬不得不逢場作戲，謊稱他們來自鄰近土耳其的一個國家，沒有帶《古蘭經》來，是因為害怕神聖的經書在海上遺失；不過他為蘇丹演示弩弓的射擊，並請他參觀一套甲冑，「蘇丹對這些大感滿意，並非常驚訝」[6]。

葡萄牙人已經了解到，海岸是多麼險象環生，「貝里奧」號在入港時不慎擱淺，而他們前方的海域遍布淺灘。達伽馬請求蘇丹派一名領航員幫助他們。蘇丹派了兩名，並索要黃金做為酬勞。達伽馬對穆斯林的意圖抱有根深柢固的猜疑，於是堅持要求其中一名領航員始終留在葡萄牙人的船上。東道主的心中狐疑漸增，雙方交流的氣氛很快被壓抑下來。三月十日，星期六，葡萄牙人的船隻離開城鎮，來到三英里外的一個島嶼，祕密舉行彌撒。這時船上的一名當地領航員逃走了。達伽馬派了兩艘小船去追捕他，但小船遇到六艘來自島嶼的武裝船隻，小船被下令返回莫三比克城。此時基督徒可能覺得自己的偽裝被揭穿了。他們把手邊僅剩的一名當地領航員五花大綁，防止他逃跑，然後用射石砲驅散穆斯林。上路的時候到了。

但天公不作美，他們無法啟航。風向轉了，他們被迫返回島嶼。蘇丹努力議和，但遭到拒絕。隨後十天，大家神經緊繃。島上的水有鹹味，葡萄牙人開始缺少淡水，他們不得不於三月二十二日返回莫三比克港。午夜時分，他們企圖偷偷登陸以補充淡水，把剩餘的那名領航員也帶了去，此人要嘛找不到泉水，要嘛不願意找到。第二天晚上，他們又試了一次，發現泉水有二十人守衛，他們用射石砲轟擊守軍，將其驅散。爭奪淡水的戰鬥在持續。次日，他們發現泉眼處仍然有人把守，這一次守軍搭建木柵來掩護自己。葡萄牙人砲擊這個地點三個鐘頭，直到守軍逃走。三月二十五日，砲擊的持續威脅使得當地居民都閉門不出。葡萄牙人取了淡水，從一艘小艇抓了幾名人質，最後向城鎮放了幾砲，這才離去。

葡萄牙人倍感挫折，於是做出咄咄逼人的反應，這已經形成一種模式。船長們的脾氣愈來愈暴躁，猜疑心愈來愈重，渴望得到可靠的給養和一個基督教港口的友好歡迎，但他們的願望得不到滿足。北上的航程十分緩慢，他們被逆風往相反的方向推。因為不信任扣押來的領航員，他們必須小心翼翼地試探水深，以躲避沙洲和淺灘。他們錯過了基爾瓦港（Kilwa，他們相信那裡有許多基督徒），認為是領航員欺騙他們，於是狠狠鞭打他。「聖拉菲爾」號不慎擱淺，他們最後終於抵達蒙巴薩（Mombasa）港。這一天是棕枝主日②。「我們欣喜地在此地落錨，」日記作者寫道，「因為我們相信次日一定能夠登陸，與基督徒一同聽彌撒。據說這裡的基督徒有自己的聚居區，與摩爾人③隔開。」[7]與基督徒待在一起的想法令人寬慰，難以磨滅。

在蒙巴薩登陸的情形與之前相似。當地蘇丹起初歡迎他們。葡萄牙人試探性地派了兩人（可能是犯人）上岸，受到當地人的熱烈歡迎。他們第一次遇見「基督徒」，「他們給他們（葡萄牙人）看一張紙，那是他們膜拜的對象，紙上畫著聖靈的草圖」[8]。葡萄牙人早期最根深柢固、幾乎滑稽可笑的一個誤解就是，擁有自己神祇形象的印度教徒（葡萄牙人對其幾乎一無所知）其實是基督教的一個離經叛道的派系。葡萄牙人來到印度洋的時候，希望能找到背離正統的基督徒。這些當地人拿著擬人化的圖像，葡萄牙人就想當然耳以為他們是基督徒。

蘇丹給他們送去了一些香料樣品，以開始貿易活動。不過葡萄牙人的惡名可能已經傳播到此地。當地人的歡迎讓葡萄牙人放鬆了警惕，小船隊準備在當地人的引導下入港，但這時「聖加百列」號開始飄移，撞上另一艘船。在混亂中，船上的當地領航員驚慌失措，可能是因為害怕受罰，跳入海中，被當地小艇接走了。現在葡萄牙人驚恐張皇起來。當夜，他們嚴刑拷打兩名人質，往他們的皮膚潑滾油，強迫他們「招認」，當地人已經下令要俘虜葡萄牙船隻，以報復他們砲擊莫三比克的行為。「第二次上刑的時候，其中一名穆斯林雖然雙手被縛住，還是跳海了；上午，另一人也效仿他而去。」[9]他們顯然寧願冒著被淹死的風險，也不願承受酷刑。

將近午夜，船上的瞭望哨發現，月光下海面波光粼粼，似乎有一群金槍魚游過。其實那是有人在靜悄悄地向船隻游來。接近「貝里奧」號後，他們開始割斷纜繩；其他人則爬上船，爬到索具上，但「看到自己暴露，就靜悄悄地滑下去，逃走了」[10]。四月十三日上午，船隊再次啟航，前往沿海以北七十英里處的馬林迪，尋覓更好的運氣和可靠的領航員。佚名日記作者的記述表明，病人的恢復情況不錯，「因為這裡的氣候非常宜人」[11]。當然病人恢復的原因更可能是他們食用的大量柑橘中的維生素C。即便如此，遠征也舉步維艱，水手們起錨時因為筋疲力竭，無力

---

② 棕枝主日是慶祝耶穌勝利進入耶路撒冷的節日，日期是復活節前的星期日。根據基督教多個教派的傳統，信徒在這一天要手捧棕櫚枝，舉行宗教遊行，以紀念耶穌進入耶路撒冷時群眾在他面前拋撒棕櫚枝。在有些國家，因為難以獲得棕櫚枝，也可以用本土其他樹的樹枝代替。

③ 在中世紀，北非、伊比利半島、西西里島和馬爾他島等地的穆斯林被歐洲基督徒稱為「摩爾人」。摩爾人並非一個單獨民族，而是包括阿拉伯人、柏柏人和皈依伊斯蘭教的歐洲人等。摩爾人也被用來泛指穆斯林。

將錨升起，不得不割斷繩索，將一隻錨留在海底。他們沿著海岸北上的時候，遇見兩艘小船，「立刻追擊它們，打算俘獲其中一艘，因為我們需要一名能夠將我們帶到目的地的領航員」[12]。一艘小船逃走了，但他們捕獲另一艘。小船上的全部十七名乘客，包括一名地位顯赫的老人及其夫人，都選擇跳海，而不是被海盜活捉。但他們被拉了上來，葡萄牙人還從小船上獲得「金銀和大量糧食，以及其他物資」[13]。葡萄牙人認為印度洋世界對他們抱有敵意，所以到此時已經將捕捉人質當做慣用策略。

四月十四日晚，他們抵達馬林迪。這裡的房屋高聳，牆壁刷著白石灰，有許多窗戶，坐落在肥沃田野與蔥翠的景致之間。日記作者或許被思鄉之情打動，說這裡讓他想起塔霍河畔的一座城鎮。次日便是復活節星期日，沒有人前來查看這些奇怪的船隻，他們的壞名聲已經傳開了。為謹慎起見，達伽馬讓他俘獲的老人登上城鎮前方的一處沙洲，做為中間人，並等待當地人來營救他。當地蘇丹的最初反應與葡萄牙人前兩次登陸遇到的情況類似。老人帶回了消息，蘇丹「很樂意與他（達伽馬）議和……並自願將他國家的所有出產，不管是領航員還是其他什麼，全都奉獻給總司令」[14]。達伽馬帶領船隊接近城鎮，但還是拉開一段距離，努力判明局勢。他拒絕了讓他上岸的邀請，說「他的主人不准他上岸」[15]。雙方在小划艇上談判，但交流還是很友好的。蘇丹送來了羊和香料，詢問葡萄牙國王的名字，以便記錄下來，並表示希望給葡萄牙國王派去一名大使，或送去一封信。

達伽馬斟酌這些言辭，放鬆了警戒，釋放小船上的人質，以表達善意。葡萄牙人有所不知的是，他們其實在學習印度洋政治外交的第一課。蘇丹在尋找盟友，以對抗海岸南、北兩面的穆斯林貿易競爭對手。基督徒闖入者後來會漸漸學會，如何利用當地不同宗教的紛爭，建立聯盟，分而治之。雙方舉行彬彬有禮的慶典儀式，由一大片海域將他們安全地分隔開。蘇丹「大為滿意，乘船繞行我們的船隻。我們鳴禮砲向他致敬」[16]。雙方都派遣使者相互造訪，葡萄牙人派犯人上岸試探。蘇丹端坐在海灘上一座青銅寶座上，在樂師的奏樂聲中，下令他的騎兵沿著沙灘舉行模擬戰鬥的表演。達伽馬拒絕多次請他上岸拜訪蘇丹老父親的請求。

與此同時，葡萄牙人百般振奮地得知，四艘印度基督徒的船隻前不久抵達馬林迪。不久之後，這些「基督徒」便來到葡萄牙人的船上。葡萄牙人向他們展示一幅受難的基督及其母親的圖畫，「他們匍匐在地。我們在那裡期間，他們就在畫像前祈禱，並奉獻丁香、胡椒和其他物品」[17]。這些「基督徒」的船隻顯然配有大砲和火藥。夜間，他們發射火箭並鳴放禮砲，照亮了夜空，以此向基督徒朋友致敬。他們的呼喊「基督！基督！」[18]振聾發聵。他們還借助不流暢的阿拉伯語，向達伽馬發出警示，不要上岸，也不要信任穆斯林。他們和葡萄牙人見過的基督徒都不一樣。達伽馬在自己的日記中寫道：「這些印度人皮膚黃褐，穿的衣服很少，蓄著長鬍鬚和長頭髮，並且把鬍鬚與頭髮編成辮子。他們告訴我們，他們不吃牛肉。」[19]這可能是個文化上的誤會。讓葡萄牙人期待了許久的所謂基督徒可能其實喊的是：「黑天！黑天！」④

---

④ 黑天（Krishna）是印度教諸神中最廣受崇拜的一位神祇，被視為毗濕奴的第八個化身，是諸神之首。許多關於黑天的神話主要源自《摩訶婆羅多》（*Mahabharata*）和《往世書》（*Puranas*）。在藝術上，黑天通常被描述為藍黑色皮膚、身纏腰布、頭戴孔雀羽毛王冠。此外，他代表極具魅力的情人，因而常以在一群女性愛慕者簇擁下吹笛的牧人形象出現。

葡萄牙人在馬林迪受到的接待頗有些節慶氣氛。「我們在這座城鎮前方停泊了九天。在此期間，我們舉行宴會、類比戰鬥扮演和音樂演出。」[20]但達伽馬急於找到一名領航員。他又抓了一次人質，才得到自己需要的領航員。蘇丹派遣了一名「基督徒」，此人願意帶領葡萄牙遠征隊跨越重洋，前往他們渴望的目的地。他更可能是一名來自古吉拉特的穆斯林，擁有一幅印度洋西海岸的航海圖，並且熟悉四分儀，懂得觀測天文。五百年後，阿拉伯三角帆船的船長們還會咒罵這位穆斯林領航員，因為就是他最早向法蘭克人，即歐洲人洩露印度洋航海的祕密。

四月二十四日，季風風向轉為對他們有利，於是他們駕船出海，前往「一座名叫卡利卡特的城市」[21]。日記中的說法表明，至少其作者是第一次聽說這個名字。盲目地闖入印度洋的整支遠征隊可能對自己的目的地都只有非常模糊的概念。一路順風，橫穿新海域的航行驚人地迅速。他們的航向是東北方。四月二十九日，他們寬慰地發現，自從進入大西洋南部以來就看不到的北極星再次出現在夜空中。五月十八日，星期五，離開陸地僅僅二十三天，在開闊海域航行兩千三百英里之後，他們看到了崇山峻嶺。次日，傾盆大雨猛擊他們的甲板，使得能見度大幅下降，猛烈的閃電劃破天空，他們目睹的是季風的前奏。風暴平息之後，領航員認出了海岸：「他告訴我們，我們已經在卡利卡特以北，這裡就是我們想要去的地方。」[22]雨停之後，他們第一次觀察到印度：昏暗的陰影中，高高的山峰屹立著。這是西高止山脈（Western Ghats），與印度西南部馬拉巴爾（Malabar）海岸幾乎平行。他們能看見林木繁茂的山坡、一塊狹窄的平原，以及拍擊白沙灘的波浪。

葡萄牙人目睹這景象，一定百感交集。三百零九天之前，在賴斯特羅，他們曾看著自己的親

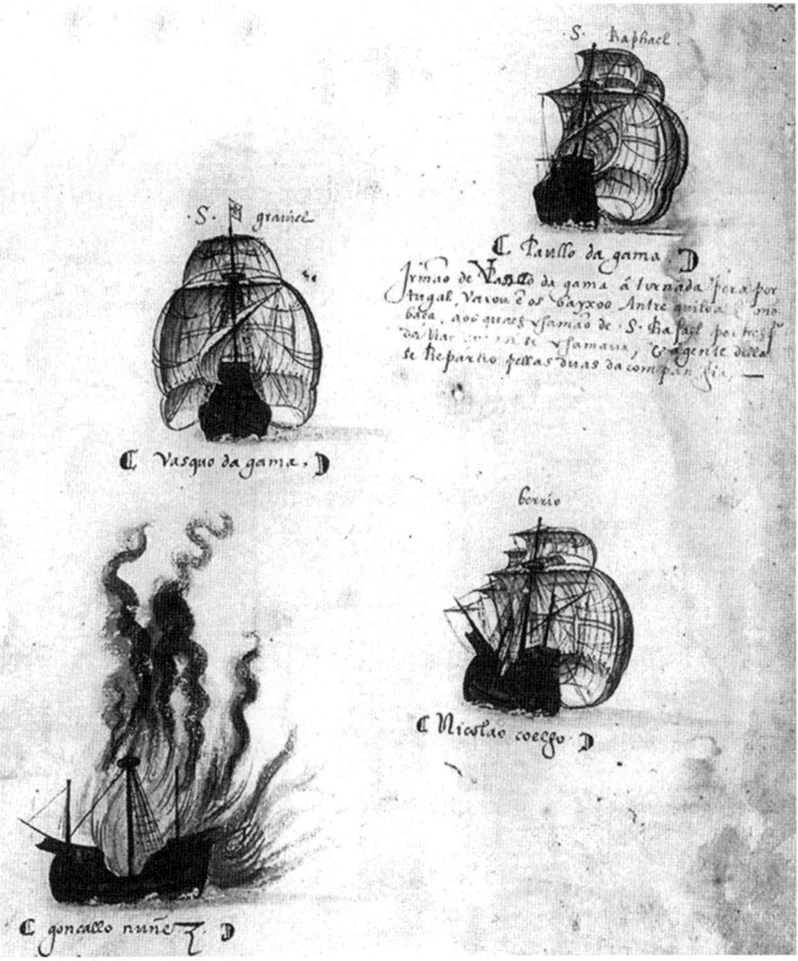

圖11　達伽馬的小艦隊，繞過好望角後，補給船被焚毀。

朋好友涉水走進海水，為他們送行。他們航行了一萬兩千英里，已經損失了不少人。而在他們的遠航之前，葡萄牙人還經歷更漫長的旅程，這可以追溯到幾十年前恩里克王子最早的一批探索之旅、沿著非洲海岸艱難南下、探索河流、損失許多船隻，以及航海和死亡的許多代人。葡萄牙人第一次模糊地看到印度，標誌著世界歷史的一個重大時刻，達伽馬結束歐洲的孤立，大西洋不再是一道屏障，而變成一條將兩個半球連接起來的通衢大道。這是全球彙聚的漫長過程中的一個標誌性時刻，但佚名作者寫下的這本日記，並沒有體會到自己的重大成就，而稍晚的葡萄牙史料對此也只有一些含糊的暗示：達伽馬慷慨賞賜了領航員，呼籲水手們禱告，並「感謝上帝，是祂把我們安全送到渴望已久的目的地」。[23]

他們抵達的時刻正是雨季的開端，此時一般不會有任何船隻造訪這片海岸。岸上的人們立刻對葡萄牙人產生興趣，既是因為這種船隻很新穎，與在印度洋航行的任何船隻都不同，也是因為他們到來的時機不符合常規。四艘小船趕來查看這些陌生的訪客，並向他們指出一段距離之外的卡利卡特。次日，這些小船返回岸邊，達伽馬派了一名犯人與這些當地人一同上岸，這個犯人名叫若昂・努涅斯（João Nunes），是個改宗猶太人，命中注定他要執行葡萄牙歷史上最著名的一次登陸。

海灘上的人們誤以為他是穆斯林，將他帶到兩名突尼斯商人那裡，他們會說一些卡斯提爾語和熱那亞方言。雙方會面之時，都大吃一驚。努涅斯發現對方用屬於他自己的大陸的語言向他說話：「讓魔鬼把你抓走！誰帶你來的？」[24]

長久的期待沒有迎來高潮，反而一下子泄了氣。在這個瞬間，世界一定都大失所望，葡萄牙人繞過了半個世界，卻發現對方用和他們的母語差不多的語言說話。伊斯蘭世界的貿易聯邦，從直布羅陀的大門到中國海域，比葡萄牙人目前能夠理解的要廣大得多。

努涅斯相當沉著和機智地答道：「我們是來尋找基督徒和香料的。」

這可能是對曼努埃爾一世發布的航行指示的相當好的描述。突尼斯人同樣感到難以置信。他們無法理解，葡萄牙人怎麼可能做這樣的航行，目的又是什麼？「卡斯提爾國王、法蘭西國王或者威尼斯共和國政府為什麼不派人來？」[25]

努涅斯大力捍衛葡萄牙的尊嚴，回答說，因為葡萄牙國王不允許他們派人。兩名突尼斯商人帶他來到他們的府邸，請他品嘗精美的食物——小麥麵包和蜂蜜，然後熱情洋溢地陪他回到船邊。其中一人剛爬上船，就高呼道：「好運氣！好運氣！好多紅寶石！好多綠寶石！你們應當好好感謝神，因為祂把你們帶到擁有這些財富的國度來！」[26]「我們聽了這話，大感震驚，所以雖然聽到了他的話，還是不敢相信。」佚名日記作者寫道，「在距離葡萄牙這麼遙遠的地方，居然有人能聽得懂我們說的話。」[27]

與友好穆斯林的會面可能和之後發生的事情一樣，讓人眼花撩亂、頭暈目眩。彷彿葡萄牙人在透過望遠鏡的錯誤一端，端詳著自己的世界。無知和孤立的是歐洲，而不是他們跌跌撞撞闖入的這片大海。而且他們真是超乎尋常地幸運。其中一個突尼斯人，被稱為孟塞德（Monçaide，可能是伊本·塔伊布〔Ibn Tayyib〕），將幫助他們理解這個新世界。他對葡萄牙有些懷念之情，他於若昂二世在位期間曾經看過葡萄牙船隻在北非海岸經商。他為葡萄牙人介紹和指引卡利卡特迷宮一般的風俗習慣，這種幫助是極其寶貴的。他告訴他們，這座城市由一位國王統治，即扎莫林⑤，意思是「海王」，他會「非常高興地接待將軍（達伽馬），因為後者是一位外國君主派來的使者；如果將軍航行的目的是與卡利卡特建立貿易聯繫，並且如果將軍為這個目的帶來恰當的商品，扎莫林會更喜悅。因為扎莫林財政收入的很大一部分來自他對貿易徵收的關稅」。[28]

卡利卡特雖然沒有天然良港，但憑藉其統治者治國有方和對商人公正的美譽，已經確立自己的地位，馬拉巴爾沿海香料貿易的主要中心。十五世紀的一位訪客寫道：「不管一艘船從何處來、到何處去，只要在卡利卡特停泊，都會受到不偏不倚的公正待遇，被徵收的關稅與其他船隻並無二致。」[29]這裡有一個規模相當大、根基很深的穆斯林貿易社區，被稱為瑪皮拉人（Mappilas），他們是穆斯林水手與低種姓的印度人的後代，也有來自阿拉伯半島的商旅（所謂「麥加商人」）。所有人都與高種姓的印度教統治者和睦相處，穆斯林與印度教徒這兩個群體之間互惠互利。中國人在一次大航海過程中注意到卡利卡特的這種互惠關係。編年史家馬歡寫道：「先是王與回回人誓定，爾不食牛，我不食豬，互相禁忌，至今尚然。」[30]⑥葡萄牙人則注定要擾亂這種和諧共存的關係。

扎莫林一般與其他高種姓的印度教徒一起生活在距離城市有段距離的一處宮殿內。他在卡利卡特城內也有一處宅邸，居高臨下，可以從那裡俯瞰港口，查看船隻穿梭來往，並徵收稅賦。他通常也在這裡接見外國商人與使者。達伽馬還在城外，於是派了兩名犯人當使節，和孟塞德一起去拜見扎莫林。

扎莫林立刻給出友好歡迎的答覆：他向使者贈送禮物，表示自己願意會見這些奇怪的訪客，並帶領隨從返回城內。他還提供一名領航員，引導葡萄牙人的船隻去一段距離之外的更好錨地，那是一座安全的港口，葡萄牙把那個定居點稱為班達里⑦。達伽馬同意轉移自己的船隻，但根據自己在非洲海岸的經驗，他非常謹慎，不肯徑直駛入領航員指示的錨地。葡萄牙人在這個新世界活動的時候，猜疑和誤讀對方動機是家常便飯。

在船上，幾位船長就下一步如何是好，展開激烈爭論。他們已經以最大的惡意揣摩伊斯蘭商人了。多數意見是，讓總司令親自上岸的風險太大。他們相信，即便當地大多數居民是基督徒，城內穆斯林商人在商業和宗教上對基督徒抱有敵意，所以不能讓總司令親自上岸。達伽馬在一次演說（可能是編年史家虛構的）中堅持說，現在沒有別的辦法了。他們已經以國王使臣的身分來到印度，他必須親自去談判，哪怕拿他自己的生命冒險。他打算帶少數人同去，並只做短暫停留：「我不打算在岸上待很久，那樣就會給穆斯林機會，搞陰謀詭計對付我。我計劃只和國王談話，三天後返回。」[31]其他人必須留在海上，由他的兄弟指揮。每天要派一艘武裝小艇接近岸邊，與岸上保持聯絡；如果他不幸遇害，其他人應當立刻啟航離開。

⑤ 請注意，扎莫林（samudri）是卡利卡特君主的頭銜，不是名字。

⑥ 出自馬歡的《瀛涯勝覽》，其中稱卡利卡特為「古里國」。馬歡，回族，字宗道，號會稽山樵，浙江會稽（今紹興）人，信奉伊斯蘭教；明代通事（翻譯官），曾隨鄭和在一四一三年、一四二一年、一四三一年三次下西洋，親身訪問占城、爪哇、舊港、暹羅、古里等國；並到麥加朝聖。他精通波斯語和阿拉伯語。

⑦ 班達里，古港口名。故址在今印度西南岸科澤科德附近。元代汪大淵《島夷志略》有專條記述。據十四世紀中期著名旅行家伊本．巴圖塔（Ibn Battutah）所述，中國商船常來此港。《元史．食貨志》市舶條譯做梵荅剌亦納。《鄭和航海圖》譯做番荅里納。

五月二十八日（星期一）上午，也就是他們抵達卡利卡特一週之後，達伽馬帶領十三人出發了。隊伍當中包括譯員和佚名日記作者，所以能夠記錄真實的第一手史料。「我們穿上自己最好的衣服，」日記作者寫道，「將射石砲搬運到我們的小船上，還帶上喇叭與許多旗幟。」[32]一方面，他們儘量擺排場；另方面又做好武裝防禦的準備。飽經風霜的水手們還因為船隻的顛簸而步伐不穩，就這樣踏上印度次大陸的土地（它「隱匿了那麼多年」）。他們盡其所能地擺出威武雄壯的姿態，在喇叭聲中登陸。十九世紀畫家將以浪漫化的筆觸描摹這個場景。

扎莫林的總督以截然相反的風格迎接他們。對步履蹣跚的水手們來說，岸上的歡迎委員會的景象一定讓他們大為警覺：一大群人，有的蓄著大鬍子和長髮，戴著金光閃閃的耳釘、耳環，許多人上身赤裸，手裡利劍出鞘。這些人是「奈爾」（Nayar），即印度教一個武士種姓的成員，自青年時代便宣誓捍衛自己的國王，直至獻出生命。葡萄牙人誤以為他們是基督徒，於是迎接的場面似乎很友好。一頂配有雨傘的轎子（專供權貴使用的交通工具）已經在等候達伽馬。六名轎夫輪班將轎子抬在肩膀上，快步前進，其餘人只能盡可能跟上。卡利卡特離海灘有一段距離，他們沿途吸引大量群眾圍觀。過了一段時間，他們在一座房屋停留，吃了帶有大量黃油的米飯和非常香甜可口的蒸魚。達伽馬非常警覺，或者已經感到焦慮，拒絕用餐；總督及其隨員到鄰近一座房屋用餐。他們之所以分開吃飯，可能是因為種姓制度的要求。

然後他們登上兩艘束縛在一起的船，駛過一條河。兩岸有許多棕櫚樹，他們身後有一大群其他船隻跟隨，河岸也有人在觀看。河岸沙灘上停放著大船。「他們全都出來看我們。」日記作者寫道，「我們下船後，總司令又一次坐上轎子。」[33]隨著他們接近城市，圍觀的人愈來愈多；女人抱著孩子從屋裡出來，跟著他們在路上走。在人群層層包圍之下，日記作者似乎感到渾身不自在，還有點暈頭轉向。他東張西望，努力觀察周圍的一切：這些人的外貌十分陌生，他們「面色黃褐」[34]，與葡萄牙人見過的非洲人十分不同；男人們有的臉剃得乾乾淨淨，有的蓄著大鬍子；女人們按照他的看法「全都矮小醜陋」[35]，但佩戴著沉甸甸的金項鍊和金手鐲，腳趾上也戴著鑲嵌寶石的指環，似乎炫耀著東印度的財富。一般來講，他看到的人們「十分友好，顯然性情溫和」[36]，但最讓他驚愕的是此地人口極多。

他們進城後，被帶到「一座大教堂……像修道院一樣大，全都是石質建築，表面覆蓋磚瓦」[37]。這其實是一座印度教神廟，但這段記述裡沒有跡象表明它並非某個非正統基督教派別的教堂。神廟外有兩根石柱，可能是濕婆神的林伽⑧。走進神廟，他們看到中央有一座聖所小堂，門是青銅做的，「聖所內有一幅小聖像，他們說是聖母像」[38]。我們不知道在翻譯的過程中究竟發生了多少誤會：葡萄牙人可能需要用阿拉伯語交流，由一名懂阿拉伯語的當地人將其翻譯成馬拉雅拉姆語（Malayalam），即馬拉巴爾沿海地區的語言。達伽馬跪下祈禱；祭祀們灑了聖水，「給了我們一些白土，這個國家的基督徒慣於將白土塗抹在自己身上」[39]；達伽馬把他拿到的白土擱到一邊。他們離開的時候，日記作者注意到，牆壁上的聖徒戴著冠冕，「形態各異，口中的牙齒伸出

⑧ 林伽（lingam）是印度教某些派別崇拜濕婆神的象徵物，形似男性生殖器像。林伽在梵語裡是「標誌」的意思。印度全國各地濕婆廟宇和家宅濕婆神龕主要供奉林伽，拜人形濕婆像的很少。林伽以「約尼」（yoni）為底座，約尼是女性生殖器像，象徵濕婆的妻子夏克提（Shakti）。信徒用鮮花、清水、青草、水果、樹葉和乾米供奉林伽。

一寸遠，而且有四、五支胳膊」[40]。

走出神廟，來到大街上，圍觀的人愈來愈多，人山人海，讓他們根本無法行進。他們不得不暫時躲在一座房屋內，然後喚來衛兵，敲鑼打鼓、吹奏喇叭和笛子並鳴槍，才清出道路。為了圍觀這些異鄉來客，人群擠到了屋頂上。他們抵達宮殿的時候，差不多已是黃昏。「我們走過四扇門，每一次都要拚命擠進去，對圍觀人群推推搡搡。」[41]入口處有人因為推擠而受傷。最後他們終於來到國王的覲見廳，「那是一座宏偉的大廳，周邊是一排排高高的座位，就像我們的劇場裡一樣，地板上鋪著一張綠天鵝絨的地毯，牆壁上懸掛五光十色的絲綢織物」[42]。端坐在他們面前的，就是他們航行了一萬兩千英里來尋找的那位基督徒國王。

第五章　扎莫林

一四九八年五月至一四九九年八月

對葡萄牙人來說，第一次見到一位印度教君主，是令人難忘的體驗：

> 國王膚色棕褐，身材魁梧，已經上了年紀。他頭戴一頂飾有寶石和珍珠的帽子或冠冕，耳朵上戴著同樣的珠寶。他身穿精緻的棉布上衣，鈕扣是很大的珍珠，鈕扣孔周邊是金線。他腰部圍著一張白色棉布，只到他的膝蓋；他的手指和腳趾都戴著許多鑲嵌美麗寶石的金戒指。他的手臂和腿上戴著許多金鐲子。[1]

扎莫林按照東方人的風俗，悠閒地斜倚在一張綠色天鵝絨臥榻上，嚼著檳榔，將其渣子吐到一個很大的痰盂裡。「國王右側立著一個金盆，尺寸很大，足以讓一個人環抱；金盆內盛著草藥。另外還有很多銀罐。臥榻上方的華蓋是全部鍍金的。」[2]

孟塞德顯然已經教導達伽馬如何以恰當的儀態回答國王的致意：不可以走得太近，講話時要把手擋在自己嘴巴前方。客人們得到水果和飲水的招待。他們被要求從一個水罐裡喝水，但不可以用嘴唇接觸水罐，於是「有些人把水倒到自己喉嚨裡，咳嗽起來；其他人把水潑灑到自己臉上和衣服上，把國王逗樂了」[3]。在人頭攢動的覲見廳，葡萄牙人在文化上處於劣勢，出了洋相，這可能刺傷了達伽馬的自尊心。

國王要求達伽馬向聚集在此的人們講話，但達伽馬捍衛了自己的尊嚴，請求與國王單獨談話。於是雙方來到一個內室，只有譯員在場。達伽馬大肆吹噓自己的使命：他們苦苦尋找印度已經六十年，如今代表葡萄牙國王（「形形色色海量財富的主人」[4]）終於來到印度，以尋找基督徒國王。他承諾次日把曼努埃爾一世的書信呈送給扎莫林。這說明達伽馬認為扎莫林是基督徒。

此時已經過去了不少時間。根據慣例，扎莫林問他們願意與基督徒（其實是印度教徒）還是與穆斯林一起住宿。達伽馬謹慎地請求讓他的人單獨住宿。這時已經是晚上十點。夜色中，大雨傾盆而下，拍打著街道。他又坐上有雨傘遮蓋的轎子；他們在蜿蜒曲折的街道行進，後面跟著一大群人；轎子走的速度很慢，達伽馬不耐煩地抱怨起來。他們暫時在房屋內避雨，但繼續與東方人交涉。當地人請他騎馬，但沒有馬鞍，於是他拒絕了。他可能一直坐著轎子，直到抵達他們的住宿地。葡萄牙水手已經把他的床送來了，還送來準備給國王的禮物。眼花撩亂的漫長一天結束了，給葡萄牙人留下極其深刻的印象：熙熙攘攘的人群、擠得幾乎喘不過氣來、陌生的儀式、激起濃烈氣味的季風暴雨。他們可能還習慣於航船鬼魅般的顛簸起伏，很快就筋疲力竭地熟睡了。

葡萄牙人在扎莫林那裡建立的公信力迅速煙消雲散。葡萄牙人在里斯本置辦的禮物遭到莫三比克和馬林迪人的鄙夷，如今在扎莫林的王國更是遭到唾棄。次日早上，達伽馬收齊準備送進宮的禮物：十二塊帶條紋的布、四個鮮紅色兜帽、四串珊瑚、六個洗手盆、一盒糖、兩箱蜂蜜和兩箱油。這些東西是用來取悅一位非洲酋長的，而不是印度洋的富庶貿易文化中的一位權貴。總督捧腹大笑：「來自麥加，或者印度其他地區的最窮的商販，拿出來的東西也比這多……如果他（達伽馬）想送禮，應當送黃金的東西。」[5]他直截了當地拒絕把這些雞零狗碎的東西送到海王那裡。雙方爆發了激烈的爭吵。達伽馬反駁道，「他不是商販，而是一位大使……如果葡萄牙國王命令他再次來印度，一定會託付給他貴重得多的禮物」[6]。一些穆斯林商人到場，進一步鄙視了這些可憐兮兮的禮物。

達伽馬要求親自到國王那裡解釋。對方告訴他，這樣是可以的，但要稍等一會兒再帶他進宮。他焦躁不安地等著，沒有人回來找他。在幕後發生了一些事情。穆斯林商人感到這些基督徒新來者對他們構成威脅；他們可能得到消息，這些基督徒的手段咄咄逼人，還砲轟了斯瓦希里海岸。卡利卡特固然是笑迎天下客的開放貿易城市，但穆斯林商人需要保護自己的利益。有證據表明，幾十年前穆斯林就是將中國商人逐出卡利卡特的主要推動力量。穆斯林商人可能覲見了扎莫林，向他提出，達伽馬說得好聽是個騙子，更有可能是海盜。葡萄牙人後來相信，穆斯林要求扎莫林將達伽馬處死。達伽馬等了一整天，怒火中燒，但他的夥伴們不像他那樣無法放鬆心情。「至於我們其他人，」日記作者寫道，「我們消遣時光，在喇叭伴奏下載歌載舞，玩得非常開心。」[7]

第二天早上，他們被帶回到王宮，在那裡又等了四個鐘頭。達伽馬現在已經是怒不可遏，他覺得這是扎莫林刻意怠慢他。最後，終於傳來消息，國王只接見總司令和另外兩人。大家都覺得「這種分隔不是好兆頭」[8]。達伽馬帶著他的祕書和譯員，在武裝人員的護衛下，走進大門。

第二次覲見國王的氣氛冰冷而費解。扎莫林問他，前一天為什麼沒有進宮。他無法理解這些陌生人的動機（如果他們不是來經商的），於是連珠砲一般地提問，大意是：如果達伽馬來自一個富饒國家，為什麼沒有帶禮物來？他之前提到的書信在哪裡？達伽馬不得不隨機應變，答道，他沒有帶禮物來，是因為這是一場探索之旅；將來會有更多旅行，並帶來豐厚禮物。他至少手頭有葡萄牙國王的書信。扎莫林又一次試探那神祕的禮物的問題：「他（達伽馬）探索的目標是什麼：寶石還是人？」[9]扎莫林還譏諷地問道：「如果他（達伽馬）是來找人的，那麼為什麼兩手空空地前來？」顯然已經有人告訴扎莫林，葡萄牙船上有一尊聖母瑪利亞的金像。「那不是金的，」達伽馬答道。聖母像可能是鍍金的木頭製成的。達伽馬頑強地捍衛自己，補充道：「即便聖母像是金的，他（達伽馬）也不願意與它分離，因為聖母指引他跨越大洋，還會引導他安全回到自己的國家。」[10]要宣讀葡萄牙國王書信的阿拉伯文版本時，達伽馬不信任穆斯林將其翻譯成馬拉雅拉姆語；為他翻譯的那個「基督徒」男孩雖然會說阿拉伯語和馬拉雅拉姆語，卻不識字，無法閱讀這兩種文字。書信最終被翻譯之後，扎莫林得到一些撫慰，達伽馬則至少證明自己做為葡萄牙國王使臣的身分。最後是關於商品的問題：他可以回到船上，駕船靠岸，並盡可能地賣掉商品。此後他再也沒有機會見到扎莫林。

返回大船的路上，緊張氣氛、不確定性和猜忌愈演愈烈。達伽馬可能是為了彰顯自己的地位，又一次拒絕騎馬，要求坐轎子。季風暴雨猛烈地敲擊街道。佚名作者和夥伴們跟著轎子後面，在傾盆大雨中迷路了。他們抵達班達里時已經筋疲力竭，追上正在一座客棧避雨的總司令。到此時，達伽馬的心情又惡劣起來。他要求提供一艘小船，送他們回大船上。總督非常明事理地答道，現在天已經黑了，要找到停泊在距離岸邊一段距離的大船可能比較困難。達伽馬與總督兩人之間的互相敵視愈來愈嚴重。一行人十分疲勞。總督為他們提供飲食。「我們吃了飯，儘管這一整天我們都站著，疲憊不堪。」[11]

次日早上，達伽馬又一次要求提供小船。總督說，因為雨季天氣惡劣，請葡萄牙人把大船開到距離岸邊更近的地方，這樣比較方便。葡萄牙人害怕這是城內穆斯林設置的陷阱。總督則懷疑這些陌生的訪客可能企圖不繳納入境稅就離開。「總司令說，如果他命令大船接近岸邊，他的兄弟可能以為他被俘虜了，是在強迫之下發出這命令的，於是就會揚帆起航，返回葡萄牙。」[12]他要求回到「和他一樣都是基督徒」[13]的扎莫林那裡，向他投訴。總督同意了，但隨後派遣全副武裝的衛隊把守房門，「我們沒有一個人能夠獨自出門，但凡出去都有幾名衛兵跟隨」[14]。總督要求，如果葡萄牙人的大船要留在岸邊，就應當交出舵和帆，以確保他們不會溜走。達伽馬拒絕了。他宣稱，他們這樣會被餓死。總督的回答是「如果我們（葡萄牙人）餓死，也得忍著」。雙方高度緊張，僵持不下。

在這爭執期間，達伽馬設法派一個人溜去與停在岸邊的一艘葡萄牙小艇會合，「傳令到大船上去，把大船開到安全的地方」[15]。這艘小艇遭到當地船隻的追擊，但成功地返回船隊。達伽馬一行人等於已經成了人質，他們感染一定程度的迫害妄想狂。達伽馬擔心如果船隻入港，「就很容易被俘獲，之後他們就會先殺掉他，然後殺掉我們其他人，因為我們已經被他們牢牢掌控了」[16]。

日記記載這一天裡葡萄牙人愈來愈嚴重的恐懼，但也表現出他們及時行樂的能力。

這一天，我們都心急如焚。夜間，包圍我們的人比以往更多了，他們不准我們在大院子裡行走，而是把我們關在一個小小的鋪地磚的庭院裡，一大群人圍著我們。我們估計第二天我們很可能會被分隔開，或者我們會遭受傷害，因為我們注意到，獄卒對我們非常惱怒。即便如此，我們還是用從村裡找到的食材做了一頓美味的晚餐。這一夜，看守我們的人有一百多個，全都裝備劍、雙刃戰斧、盾牌和弓箭。其中一些人睡覺，其他人看守，夜間輪流值班。[17]

這些葡萄牙人擔心，這可能是他們在人間的最後一夜。第二天早上，整個問題莫名其妙地消失了。據日記作者說，囚禁他們的人回來了，「比之前和氣一些」[18]。國王的要求是：如果葡萄牙人將自己的貨物運上岸，就可以離開。他們解釋了怒氣沖沖的達伽馬所不理解的東西：「本國的慣例是，每艘船抵達之後，應當立刻將它運來的貨物送上岸，船員也應當立刻上岸，在貨物賣完之前不能回到船上。」[19]達伽馬立刻發送消息給他的兄弟，要求送「一些東西」（但不是全部貨物）來。部分貨物被運上岸，兩名葡萄牙水手被留下銷售這些貨物，人質被釋放回自己的大船。「我們歡呼雀躍，感謝上帝從這些頭腦比野獸強不了多少的人手裡拯救了我們。」[20]

扎莫林或許猶豫不決，不知道如何對待這些陌生訪客：他們不像是他了解的任何一種類型的商人，但顯然是一位強大國王派來的。扎莫林非常注重商貿，他的財富就源自到他的開放港口做生意的各國商船，所以他不願意丟掉潛在的商機。穆斯林商人無疑敵視這些異教徒闖入者。我們不確定穆斯林商人有沒有密謀殺害葡萄牙人，但他們對葡萄牙人的敵意可能既有商業的也有宗教的因素。葡萄牙人是滿懷戒心地來到印度海岸的。他們在北非打了幾十年的聖戰，平素一貫的策略是：保持警覺、極具侵略性地抓捕人質、武器隨時待命，以及在基督徒和穆斯林當中二選一，他們似乎當真沒有考慮到印度教的存在。葡萄牙人這種簡單化、焦躁的心態，與複雜的印度洋世界格格不入。在這裡，印度教徒、穆斯林、猶太人，甚至印度基督徒，都融入一個多種族的貿易區。

最終，葡萄牙人的部分商品被送上岸（沒有按照當地的慣例送來全部貨物），放在班達里海港的一處房屋內展出。國王派遣一些商人來查看這些商品。他們對葡萄牙人出售的商品嗤之以鼻。「他們往地上啐唾沫，說：『葡萄牙！葡萄牙！』」[21]達伽馬向國王抱怨，並詢問，他是否可以將商品運到卡利卡特城內。為了表達善意，扎莫林命令總督將葡萄牙人的商品運到城內，由扎莫林承擔運費。日記作者表達了葡萄牙人始終如一的猜忌心和常常誤解對方意圖的傾向：「他們這麼做，是為了對我們不利。因為有人向國王報告，我們是賊，到處偷竊。」[22]

即便如此，現在葡萄牙人有機會去參與卡利卡特城的商貿活動，儘管他們參與的規模很有限。水手們帶來少量屬於他們私人的商品，有「手鐲、衣服、新襯衫和其他物件」[23]，他們被允許三人一組，輪流上岸。他們大多對自己的生意大失所望。製作精良的襯衫只能賣出相當於在葡萄牙國內十分之一的價錢，他們其他的商品也是這樣。但他們買回了少量香料和寶石。隨後幾週內，他們開始逐漸摸清馬拉巴爾社會的不同層級。在通往卡利卡特的道路沿途，他們接觸到低種姓的漁民（「基督徒」），這些漁民非常歡迎葡萄牙人。葡萄牙人受邀「吃飯睡覺」[24]。「睡覺」

可能是個隱晦的說法，指的是馬拉巴爾女人樂於「獻身」。人們帶著孩子登上葡萄牙船隻，用魚交換麵包。來拜訪的人非常多，「有時到天黑我們才能把他們全打發走」。這些人顯然窮困潦倒。他們從正在修理船帆的船員手裡偷走餅乾，「讓他們沒有東西吃」。達伽馬的政策是，只要有成年人或兒童上船，就給他們食物，「以贏得他們的好感，讓他們說我們的好話，而不是壞話」[25]。

對文化好奇心很重的葡萄牙人開始觀察當地社會的分層，學得很快。這幾週的非正式交易讓他們得以瞥見印度洋貿易的機制與節律，以及供給網絡的概況。他們記下這些資訊，留待將來參考。卡利卡特本身就是薑、胡椒和肉桂的主要產地，不過品質更好的肉桂來自「一個叫做錫蘭的島嶼，在向南八天的航程之外」。丁香產自「一座稱為麻六甲的島嶼」[26]。「麥加商船」（即來自阿拉伯半島的商船，從那裡到卡利卡特有五十天航程）可以將香料運往紅海，然後透過一系列轉運，先抵達開羅，然後順著尼羅河運往亞歷山大港。威尼斯和熱那亞的槳帆船從亞歷山大港運載香料。他們注意到這項貿易中的所有制衡與壁壘：不充足的轉運能力，前往開羅道路上的盜匪橫行，需要向埃及蘇丹繳納的高額稅費。葡萄牙一心要攪亂這條複雜的供給鏈。

七月和八月是卡利卡特的貿易淡季，因為時間太早，季風還不能把阿拉伯三角帆船從阿拉伯半島和波斯灣吹來。但葡萄牙訪客一定觀察到儲存妥當、等候阿拉伯三角帆船的各色商品，聞到把潮濕空氣薰染得香噴噴的香料氣味，並看到來自中國的瓷器和漆器，以及黃銅、加工過的金屬、硫磺和寶石。葡萄牙人的生意很蕭條，一點都不奇怪。

他們還聽到一些故事，可以上溯到許多年前，那時有神祕的訪客到此，他們「像日耳曼人一樣留著長髮，除了嘴巴周圍不蓄鬚」[27]。那些人顯然是帶著宏大的技術資源前來的。

他們登陸的時候穿著胸甲，戴著有面甲的頭盔，並攜帶一種附在長矛之上的兵器。他們的船隻裝備射石砲，尺寸比我們使用的短小些。他們一度每兩年來一次，每次都帶來二十或二十五艘船隻。他們沒有說明自己是什麼民族，也沒有說給卡利卡特城帶來什麼貨物，只是他們的貨物包括非常精美的亞麻布衣服和銅器。他們往自己船上裝載香料。他們的船像西班牙船隻一樣，配有四根桅杆。

這個故事含糊不清，但說的肯定是中國明朝派來的龐大星槎船隊。它們早已經消失，在印度洋留下尚待填充的權力真空。不過和海上所有的漂泊者一樣，他們也留下了自己的基因。卡利卡特和馬拉巴爾沿海居民有一點中國血統。

八月初，達伽馬做好離開的準備。他在此地的生意已經做得差不多了，他可能急於搶在一大群阿拉伯船隻抵達之前離開，也是為了搶在風向變得對啟航不利之前。但問題是，他的遠征隊的行動與印度洋的氣象規律嚴重地不吻合。

好在至少做了一點生意，達伽馬受到鼓舞，決定嘗試在城裡留下葡萄牙的永久性商業基地。他給扎莫林送去禮物，告知他，他打算離開，但要留一些人在當地，繼續從事貿易。同時，他要求扎莫林派使者（或人質）跟隨他的船隻返回葡萄牙。做為自己的禮物的報償，他向扎莫林索要幾袋香料，「如果他（扎莫林）希望的話，他（達伽馬）可以付錢購買這些香料」[28]。

葡萄牙人與扎莫林的交流又變得很冰冷。達伽馬的信使迪奧戈．迪亞士等了四天，才被帶到扎莫林面前。扎莫林對達伽馬的禮物不屑一顧，說達伽馬理應將這些禮物送到他的大臣手中。然後扎莫林要求葡萄牙人繳納貿易稅，「然後就可以離去；這就是本國的規矩，也是來到本國的人必須遵守的規矩」[29]。迪亞士說，他會回去向達伽馬稟報，但迪亞士和他帶來的商品都被武裝人員扣押在宮內。扎莫林禁止任何船隻接近葡萄牙船隻，扎莫林顯然在擔心葡萄牙人不交稅就開溜。

雙方的關係又一次惡化了。達伽馬不明白，所有商人都必須繳納港口稅，他們留在岸上的可憐兮兮的商品不能算作抵押品。他對扎莫林舉動的解讀是，這位「基督徒國王」受到穆斯林為了商業目的而施行的蠱惑；穆斯林告訴扎莫林，「我們是一群賊，如果我們航行到他的國家，就不會有商船從麥加來……也不會有商船從其他地方到卡利卡特……他從和葡萄牙的貿易中得不到任何利潤，因為我們沒有什麼東西拿得出手，還要擄掠他的財富，他的國家會因此垮掉」[30]。這種戰略上的基本推斷被後來的事件證明是正確的，儘管葡萄牙人的擔憂——穆斯林「向國王送去豐厚的賄賂，要他抓捕並殺死我們」——可能是多餘的。在這期間，達伽馬一直都得到他們第一次登陸時遇到的兩名突尼斯人的建議和輔佐。兩名突尼斯人大力幫助葡萄牙人，去理解這個令人困惑的世界。

與此同時，被扣押的迪亞士等人向船隊偷偷送去消息，稱他們被扣為人質了。達伽馬已經知道這一點，而扎莫林的人不知道他已經知道，所以他能夠設計一樁祕密行動計畫。八月十五日，一艘小船划到葡萄牙船隊那裡，小船上的人要向葡萄牙人出售寶石。事實上他們可能是來試探葡萄牙人的情緒的。達伽馬沒有流露出他知道迪亞士等人被扣押；他給在岸上的迪奧戈・迪亞士寫了一封信，彷彿一切正常。看到葡萄牙人沒有惡意，更多商人來拜訪葡萄牙船隻：「我們歡迎他們所有人，並給他們食物。」[31]十九日，有二十五人來到葡萄牙船上，包括「六名顯貴」[32]（高種姓的印度教徒）。達伽馬抓住機會，迅速綁架其中十八人，以此為籌碼，要求釋放他的部下。二十三日，他虛張聲勢地說自己要啟航返回葡萄牙，行駛到距離海岸十二英里處，在那裡等待。次日，他又回來了，停泊在可以看到城市的海域。

隨後是氣氛高度緊張的談判。一艘小船前來，提議用迪亞士換回印度人質。達伽馬始終滿腹狐疑，認為他的部下已經遇害，對方只是在爭取時間，「等待麥加的船隻來俘獲我們」[33]。他非常強勢，威脅如果不釋放他的部下，他就砲擊城市，並將人質斬首。他又一次虛張聲勢地沿著海岸駛走。

卡利卡特城內的人們顯然大感震驚。扎莫林下令把迪亞士帶來，努力解決棘手的難題。他提議用迪亞士換回葡萄牙船上的人質，並透過兩次翻譯，先從馬拉雅拉姆語翻譯成阿拉伯語，然後從阿拉伯語翻譯成葡萄牙語，向迪亞士口述一封給曼努埃爾一世的書信。這封信是由迪亞士「按照該國的風俗」[34]用鐵筆寫在棕櫚葉上的，大意是：「您宮廷的紳士瓦斯科・達伽馬來到了我國，我很高興。我國盛產肉桂、丁香、薑、胡椒和寶石。我請你們用黃金、白銀、珊瑚和鮮紅色布匹來交換。」[35]扎莫林可能在為將來與葡萄牙的貿易打基礎。他還允許葡萄牙人樹立一根石柱，這是表達葡萄牙人意圖的不祥「名片」。

在海上，討價還價還在持續。迪亞士被帶來，在一艘划槳船上交換人質，因為跟隨而來的印度人都不敢踏上「聖拉菲爾」號。石柱被絞車搬運到小船上，十二名①印度人質中的六名被釋

① 前文說是十八名人質。

放。至於剩餘六名人質，達伽馬承諾「如果次日歸還他的商品，他就釋放他們」[36]。第二天，來了一位出乎意料的客人。突尼斯人孟塞德懇求上船。因為他幫助不受歡迎的葡萄牙人，已經遭到當地人的仇視，他為自己的生命擔憂。後來，七艘小船運載著商品和很多人來了。之前的約定是用人質換取這些商品，但達伽馬食言了。他專橫跋扈地決定放棄這些商品，把人質運回葡萄牙。他離開之前拋下一句話：「好自為之，因為他（達伽馬）希望很快就重返卡利卡特，那時他們就會知道，我們是不是賊。」[37]達伽馬是個睚眥必報的人。「於是我們揚帆起航，返回葡萄牙，為了我們偉大的發現而歡呼雀躍。」[38]日記作者心滿意足地寫道。

他們已經結下了冤仇。扎莫林對葡萄牙人的誓言怒火中燒，派遣一大隊船去追擊。八月三十日，葡萄牙船隻因為海上無風而動彈不得，被卡利卡特人追上了。「大約七十艘船接近我們……船上擠滿身穿用紅布製成的某種胸甲的人」[39]。對方進入大砲射程後，葡萄牙人的射石砲轟鳴起來。雙方激戰一個半小時，後來「刮起暴風雨，把我們吹向外海；他們奈何不得我們，便調頭返回，而我們繼續按照自己的航線前進」。這將是印度洋上葡萄牙人與當地人之間許多場海戰中的第一次。

葡萄牙船隊深入大洋之前，還要經歷一些糾葛。船隻狀態不佳，而且需要淡水。他們沿著海岸非常緩慢地航行，尋找水源，從當地漁民那裡接受友好的招待，用物品交換食物，並收割一些生長在岸邊的野肉桂。九月十五日，他們在一座島上樹立他們的第三根石柱。幾天後，他們在一些淡水資源豐富的小島登陸。從當地印度人那裡，他們誤將這個群島的名字聽成安賈迪普（Anjediva）。

這一次，他們的一舉一動都受到嚴密監視。九月二十二日，他們遭到來自卡利卡特的一支小船隊的第二次攻擊，但葡萄牙人的砲火將打頭陣的敵船嚴重擊傷，其他敵船聞風而逃。葡萄牙船隻的存在引起當地人持續的興趣和猜疑，達伽馬感到在沿海地區愈來愈不舒服。隨後兩天，有小船做為代表駛來，船上的人揮舞著表示友好的旗幟。達伽馬鳴砲示警，將其打退。到葡萄牙船上拜訪的人帶來的消息互相矛盾。又有人友好地前來拜訪葡萄牙人，還帶來甘蔗做為禮物，但也被打退。葡萄牙人愈來愈相信，當地人的好奇通常掩飾著某種歹毒用心。當地漁民警示他們，來「友好拜訪」他們的人當中有一位名叫狄摩吉（Timoji）的當地著名海盜，他將在葡萄牙人後來的故事裡扮演重要角色。

他們將「貝里奧」號拖曳到海灘，將船傾側後進行清掃或修理時，又有客人來訪。這是位衣冠楚楚的人，會說威尼斯方言，稱達伽馬為朋友。他有個故事要告訴葡萄牙人。他是個基督徒，後來被俘虜，被強迫改信伊斯蘭教，「不過內心始終是個基督徒」[40]。他現在為一位富裕的領主效力，領主派他送來消息：「你們（葡萄牙人）可以在他的國度得到想要的任何東西，包括船隻和給養。如果你們打算永久留下，他也會很高興。」起初，這人說的話還頭頭是道，但漸漸地，葡萄牙人發現他「高談闊論，談及的事情極多，有時自相矛盾」。

與此同時，保羅．達伽馬詢問與這個人一起前來的印度人，以確認此人的身分：「他們說他是個海盜，曾經來攻擊我們。」[41]這個神祕的威尼斯人被擒獲並遭到毆打。在接受「詢問」三、四次之後，他吐露與之前不同的故事。他承認有愈來愈多的船隻集合起來，準備攻擊葡萄牙船隊。但除此之外，他不肯招供更多。

是時候離開了，沿海地區已經太危險，葡萄牙人難以對付。很快就有穆斯林商船從阿拉伯半島駛來，而安賈迪普島是個常用於補充淡水的中轉站。葡萄牙船隻除「聖拉菲爾」號之外，都已經清洗修理完畢。他們裝載了淡水。在當地漁民幫助下，他們把許多小船運載的肉桂運上大船。達伽馬曾俘獲一艘船，船長願意以高價贖回自己的船隻，但達伽馬鄙夷地拒絕了，他「說這船不賣。因為它屬於敵人，他寧可把它燒掉」[42]。這種頑固不化預示著後來局勢發展的走向。

☆

十月五日，葡萄牙船隊出海了，把那個神祕的威尼斯間諜也一併帶上，他或許會有用。現在他們沒有領航員，懂得季風知識的人是絕對不會在這個時節啟航向西的。他們可能沒有別的選擇，但我們不知道達伽馬當時是否認識到，這將是個可怕的彌天大錯。他們離開印度六百英里之後，「那個威尼斯人」終於招供，不過他是一點一點地把真相吐出來的。他的確是一位富裕領主的爪牙，那就是果阿的蘇丹。他的使命是來評估，蘇丹是否可以用自己的力量，而不是借助海盜，去俘獲葡萄牙船隻，將其用於討伐自己的鄰國。達伽馬就這樣對印度西部的政治有了點有趣的認識，後來他會把這知識派上用場；他也注意到果阿的重要性。隨著旅行的繼續，威尼斯人吐露的故事愈來愈出人意料。他原本是波蘭猶太人，在歐洲受到反猶迫害，後來浪跡天涯，曾經用過多個假身分。在此次旅程中，他獲得一個新身分：抵達葡萄牙時，他已經接受洗禮，成為基督徒，更名為加斯帕爾・達伽馬（Gaspar da Gama）。

穿越印度洋的返航旅程漸漸化為噩夢。佚名作者日記裡的細節很含糊，只是短暫地提及「常常因無風受困，或遇到暴風」[43]。但我們從字裡行間可以讀到他們在印度洋受困三個月的慘狀：令人沮喪的逆風把他們往回推；更恐怖的是無風的平靜，船隻一連幾天在顏色如同融化錫的海面上動彈不得；毫無憐憫之心的月亮照耀夜空；人們為爭奪護牆或文風不動的帆投下的一點點蔭涼而爭吵著，受到飢渴的折磨，呼喚聖徒拯救他們；餅乾裡爬出蟲子；儲藏的淡水變得惡臭。為了防止船隻的木料裂開從而導致船隻無法航行，他們必須不斷向木板潑水。令人畏懼的壞血病症狀又出現了：「我們所有人又一次患上牙齦的毛病，牙齦覆蓋了牙齒，讓人無法進食。他們的腿和身體其餘部分也腫脹起來，腫脹的面積愈來愈大，直到受苦受難的病人死亡。」[44]高種姓的印度教徒人質因為婆羅門教律法禁止在海上進食，所以可能是第一批死亡的。一具又一具死屍在喃喃禱告聲中，被推過船舷，撲通一聲墜入大海。活人也步履蹣跚。「我們有三十個人就是這樣死掉的。在這之前，已經死了三十人。每艘船上只剩七、八個人能夠操縱船隻。」「我們瀕臨絕境，所有紀律的約束都消失了。」日記作者守口如瓶，但實際上很可能發生了嘩變。顯然有人希望返回印度，甚至有人陰謀奪取船隻的控制權。指揮官們原則上同意，假如刮起西風，就調頭返回。佚名作者寫道，再過兩週，他們就要全完蛋了。

人們的絕望接近極限的時候，突然刮起有利的東風，把他們吹向西方，一連六天。一四九九年一月二日，遍體鱗傷的葡萄牙船隊看到了非洲海岸。他們從非洲航行到印度只花了二十三天，返回卻花了九十三天。季風的奧祕是要吃很大的苦頭才能學到的。

他們沿著非洲海岸南下，途經穆斯林港口摩加迪休（Mogadishu）。達伽馬對馬拉巴爾海岸穆斯林的怨氣還沒有消，無端砲擊了摩加迪休，然後繼續前進。破破爛爛的葡萄牙船隻於一月七日抵達馬林迪，又一次受到熱烈歡迎。他們得到了橘子，「我們的病人非常渴望這種水果」[45]，但對很多病人來說，已經為時太晚。葡萄牙人與馬林迪的蘇丹比較友好，交換了禮物，其中有一隻贈送給曼努埃爾一世的象牙。葡萄牙人在此樹立一根石柱，並將一名年輕穆斯林帶上船，他「希望和我們一起去葡萄牙」[46]。他們繼續航行，繞過不友好的蒙巴薩。一月十三日，形勢很明顯，他們人手不夠，無法駕駛全部三艘船。「聖拉菲爾」號沒有在印度海岸接受清潔修理，被蟲蛀的情況最嚴重。他們將「聖拉菲爾」號上的所有物資和雅致的紅、金兩色大天使拉菲爾雕像搬到其他船上，然後在沙灘上將「聖拉菲爾」號付之一炬。在桑吉巴島，他們與當地蘇丹做了和平的接觸，然後在莫三比克附近的聖喬治島停留，舉行彌撒，樹立最後一根石柱，但「大雨傾盆，我們沒有辦法點火來融化用於固定十字架的鉛，所以石柱上沒有十字架」[47]。

在涼意漸濃的風的驅動下，他們於三月三日來到聖布萊斯灣，在此逗留，於二十日繞過好望角，不過「有時凍得簡直要死……繼續前進，渴望回家」[48]。四月二十五日，在西非海岸甘比亞河入海口的淺灘附近，佚名作者的紀錄突然中斷，情況不明。航行的最後一段被記錄在其他史料中。在一次暴風雨中，「貝里奧」號和「聖加百列」號失散了。但此時達伽馬有了更深的煩惱，他的兄長保羅奄奄一息。在聖地牙哥島，他把「聖加百列」號交給領航員若昂・德・薩（João de Sá）掌管，雇了一艘卡拉維爾帆船，匆匆將保羅送往亞速群島的特塞拉（Terceira）島。「貝里奧」號帶著消息駛入塔霍河口，於一四九九年七月十日在里斯本附近的卡斯凱什（Cascaies）靠岸。「聖加百列」號不久之後也趕到了。忠心耿耿地陪著弟弟參加此次史詩般遠航的保羅在抵達特塞拉的第二天去世，被安葬在那裡。正在服喪的瓦斯科可能直到八月底才返回里斯本。他在貝倫②

聖母小教堂與僧侶待了九天，為兄長哀悼，隨後才在九月初勝利地進入里斯本。

✯

這是一次史詩般的遠航；他們離家一年，行駛兩萬四千英里。這是一樁偉大的功績，彰顯了他們的忍耐力、勇氣與極好的運氣。他們也遭受沉重的打擊，船員有三分之二死亡。他們不懂得季風的規律，能夠得以倖存，實屬幸運。他們原本完全有可能在印度洋因壞血病和惡劣天氣而全軍覆沒，只剩下幽靈般的空船在空蕩蕩的大海上漂流。

達伽馬得到了群情激昂的熱烈歡迎。國王封賞他土地與金錢，提升他為更高級別的貴族，並賜給他「東印度海軍司令」的榮譽頭銜。曼努埃爾一世下令在全國各地舉行宗教遊行和彌撒。他擁有搞好公共關係的天賦，著手向教廷與歐洲各國朝廷宣揚葡萄牙的輝煌成功。他暗自竊喜地通知西班牙的斐迪南和伊莎貝拉，他的船隊「確實抵達並發現了印度」，還帶回大量「肉桂、丁香、薑、肉豆蔻和胡椒……以及許多精美寶石，如紅寶石等」[49]。他還虛偽地說：「我知道，兩位陛下聽聞此事，必定心花怒放、滿心歡喜。」他當然知道，斐迪南和伊莎貝拉肯定不會開心。他寫信給教宗亞歷山大六世及其紅衣主教們，大肆宣揚發現了信奉基督教的印度：「教宗與各位大人一定要公開地表達喜悅，並向上帝感恩。」[50]而關於印度世界的許多資訊來源自改宗猶太人加斯帕爾．達伽馬的事實，被認為是一個跡象，表明「上帝的旨意和意願是讓葡萄牙成為一個大

② 貝倫（Belém）就是葡萄牙語的「伯利恆」。它是里斯本的一個教區。

國，因為葡萄牙發現一大奧祕，為上帝做出了貢獻，並提升了神聖的信仰」[51]。曼努埃爾一世認為這是天命所在。

葡萄牙人發現印度的商業意義火速傳遍歐洲。達伽馬的第一批船在里斯本靠岸時，就已經有竊竊私語傳到威尼斯。八月八日，威尼斯日記作者吉羅拉莫．普留利（Girolamo Priuli）記載一條來自開羅的傳聞：「屬於葡萄牙國王的三艘卡拉維爾帆船已經抵達亞丁和印度的卡利卡特，它們是被派去尋找香料群島的，指揮官是哥倫布……這消息如果是真的，將對我影響很大；但我並不相信。」[52]在里斯本，義大利商人很快開始從回國的水手那裡收集第一手資訊，以證實此次遠航的真實性以及指揮官的真實身分。大家立刻認識到，東印度的財富就在歐洲人直接觸手可及的範圍內，必將帶來商業上的優勢，並威脅歐洲的既得利益團體。佛羅倫斯人吉羅拉莫．塞爾尼基（Girolamo Sernigi）指出，當前透過紅海的商路的稅賦和運輸成本使得東方商品的價格翻了五倍。

圖12　達伽馬獲得貴族地位後的紋章。

> 價格的大部分都是用來支付運費、船運費和給蘇丹的稅賦的。所以，如果走達伽馬的新航路，就能砍掉所有這些成本與中間商。所以，我相信，蘇丹、這些國王和穆斯林會在此事上不遺餘力地阻撓葡萄牙國王。若國王……繼續這樣操作，在比薩（Pisa）銷售香料的價格就能比在開羅低廉很多，因為能透過里斯本以便宜得多的價格獲取香料。[53]

結果就是，威尼斯人和熱那亞人將喪失他們對香料貿易的壟斷，「我絲毫不懷疑，他們會竭盡全力摧毀葡萄牙人的努力」。

達伽馬的遠航令所有人驚訝。它為歐洲的世界地名辭典增加了一千八百個新地名，並揭示關於東印度的新資訊寶庫。它很快將迫使全球很大範圍內的各利益相關者——基督徒、穆斯林和印度教徒——進行全新的戰略籌畫，並將不可避免地導致商業衝突與戰爭。對曼努埃爾一世來說，他的自信因此大增。他現有的頭銜是「大海此岸的葡萄牙與阿爾加維③國王，大海彼岸的非洲之王，幾內亞領主」，如今又加上了「衣索比亞、阿拉伯半島、波斯與印度的征服、航海與貿易之王」。這是對貿易壟斷權的大膽主張，也表達了葡萄牙的意圖：大海應當是有主人的。甚至在達伽馬返回之前，國王就已經在為下一次遠航鋪設龍骨、建造新船。與此同時，他下令嚴格保密達伽馬遠航的所有航海圖，洩露機密者一律處死。知識就是財富和權力。

---

③阿爾加維（Algarves）源自阿拉伯語，本意為「西方」，是今天葡萄牙大陸部分最南端的地區。十三世紀中期，在「收復失地運動」中，葡萄牙從穆斯林手中奪取阿爾加維。

第二部

競爭：壟斷與聖戰

Contest: Monopolies and Holy War 1500-1510

第六章　卡布拉爾

一五〇〇年三月至一五〇一年十月

達伽馬回國僅僅六個月後，一支比先前龐大得多的船隊準備就緒，即將從貝倫海岸啟航：十三艘船、一千兩百人，以及佛羅倫斯與熱那亞銀行家注入的資本。船隊躍躍欲試，準備去捕捉東印度的機遇。曼努埃爾一世有時優柔寡斷，容易受人影響，有時一意孤行，但一五〇〇年迴盪著彌賽亞的預兆，歐洲的目光投向了里斯本。這支新船隊，在總司令——貴族佩德羅．阿爾瓦雷斯．卡布拉爾（Pedro Alvares Cabral）的領導下，是對達伽馬前次成績的快速乘勝追擊，旨在贏得物質的優勢，以及憑藉一場十字軍聖戰，贏得天主教世界的仰慕。

卡布拉爾的遠征標誌著葡萄牙人的活動從偵察轉為商貿，又轉為征服。在十六世紀的最初五年裡，曼努埃爾一世將派出許多支船隊，規模愈來愈大，一共八十一艘船（有的船隻參加了不止一次遠航），意圖在爭奪印度洋永久性立足點的生死鬥爭中確保勝利。這是全國性的極大努力，動員全部可資動用的人力、造船、物資供給的資源，以及搶在西班牙人做出反應之前把握和利用機遇的戰略眼光。在此過程中，葡萄牙讓歐洲和東印度的各民族都大吃一驚。

卡布拉爾得以將達伽馬遠航獲取的全部知識付諸實踐。出發的時間不再由宮廷星相學家計算的良辰吉日來決定，而是取決於季風的規律。路線是按照一四九七年遠航採納的向西的繞圈，然後利用領航員和船長們的經驗，如曾與達伽馬一同遠航的佩羅・埃斯科巴爾、尼古拉・科艾略，以及迪亞士本人。卡布拉爾的船隊帶回說馬拉雅拉姆語的印度人，教會他們葡萄牙語。他們的目的是跨過說阿拉伯語的中間商。改宗猶太人加斯帕爾・達伽馬也在船上，他懂得馬拉巴爾海岸錯綜複雜的政治環境。另一名改宗猶太人約翰先生（曼努埃爾一世的御醫）以天文學家的身分隨同船隊出海，任務是研究南半球的星相，為將來的航海提供便利。葡萄牙人過去在卡利卡特只能拿得出讓人尷尬的不值錢的禮物，出了大醜。卡布拉爾這次攜帶貴重禮物，希望能吸引扎莫林。葡萄牙人似乎仍然堅持相信扎莫林是一位基督徒國王，儘管是不太正統的基督徒。於是，根據教宗的旨意，一個方濟各會修士代表團也伴隨此次遠航，去糾正扎莫林的錯誤，以便「印度人……能更全面地接受我們的信仰的指導，能夠接受我們的教義，得到相關的教誨，正確地侍奉上帝，救贖他們的靈魂」[1]。

商業方面的使命同樣重要。船隊帶上了在卡利卡特開設貿易站所需的人員、文書資源和商品。他們吸取上一次遠航的教訓，精心準備有可能吸引馬拉巴爾印度人的商品，包括珊瑚、黃銅、朱紅色染料、水銀、精製和粗製布匹、天鵝絨、五顏六色的綢緞與錦緞，以及金幣。一位經驗極其豐富、會說阿拉伯語的商人艾雷斯・科雷亞（Ayres Corrêa）負責領導商業活動，有一群文書人員支援他，說明記錄資料和記帳。這些識文斷字的下屬人員，如佩羅・瓦斯・德・卡米尼亞（Pêro Vaz de Caminha，他寫下第一部描述巴西的著作），記述關於隨後一年裡葡萄牙人事蹟的一些最扣人心弦，有時也催人淚下的故事。

卡布拉爾本人並非海員，而是一位外交官。他接到一套精心準備的指令，其中一部分是達伽馬設計的，旨在平息達伽馬在卡利卡特鬧出的風波，以便與「基督徒」扎莫林建立安寧且利潤豐厚的關係。卡布拉爾掌握的資訊比他的前任豐富得多，可以隨時參考這份許多頁的指令文書，其中規定在遇到形形色色情況時的各種選擇。它還指示他對有可能製造麻煩的敵人要實施強制性的、專橫的行動。

✯

一五〇〇年三月九日，船隊從貝倫出發，按照慣例舉行隆重慶典。人們舉行悔罪彌撒，對王旗（上有五個圓圈，象徵著基督身上的傷）祝聖。這一次，曼努埃爾一世親自駕臨，將王旗交給卡布拉爾。然後修士們引領著遊行隊伍，「國王陪他們走到海灘。里斯本全城人都聚集在海灘上，為自己的丈夫或兒子送行」[2]。他們目睹在賴斯特羅外海停泊的克拉克帆船那裡，小艇解開了纜繩，大船的船帆展開。曼努埃爾一世乘船陪同遠航船隊來到塔霍河口。在那裡，遠航船隻感受到大海的衝擊，調頭轉向南方。

他們利用達伽馬的經驗，選擇更直接的路線。天氣晴朗，他們穿過佛德角群島時沒有停留。海況良好，卻突然有一艘船失蹤，這令人費解，也是個不祥的徵兆。他們奉命按照前一次遠航的做法，向西繞一個大圈：「背後有風吹來之後，他們轉向南方。如果一定要改變航向，就改為西南方。遇到微風之後，他們應當繞一個圓圈，直到好望角出現在正東方。」[3]他們的圓圈一定比上次更大，因為在四月二十一日，他們看到西方「首先出現一座高山，直插雲霄，呈圓形，它的南面是較低的土地和平原，有很大的樹林」[4]。

這次登陸出乎意料，也很平順。當地居民赤裸身子，與葡萄牙人在非洲海岸遇到的部落迥然不同：「這些人皮膚黯黑，光著身子走來走去，不知羞恥。他們的頭髮很長，會把鬍鬚拔掉。他們的眼皮和眉毛上畫著黑白藍紅的圖案。他們的下唇被穿刺過。」[5]葡萄牙人注意到「當地女人也全身赤裸，沒有羞恥感。她們身材很美，頭髮很長」。葡萄牙人第一次看到吊床，「像織布機一樣搭起來的床」[6]。當地人似乎很溫順。他們在葡萄牙風笛音樂伴奏下翩翩起舞，模仿葡萄牙人在熱帶海灘舉行的彌撒動作，並且很容易受驚，「就像在吃食的麻雀一樣」[7]。對傳教者來說，當地人似乎是大有希望的目標。

他們把這個地方命名為「真十字架之地」。這裡有豐富的淡水和水果，以及奇異的動物。他們吃了海牛肉，「牠大得像桶，腦袋像豬，眼睛小，沒有牙齒，耳朵有人的胳膊那麼長」[8]。他們看到一些五彩繽紛的鸚鵡，「有的像母雞一樣大；還有其他非常美麗的鳥兒」[9]。一艘船被派回葡萄牙，去報告曼努埃爾一世，發現了這片新土地。這艘船還帶回天文學家約翰先生的一封信，內有他對南半球星辰的觀察結果，並坦率地描述用新式天文觀測器材和緯度表觀測的困難：「我覺得完全沒有辦法在海上測量任何一顆星的高度，因為我花費了很大力氣，但不管船是多麼穩，誤差還是有四、五度，所以除非在陸地上，沒有辦法做得到。」[10]文書佩羅・瓦斯・德・卡米尼亞也送回一封給曼努埃爾一世的信，記述他對這個新世界的所有奇觀及居住在此的圖皮南巴人（Tupinamba）的細緻觀察，文筆十分優美。這就是巴西歷史的開端，卡米尼亞是絕對沒有想到這一點的。五月二日，九天的貿易和物資補給之後，他們將兩名犯人留在岸上，又啟航了。「這兩人開始哭泣，但當地人安慰他們，表達對他們的同情。」[11]

卡布拉爾船隊為了遠遠繞過好望角，比達伽馬向南走得更遠。五月十二日，他們觀察到一顆彗星「拖著特別長的尾巴，飛往阿拉伯半島的方向」[12]，一週之內都能看得清清楚楚，他們覺得這是不祥之兆。十二天之後，災難降臨了。二十四日，他們進入南大西洋的高壓帶。風穩穩地從背後吹來，但他們迎頭撞上了一陣狂風。這場狂風的猛烈程度與方向都讓他們措手不及：「它來得太突然，我們根本沒有料想到，帆已經被從桅杆刮落了。」一瞬間，「四艘船傾覆沉沒，船上人員全部喪生，我們沒有任何辦法援救他們」[13]。被大海吞噬的人包括迪亞士，他葬身波濤的地點就是十二年前他第一個繞過的好望角外海。船隊殘部被分散

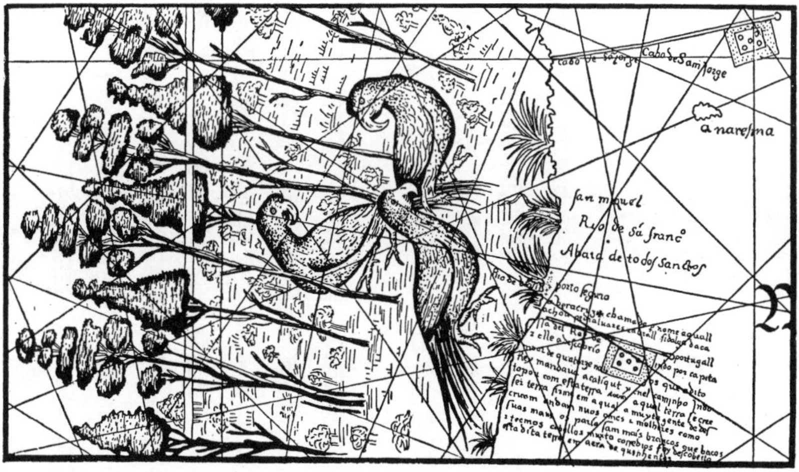

圖13　一幅著名的葡萄牙世界地圖（坎迪諾平面球形圖〔Cantino Planisphere〕）複製品的局部，約一五〇一年被人從葡萄牙偷偷帶走。其細部第一次展現巴西海岸，和「大如母雞」的鸚鵡。

成三群，被風暴驅趕著漂流了二十天，一直沒有升帆。

船隊只剩下遍體鱗傷的七艘船，終於在六月二十日在莫三比克重新集合。第八艘船由迪奧戈．迪亞士（巴爾托洛梅烏．迪亞士的兄弟）指揮，第一次看到了馬達加斯加島，但沒有找到船隊主力，最終蹣跚返回里斯本。卡布拉爾船隊在東非海岸受到的待遇比達伽馬好不了多少。莫三比克的蘇丹現在很害怕葡萄牙的大砲，至少比較順從一些。葡萄牙人得以在此補充淡水，並找到領航員，前往海岸最重要的貿易城市基爾瓦。那裡的蘇丹雖然歡迎他們，但並無熱情。與卡利卡特的穆斯林一樣，他也不需要外國闖入者來侵犯他的商業領地。葡萄牙人完全繞過蒙巴薩，直到抵達馬林迪，他們才受到歡迎。水手們又一次患上「口腔疾病」，「吃了橘子就能治得好」[14]。他們還雇傭一名領航員，準備渡海前往印度。

抵達安賈迪普群島（卡利卡特以北四百英里處）之後，卡布拉爾接受的指示的要旨才顯得明晰起來。這些島嶼是前往卡利卡特的船隻常去獲取補給和淡水的中轉站，達伽馬曾在此檢修船隻並補充給養。卡布拉爾如法炮製。他也知道，從紅海來的阿拉伯船隻（葡萄牙人稱之為麥加船隻）也會經過安賈迪普群島。卡布拉爾的任務是竭盡全力與扎莫林建立友好關係；但在扎莫林的領土外，卡布拉爾還奉命破壞阿拉伯航運：

……如果你在海上遇到上述的麥加穆斯林船隻，必須盡可能地將其俘獲，扣押其商品、財產和船上的穆斯林，以增進你的收益。攻擊他們，盡可能損害他們，因為自古以來他們就是我們的不共戴天之敵。[15]

卡布拉爾奉命將這些命令也告知扎莫林。葡萄牙人此時已經完全了解，他們的火砲具有很大的優勢。他們將在遠距離砲擊阿拉伯船隻，而不是近距離交戰；然後活捉領航員和船長，因為這些人是有價值的資源；關於如何處置普通乘客的命令比較含糊。在最壞的情況下，「你應將所有穆斯林乘客轉移到繳獲狀態最差的一艘船上，讓他們全都上船，然後擊沉或燒毀其他所有繳獲的船隻」[16]。對於這些指示，可以有很寬泛的解讀。它實際上是兩極化的：一方面要與「基督徒」扎莫林建立友好的貿易關係，並熱烈歡迎卡利卡特港內的穆斯林商人（「為其提供飲食與其他各方面的良好待遇」[17]）；另一方面又要在駛離扎莫林的海岸之後，對他的穆斯林臣民開展侵略性的全面戰爭。這些指示為葡萄牙人此後在印度洋的行動確立了基調，並觸發一系列不可逆轉的事件。卡布拉爾在安賈迪普群島守株待兔十五天，等待襲擊阿拉伯船隻。然而沒有一艘露面。他駛向卡利卡特，或許遵照吹毛求疵的指示下錨停泊，「各船隊形緊密，井然有序，以旗幟裝飾，盡可能美化」[18]。

自達伽馬離去之後，老扎莫林已經駕崩；如今是他的侄兒統治王國，但葡萄牙人與新國王的關係並不比之前輕鬆。他們很快發現，他們教會葡萄牙語的那些馬拉巴爾人沒有辦法承擔譯員的任務，因為他們全都出身低種姓，不可以出現在御前。葡萄牙人和上一次一樣，首先咄咄逼人地抓捕人質。卡布拉爾受到嚴格指令，在採取抓人質的預防措施之前，不得登陸。焦躁地談判和僵持了好幾天之後，才安排好總司令的登陸。卡布拉爾嚴格執行自己接到的命令，而扎莫林因為高種姓印度教徒在海上被扣押的情況而煩惱，因為根據印度教的禁忌，高種姓印度教徒在海上不可以吃喝，也不可以睡覺。有些人質企圖游水逃走，被關押在甲板之下；扎莫林囚禁卡布拉爾的一些部下，做為報復。

卡布拉爾接到並執行的所有指示都帶有針對印度人的專橫跋扈語調。葡萄牙人相信，他們是得到教宗的批准而來的，是奉行上帝的意志來控制印度貿易的。卡布拉爾在覲見廳向扎莫林呈上貴重精美的禮物，同時表達對同為基督徒國王的扎莫林的友善之意，盡是些虛偽的溢美之詞。但同時他也提出強硬的要求。他們要求扎莫林補償達伽馬當初留下的貨物，為葡萄牙人提供優惠的關稅待遇、價格低廉的香料、安全的貿易站，並為葡萄牙人豁免當地的一項普遍規矩，即商人死後，其商品變為當地統治者的財產。卡布拉爾希望扎莫林明白，葡萄牙必須對離開扎莫林國土的穆斯林開展聖戰，「因為我們繼承了聖戰事業」[19]。他還要求扎莫林驅逐在卡利卡特的穆斯林，「因為這是他身為基督徒國王的義務」[20]。做為回報，扎莫林將得到「目前為止他從穆斯林那裡獲得的全部利潤，以及比那多得多的收益」。另外，方濟各會修士將導正他在信仰教義方面的不幸謬誤，「以正確地侍奉上帝，救贖他們的靈魂」[21]。葡萄牙人仍然完全沒有理解印度洋世界文化與宗教的現實。

兩個半月內，雙方笨拙地談判、僵持，卡布拉爾佯裝要拂袖而去（達伽馬也曾運用這個策略），最後終於達成商貿協定。扎莫林同意建立一個貿易站，由艾雷斯．科雷亞領導。雙方都心懷猜忌，葡萄牙人無法用馬拉雅拉姆語直接溝通一直是個嚴重問題。科雷亞只懂阿拉伯語，所以他們與扎莫林的所有溝通都必須借助穆斯林中間人。科雷亞信任這些穆斯林為他翻譯，但穆斯林敵視葡萄牙人在卡利卡特的存在，所以科雷亞這麼做可能是個錯誤。

葡萄牙人虛張聲勢地炫耀自己的武力，可能造成事與願違的效果。扎莫林希望從更南方的柯欽（Cochin）港口的一位商人那裡獲得一頭珍貴的戰象。他提議買下戰象，遭到了嗤笑。一艘船載著戰象和其他貨物經過卡利卡特海岸，於是扎莫林要求葡萄牙人幫忙去俘虜該船。卡布拉爾只派遣一艘卡拉維爾帆船「聖彼得」號，由佩羅・德・阿泰德（Pêro de Ataíde）指揮。起初扎莫林對這麼微薄的力量表示鄙夷，因為船上只有七十人，但卡布拉爾為這艘卡拉維爾帆船裝配一門大型射石砲。印度人的三角帆船武裝精良，載有三百人，但阿泰德沿著海岸緊追不放。三角帆船上的穆斯林看到這艘小小的卡拉維爾帆船在自己雄偉的大船旁追擊，不禁捧腹大笑。然而卡拉維爾帆船開始放出致命的砲火，嚴重擊傷三角帆船的船體，打死船上多人。這艘船最終投降，被帶回卡利卡特，好幾頭戰象被交給扎莫林，還為此舉行隆重慶典。有一頭大象在交戰中死亡，葡萄牙水手們把牠給吃了。葡萄牙人的這次武力展示在馬拉巴爾沿海地區造成相當大的影響，也讓扎莫林開始畏懼他們，因為葡萄牙人有能力強迫他人。

在此期間，葡萄牙人正緩慢地往自己船上裝載香料。在卡利卡特待了三個月之後，只有兩艘船被裝滿，阿拉伯商人顯然在以某種方式阻撓他們的工作，而阿拉伯商人自己的船則滿載香料祕密離開了。卡布拉爾發出抱怨，扎莫林被夾在兩股互相競爭的力量之間，為了安撫這不受歡迎的客人，扎莫林允許他扣押任何偷偷離開的穆斯林船隻。又一次發生這種事情的時候，卡布拉爾就動用武力去扣押穆斯林商船。他起初可能還有點猶豫，不敢做出這樣挑釁的舉動，但被科雷亞催促和說服了，而科雷亞是被穆斯林權貴狡詐地說服的。這些穆斯林權貴的祕密動機是在城內挑起事端，果然他們得逞了。原本就緊張的氣氛在葡萄牙人沒收穆斯林商船貨物的時候爆發了衝突。扎莫林的立場如何，外人無法判斷。城市街道上開始聚集一群暴民，衝向葡萄牙貿易站。一位佚名的目擊者記述隨後發生的事件。城裡有大約七十名船上的人（即葡萄牙人），手執利劍和盾牌，企圖抵抗暴民的攻擊。這些暴民「數不勝數，拿著長矛、劍、盾和弓箭」。葡萄牙人被打退到房屋內，房屋周圍有「高度相當於騎在馬背上的人」的圍牆。他們成功地強行封閉大門，從牆上用弩弓射擊暴民，他們有七、八張弩弓，殺死了不少人。他們從屋頂上升起一面旗幟，以此為信號，向船隊求救。

此時卡布拉爾身患重病，不能親自到場，而是派遣配有迴旋砲的長艇，企圖驅散群眾，但卻無濟於事。穆斯林群眾開始摧毀被包圍的建築的外牆，「一個小時之內把外牆全部拆除」[22]。守軍被困在裡面，從窗戶裡向外射擊。貿易站靠近海邊，所以科雷亞認為繼續死守是沒有意義的，他們最大的希望是殺出重圍，奔向岸邊，希望長艇能趕來援救他們。他們衝出了房屋，大多數人逃到海邊。但讓他們沮喪的是，長艇沒有過來救他們，因為海況很差，長艇的水手不敢在驚濤駭浪中靠岸。武裝暴民逼近過來。科雷亞被砍倒在地，「死者還有五十多人」，包括巴西的第一位編年史家佩羅．瓦斯．德．卡米尼亞和好幾位方濟各會修士，「印度的第一批基督徒殉道者」。二十人走入海水，包括不知名的敘述者，「全都身負重傷」，「幾乎溺死」，被拉上長艇，其中有科雷亞的十一歲兒子安東尼奧。

卡布拉爾因為患病而虛弱無力，希望扎莫林立即為沒有保護他的定居點而道歉。他等了一天，但扎莫林沒有道歉的意思。扎莫林顯然不知該如何是好。卡布拉爾認為扎莫林的沉默是因為心懷歹意；他相信扎莫林在備戰。二十四小時後，卡布拉爾開始報復，他下令俘獲港內的十艘阿拉伯船隻，屠殺船上的所有人。岸上的城民目睹這慘狀，不禁毛骨悚然。

就這樣，我們屠殺了五、六百人，抓獲躲藏在船艙內的二、三十人，繳獲艙內的商品；我們就這樣擄掠這些船隻，搶走船上的貨物。其中一艘船載著三頭大象，我們把牠們都殺了吃掉，然後燒毀全部九艘空船。[23]

卡布拉爾還不肯罷休。夜幕降臨之後，他把自己的船隻帶到靠近海岸的地方，將火砲準備就緒。拂曉時分，他對卡利卡特進行猛烈砲擊。岸上有一些小型火砲開始還擊，但葡萄牙人的砲火如排山倒海般猛烈。整整一天，砲彈雨點般地落入城鎮，摧毀許多建築，包括一些屬於國王的房屋，並打死他的一名顯貴人士。扎莫林匆匆逃離城市，卡布拉爾也駕船離開，途中俘獲並燒毀另外兩艘船，沿著海岸線南下一百英里，來到柯欽城（今天的柯枝〔Kochi〕）。他得到的命令是，假如與扎莫林的談判破裂，就去拜訪柯欽。葡萄牙人與卡利卡特關係的最終破裂讓雙方都蒙受損失並且怒火中燒。對卡利卡特城的砲擊是當地人永遠不能原諒的。而貿易站的葡萄牙人遭到屠殺，也是一樁大仇。這是為了印度洋的貿易與信仰發生的漫長戰爭的第一砲。

✯

卡布拉爾所掌握關於柯欽城的資訊可能來自加斯帕爾・達伽馬。葡萄牙人知道，這座城市的君主是扎莫林的附庸，熱切希望擺脫卡利卡特的控制，所以會歡迎新來者並與其結盟。葡萄牙人果然受到熱烈歡迎。雙方交換了人質；每天都要交換兩名高種姓印度教徒和兩名葡萄牙人質，因為前者不能在海上進食或睡覺，所以人質是輪換的。兩週後，卡布拉爾的船隻裝滿香料，他還同意在當地建立一個小型永久性貿易站。葡萄牙人還對馬拉巴爾海岸有了更多了解。沿海的其他港口，坎納諾爾（Cannanore，今坎努爾〔Kannur〕）和奎隆（Quilon）派來了使者，邀請他去做生意，並尋求與他結盟，共同對抗扎莫林。也是在柯欽，葡萄牙人第一次見到真正的印度基督徒。從附近的克蘭加努爾（Cranganore，今科東格阿爾盧爾〔Kodungallur〕）來了兩名神父，約瑟和馬太。他們來到葡萄牙船上，為這次會面欣喜若狂。這對葡萄牙人來說是一大寬慰，但他們也終於幡然醒悟，原來印度並非基督徒主宰的國度。他們開始真正了解到做為異教的印度教的存在與性質。兩位神父告訴他們，在印度遵從聖多馬教誨的基督徒遠遠不占多數，而是一個遭到異教徒圍攻的少數派，沿海地區的幾乎全部貿易都被穆斯林把持著。

另一頭在卡利卡特，扎莫林復仇心切。卡布拉爾得到消息，有一支擁有八十艘船艦的船隊即刻啟航，將在卡布拉爾返回的路上攔截他。柯欽的國王提議派海軍掩護他，但卡布拉爾高度信任自己的火砲，謝絕了。他幾乎旋即出海，丟下在貿易站的人，還把兩名印度人質也帶走了。這兩名可憐的人質在海上既不能吃，也不能喝。過了三天，連哄帶騙，「他們才吃飯，帶著極大的憂傷和悲痛」[24]。葡萄牙人對當地文化的漠視為他們與柯欽的聯盟關係投下長長的陰影。十三年後，柯欽國王在給曼努埃爾一世的一封投訴信裡還回憶了此事，說他對葡萄牙人忠心耿耿，他們卻忘恩負義。

卡布拉爾無需動武，他的船隻武備強大，而扎莫林的船隻害怕葡萄牙大砲，只敢在一段距離之外跟隨，然後天黑之後就跟丟了。在更北方的沿海，坎納諾爾國王懇求卡布拉爾停船並裝載香料。他這麼做既是為了保護自己免遭葡萄牙砲擊，也是真心希望與葡萄牙結盟對抗卡利卡特。卡布拉爾的船隊在此做了短暫停留，然後啟航，穿越印度洋。

在漫漫歸途中，船隊是分成若干小組逐次前進的。在馬林迪，他們遇到一場商業災難。由於操作魯莽，損失一艘滿載香料的船；「船上的貨物損失殆盡，水手們雖然逃得性命，但只剩下身上的襯衫」[25]。為了防止船上的貨物被穆斯林拿走，他們放火焚燒船隻殘骸，但莫三比克的潛水夫後來還是打撈到一些火砲，再用這些火砲對付葡萄牙人。

✯

在里斯本，曼努埃爾一世相信，他贈送給扎莫林的貴重禮物一定能確保雙方友好地解決問題，因此已經派出下一批遠征隊。三月，卡布拉爾的船隻在艱難地駛向好望角時，一支僅有四艘船的小型商船隊在若昂·德·諾瓦（João de Nova）指揮下離開塔霍河。因為航程特別遙遠，一支船隊啟航之後，要過整整兩年時間才能返回，並將自己吸取的經驗傳授給下一支船隊，使其能夠順利出發。一切都取決於季風的規律。每一年的船隊都盲目地行進，與穿過大西洋返航的前一支船隊失之交臂，根據兩年前汲取到的資訊繼續前進。不過葡萄牙人已經在採取一些臨時性措施，以緩解這些問題。諾瓦抵達好望角附近的聖布萊斯灣時，發現一棵樹上掛著一隻鞋，裡面有一封信，告訴他卡利卡特的真實局勢。於是他繞過卡利卡特，在坎納諾爾和柯欽裝載香料，並且憑藉葡萄牙火砲的優勢，又一次從扎莫林船隻的追擊之下全身而退。

一五〇一年夏季，卡布拉爾的船隊分幾批返回里斯本。回家途中他也開展一些探險活動，獲取一些新知識。他探索了非洲黃金貿易的重要中心索法拉港。迪奧戈·迪亞士探索了紅海入口，曼努埃爾一世已經在設計那個方向的戰略。在紅海入口周邊的探險非常艱難，葡萄牙人發現那裡的環境極度乾旱，不適合人類居住，酷熱似熔爐。大多數參加此次探險的水手都丟了性命，「於是那艘船回來的時候，只剩六人，並且大多患病，他們除了下雨天在船上收集的雨水之外，沒有任何淡水喝」[26]。所有這些資訊都讓葡萄牙人編纂的地圖愈發豐富起來，他們將這些地圖祕密藏好，留待將來使用。

國內的人們熱切期待他們返回里斯本。出發的十三艘船有七艘返回，其中五艘滿載香料，兩艘是空的。其餘六艘都已經在海上損失掉了。教堂鐘聲響起，朝廷下令全國舉行宗教遊行。葡萄牙朝廷對卡布拉爾的遠航評價不一。有勢力很強的一派認為代價太大、距離太遙遠。曼努埃爾一世對此次遠航做了很多投資，雖然返回的船隻帶來不錯的利潤，但損失這麼多人的性命，確實令人不安。對西方土地（巴西）的發現被認為很有趣，但並不重要。而卡布拉爾未能確保在卡利卡特的活動能有一個和平的結局，卡利卡特的葡萄牙貿易站被摧毀，而且現在有確鑿證據表明，印度海岸的絕大多數人民及其統治者並非基督徒，這更讓人感到憂心。

但曼努埃爾一世確保將正面的消息大肆傳揚到全歐洲。對此關注最密切的是威尼斯人。這個航海共和國到十五世紀末之前幾乎已經壟斷歐洲的香料貿易，對他們來講，香料貿易就是生命線。威尼斯在地中海東端四面受敵的環境中想方設法與埃及的馬穆魯克王朝維持關係，確保他們的船隻每年能在亞歷山大港購買並裝運香料。葡萄牙成功地繞過這些中間商的消息令威尼斯人瞠目結舌，這威脅到威尼斯城的生存，因此急需調查。警覺的義大利人阿爾貝托・坎蒂諾（Alberto Cantino）對里斯本做了細緻觀察，他給費拉拉（Ferrara）方面寫信道，葡萄牙國王「已經告訴威

圖14　卡布拉爾遠航的代價，六艘船遭遇海難。

尼斯大使，如果他的事業像大家相信的那樣進展不順利，他就乾脆徹底放棄」[27]。威尼斯人或許在希冀和期望葡萄牙國王打退堂鼓。更務實的人表達出一種不祥的預感，甚至近乎恐懼。葡萄牙遠航船隊返回里斯本的時候，威尼斯大使「克里特人」就在城裡。他報告的細節令人不安。「他們帶回大量香料，價格低得我都不敢說……如果葡萄牙繼續這樣的遠航……葡萄牙國王就可以自稱財富之王，因為所有人都會跑到葡萄牙去購買香料。」[28]曼努埃爾一世請「克里特人」一起來慶祝香料船隊的返回，「於是我強作笑顏，遵從禮節」[29]。威尼斯人肯定寧願吃鋸末，也不肯慶祝葡萄牙人的成功。

在威尼斯，日記作者吉羅拉莫·普留利預言道，假如葡萄牙人能從供貨源頭直接購買香料、繞過伊斯蘭國家的中間商，威尼斯的末日就到了。他寫道：「這些新事實對於我們的城市來說是如此重要，以至於我煩躁不安、沒有控制住自己。」[30]曼努埃爾一世志得意滿地幸災樂禍。他向「克里特人」提議：「我應當寫信給閣下，告訴您，從此刻起，你們應當派遣船隻從葡萄牙購買香料。」[31]威尼斯與葡萄牙之間的祕密商戰就這樣打響了。在這場戰爭中，資訊是重中之重。「完全沒有辦法搞到那次遠航的航海圖，」威尼斯間諜報告稱，「葡萄牙國王宣布，誰要是洩露航海圖，格殺勿論。」[32]

但卡布拉爾遠航隊遭到的嚴重損失也打擊了曼努埃爾一世的公信力。他現在知道馬拉巴爾沿海地區的真實局勢，那裡的基督徒數量極少，整個貿易市場都被穆斯林商人所掌控，但他沒有放棄自己的雄心壯志。他告訴「克里特人」，「他會禁止馬穆魯克蘇丹從印度獲取香料」[33]。他要繼續向前推進。

葡萄牙人在卡利卡特蒙受了損失，必須做出回應。卡布拉爾返回後，葡萄牙的印度戰略發生了變化。事實表明，扎莫林是個異教徒，他唾棄葡萄牙人奉上的貴重禮物，摧毀卡布拉爾的貿易站，殺害卡布拉爾的部下。在葡萄牙看來，扎莫林顯然被麥加的穆斯林牢牢掌控。自此，葡萄牙人需要動用武力，去爭奪東印度的貿易。同時，富有戰鬥精神的基督教世界必須復仇。八十年後一份由穆斯林寫下關於葡萄牙人進犯印度洋的著作哀嘆地指出，卡布拉爾的遠航標誌著由和平轉向戰爭。從這時起，「十字架的信仰者」[34]開始「侵犯穆斯林的產業，壓制他們的商貿」[35]。卡布拉爾拒絕第二次前往印度，於是曼努埃爾一世再次起用達伽馬。

第七章　「米里」號的命運

一五〇二年二月至十月

曼努埃爾一世相信，葡萄牙在印度洋的商貿活動需要有咄咄逼人的行動，於是準備一支規模超過以往的船隊，於一五〇二年春從塔霍河啟航。到此時，前往東方的遠航已經制度化，是一年一度的了。這一次有二十艘船出發，分成兩隊，由達伽馬擔任總司令。他的舅舅維森特·索德雷（Vicente Sodré）也一同去，他有另外的任務和一定程度的自主權。達伽馬從朝廷接到的書面指示未能留存至今，但我們可以從後來的事態發展做推斷。他的任務應當是：為葡萄牙人遭殺害向卡利卡特的扎莫林索取賠償；落實他的要求，即驅逐穆斯林商人；擴展與馬拉巴爾海岸敵視扎莫林的國王們的貿易協定；葡萄牙透過在柯欽與坎納諾爾建立貿易站，在印度已經有了小小的立足點，現在要擴大這些立足點。葡萄牙人自信印度洋沒有任何武裝力量能夠與葡萄牙的砲火匹敵，所以這即便不是赤裸裸的戰爭，也是砲艦外交的政策。

從曼努埃爾一世給索德雷的指示裡，也可以清楚地看到船隊如此大的規模必將產生的影響和曼努埃爾一世的雄心壯志。索德雷的任務是「守衛紅海的出入口，確保麥加穆斯林的船隻既不能進入紅海，也不能從紅海出來，因為麥加穆斯林最仇恨我們，對我們進入印度的行動阻撓也最厲害；因為他們手裡掌握著香料，而香料取道開羅和亞歷山大港進入歐洲的那些地區」[1]。葡萄牙的地緣政治計畫的規模在擴大，也在更進一步。維森特及其兄弟布朗斯（Brás Sodré，也參加了此次遠航）雖然是達伽馬的舅舅，但年齡和他差不多。舅甥三人是一起長大的，可能曾在摩洛哥外海一同從事海盜活動。他們同樣都是不忌憚動用暴力的人。達伽馬還招募他的堂弟埃斯特旺（Estêvão）。此次遠航將是他的家族的事業。

根據已經形成的慣例，新船隊出發前舉行了宗教儀式。在里斯本肅穆的十字軍大教堂舉行的彌撒上，達伽馬被正式授與東印度海軍司令的頭銜，並披掛象徵帝國霸業與戰爭的裝束。他身披深紅色綢緞斗篷，戴著銀項鍊，右手拿著出鞘利劍，左手拿著王旗，跪在國王面前。國王將一枚戒指戴到他手指上。

一五〇二年二月十日，在禱告聲中，船隊的大部分船隻從賴斯特羅啟航，水手親屬的淚花消逝在風中。第二批五艘船在埃斯特旺・達伽馬指揮下於四月一日出發。與之前相比大大擴充的遠航隊伍中包括一些觀察員，他們將做為目擊者，記錄第一手資料。有些記述者是佚名的，有些則留下自己的姓名。其中有一位葡萄牙文書，托梅・洛佩斯（Tomé Lopes）和一位義大利商業代理人馬泰奧・達・貝爾加莫（Matteo da Bergamo）。他們都在埃斯特旺的船隊裡，記載此次遠航的進展，在此期間，葡萄牙在印度洋的目標從和平貿易轉變為武裝侵略。

卡布拉爾的船隊在南方大洋幾乎全軍覆滅，所以水手們如今對遠航抱有畏懼之心。托梅・洛佩斯可能是個旱鴨子，對航海沒有多少經驗，描繪了他們經歷的天氣變化。從馬德拉（Madeira）

島，「該地區氣候宜人，不熱也不冷」，船隊前往佛德角群島，然後折向西南方，進入開闊海域。到了赤道附近，天氣開始變得酷熱難當，「無論白天黑夜，沒有一絲涼意」。然後夜空中不再出現北極星，炎熱漸漸消退。接近好望角時，「天氣變得極端寒冷；我們愈接近那裡，就愈冷，我們也更難保護自己。為了禦寒，我們用自己的衣服裹住身軀，吃喝很多」[2]。白晝愈來愈短，縮減到八個半小時，黑夜則長達十五個半小時。六月七日，洛佩斯所在的船在黑暗中突然遭遇暴風雨。船隊被打散了。「只有兩艘船還待在一起，『茹利婭』號和我們的船……第三次刮起狂風的時候，風力太猛，我們三角帆的帆桁從中間斷了，『茹利婭』號的主桅也斷了……山峰一般的海水向我們席捲而來，這景象讓人呆若木雞……。」[3]橫掃甲板的驚濤駭浪使得「茹利婭」號開始進水。水手們拚命抽水，使船隻維持浮力，同時發誓賭咒，並抽籤決定，假如他們能得以倖存，哪些人要去朝聖感恩。他們幾乎被凍僵，渾身濕透，等待風暴平息。六月九日，天氣好轉了：「我們把衣服掛出去曬乾，但太陽沒有給我們多少熱量，我們還沒有暖暖身子，就又被無數的浪頭打濕了。而且還大雨如注，更是增加我們的痛苦。」[4]在這段危險的航程中，達伽馬的部下向海水中投擲聖物，期望能夠安全度過難關。這一次，所有船隻都得以倖存，但葡萄牙與東方之間往返的旅程始終是對忍耐力的極大考驗，始終要承擔沉船或傾覆的風險。

葡萄牙人既想在非洲東海岸經商，又想在那裡建立安全堅固的立足點，做為中轉站，讓在橫渡大西洋的艱難旅程中被打散的船隊能夠重新集結和補充給養。達伽馬第一次遠航的時候與莫三比克和蒙巴薩的談判非常緊張，雙方互相猜忌，所以他顯然決心採取更強硬的路線。達伽馬對東方外交習慣的微妙和冗長非常不耐煩，同時堅信歐洲的大砲能夠讓當地人肅然起敬。他還意識到，季風是一種執拗而不可能改變的力量：季風不等人。如果當地人不迅速服從他，他就要動武強迫他們。

他先拜訪了索法拉和莫三比克。像以往一樣，雙方互相猜疑，於是交換了人質，葡萄牙人攜帶隱藏的武器登陸，總算以比較友好的氣氛購買一些黃金。但他的主要目標基爾瓦，即海岸的關鍵貿易港口，之前對卡布拉爾的接待很冷淡。達伽馬率領全部二十艘船到達基爾瓦，旌旗招展，並用射石砲發出一輪齊射，以宣揚葡萄牙王室的輝煌與強力。他給蘇丹送去一封簡短強硬的短信，要求覲見他。答覆是，蘇丹患病，不能接見他。達伽馬立刻把自己的船隻帶到海岸，擺開極具威脅性的陣勢，派遣三百五十人攜帶火槍，乘坐配有迴旋砲的長艇登陸。「他不想見我，」總司令本人記述道，「還對我們非常不禮貌，於是我帶領所有部下，全副武裝，決心消滅他，乘船來到他的宅邸前，將船首靠岸，用比他更不禮貌的口吻要求他出來。於是他同意了，來到我面前。」[5]

根據編年史家加斯帕爾．科雷亞（Gaspar Correia）繪聲繪色的記載，總司令透過翻譯，訓斥這位倒楣的統治者：

> 我是我的國王的奴僕，你在這裡看到的所有人和那些在船隊的人，都會服從我的命令。你要知道，只要我願意，就能在一個小時之內把你的全城化為灰燼。如果我想要屠戮你的人民，他們全都會被燒死。

他繼續說，他「會扭住蘇丹的耳朵，把他拖到海灘，用鐵鎖套住他的脖子，把他帶走，在印度各地展出，讓所有人都看到，不願意服從葡萄牙國王是什麼下場」[6]。

達伽馬要求獲得貿易權，並要求蘇丹向葡萄牙國王每年繳納大筆貢賦。不幸的蘇丹必須升起葡萄牙王旗，以表示臣服於葡萄牙國王的宗主權。這是為了徹頭徹尾地羞辱蘇丹。貢賦分兩批支付，第一批在隆重典禮中交付，用托梅．洛佩斯的話說，「鼓樂喧天，大家歡呼雀躍」（他這麼說可能帶有諷刺意味），海灘上一大群婦女呼喊著：『葡萄牙！葡萄牙！』」[7]她們這樣呼喊，可能是出於畏懼，而不是喜悅。斯瓦希里沿海地區都感受到葡萄牙砲艦外交赤裸裸的威脅。七月二十七日，達伽馬繼續駛往馬林迪，當地蘇丹是他的老友，熱情（不過有些緊張）地接待了他。

這一次跨越印度洋的航行平安無事。八月二十日，整支船隊抵達安賈迪普群島，在沒有正當理由的情況下襲掠附近的一些港口，包括霍納瓦爾（Honavar）和巴特卡爾（Bharkal）。根據科雷亞的記載，達伽馬直截了當地向此地畏手畏腳的國王宣布，「這是我的主公葡萄牙國王的船隊，他是海洋、世界與這片海岸的君王」[8]。船隊從安賈迪普群島繼續南下。九月初，船隊抵達德里山，這是一塊突出的海岬，周圍有一片掩護它的潟湖，位置在坎納諾爾以北。這是沿著馬拉巴爾海岸經商的商船遇到的第一個或最後一個中轉港口，來自紅海的香料商船普遍利用它暫時停留，以補充淡水、木材和食物。達伽馬的二十艘船和數千人就在潟湖內停船落錨。據托梅．洛佩斯記載，壞血病又一次對水手們施以沉重打擊。他們為病人搭起帳篷。雖然得到大量橘子，很多病人還是已經病入膏肓。有六十或七十人因此死亡。其他病人身上則出現一種令人不安的新症狀。他們兩腿之間長出瘤子，可能是熱帶寄生蟲造成的，不過顯然並不致命。

德里山的頂峰高度為海拔九百英尺，是一個居高臨下之地，從頂峰可以俯瞰周邊，並籌劃海上的伏擊作戰。達伽馬和他的索德雷親戚年輕的時候可能在摩洛哥沿海從事過類似的行動。他們的任務是扼殺印度與紅海之間的穆斯林貿易，但也要為卡利卡特大屠殺復仇。很多人無疑也熱切希望為自己撈一筆油水。一五〇二年九月二十九日，機會來了。一艘阿拉伯三角帆船出現在北方。達伽馬率領一隊船隻出海，射石砲嚴陣以待。

好幾位目擊者記述隨後發生的戰鬥。義大利商業代理人馬泰奧·達·貝爾加莫大感震驚，在寫給自己雇主的信中語焉不詳。「我們沒有參加。葡萄牙人告訴我們，這不關我們的事。」他寫道，「而且此事的一些細節，此時此地還不方便透露。」[9]葡萄牙文書托梅·洛佩斯就沒有這麼沉默寡言了。他可能是第一個對葡萄牙人征服印度洋的手

圖15　轉向征服，達伽馬艦隊第二次遠航的艦隊規模是第一次的六倍。

段與心態加以批評審視的人。

這艘船叫做「米里」號，它剛從紅海返回，船上載著約兩百四十名男子和一些婦女兒童，其中很多是去麥加的朝聖者。這艘船顯然有武裝，載有一些火砲。乘客中有一些富裕的卡利卡特商人，其中一人是馬穆魯克蘇丹在卡利卡特的代理商朱哈爾．法基（Jauhar al-Faqih），他是一位頗有地位的富商，擁有好幾艘船。

達伽馬或許感到意外，「米里」號未做抵抗便投降了。馬拉巴爾海岸沿線有一些得到嚴格遵守的規矩，如果在某些海域遭到當地海盜攔截，只需要付一筆買路錢就可以了。商人們腰纏萬貫，自信可以用金錢換得安全通行。法基首先提了一個價碼，他表示願意出資修理一艘葡萄牙船隻損壞的桅杆，並在卡利卡特為所有葡萄牙人提供香料。達伽馬拒絕了。商人又試了一次：他願意把自己、妻子之一和一個侄子做為人質交給葡萄牙人，隨後幫達伽馬的四艘最大的船裝滿香料。這個條件顯然比剛才提高許多。人質將留在葡萄牙船上，他的另外一個侄子會上岸去安排交易。另外，他還保證促成在卡利卡特被扣押的葡萄牙貨物都物歸原主，並在卡利卡特和葡萄牙之間確立友好關係。這等於是邀請葡萄牙人參與香料貿易。如果過了十五或二十天，這些承諾還沒有兌現，總司令就可以任意處置人質。達伽馬依然不為所動。他命令法基告訴商人們，交出手頭現有的所有財產。法基愈來愈感到震驚，他帶著尊嚴答道：「我指揮這艘船的時候，他們都服從我的命令。現在你是主子，你自己告訴他們！」

據洛佩斯記載，商人們「沒有受刑」，交出自己願意交出的財物，顯然船上還藏有大量財物。根據某些記載，葡萄牙船長們對達伽馬頗有些譏諷，因為他頑固不化，既不肯接受對方提出的條件，也不願意徹底洗劫商船。洛佩斯顯然十分震驚。達伽馬秉承某種怪異的原則，不肯直截了當地去搶劫，真是不可理喻：「想一想船上留著的那些珠寶和其他貴重財物！那成罐的油、黃油、蜂蜜和其他商品！」[10]

達伽馬有其他的計畫。令「米里」號乘客難以置信的是（或許葡萄牙船隊的許多人，出於不同的原因，也無法相信），「米里」號被拆除了舵與索具，然後被長艇拖曳到一段距離之外。葡萄牙砲手登上「米里」號，安放火藥，然後將其點燃。穆斯林將被活活燒死。

「米里」號上的人們現在意識到事態嚴重，精神百倍地想辦法自救，他們設法滅火，並搜羅出能找得到的所有武器、投射兵器和石塊。他們決心戰鬥到底。葡萄牙長艇返回，準備重新點火，遭到「米里」號上男女乘客一陣冰雹般的射擊。長艇被迫後退。他們企圖砲擊喪失活動能力的「米里」號，但長艇上的火砲是很輕型的那種，無法對大船造成嚴重的損害。從遠處，葡萄牙人也能看到「米里」號上的婦女捧著珠寶和其他貴重財物，懇求總司令饒命。托梅．洛佩斯寫道，有些人舉著自己的小孩子，「我們明白他們是在懇求開恩」。他的記述語調愈來愈心煩意亂，對達伽馬的暴行也愈來愈無法理解。「男人們打著手勢，表示他們願意付一大筆贖金……毫無疑問，他們願意交出的錢足以贖回所有被囚禁在費茲的基督徒，還會剩下極多的財富給我們的國王陛下。」[11]達伽馬躲在船上，透過一個觀測孔，面無表情地看著這一切。他沒有做出任何回應。「米里」號上，乘客們開始用床墊、圍欄和能找得到的一切東西來構築壁壘。他們決心死戰到底，即便犧牲，也要讓敵人付出慘重代價。

一連五天，喪失活動能力的「米里」號在酷熱難當的海上漂流。洛佩斯所在的船跟隨著它，船尾拖曳著一條繳獲的穆斯林船隻。第五天，他們奉命消滅「米里」號。「我們把一切都看得清清楚楚。」[12]洛佩斯寫道，「今天是十月三日，星期一，我將永遠銘記這個日子。」

他的船逼近「米里」號，來到它側舷。一門大砲從近距離在「米里」號甲板上轟出一個大洞。但葡萄牙人嚴重低估對方的抵抗意志。「米里」號用抓鉤抓住他們的船，「事出突然，非常迅猛，我們都沒有時間從戰鬥平台上拋擲一塊石頭」。戰局旋即逆轉，葡萄牙人突然遭受襲擊，吃了大虧。「我們當中許多人沒有攜帶武器，因為我們以為對方手無寸鐵。」[13]他們不得不匆匆將甲板下方艙室被囚禁的穆斯林俘虜鎖起來，然後去面對「米里」號的猛烈攻擊。「米里」號船體更高，向葡萄牙船隻甲板傾瀉出暴風雨一般的投射武器，以至於砲手無法接近自己的砲位。葡萄牙水手用弩弓打倒一些攻擊者，但有四十名水手在長艇上，他們人手不夠，不得不退縮：「我們當中只要有一人在敞開的甲板上露臉，就會遭受二十或三十塊石頭襲擊，有時還有箭射來。」[14]

兩艘船纏鬥起來，激戰持續一整天。穆斯林打得非常瘋狂，不畏懼任何傷痛；「他們凶猛地向我們撲來，這真是非同尋常的奇景。我們打死打傷很多人，但他們絲毫不猶豫，似乎感覺不到自己身上的傷。」[15]洛佩斯看到自己周圍的形勢愈來愈危急。「我們全都負傷了。」[16]十四或十五名葡萄牙水手被堵在艏樓內，成群的穆斯林企圖猛攻進去。大多數葡萄牙人放棄自己的崗位，逃向甲板下方。只有洛佩斯和船長喬萬尼·博納格拉齊亞（Giovanni Buonagr）還留在上層，為自己的生命而奮戰。博納格拉齊亞不知從何處找來一塊胸甲來保護自己，此時胸甲已經在石塊的齊射打擊下凹陷變形，繫帶也脫落了。一名敵人衝到他面前，胸甲卻從他身上滑落。博納格拉齊亞在戰鬥嘈雜中轉過身來，喊道：「文書托梅·洛佩斯，大家都走了，我們還在這裡幹什麼？」[17]

是時候逃走了。兩人放棄了崗位，把艏樓讓給「米里」號乘客。「他們高聲呼喊，彷彿已經戰勝我們」。穆斯林還占領艉樓。集合起來支援船長和文書的水手們看到形勢已經絕望，於是跳入大海，被小艇救起。「我們的船上已經只剩幾個人了，幾乎全都負了傷。」[18]更多人從「米里」號跳到葡萄牙船上，替換傷患，不過有幾個人不慎墜海淹死了。船上剩餘的葡萄牙人被包圍在艏樓下方的甲板處，盡可能躲避敵人的投射武器。「他們打死我們的一個人，打傷另外兩、三人。我們很難保護自己、抵禦石塊的襲擊，儘管船帆對我們有一定的掩護功能。」[19]

對葡萄牙人來說，慘敗已經近在眼前，這時他們的敏銳思維救了自己。另一艘克拉克帆船「若亞」號駛向「米里」號，佯裝要強行登船。戰局又逆轉了，穆斯林攻擊者為自己的船擔心。他們匆匆逃回「米里」號，解開抓住葡萄牙船隻的抓鉤。筋疲力竭的葡萄牙倖存者為自己的好運氣感到欣慰。

「米里」號乘客的奮起自衛失敗了，他們的末日已經只是時間問題。

達伽馬率領六、七艘最大的船隻，緊跟著因為沒有舵而在廣闊海域漂流的「米里」號。風浪很大，無法強行登船，所以「米里」號的死期被推遲了很久，這最後的垂死掙扎十分恐怖。隨後四天四夜，葡萄牙人追蹤自己的獵物，向其開砲，但沒有收到什麼效果。第五天早上，有人從「米里」號游泳過來，帶來一個提議。他為了挽救自己的生命，願意將繩索的一端固定在「米里」號上，好讓葡萄牙人把它拉近並燒毀。他還告訴葡萄牙人，「米里」號上已經沒有戰利品可以擄掠了；所有貴重物品、貨物和食物都已經被投入大海，免得落入葡萄牙人手中。洛佩斯對穆斯林的鬥志和勇氣做了最後的致敬：「戰鬥期間，我們有時看到中箭的人自己把箭拔出來，扔回我們的方向，並繼續戰鬥，彷彿完全不知道自己負傷。」[20]「就這樣，」他嚴厲地譴責道，「在許多戰鬥之後，總司令殘酷無情地燒毀了那艘船，把船上的人全部燒死。」[21]

據說，在「米里」號沉沒之前，達伽馬從船上救起一名駝背的領航員和約二十名兒童，並命令他們皈依基督教。

「米里」號緩緩走向末日的恐怖命運令許多後世的葡萄牙評論者震驚而困惑。尤其印度歷史學家視其為自海上來犯的西方帝國主義的開始信號。這是兩個自給自足、相互無法理解的世界之間的第一次暴力碰撞。「這是聞所未聞的，」一位穆斯林統治者曾說，「竟然要禁止別人在大海航行。」[22]儘管葡萄牙人被定性為海盜，但達伽馬的動機——並非為了擄掠財物，而在海上大開殺戒——實在令人費解。他可能相信要以恐怖手段震懾敵人，並且他的這種信念過於極端。但這樣想的人不是只有他一個。葡萄牙人來自一個充滿激烈競爭、仇恨根深柢固的環境，並且在那個環境裡的人們致力於將最先進的技術應用於航海和火砲。他們來到印度洋的時候，對伊斯蘭世界的觀念非常狹隘，是在摩洛哥海岸與穆斯林衝突的條件下獲得的。一四九四年在托爾德西里亞斯瓜分世界的兩大伊比利強國受到歷史與環境的塑造，只相信壟斷貿易和十字軍聖戰的責任。

在馬拉巴爾海岸，「米里」號事件不會被遺忘，更不會被原諒，數百年間，人們對它銘記不忘。有一句西班牙諺語說，嚴重的罪孽會投下很長的陰影。但達伽馬的暴力活動才剛剛起頭，他已經熱血沸騰。

第八章　狂怒與復仇

一五〇二年十月至十二月

達伽馬駛向坎納諾爾，這個港口名義上對葡萄牙友好，並且設有一個小型葡萄牙貿易站。到此時，暴躁易怒的總司令對外邦人的一切意圖都滿腹狐疑，因此極難安撫。他拒絕上岸去拜見當地國王。於是雙方以一種尷尬的方式會面，坎納諾爾國王站在伸向大海的一個小平台上，達伽馬站在一艘船的艉樓上。不過雙方都大張旗鼓，擺開隆重的排場。在微妙的外交對話和交換禮物之後，雙方很快就貿易條件出現分歧。國王無法討論這些條件，關於香料貿易的談判必須去找城裡的商人，而這些商人是穆斯林。

達伽馬不能夠，也不願意去理解馬拉巴爾沿岸各地普遍存在的一個現象：印度教精英統治集團掌握政治權力，但經濟活動由他們的穆斯林臣民把持。被派來與達伽馬談判的穆斯林商人索要高價，因為葡萄牙的商品品質很一般，不值得他們購買。這樣的回應令達伽馬大發雷霆。他問道，坎納諾爾國王為什麼要派這些穆斯林來見他，「因為國王心知肚明，穆斯林自古仇恨基督徒，是我們最凶殘的敵人」[1]。看來國王並不珍視與他的友誼。既然國王不肯與他打交道，他打算於次日清晨將已經裝上船的少量香料也退回去。

在這爭吵當中，葡萄牙在坎納諾爾的代理商派伊．羅德里格斯（Pai Rodrigues）趕來，努力平息局面。達伽馬命令他立刻離開這座城鎮。羅德里格斯面無懼色，他不是總司令的下屬，不必聽從他，而且手裡還有商品要出售，有工作要處置。這樣的反抗讓達伽馬愈發暴跳如雷，他怒氣沖沖地拂袖而去，臨走前還警告坎納諾爾國王：如果當地的葡萄牙基督徒受到任何傷害，「他的卡菲爾①一定會付出代價」[2]。整個沿海地區都要被達伽馬疏遠了，而且他走的時候還故意鼓樂喧天、禮砲齊鳴。

他沿著海岸南下，奔向卡利卡特，刻意尋找麻煩。途中，他砲擊了一座向坎納諾爾稱臣納貢的小港口，並俘獲了一船穆斯林。坎納諾爾國王送了一封認輸服軟的信去安撫總司令，稱即便葡萄牙人殺死了他的「卡菲爾」，他也不會撕毀與葡萄牙國王的和約，而是向他報告一切事態。達伽馬讀了信，心情並沒有好轉，因為這封信顯然是派伊．羅德里格斯寫的。

但此時卡利卡特人已經知曉「米里」號慘劇，扎莫林陷入深思。葡萄牙人顯然不是偶然到馬拉巴爾海岸來做客，他們每年都來，而且想方設法俘虜船隻。如果他們在印度建立陸上基地，那麼這些不受歡迎的外來客造成的危險將大大增加。就連前一年來的四艘船也證明葡萄牙人完全不怕印度人的武裝抵抗，而這一年的葡萄牙艦隊規模極大。必須找到一個辦法來解決法蘭克人的問題，但他們擁有技術優勢，所以要對付他們並不容易。

扎莫林做了兩件事。達伽馬還在坎納諾爾企圖確立和平的時候，扎莫林給他寫了一封信。他表示，自己對基督徒的態度是純粹的友誼，他願意為葡萄牙人留在卡利卡特的貨物提供補償。至於之前的屠殺慘案，這是不能用金錢來表達或補償的，而且因為葡萄牙人在麥加商船和其他船隻上殺了更多人，雙方的血債肯定算是扯平了。他提議雙方擱置過去的糾紛，既往不咎，從頭開始。他的語氣極其溫和克制。

但他給犯上作亂的附庸柯欽國王寫了一封語調迥然不同的信，強調雙方急需合作，並敏銳地分析他們共同的處境：「只有一個解決辦法。如果你們不採納這個辦法，就必然全部垮台，被葡萄牙征服。在印度的整個馬拉巴爾海岸，任何人都不能向葡萄牙人提供香料，價錢再高也不行。」[3]不幸的是，柯欽國王仍然反抗卡利卡特。正是當地政治上的這些裂痕，最終將毀掉他們所有人。柯欽國王答道：「我與葡萄牙人處於和平狀態……不打算以其他方式行事。」並且他把這封信拿給在他城內的葡萄牙人看，他們則將信發給達伽馬。所以總司令收到了扎莫林的兩封信。他的看法沒有變，印度人都是兩面三刀的奸佞之徒。

十月二十六日，總司令接近卡利卡特的時候，把兩名穆斯林俘虜吊死在桅杆上。根據從「米里」號擄來的兒童的「證詞」（這些兒童指出，這兩人在前一年的屠殺中殺死卡布拉爾的部下），達伽馬處死了這兩人。次日，同樣根據兒童的「證詞」，第三名俘虜被指控曾在葡萄牙貿易站偷竊，被用長矛戳死。二十九日，船隊在距離卡利卡特一段距離的地方落錨。「我們只能看到卡利卡特的一小部分，它坐落在一座平坦山谷內，有非常高大的棕櫚樹。」[4]托梅·洛佩斯寫道。扎莫林派來一個代表團，重申之前在信裡提議的條件。達伽馬不肯讓步，他要求扎莫林全面

① 卡菲爾（kaffir）原是穆斯林對非穆斯林的稱呼，即異教徒。地理大發現時代的葡萄牙人用這個詞稱呼非穆斯林黑人。

賠償葡萄牙人的生命和財產損失，驅逐所有穆斯林，「不管是商人還是永久居民。否則他不願意議和，也不願意與他（扎莫林）達成任何協議，因為自從世界開端以來，穆斯林是基督徒的敵人，基督徒是穆斯林的敵人……並且此後不准任何來自麥加的船隻到他（扎莫林）的港口或在那裡經商」[5]。扎莫林是不可能答應這些條件的，達伽馬也一定知道。扎莫林做了盡可能溫和撫慰的答覆，他希望和平，但穆斯林自古以來就存在卡利卡特，城裡有四、五千戶穆斯林；他們的人民誠實守信，忠心耿耿，提供他許多寶貴的服務。

達伽馬宣布扎莫林的答覆是對他的侮辱，扣押了信使。這一天，雙方不斷交換消息，脾氣都愈來愈壞，雙邊關係愈發惡化。在這期間，一些漁民以為已經議和成功，便駕船出海。葡萄牙人抓住他們，然後扣押一艘滿載食物的大型阿拉伯三角帆船。扎莫林胸中燃起怒火，葡萄牙人的行徑悍然違背大海的精神。「基督徒更喜歡在海上偷竊和侵略，而不是貿易……他（扎莫林）的港口始終是開放的，」他繼續說，「所以總司令絕不可以阻撓或驅趕麥加穆斯林。」[6]如果達伽馬接受這些條件，扎莫林「會做出相應舉措……如果不接受，他（達伽馬）必須立刻離開他（扎莫林）的港口，不要再停留在那裡；他（達伽馬）無權停留，也無權在印度的整個馬拉巴爾海岸的任何港口停泊」。達伽馬在回覆中嘲諷了當地文化：我的主公（葡萄牙國王）能從棕櫚樹裡製造出一位同樣優秀的國王；扎莫林竟敢命令葡萄牙人離開，唯一的後果就是，今天扎莫林不能享受咀嚼檳榔葉的樂趣了。他要求扎莫林於次日中午前給出恰當的回覆，否則後果自負。

當晚，達伽馬下令所有船隻逼近城市；它們都穩穩地下錨停泊，船首向前，以減小目標，抵禦扎莫林的砲擊。天黑時，他們看到一大群人出現在海灘上，拿著燈籠。他們勞動了一整夜，為自己的火砲挖掘壍壕和砲位。「黎明時分，」洛佩斯回憶道，「我們看到許多人走向海灘。」達伽馬下令各船更加靠近岸邊，準備就緒。然後他發布更多命令。如果到下午一點扎莫林還沒有給出答覆，他就要把穆斯林俘虜吊死在桅杆上，並把許多印度漁民吊死在桁端，「把他們吊得高高的，讓所有人都能看得清清楚楚」。還是沒有答覆。「於是有三十四人被絞死。」[7]

海灘上很快人山人海，驚恐萬狀地看著桅杆上的死屍，無疑在努力認出自己的親戚。他們恐懼地舉頭仰望的時候，葡萄牙船隻用重砲向人群開了兩砲，將人群驅散。所有其他火砲也轟鳴起來，拋擲出「持續不斷的暴風雨一般的鐵彈和石彈，殺人無數」[8]。洛佩斯觀看人群撲倒在沙灘上，然後逃跑，或

圖16 葡萄牙大砲的力量在印度洋無可匹敵。

者「像蛇一樣匍匐逃走；看到他們哭喊，我們高聲譏笑他們。海灘很快就肅清了」[9]。印度人企圖反擊，但他們的射石砲效力很差，「他們的射擊準度極差，而且填彈極慢」。葡萄牙人的重型砲彈落在印度砲位附近時，印度砲手抱頭鼠竄。砲擊持續到晚上，一刻不停，在木屋上打出窟窿，炸倒棕櫚樹，「震耳欲聾，彷彿棕櫚樹是被斧頭砍倒的。有時我們能看到城裡遭到轟擊的地方有人在逃竄」[10]。

達伽馬還不善罷甘休。夜間，為了加快破壞和增加恐怖氣氛，他下令將吊在桁端的死屍都取下，砍掉首級和手足，將軀幹扔進大海。這些殘肢被堆放在一條漁船上。達伽馬寫了一封信，命人將其翻譯成馬拉雅拉姆語，然後用一支箭把信釘在漁船的船首。接著他們把漁船拖曳到岸邊。信的內容是：

> 我來到這座港口，是為了買賣商品，收購你們的產出。這就是貴國的產出。我現在給你們送上這份禮物。這也是送給你們的國王的。如果你們想和我們友善，就必須為在此港擄走的我國商品付帳。你們還強迫我們開砲，所以還要為我們消耗的火藥與砲彈買單。如果你們這麼做，我們立刻就成為你們的朋友。[11]

死屍被沖刷上岸。人們小心翼翼地來到海灘，檢查漁船和那封很顯眼的信。達伽馬下令停止砲擊，好讓當地人理解他的提議。洛佩斯觀察隨後發生的事件。他們看到漁船裡的東西：

臉色大變，這表明情勢很嚴重。他們傷心欲絕，不敢相信自己的眼睛。有些人跑過來，看到那些首級，又跑開了。也有人拿走一些首級，手裡提著它們走開。我們距離他們很近，能看得很清楚。這一夜我們無人入眠，因為岸上傳來呼天搶地的哭嚎，被海水沖上岸的死屍周圍也有人在吟唱。整整一夜，他們一直在借助蠟燭和燈籠的光亮修補塹壕，因為他們擔心我們放火燒城。[12]

拂曉，全部十八艘葡萄牙船的大砲再次轟鳴起來，靠近海邊的房屋已經化為廢墟。這一次，大砲射擊的仰角比較大，瞄準較遠處的權貴與富人的豪宅。城鎮似乎空蕩蕩的。達伽馬如果願意，或許可以洗劫全城。他可能還在希望用砲火迫使扎莫林屈服。砲擊持續了一上午，重型射石砲向城內發射了四百發砲彈。當地一些船隻企圖營救一艘被葡萄牙人俘獲的阿拉伯三角帆船，但為時已晚，被打得匆匆撤退。

次日，達伽馬駛向柯欽，一路血腥報復，留下六艘克拉克帆船和一艘卡拉維爾帆船由維森特·索德雷指揮，繼續從海路封鎖卡利卡特。至少葡萄牙人能夠指望柯欽的一些支持。柯欽國王是葡萄牙人最長期的盟友，長遠來看他的忠誠大體上沒有得到葡萄牙人的感謝和報答，但因為他渴望脫離卡利卡特的控制，所以一定會熱情歡迎葡萄牙人。

但整個馬拉巴爾海岸都對葡萄牙人凶暴的造訪感到不安，印度國王們與其穆斯林商人臣民之間的關係愈來愈緊張，在柯欽也導致了摩擦。裝載香料的工作時斷時續，雙方沒有談好價錢，商人在關鍵時刻故意拖延。「有時他們為香料索要更高的價錢，」洛佩斯記載道，「有時他們不肯接受我們的商品。因為他們每天都提出新要求，有時會突然停止往我們的船上運送香料。就這樣，他們迫使總司令天天上岸……他們與他就某個問題達成一致之後，就繼續裝運，然後又突然停手。」[13]達伽馬或許也認識到，自己的暴躁必須有個限度，萬萬不能疏遠了他唯一一個真正的盟友，並且在柯欽的生意至少能讓他在當地獲取一些當地人的建議。在這期間，葡萄牙人學到關於印度次大陸的更多知識。他們聽到關於錫蘭的故事，「那是一座富饒而龐大的島嶼，位於三百里格之外，那裡有崇山峻嶺，種植大量肉桂，出產寶石和許多珍珠」[14]。這很有誘惑力，於是葡萄牙人在自己預定將來探索的地點清單上添加了錫蘭。鄰近港口的印度基督徒，即聖多馬的追隨者，興致勃勃地趕來見他們，向曼努埃爾一世臣服，並幫助他們裝運香料。

✰

索德雷對卡利卡特的海上封鎖給城內的人造成很大的困難。扎莫林還在想辦法解決葡萄牙問題，他試圖透過直接與間接的途徑組建一個反抗外來者的統一戰線，去抵禦葡萄牙人令人生畏的火力和侵略。他的策略是打一場消耗戰，努力延緩與達伽馬的代理商的香料貿易談判，讓葡萄牙人停留過久，被季風困在印度。柯欽的穆斯林商人的拖延戰術也就是這個用意。但卡利卡特港口被封鎖，無法從事其他貿易，所以必須另謀他策。

扎莫林又試了另外一個辦法。他派遣一名婆羅門，給達伽馬送去新的和平建議。達伽馬感到肅然起敬，因為婆羅門是印度的高級祭司，是崇高種姓的成員。透過這位使者，扎莫林提議補償葡萄牙人的損失，並簽訂新的友好條約。達伽馬傾向於嚴肅對待這名使者，儘管此人的故事的某些細節有點不對勁。這位婆羅門自己也想來見葡萄牙人，並請求將他擁有的香料也運到葡萄牙船上。婆羅門和其他一些人質與達伽馬一同返回卡利卡特。到了卡利卡特，婆羅門被允許上岸，留下他的兒子們在船上，並承諾會回來。但他再也沒有露面。另一個人前來，請求達伽馬派遣「一位紳士」登陸，去收取扎莫林欠他們的錢。達伽馬聽到「紳士」這個詞，大發雷霆。他要求使者通知國王，就連他船上最低賤的小廝，他也不會派去。他不欠國王什麼東西，如果扎莫林有東西要給他，那就自己搬到船隊這裡好了。扎莫林送來安撫人心的答覆：到第二天結束時，一切都能處理好。但到了晚上，總司令的耐心快要用完了。

熱帶的黑夜降臨到卡利卡特。

在黎明前的黑暗中，達伽馬船上的瞭望哨看到一艘漁船離開港口。它接近的時候，衛哨才發現它其實是兩艘連接在一起的船。達伽馬被喚醒。他迅速穿上衣服，來到甲板上，認為國王在兌現諾言。但他們很快就發現，事實並非如此。他們觀察有七十至八十艘船在悄無聲息地出海。瞭望哨在一段時間內堅持認為那是一群漁船。第一輪砲彈襲來時，他們才意識到自己錯了。印度船上的射石砲鳴響著，火球掠過水面，在葡萄牙旗艦上打出窟窿。很快地，印度船就包圍了葡萄牙旗艦。任何人只要出現在甲板上，都會遭到箭雨襲擊。葡萄牙人從桅杆頂端向下投擲石塊，但攻擊者離葡萄牙船的距離極近，火力極猛，葡萄牙砲手無法操縱自己的火砲。達伽馬所在的克拉克帆船的尾部還繫著一艘繳獲的阿拉伯三角帆船。印度人向這艘三角帆船放火，希望大火能蔓延到克拉克帆船上。葡萄牙人切斷了連接兩艘船的繩索。更多小船蜂擁而來，配有輕型射石砲和弓箭。葡萄牙人別無辦法，只能割斷纜繩，起錨逃跑。但達伽馬旗艦為了防止敵人在黑暗中砍斷繫錨的纜繩，使用的是一根特別堅固的鐵鍊。水手們不得不在敵人的猛烈火力之下艱難地砍斷鐵鍊，旗艦才能開動。起錨之後，海上風平浪靜，旗艦停在原地文風不動，遭到暴風驟雨般地投射武器襲擊。

挽救達伽馬旗艦的，是個偶然。維森特·索德雷的小船隊——一艘克拉克帆船和兩艘卡拉維爾帆船——出人意料地從坎納諾爾趕來。大海一片平靜，所以大船不得不靠划槳緩緩移動，駛向一大群不斷開砲的小船。攻擊者終於撤退了，「有的缺了胳膊，有的少了腿，也有的人被砲火擊斃」[15]。

疑心病很重的達伽馬因為自己被誘騙進了陷阱而怒火中燒。他又一次將人質吊死在卡拉維爾帆船的桁端，在海邊向敵人展示，隨後將死屍丟進一艘當地小船，將小船送到岸邊，還附帶一封更狂暴的書信：「哦，你這可憐蟲，你讓我來，我就來了。你已經竭盡全力，若是你有更大的力量，一定會做得更多。你理應受到懲罰，我必然會懲罰你。等我回來，我就會回報你，不過不是用金錢。」[16]

圖17　瓦斯科·達伽馬的簽名。

第九章　立足點

一五〇二年十二月至一五〇五年

一五〇三年二月，達伽馬啟航返回里斯本，在印度海岸留下兩個脆弱的立足點，分別位於坎納諾爾和柯欽的貿易站。卡利卡特的扎莫林怒氣衝天，備受羞辱，另外還因為柯欽蘇丹拒不配合他剷除葡萄牙海盜而格外憤怒。很顯然地，與這些外來入侵者是不可能進行和平談判的。葡萄牙人的到訪愈來愈有規律，這很令人不安。每次季風快結束時，他們的船隻就返回印度，有時是一小群，有時規模雄壯，炫耀武力。他們用旗幟和砲聲宣布自己的駕臨。他們來了之後，放肆地索要香料，並提出驅逐在此世居的穆斯林群體的無理要求。他們向印度教文化的禁忌挑釁，大加威脅，並肆無忌憚地犯下常規的戰爭法則所不允許的暴行。

葡萄牙人現在開始在馬拉巴爾海岸努力建立一種通行證制度，向過往船隻收繳買路錢。他們發放安全通行證，以保障對他們友好的勢力的船隻的安全。這實際上是對貿易徵收的一種賦稅。後來，他們要求所有商船僅在葡萄牙控制的港口從事商貿，並且還要繳納高額的進口與出口關稅。通行證上的印章帶有聖母瑪利亞和耶穌的圖像，標誌著印度洋世界的一個極端變革。歐洲人來了之後，大海不再是自由貿易區。通行證制度給印度洋世界引入一個陌生的概念——領海，即由武裝力量和葡萄牙的野心（主宰大海）控制的政治化的海洋空間。

✯

如今，全世界都認識到葡萄牙對印度洋貿易構成威脅的全部意義。一五〇二年十二月，憂心忡忡的威尼斯人組建一個「卡利卡特委員會」，專門請求開羅的蘇丹採取行動。威尼斯駐開羅大使貝內代托·薩努多（Benedetto Sanuto）奉命「快速找到祕密的補救辦法」[1]。此次行動需要最高度的謹慎。威尼斯人這是要幫助穆斯林去對抗他們的基督徒兄弟，一旦洩露出去，必將成為大醜聞，所以威尼斯在開羅的外交活動極其微妙，需要嚴格保密。薩努多的使命是很清楚的：向蘇丹強調，葡萄牙封鎖他的香料貿易路線造成的威脅，敦促他向扎莫林施加壓力，驅逐入侵者，並降低香料通過埃及所收取的關稅，以便與葡萄牙競爭。最後一點顯然對威尼斯人特別重要。

在開羅，蘇丹阿什拉夫·坎蘇·加烏里（Al-Ashraf Qansuh al-Ghawri）還有其他事情要關注——民變、貝都因（Bedouin）部落族民對通往麥加與麥地那朝聖路線的威脅，以及空蕩蕩的國庫。但葡萄牙人突然出現在印度洋，既讓他不安，也讓他匪夷所思。「法蘭克人的大膽沒有邊際。」編年史家伊本·伊亞斯（Ibn Iyas）對葡萄牙人愈來愈多的侵犯評價道。

據說法蘭克人已經成功在亞歷山大大帝建造的堤壩上打出一個缺口……這個缺口是在分隔中國海（此處指印度洋）與地中海的一座山上打出來的。法蘭克人在努力擴大這個缺口，以便讓他們的船隻進入紅海。這些海盜就是這樣來的。[2]

在馬穆魯克王朝治下開羅如天方夜譚一般的世界裡，這樣的奇思異想不斷流傳。蘇丹對威尼斯人的建議置之不理。他對降低關稅、減少自己收入的設想當然不予理睬，但有關葡萄牙人暴行的消息愈演愈烈。蘇丹是麥加與麥地那兩聖地的監護人，是信眾的捍衛者。葡萄牙人封鎖紅海影響到他的收入，而朝聖者的自由和保護廣大穆斯林的義務則事關他的合法性。「米里」號的命運影響深遠。一五〇二年冬季，達伽馬還在柯欽的時候，發生第二起類似暴行。這意味著，蘇丹遲早要處理葡萄牙問題。

✯

達伽馬的舅舅維森特・索德雷留在印度，巡視更北方的馬拉巴爾海岸。他在坎納諾爾（葡萄牙與其比較友好）外海的時候，收到坎納諾爾國王的信，請求他扣押屬於一位富有的穆斯林商人的船隻，此人剛剛離開坎納諾爾，卻沒有繳納賦稅。索德雷和他的外甥一樣酷愛暴力。如果坎納諾爾國王願意的話，他會燒掉這名穆斯林商人的船。但國王並沒有這個打算，只要迫使商人交稅就可以了。這名商人名叫馬伊瑪瑪・馬拉卡爾（Mayimama Marakkar），在索德雷逼迫下返回港口，怒氣沖沖地交了稅，然後離開，並詛咒坎納諾爾國王和葡萄牙國王。坎納諾爾國王發出抱怨，索德雷決定代行法律，懲治馬拉卡爾。他剝光馬拉卡爾的衣服，綑在桅杆上，毒打他，並對他施加一種侮辱性的暴行。葡萄牙人在摩洛哥時經常這樣侮辱穆斯林，即往對方嘴裡灌糞便。索德雷還多了個新花樣。他往馬拉卡爾嘴裡塞一根短棍，將他雙手縛在背後，然後把一塊醃豬肉塞進他的嘴。遭到虐待的馬拉卡爾願意交出一大筆錢，以免受這樣的侮辱。索德雷的答覆與達伽馬回答企圖用金錢贖買自由的「米里」號乘客的話類似：「貨物可以用錢來買，但國王和大貴族的榮譽不賣。」[3]馬拉卡爾在印度洋貿易世界是一位有權有勢的大人物，這場奇恥大辱令他滿腔怒火，尋求復仇。一五〇四年，他親自來到開羅，將葡萄牙人的褻瀆惡行彙報給信眾的捍衛者——馬穆魯克王朝蘇丹，要求對這些可惡的異教徒採取行動。

在馬拉巴爾海岸，扎莫林也在渴望復仇。他完全明白，假如葡萄牙在各個香料王國扎下根來，就會構成極大的危險。幾乎所有人都知道，達伽馬在不可阻擋的季風吹拂下返航之後，扎莫林一定會攻打柯欽，懲罰它的統治者，並摧毀葡萄牙人羽翼初生的貿易站。因此，維森特·索德雷的小船隊奉命保衛這個定居點，並支持柯欽統治者。但索德雷還有一個任務是封鎖紅海，消滅在紅海與卡利卡特之間來往的穆斯林船隻。這後一項任務意味著可能獲得豐富的戰利品，因此更受他偏愛。在他的兄弟布朗斯的慫恿與幫助下，索德雷無視柯欽國王和葡萄牙貿易站的哀求，航向北方，去撈油水。他明目張膽地不顧自己同胞的死活，遭到了抗議。兩名船長放棄自己的指揮崗位，寧願留在遭到圍攻的柯欽貿易站。

索德雷走後，扎莫林迅速採取行動。他率領一支大軍開往柯欽，發了一封語氣專橫的信給柯欽國王，指出「接納嚴重傷害我們的基督徒」的惡果，要求他交出城內的基督徒。如若不從，扎莫林「決心進入你的國度，將其摧毀，抓住基督徒，俘獲他們的所有財物」[4]。

這電閃雷鳴般的嚴厲通牒遭到回絕。柯欽國王已經決定與基督徒並肩作戰，無論生死，都要堅守自己的決定。葡萄牙人將這種堅定理解為高尚的騎士風度。然而從長遠來看，柯欽國王得到的回報少得可憐。扎莫林可能更為切實地描述了與外來者同流合汙的後果，但柯欽國王不改初心。他派遣自己的侄子和繼承人納拉揚（Narayan）率領軍隊去抵抗扎莫林，不惜戰死沙場。納拉揚起初取得一些成功，但扎莫林賄賂他的部下，使其對納拉揚不滿，將其刺殺。柯欽國土被扎莫林占領。根據印度教軍事種姓的律法，兩百名柯欽倖存者宣誓要遵照儀式的要求慷慨赴死。他們剃掉全部毛髮，衝向卡利卡特，見人就殺，直到全部陣亡。

但納拉揚為國王和葡萄牙人爭取到了時間。他們撤離柯欽，逃到外海島嶼威平（Vypin）。扎莫林將柯欽城付之一炬，但無法接近威平島，因為雨季快到了。傾盆大雨和驚濤駭浪開始拍擊馬拉巴爾海岸，扎莫林率軍撤回卡利卡特，在柯欽只留下少量駐軍。他發誓要在八月回來，消滅所有敢於反抗的人。葡萄牙人在印度的立足點命懸一線，但柯欽國王相信葡萄牙船隻會按照航海季節的規律回來。與此同時，索德雷兄弟一心擄掠從紅海來的穆斯林船隻，卻遭遇海難，被困在一個小島上。維森特不幸溺死，他不得人心的兄弟布朗斯倖存下來，但隨後可能被自己的部下殺死了。在虔誠的編年史家看來，這純屬罪有應得：「這兩兄弟犯下了彌天大罪，之所以喪命，是因為他們沒有援助柯欽國王，並且拋下自己的葡萄牙同胞，讓他們單獨面對極大的危險。」[5]

索德雷兄弟現在幫不上忙，一小群葡萄牙人和柯欽國王及其親信就被困在威平島，等待救援。一五〇三年九月初，他們的信念得到回報，兩艘船從里斯本趕來，這是本年度香料航運的第一批船隻，指揮官是法蘭西斯科・德・阿爾布開克（Francisco de Albuquerque）。兩週後，又有四艘船緊跟著抵達威平島。這第二批船帶來葡萄牙歷史上最才華洋溢的指揮官當中的兩位。

圖18　阿方索·德·阿爾布開克

第二批船的指揮官是法蘭西斯科的堂兄弟阿方索·德·阿爾布開克（Afonso de Albuquerque），他注定要不可逆轉地改變印度洋的歷史軌跡，塑造和震撼世界。一五〇三年，阿方索可能已經四十多歲，長期為王室效力，擁有極其豐富的軍事經驗。他的相貌引人注目，清瘦，鷹鉤鼻，眼睛顯得非常精明，蓄著垂到腰間的已經有些斑白的鬍子。他曾在義大利與鄂圖曼土耳其人交戰，在北非對抗阿拉伯人，在葡萄牙與卡斯提爾人廝殺。在摩洛哥，他親眼目睹自己的兄弟在身旁戰死；他曾與還是年輕王子的若昂二世並肩作戰。和達伽馬一樣，他吸納了葡萄牙貴族的榮譽法則，包括對伊斯蘭教的根深柢固的仇恨和不可撼動的對復仇與懲罰敵人的信念。他沒有結過婚，但有一個私生子。他對王室忠心耿耿，清廉誠實，不會被收買，對自己的才幹，無論是駕船航海、指揮陸海軍、建立要塞還是治理帝國，自信滿懷。「如果陛下把十幾個王國託付於我，我也懂得如何以最高的謹慎、理智和知識來治理。」他曾這樣告訴起初對他不很信任的曼努埃爾一世，「這不是因為我擁有什麼特殊的才華，而是因為我在這些工作上的經驗非常豐富，而且已經到了成熟的年紀，懂得是非曲直。」[6]他總是行色匆匆，擁有魔鬼般充沛的精力，絕不容忍傻瓜。不是所有人都喜歡阿方索，但他和曼努埃爾一世一樣，擁有領袖魅力、使命感和建立世界帝國的雄心壯志。他顯然相信，自己大展宏圖的時機已經到了。

與他同來的一位船長，是同樣精明強幹的杜阿爾特．帕謝科．佩雷拉。他是航海家、領袖、戰術天才、地理學家、實驗科學家、博學之士和數學家。佩雷拉是奉命在一四九四年敲定「托爾德西里亞斯條約」的學者之一。巴西被正式發現之前，他可能已經祕密去過那裡。他寫下第一部描述黑猩猩擁有使用工具能力的論著；他把經度計算到非常精確的程度，在當時無與倫比。他記載了印度洋的海潮規律，並善加利用這門知識。史詩作者卡蒙伊斯（Camões）後來歌頌他為葡萄牙的阿基里斯（Achilles），「一手拿筆，一手持劍」[7]。曼努埃爾一世沒有把最高指揮權交給兩個阿爾布開克中的任何一人，他倆的關係迅速惡化。競爭意識非常強的阿方索搶先從里斯本出發，但他的船隊遭遇風暴，損失一艘商船。他原本就心情惡劣，抵達印度時卻發現法蘭西斯科已經到了，並且已經打退扎莫林在柯欽的駐軍，並把柯欽國王扶植回王位，因此春風得意。他還把城內現有的胡椒都裝載到自己船上。

出人意料的局勢讓堂兄弟間的緊張關係更加惡化。曼努埃爾一世給他們的命令僅僅是購買香料並返回。然而他們發現貿易站受到威脅，負責保護貿易站的索德雷兄弟已經陣亡，並且扎莫林一定會率軍回擊，徹底消滅貿易站。常駐柯欽的葡萄牙代理商及其夥伴表示，如果沒有堅固的要塞和駐軍保護他們，他們不會留下。因此，阿爾布開克堂兄弟必須偏離曼努埃爾一世的書面指示。法蘭西斯科已經說服滿心不情願的柯欽國王，給他們一塊地，並提供木料與人力，以建造要塞。這座要塞的選址是柯欽長條形半島的尖端，守衛著一個大型內層潟湖的出海口和腹地的河流網絡與城鎮。

建造一座木製要塞的工程匆匆進行。「每艘船都為其裝備貢獻自己的力量。」喬萬尼・達・恩波利（Giovanni da Empoli）寫道。他是一個年輕的托斯卡尼人（Tuscan），以商業代理的身分參與此次遠航。不到一個月時間，要塞就竣工了。它很原始，布局為方形，外層是土木築成的壁壘，中間有一座粗糙的石質主樓。用恩波利的話說，這座要塞「固若金湯……周圍有很深的壕溝與護城河，有強大的駐軍，工事完備」[8]。它標誌著葡萄牙帝國主義冒險的一個重要里程碑。這是他們在印度土地上第一個穩固的立足點。一五〇三年十一月一日，萬聖節，為了慶祝要塞在這個吉利的日子竣工，葡萄牙人盡其所能地舉行慶典。他們穿上最光鮮的衣服，壁壘上旗幟招展，舉行肅穆的彌撒。柯欽國王身穿華服，乘坐大象，在武士的簇擁下趕來慶賀，並參觀這座完工的要塞建築。

阿爾布開克堂兄弟小心地在印度盟友面前掩飾內部分歧，但他倆之間的氣氛仍然是非常惡劣的。不管什麼事情，他們都能吵起來，如香料分配的比例、建築工程的進展速度，甚至要塞的名字。一名修士對他們的紛爭感到不安，被傳來仲裁。法蘭西斯科希望給要塞取名為阿爾布開克要塞，但阿方索熱中於曼努埃爾一世彌賽亞風格的王權思想，希望用國王的名字給要塞命名。最終阿方索勝利了，但他狂妄放縱、咄咄逼人的競爭意識和焦躁情緒有時會影響他的判斷，並且已經成為他領導風格的標誌。

葡萄牙人與扎莫林的武裝衝突時斷時續。雙方同意一項令人懷疑的停戰協定。葡萄牙人在馬拉巴爾海岸搜羅胡椒，準備返回里斯本，而扎莫林正籌劃一次新的攻勢。葡萄牙人很快撕毀停戰協定，無緣無故攻擊一支運送香料的船隊，於是戰爭再度爆發。但扎莫林在等待時機，他知道，由於季風的鐵律，一五〇四年初，葡萄牙大部分船隻必然會載著香料回國。葡萄牙人也知道這一點。在卡利卡特，扎莫林開始集結一支新的軍隊，準備一勞永逸地趕走葡萄牙人。

一五〇四年一月，阿爾布開克堂兄弟出發的日子迫在眉睫。東風很快就會停息。曼努埃爾一世曾下令整支船隊必須一同航行，但後來船隊沒有這樣出發。在坎納諾爾，法蘭西斯科還悠哉地裝載香料，阿方索卻不肯再等了。一月二十七日，他揚帆起航，留下自己的堂兄弟在此地磨蹭。法蘭西斯科最終於二月五日啟航。他們只留下微弱兵力守衛曼努埃爾要塞和柯欽王國：九十個人和三艘小船，由杜阿爾特．帕謝科．佩雷拉指揮。這九十人都是自願留下的。在乘船返航的人看來，留下的人必死無疑。踏上歸途的人們目睹馬拉巴爾海岸消失的時候，一邊畫十字，一邊喃喃地說：「上帝保佑杜阿爾特．帕謝科及其部下的靈魂。」[9]柯欽國王看到自己盟友承諾的留守兵力如此脆弱，目瞪口呆。要再過八個月，才會有援兵從地球的另一端趕來。

阿方索船隊的歸途很典型，經歷印度冒險的所有持久不變的艱難險阻：風暴、逆風、補給匱乏、驚人的命運逆轉。托斯卡尼人喬萬尼．達．恩波利留下一份生動的記載，描寫這次噩夢般的旅程，船隊在幾內亞外海因為無風而受困五十四天之久：

淡水幾乎耗盡……沒有葡萄酒，船上也沒有其他給養；船帆和其他東西都磨損了，人們開始接二連三地病倒。五天後，我們從船舷拋下七十六具屍體。船上只剩下九人……我們徹底絕望了。由於蟲蛀，船體損壞，船在漸漸下沉；除了上帝的援助，我們沒有得救的希望……非常糟糕，我找不到言辭來描述。[10]

他們最終返回里斯本的時候，已然命懸一線。

風向不利於我們。我們帶來的黑人剛剛感受到冷風，就紛紛開始死亡。就在即將進港的時候，我們又遇到逆風，幾乎沉船。我們的狀態極度糟糕，如果在海上再多待半天，一定會在河口沉沒。[11]

他們不知道，自己其實已經很幸運了。法蘭西斯科船隊於二月五日從坎納諾爾出發。他們後來杳無音訊，法蘭西斯科的船隊可能消失在南方某處大洋的波濤中。國王最終聽到的，是阿方索對自己成績的報告。

☆

在印度，扎莫林於一五〇四年三月開始進軍柯欽。他集結一支龐大的軍隊，約五萬人，兵員來自他的領地和臣服於他的附庸城市，包括一大群奈爾（馬拉巴爾海岸的軍事種姓）武士，扎莫林得到卡利卡特穆斯林群體支持，還攜帶所需的輜重與器具。三百頭戰象、火砲和約兩百艘戰船將包圍柯欽港。柯欽國王判斷自己身陷絕境。他懇求葡萄牙人借助有利風向，到阿拉伯半島海岸過冬，而不是毫無意義地白白丟掉性命；他自己將謙卑地向卡利卡特的主人投降。

但杜阿爾特．帕謝科．佩雷拉是來打仗的。他完全明白，關係重大，形勢危急：如果他丟失了柯欽，那麼其他對葡萄牙友好的港口也將屈服於卡利卡特，葡萄牙在印度的整個事業就徹底完蛋了。兩位阿爾布開克還在印度的時候，佩雷拉已經花了幾個月時間與扎莫林軍隊作戰，他曾研究柯欽的地形地貌。柯欽位於海邊一個長條形半島之上，背後有一個潟湖。該地區遍布灘塗、島嶼和受潮汐影響，周圍長滿棕櫚樹的淺灘，因此是一個複雜的迷宮，正是伏擊戰的理想戰場。佩雷拉不肯後退。

他給出直截了當的回應，他告訴柯欽國王，他會打敗扎莫林，「如果情勢需要，我們會為您效力至死」[12]。柯欽將是最後決戰的戰場，是葡萄牙的溫泉關。佩雷拉至多只有一百五十人和五艘船（一艘克拉克帆船、兩艘卡拉維爾帆船和兩艘比較大的長艇）。柯欽人名義上可以集結八千人，但究竟有多少人願意為一項不得民心的事業而戰，是存疑的。國王覺得佩雷拉瘋了。但一五〇四年秋季一支葡萄牙救援船隊抵達柯欽的時候，發現佩雷拉及其大部分部下都活著，而扎莫林丟人現眼地撤退了。

佩雷拉贏得一場精采的戰略勝利。他認識到，柯欽坐落在一座半島上，周圍遍布鹹水溪流和水道，因此要從陸地一側接近柯欽，就必須通過少數幾個淺灘，而這幾個淺灘受潮汐影響，有時會被海水淹沒。佩雷拉可能是歷史上第一個以科學方法研究潮汐與月相關係的人。透過細緻觀察，他得以預測每個淺灘在何時可以通行，於是可以調動他寥寥幾艘船和士兵，去迎擊敵人。他命人在各淺灘安插削尖的木樁，將木樁用鐵鍊鎖起來，構成一道柵欄，露出水面。他的船隻則鋪設厚厚的木板，做為木製裝甲。扎莫林的軍事行動在戰術上非常死板，漏洞極多。每一次他通過狹窄的淺灘進攻時，葡萄牙人的強大火力都把涉水前進、企圖在木柵欄上砍出缺口的奈爾士兵打成碎片。佩雷拉成功鼓舞了柯欽人的士氣。奈爾士兵遇到一群在水稻田裡勞作的低種姓農民，農民揮舞著鋤頭和鐵鍬攻擊他們。奈爾士兵害怕被低種姓的人汙染，抱頭鼠竄。在四個月裡，扎莫林發動七次大攻勢，全都失敗了。作戰和霍亂造成的死亡人數攀升，他喪失了鬥志。一五〇四年七月，他終於撤退。由於嚴重喪失威望，他不得不退位，隱遁到宗教生活中，由他的侄子繼位。

一五〇四年秋季援救柯欽的葡萄牙船隊規模很大：十四艘克拉克帆船，包括五艘新建的大船。它們帶來大量士兵、水手和強大的火力。扎莫林慘敗的消息傳遍馬拉巴爾海岸，葡萄牙新船隊的抵達對各貿易城市及其統治者施加很大的影響。葡萄牙人顯然是不可戰勝的；愈來愈多人投奔他們；葡萄牙船隊抵達柯欽時，扎莫林的另一個臣屬——塔努爾（Tanur）國王向葡萄牙宣誓效忠。麥加穆斯林的情緒愈來愈陰沉。印度海岸的貿易港口一個接一個地對他們關上大門。

葡萄牙人堅定頑強的抵抗、他們軍事行動的凶悍猛烈、船隊的靈活機動、火力的優勢和他們對戰鬥的酷愛，似乎構成一股無法抵擋的力量。不僅在馬拉巴爾海岸，在東非棕櫚樹環繞的沙灘，開羅和吉達①的旅行商人都大感沮喪。到一五〇四年末，一大群穆斯林商人對時事悲觀失望，決定攜家帶眷，帶著商品貨物，返回埃及。這年的最後一天，洛佩斯船隊追上這群穆斯林船隻，可能殺死了兩千名穆斯林。這是對扎莫林及其阿拉伯盟友的最後打擊。「此次失敗之後，國王感到自己被毀掉了；從此以後，美好往昔不再，因為他已經損失慘重，而摩爾人都離開了卡利卡特；因為那裡爆發饑荒，人口逐漸流失。」[13]卡利卡特的輝煌時代快要落幕了。進入一五〇五年之際，葡萄牙人自信滿懷，將要永久占領馬拉巴爾海岸。曼努埃爾一世在籌劃下一次遠航時已經在考慮這一點。

印度洋傳統貿易體系所遭受的破壞產生深遠的影響，讓愈來愈廣泛的圈子都能感同身受。威尼斯人原指望漫長的距離、疾病和海難能夠扼殺葡萄牙的香料貿易路線。每年三月，葡萄牙船隊從塔霍河口出發，前往印度，來回兩萬四千英里。這是非同小可的航海壯舉。但它造成的消耗損失也極大。遠航船隻從賴斯特羅海灘啟航，岸上的人們目送它們離去時以淚洗面，不是沒有道理的。從一四九七年達伽馬首航到一五〇四年，共有五千五百人前往印度，其中一千八百人，也就是百分之三十三，沒能回來。損失的人員大多死於海難。但遠航的回報極其豐厚。達伽馬首航的收益就相當於投資的六十倍。據計算，扣除成本，王室每年從香料貿易獲得一百萬克魯扎多的利潤，這是天文數字的巨款。里斯本碼頭上香料的氣味吸引到大量滿心渴望的新人投入冒險。很多人一窮二白，不怕任何風險。葡萄牙自然資源匱乏，位處歐洲政治與經濟中心的邊緣，所以東方的誘惑是葡萄牙人無法抵抗的。法蘭西國王法蘭西斯一世稱曼努埃爾一世為「雜貨商國王」，以此嘲諷一個以貿易為生的小國君主的庸俗自負，但也有羨慕的意味。在中世紀歐洲，葡萄牙王室的經商行為就像航海本身一樣，是一大創新。葡萄牙國王是王室商人資本家，透過壟斷貿易收取

① 吉達（Jeddah）是紅海的主要港口，今屬沙烏地阿拉伯，也是該國的外交首都。它的名字意思是「女祖先」或「祖母」，取自當地的夏娃墓。一九二八年，夏娃墓被沙烏地阿拉伯政府摧毀。吉達一直是穆斯林朝聖者到聖城麥加和麥地那的入口。吉達一度隸屬土耳其，一九一六年被迫割讓給英國。一九二五年被穆斯林領袖伊本·沙特（Ibn Saud）占據，一九二七年被併入沙烏地阿拉伯。

巨額利潤。

有了這個金錢的源泉，曼努埃爾一世得以重塑里斯本的形象。一五〇〇年，他命人在塔霍河兩岸開闢空間，準備營造一座巨大的新王宮，要俯瞰塔霍河，讓國王能觀看東印度的財富滾滾而來。河畔宮殿既是帝國輝煌的表現，也是商業活動的中心，這兩方面由王室的身分聯繫起來。王宮旁設有行政管理部門，做為基礎設施：印度事務院、海關大樓、管理木料與奴隸進口的部門、涉及與法蘭德斯貿易的官衙、王家鑄幣廠與兵工廠。在新世紀之初，里斯本搖身一變，成為一個不斷運動的世界，歐洲最富活力的中心之一，充盈著金錢與能量，並由王室將里斯本經營成一門價格壟斷的生意。商業與技術基礎設施的很大一部分是從國外進口的。葡萄牙人的航海技能無與倫比，但該國缺少富有商業精神的中產階級。除了鑄砲工匠和砲

圖19 葡萄牙人對海難有許多想像。

手之外，葡萄牙還需要擁有專門知識技能的經紀人在東印度買賣貨物。在里斯本和全歐洲，葡萄牙需要經銷商、零售商、銀行家和擁有精明商業頭腦的投資者。它從佛羅倫斯、熱那亞、博洛尼亞（Bologna）、安特衛普、紐倫堡和布魯日吸引了一大批人才資本。

一五〇三至一五〇四年，富可敵國的富格爾②家族在里斯本開設銀行，人們認為這標誌著威尼斯在歐洲享有的香料貿易中心的聲譽受到嚴重威脅。在義大利和其他國家，威尼斯的競爭對手們幸災樂禍，喜不自禁。普留利希望葡萄牙貿易會在好望角礁石上撞個粉碎，但這希望過於樂觀了。一五〇四年二月，威尼斯元老院憂傷肅穆地聽取關於達伽馬第二次遠航帶回大量香料的報告。與此形成對比，在亞歷山大港的威尼斯商人極難獲得香料。威尼斯人不知道的是，其中原因與葡萄牙沒有多大關係，而主要是由於馬穆魯克王朝的內亂。

一五〇四年春，威尼斯的卡利卡特委員會決定再次開展祕密行動，暗中打擊葡萄牙的地位。威尼斯人派遣兩名使者。萊奧納爾多・達・卡馬瑟（Leonardo da Ca'Masser）奉命前往葡萄牙，繼續調查該國香料貿易的情況。他將假扮為商人，用密碼發回報告，盡可能蒐集關於葡萄牙整個香

② 富格爾（Fugger）家族是日耳曼商業和銀行業大亨，曾統治十五、十六世紀的歐洲工商業。家族的創立者漢斯・富格爾（Hans Fugger，一三四八至一四〇九年）原是奧格斯堡（Augsburg）的織工。富格爾家族早期主要經營紡織業，後投入香料和奴隸國際貿易，並在開採銅礦和銀礦上獲得大量財富。富格爾家族貸款給各國國王和皇帝，並參與贖罪券的販售，使家族在歐洲政治上具有很大的影響力，因而招致馬丁・路德（Martin Luther）的批評。查理五世（Charles V）因得到富格爾家族的財力支持，得以當選神聖羅馬皇帝。十六世紀後，富格爾家族逐漸衰落，但三個有爵位的支系一直延續到二十世紀。

料貿易活動的資訊。同時，法蘭切斯科．泰爾迪（Francesco Teldi）假扮首飾商人，前往開羅，再次敦促蘇丹，在嚴格保密的情況下破壞葡萄牙在東印度的行動。卡利卡特委員會在執政官宮殿內會商，設想一些更瘋狂的計畫。能不能說服蘇丹，在蘇伊士開掘一條運河？這樣就可以降低前往歐洲的運輸成本。沒有證據表明，威尼斯人曾將運河的設想呈送給蘇丹加烏里，但泰爾迪奉命向他指出，很多威尼斯商人急於到里斯本購買香料，曼努埃爾一世還厚顏無恥地邀請他們去里斯本；威尼斯政府當然希望固守古老的貿易盟約，但如果……泰爾迪要給出許多言猶未盡的暗示，讓加烏里明白，威尼斯可能尋求其他路徑。事實上，雙方有著共同利益，卻只能越過互相猜疑的鴻溝，摸索著相互交流。

在卡馬瑟與泰爾迪從威尼斯動身之前，從印度洋傳來義憤填膺的怒吼已經迫使開羅的蘇

圖20　十六世紀的里斯本和塔霍河。

丹採取行動。他決定以更強硬的手段試探威尼斯的支持和基督徒的決心。三月，他讓方濟各會修士毛羅送回赤裸裸的威脅：要葡萄牙人撤離印度洋，否則他就摧毀耶路撒冷的聖地。威尼斯人在四月接待毛羅的時候，對此的態度模棱兩可。他們不敢支持蘇丹的立場；他們假意請求蘇丹不要這樣做，但透過暗示和迂迴的措辭表達了同情。泰爾迪奉命通知蘇丹，威尼斯沒有辦法公開支持他，而且基督教各國應該不大可能有辦法保衛耶路撒冷。威尼斯人迅速將這不受歡迎的使者送到教宗那裡，就像傳遞一個燙手的馬鈴薯一樣。教宗尤利烏斯二世（Julius II）也匆匆將這嚇人的威脅傳遞給曼努埃爾一世，先是透過書信，然後把使者毛羅修士送到葡萄牙朝廷。修士直到第二年夏季，即一五〇五年六月才抵達里斯本，曼努埃爾一世有充足的時間來考慮如何回應。消息送抵之後，它對葡萄牙造成決定性影響，不過不是蘇丹想要的那種。

卡馬瑟在葡萄牙的間諜活動出師不利。他還沒抵達里斯本，就被揭露身分。出賣他的是威尼斯的競爭對手——佛羅倫斯人。據他後來的說法，他被丟進一座「恐怖的監獄」[14]。他被帶到國王面前，但憑藉三寸不爛之舌竟然逃脫了，花了兩年時間為威尼斯政府蒐集珍貴的情報。可是曼努埃爾一世對外國人的刺探愈來愈有警覺。卡馬瑟抵達里斯本一個月之後，曼努埃爾一世發布一道敕令，禁止製作地球儀或複製地圖，他這是為了保住葡萄牙辛苦得來的優勢，防止外人刺探。

在愈來愈激烈的商業競爭中，葡萄牙人肯定對威尼斯人的評價愈來愈差。葡萄牙人相信，一五〇四年幫助扎莫林的兩名鑄砲工匠是威尼斯派去的，但事實可能並非如此。航海共和國似乎沒有在國家層面上為開羅提供技術援助，但肯定有一些威尼斯商人願意給亞歷山大港送去銅條（用來鑄造大砲等），並且鼓舞阿拉伯人的決心。地中海世界有愈來愈多的水手、工匠、砲手、技術專家、棄兒和犯人，其中有些可能來自靠近非洲海岸的威尼斯殖民地，如克里特島和賽普勒斯島，願意向任何能出錢的人兜售自己的技能。到一五〇五年，其中一些人來到開羅。阿拉伯世界內部緩緩聚集的壓力很快就需要決定性的行動。

第十章 印度王國

一五〇五年二月至八月

一五〇五年二月二十七日，里斯本。一道帝國敕令的浮誇言辭。一次向所有參與印度事業的人士的講話：

唐．曼努埃爾，蒙上帝洪恩，大海此岸的葡萄牙與阿爾加維國王，大海彼岸的非洲之王，幾內亞領主，衣索比亞、阿拉伯半島、波斯與印度的征服、航海與貿易之王，向汝等——我命令在印度的各要塞指揮官、法官、代理商……我派遣加入此船隊的船長、貴族、騎士、仕紳、大副、領航員、行政長官、水手、砲手、武士、各級軍官與一概人等，鄭重宣布……。[1]

清單裡列舉從高到低各個級別的人員。然後是實質性的談話：「以此授權書為證，我無比信任唐．法蘭西斯科．德．阿爾梅達（Dom Francisco de Almeida）……任命他為上述整支船隊與上述印度的總司令，任期三年。」

關於在印度的冒險是否明智，朝廷已有過多次辯論，有人表達激烈的反對。大量的生命損失、扎莫林的負隅頑抗、卡利卡特的屠殺、選擇在更靠近葡萄牙本土的摩洛哥開展聖戰比較高尚、擔憂其他君主的嫉妒心，這一切都導致曼努埃爾一世的計畫遭到強烈的抵制。但到一五〇五年，國王在一群理論家與謀臣的支持下，確信自己的命運就是繼續執行印度計畫。二月二十七日宣言代表的是一種全新的戰略，一種大膽的長期計畫，它的基礎是激動人心的雄心壯志，透過武力，在印度建立一個永久性的帝國，並控制整片印度洋的貿易。他選擇這個時機發布宣言，不是偶然的。曼努埃爾一世知道毛羅修士正從教廷趕來，想要表達對耶路撒冷的擔憂，所以他可能想搶在這個不受歡迎的信使抵達之前採取行動。在更廣泛的層面上，國際形勢對葡萄牙非常有利：義大利深陷戰火；威尼斯人在與鄂圖曼帝國交戰，無暇他顧；馬穆魯克政權似乎在持續衰落；西班牙捲入歐洲事務。一個重大機遇出現了，一個攸關命運的時刻降臨了。曼努埃爾一世也認識到，通訊聯絡上的延遲意味著想從里斯本遙控印度事務，是不切實際的。儘管他天生缺乏安全感且疑心病很重，還是必須下放權力，選拔一名代表，將指揮權交給他掌管足夠長的時間，以便有效落實計畫。

他選上的那位肩負重任的人，唐・法蘭西斯科・德・阿爾梅達，僅僅是國王的第二人選。他起初提名的是特里斯唐・達・庫尼亞（Tristão da Cunha），但這位經驗豐富的航海家突然瞎了，原因可能缺乏某種維生素。儘管他後來恢復視力，但他的失明被認為是上帝給出的徵兆。阿爾梅達將是第一位領導印度遠征的高級貴族，他大約五十五歲，在軍事、外交和航海方面都有豐富經驗，但他還擁有一種人格特質，正是曼努埃爾一世在選拔人才以託付國家大事時樂於看到的。阿爾梅達清正廉潔，不會被收買，對財富的誘惑無動於衷，秉性溫良，是個沒有家庭羈絆的鰥夫，虔誠，具有成熟的判斷力。多年來，印度的誘惑就是能讓人發大財，而阿爾梅達沒有索德雷那樣的貪婪胃口。他更珍視頭銜而不是大包香料，並且他懂得如何作戰。

阿爾梅達將不僅是船隊的總司令，他還獲得副王的崇高頭銜，名義上擁有代理國王的行政權。一週後國王頒布給他的指示裡具體規定他的權責範圍，指示長達一百零一頁，文字密密麻麻，包括一百四十三條，分成許多章節，既體現國王指示的極其詳盡，也讓人感受到國王宏大的野心。

圖21　法蘭西斯科·德·阿爾梅達

阿爾梅達的任務是，繞過好望角之後，控制斯瓦希里海岸。他的目標是索法拉港（黃金貿易的關鍵）和基爾瓦港。國王推薦的策略是打著友善的旗號前去，然後向城鎮發動突襲，囚禁所有穆斯林商人，俘獲其財產。隨後在斯瓦希里海岸建立要塞，控制黃金來源，因為在馬拉巴爾海岸購買香料需要黃金。這將是一場打著和平旗號的戰爭。然後，他必須徑直穿越印度洋，再建立四座要塞，分別位於做為中轉站的安賈迪普島，使其成為支援基地和補給中心，以及坎納諾爾、奎隆和柯欽。

然後他需要北上，在紅海出入口或其附近、接近祭司王約翰王國的地方建立另一座要塞，以扼殺蘇丹的香料貿易，確保「整個印度斷絕除我們之外，與任何人做生意的想念」[2]。國王將另派遣兩艘戰船長期在遠至非洲之角①的非洲海岸巡邏。

指示隨後談及棘手的卡利卡特問題。新的扎莫林和前任一樣敵視葡萄牙，必須想辦法對付他。如果扎莫林同意驅逐所有穆斯林，阿爾梅達應與他議和；如果他不同意，「就向他開戰，用一切手段，盡你最大力量，從海陸兩路攻擊，徹底消滅他」[3]。

不能忽視任何戰略要點。封鎖紅海之後，將派遣一支船隊前往其他的伊斯蘭城邦與王國：朱爾（Chaul）、坎貝（Cambay）、波斯灣出入口的霍爾木茲。阿爾

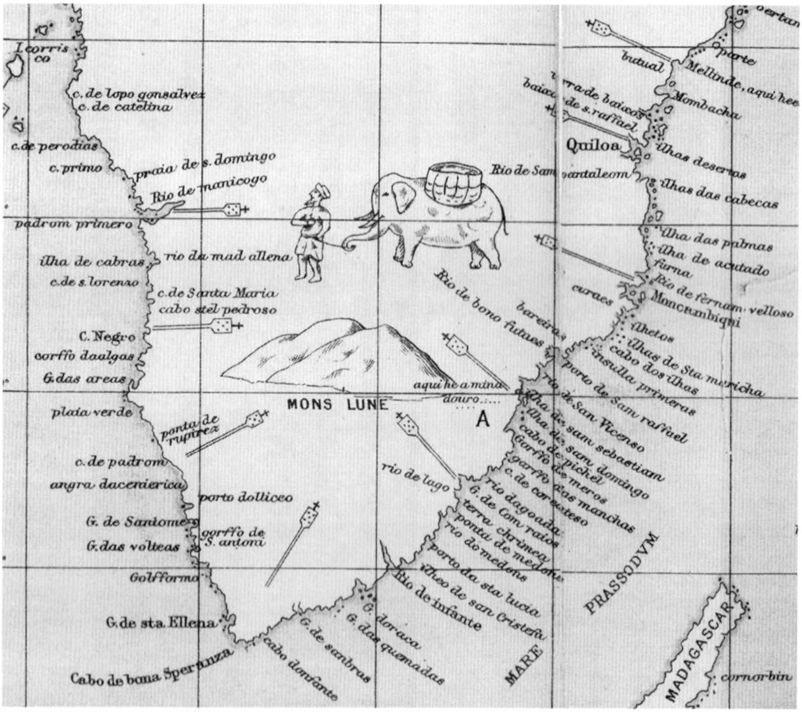

圖22　一五〇二年葡萄牙人繪製的非洲南部地圖，沿海標註許多石柱所在地。

梅達應當要求這些國家年年向葡萄牙國王納貢；命令它們切斷與開羅和紅海的穆斯林商人的一切商貿聯繫；途中要俘獲所有穆斯林船隻。為了給上述行動提供資金，他必須確保每年的香料商船能迅速裝滿貨物，快速返航。

曼努埃爾一世的雄心壯志還不止這些。在照顧好香料商船之後，副王還要開拓新疆土，「發現」錫蘭、中國、麻六甲和「目前尚不了解的其他地區」[4]。要在新發現的土地樹立石柱，以顯示主權。這是一份詳盡的清單。

儘管國王的指示據說給了阿爾梅達一定的行動自由，以處置未預見的突發情況，但實際上是一份非常嚴格的行程安排。曼努埃爾一世從未見過，也永遠不會見到他要求征服的那個世界，但從他的指示可以看出，他對印度洋的各個戰略要地有著驚人的準確把握，對控制這些要地和建設他的帝國也有著非常權威的地緣戰略眼光。他獲得這些知識的速度是非常神速的。闖入新世界七年後，葡萄牙人就已經相當準確地了解兩千八百萬平方英里的印度洋是如何運作的，它的主要港口、風向、季風規律，以及它的航海可能性與通訊走廊，並且葡萄牙人已經迫不及待地眺望更遠方。獲取知識的方法是在葡萄牙人緩緩繞過非洲海岸的漫長歲月裡發展起來的。在那些年月，葡萄牙人成為專業的觀察者和地緣政治與文化資訊的蒐集者。他們搜羅資訊的效率極高，俘獲當地能夠提供資訊的人和領航員，雇傭譯員，學習語言，帶著客觀冷靜的科學興趣觀察萬事萬物，盡可能繪製最準確的地圖。天文學家參加了遠航。研究和記載緯度資訊成為國家大業。杜阿爾特·

---

① 非洲之角是非洲東北部一個突出的半島，包括今天的吉布地、厄立特里亞、衣索比亞和索馬利亞。

帕謝科．佩雷拉這樣的人用觀察得來的第一手知識取代古人的智慧，秉承文藝復興的探索精神。關於新世界的資訊被送回里斯本的印度事務院，在那裡，所有資訊都在王室的直接管理下被記錄在案，以便說明下一輪航行。這種回饋與適應的體制迅捷且高效。

曼努埃爾一世依賴一小群謀臣來給阿爾梅達編纂指示。其中很有影響的一位是加斯帕爾，即達伽馬第一次遠航時綁架的那個冒充威尼斯人的波蘭猶太人。他深入參與葡萄牙最初十年的探索，做為專家和譯員具有極大價值。他是個難以捉摸的人物，經常根據時機與環境的需求改換身分和名字，以適應自己的主公。他起初的名字是加斯帕爾．達伽馬，後來在曼努埃爾一世面前可能自稱加斯帕爾．達．印度。在即將開始的遠航中，他自稱加斯帕爾．德．阿爾梅達，「以表達對副王的敬愛」[5]。他總是投其所好，說自己的新雇主想聽的話。但他的確見多識廣，似乎對印度洋非常熟悉，足跡遍天下。是他最早向柯欽發出和平建議，他可能還去過錫蘭、麻六甲和蘇門答臘島。他也理解紅海的重大戰略意義。就是這方面的資訊，滲入曼努埃爾一世一五〇五年宏偉計畫的方方面面。

加斯帕爾曾主張葡萄牙人直接掐住穆斯林的咽喉，先攻打亞丁，封鎖紅海，扼殺馬穆魯克王朝的貿易，然後迫使扎莫林成為葡萄牙的附庸，而不是在馬拉巴爾海岸辛辛苦苦地建造許多要塞，因為後一種策略必然要消耗大量金錢與生命。在隨後的一些年裡，修建要塞的戰略是否正確，一直是激烈爭論的主題。曼努埃爾一世吸納了加斯帕爾的計畫，但不是按照他建議的順序來操作。他更願意先在印度土地上建造一些堅固的基地，做為扼殺穆斯林貿易的平台。

國王身邊其他人鼓勵他以愈來愈宏大的方式解讀印度洋發生的驚人事件。其中有他的第二任妻子亞拉岡的瑪利亞，她堅信曼努埃爾一世的命運是天命所繫。他的重要謀臣杜阿爾特．加爾旺（Duarte Galvão）以及後來成為曼努埃爾一世夢想主要執行者與建築師的那個人——阿方索．德．阿爾布開克——也是這麼想的。

在這個小圈子的建議下，國王確立給阿爾梅達的指示，為遠征做好準備。這支船隊非常龐大，共有二十一艘船，是僅僅八年前達伽馬率領的船隻數量的七倍。一代出類拔萃、經驗豐富的航海家擔任船長，其中有若昂．德．諾瓦和費爾南．德．麥哲倫（就是在隨後十年內首度進行環球航行的那個麥哲倫）。阿爾梅達的兒子，英俊瀟灑的洛倫索（Lourenço）也參加了，他是「一位高貴的紳士……比任何人都更強健，兵器樣樣精通」[6]。

共有一千五百人參加，階級和背景五花八門，彷彿葡萄牙社會的縮影被派到海外建立新的葡萄牙國家。他們當中有貴族紳士，也有棄兒和社會最底層成員，如改宗猶太人、黑人、奴隸、罪犯，以及一些外國冒險家和商人。所有人都是志願者。他們被選中，不僅是要去駕船航行和戰鬥，還要用自己的技能建立一個新國家。他們當中有鞋匠、木匠、神父、行政長官、法官和醫生。有不少日耳曼和佛萊明砲手。有三艘由私人出資的船，由日耳曼和佛羅倫斯銀行家與商業資本家投入巨本。加斯帕爾和另一名威尼斯譯員一同出發。甚至有一些女人扮成男人，偷偷上了船。她們的名字很快出現在花名冊上：伊莎貝拉．佩雷拉、利亞諾爾、布蘭達和伊內斯．羅德里格斯。

這可以說是葡萄牙的「五月花」號，目標是到一個新世界定居。船隊載著為要塞和船隻準備的火砲，用來做買賣的商品：鉛、銅、銀、蠟、珊瑚，用於建造要塞的預製料件，如窗框、加工過的石料，用於建造小船的木材，和一大批其他建材與工具。他們是來永久定居的。

一五〇五年三月二十三日在里斯本大教堂舉行的彌撒儀式反映此次特殊遠航的重大意義。編年史家科雷亞留下對此次戲劇性事件的精采記述。儀式結束後，國王向總司令授旗，旗幟是「白色錦緞，飾有紅色絲綢的基督十字，旗幟的邊緣是金色的，綴有金色流蘇和一枚金星」。國王通過一扇簾子走出來，授與這面旗幟，它「帶有真十字架的標誌」，將其交給他的副王，並進行長長的祝福演說，還告誡副王要成就偉大事業，「讓許多異教徒與民族皈依」。阿爾梅達和所有貴族與船長跪下親吻國王的手。然後是通往水邊的盛大遊行，「唐．法蘭西斯科．德．阿爾梅達，印度總督與副王」和他的船長們騎行，其他人徒步。阿爾梅達非常偉岸英武，身穿精美外衣，頭戴黑色緞帽，騎著一匹裝飾華美的騾子，「身材中等，儀態威嚴，頭頂微禿，但氣度非凡，前後各有八十名武士扛著鍍金的戟」[7]，這些武士穿著灰色鞋子、黑天鵝絨上衣，配有鍍金寶劍，穿著白色緊身褲，手捧紅色緞帽，衛隊長騎著馬，手執象徵權威的節杖。曼努埃爾一世就是這樣誇耀自己的使命與命運的。

隊伍肅穆地在蜿蜒曲折的街道前進，走向水邊。科雷亞應當沒有親眼目睹這盛景，但他無疑添油加醋，把它描繪得非常生動鮮活：阿爾梅達的兒子洛倫索也身穿錦衣華服，舉著旗幟；船長和貴族們個個衣著光鮮；國王、王后和宮廷的其他貴婦從窗台觀看遊行隊伍。副王第一個登船，船上旌旗招展。雷鳴般的禮砲之後，水手們起錨，船隻駛向賴斯特羅，在那裡的貝倫聖母聖龕要接受又一次祝福。他們最終於三月二十五日出發，這一天非常吉利，是聖母領報日②。

這支遠征船隊照例要經受一些損失和磨難。一艘克拉克帆船「貝拉」號漏水沉沒了，但沉得很慢，船員得以逃生，並將貴重物品轉移。經過巴西的時候，在大約南緯四十度，船隊遭遇猛烈暴風和大雪。阿爾梅達的旗艦損失了兩人；船隊被吹散。六月底，繞過好望角的時候，阿爾梅達根據國王的指示，凶猛而狡猾地襲擊了斯瓦希里海岸。六月二十二日，他們抵達第一個目的地，基爾瓦島。航海三個月後，這座島嶼是一幅令他們欣喜的景致：青翠欲滴的棕櫚樹叢間，可以看得見刷白石灰、屋頂覆蓋茅草的房舍。在「聖拉菲爾」號的日耳曼文書漢斯．邁爾（Hans Mayr）看來，這是一個鬱鬱蔥蔥、閒適豐饒之地。此地的紅土「非常肥沃，和幾內亞一樣，種了許多玉米」。圍著整齊籬笆的菜園裡的青草長到人那麼高，這些菜園出產大量食物：「黃油、蜂蜜和蜂蠟……樹上有蜂巢……甜橙、酸橙、蘿蔔、小洋蔥。」橘類水果特別受到患有壞血病的水手歡迎。這地方並非熱得無法忍受；豐富的草料把牲畜養得肥肥的；魚很多，抵達的船隻周圍有鯨魚在嬉戲。基爾瓦是一座繁榮的小城，約有四千名居民，建有多座帶穹頂的清真寺，「其中一座很像哥多華③的清真寺」。據邁爾說，此地的穆斯林商人「吃得很好，蓄著大鬍子，看上去很嚇人」[8]。港口海灘上停放著足有五十噸（相當於一艘卡拉維爾帆船的重量）的阿拉伯三角帆船，它們是用椰子外殼纖維繩索固定起來的。農田由黑奴耕種。基爾瓦與斯瓦希里海岸各地、阿拉伯半島和印度的古吉拉特各邦都有貿易往來，經營索法拉黃金、棉布、昂貴香水、薰香、白銀和寶石。這是印度洋自給自足的貿易網絡的關鍵一環，足有幾百年歷史。它即將感受到一個闖入的陌

② 聖母領報日是基督教紀念大天使加百列告訴聖母瑪利亞她將生下上帝之子的節日。

③ 哥多華（Cordoba）是西班牙南部城市，曾是西班牙倭馬亞（Umayyad）王朝的首都。

生世界的全部力量。

其實，目前在任的基爾瓦蘇丹是一個不得民心的篡位者，他對葡萄牙粗暴的外交手段已經有所領略。一五〇二年，達伽馬曾威脅把他拖到印度各地展示，就像用鏈子牽著一條狗一樣。他不得不屈服於葡萄牙王室，升起葡萄牙旗幟，並年年納貢。阿爾梅達抵達的時候，他已經有兩年沒納貢了，葡萄牙旗幟也不見蹤影。達伽馬到訪的時候，他曾稱病，拒不去面見這位不受歡迎的不速之客。這一次，他宣稱有客人要接待，不方便去見阿爾梅達。他給阿爾梅達送去食物，企圖以此安撫他。

副王並不滿意，於次日擺好船隻陣勢，射石砲隨時待命。然後他以全副排場登陸，要求覲見蘇丹。這一次蘇丹派來五位大臣，並承諾繳納貢金。阿爾梅達的耐心耗盡了。他扣押了使者，準備攻打城鎮。二十四日黎明，他發動進攻。副王本人第一個上岸，將葡萄牙旗幟插在海灘上。他身先士卒的本能也暗示他的魯莽個性。洗劫這座富裕城鎮的渴望讓士兵們精神百倍，結果勝利輕鬆得讓大家吃驚。葡萄牙人才剛展示武力，蘇丹就帶著許多居民逃之夭夭。葡萄牙人抵達王宮時，只看到一個人從一扇窗探出身子，揮舞葡萄牙旗幟以確保自己的安全，並喊道：「葡萄牙！葡萄牙！」[9]士兵們用斧頭砍倒宮門，但蘇丹已經捲著他的金銀財寶逃走了。方濟各會修士在一座顯眼的建築上樹立十字架，開始吟唱《感恩贊》。

在其他地方，葡萄牙士兵將城鎮洗劫一空。他們蒐集大量戰利品，不過沒有根據上級指示來分配。士兵們是來為自己撈油水的，不是為了讓國王發財的。曼努埃爾一世後來表示對此役的收益不滿意。次日，七月二十五日，是聖雅各的瞻禮日，而聖雅各是針對伊斯蘭教的聖戰主保聖人。他們開始建造葡萄牙在印度洋的第一座石質要塞，建材取自被拆毀的房屋。只花了十五天，要塞就竣工了。他們在要塞安頓駐軍，並舉行隆重典禮，把蘇丹的競爭對手，一名富商，扶植到王座上。一頂預定給柯欽國王的金冠被暫時戴在他頭上。富商宣誓對葡萄牙永遠忠誠，並且每年向葡萄牙國王納貢，這兩方面同樣重要。然後，他穿上華麗的鮮紅色金線長袍，騎著一匹「按照葡萄牙方式備鞍的馬，在許多衣著華麗的穆斯林簇擁下，在全城遊行」。譯員加斯帕爾做為傳令官走在他前面，向可能不明就裡的老百姓解釋：「這是你們的國王，你們要服從他，親吻他的腳。他會永遠忠於我們的主公，葡萄牙國王。」[10]阿爾梅達欣喜地給葡萄牙國王寫信稱：「陛下，基爾瓦擁有據我所知世界上最好的港口和最美麗的土地……我們在這裡修建一座要塞……它和法蘭西國王能夠期望的一樣強大。」他還表示：「在我有生之年，陛下一定能夠成為東方世界的皇帝，東方世界比西方偉大得多。」[11]

扶植傀儡之後，身為工作狂的副王需要匆匆趕往下一個目標，他的目標清單很長。他派兩艘船去巡邏非洲之角，並安排封鎖索法拉，等待里斯本派出新一批船隻，去迫使索法拉投降，並在那裡建造第二座要塞。

根據國王的指示，阿爾梅達此時應當直接橫渡印度洋，但他已經表現出自作主張、自行決斷的傾向。他打算攻擊蒙巴薩群島，讓更多沿岸城鎮臣服於葡萄牙。蒙巴薩的蘇丹到目前為止一直抵抗葡萄牙人，而且蒙巴薩城是阿拉伯貿易的一個強大中心。蒙巴薩城的兩座港口得到島嶼的掩蔽，比斯瓦希里海岸的其他港口都優越，也是一個難對付的目標。蘇丹知道討厭的葡萄牙人會定期返回，所以已經加強防禦，建造一座堡壘，部署一些火砲。這些火砲原來在四年前達伽馬船隊損失的那艘船上，後來被潛水夫打撈起來。一名皈依伊斯蘭教的葡萄牙叛教水手教會蒙巴薩人如何操作火砲。

阿爾梅達船隊逼近蒙巴薩島時，這些大砲開始射擊，命中一艘葡萄牙船。但蒙巴薩人的成功轉瞬即逝。葡萄牙人還擊時，一發砲彈幸運地擊中堡壘的彈藥庫。穆斯林砲手倉皇逃離一片狼藉的砲兵陣地。阿爾梅達派人上岸，要求蘇丹和平地臣服於葡萄牙國王。但對方用葡萄牙語滔滔不絕地咒罵他們，說他們是豬狗、吃豬肉的惡棍……蒙巴薩可不是基爾瓦，不是坐以待斃的雛鳥。叛徒說得起勁，列舉葡萄牙人即將面對的可怕險阻：四千名戰士，包括五百名赤膽忠心的黑人弓箭手，城內還有更多火砲，另有兩千人在趕來支援。蘇丹準備為保衛蒙巴薩打一場全面戰爭，阿爾梅達則更加堅決地要將它拿下。

蒙巴薩城和基爾瓦相似，但規模更大也更宏偉。人口稠密的市中心是典型的阿拉伯露天市場，包括迷宮般錯綜複雜的小巷、死胡同和通道。有雄偉的石屋，有些是三層樓，但其他很多房屋是蘆葦頂的木屋。阿爾梅達覺得這是個機會。他決定火攻蒙巴薩城，然後將其洗劫一空。一支葡萄牙隊伍上岸，向房屋投擲火藥罐。大火迅速蔓延，沒過多久，城市的很大一部分就燃起熊熊大火。據編年史記載：

> ……大火橫掃全城，持續燃燒整個下午和隨後的整夜。這景象令人毛骨悚然。彷彿全城都著火了。造成的破壞極其嚴重，木屋被夷為平地，石頭和磚瓦的房屋也著火坍塌。大量財富就隨著這些房屋，毀滅在大火中。[12]

次日黎明前，大火還沒有熄滅，阿爾梅達的軍隊從四面同時發動進攻。他們遇到頑強抵抗，很快陷入激烈巷戰，這些小巷極窄，無法兩個人並肩行走。當地居民不分男女，都從陽台和屋頂向他們投擲石塊和磚瓦，射箭和投射標槍，勢頭很猛，「我們的人沒有時間用火槍射擊」[13]。葡萄牙人被迫躲在牆後，從一個掩蔽處跳到另一個。

阿爾梅達已經認出王宮，他的部下一邊戰鬥，一邊逼近王宮，一條街一條街地推進。斯瓦希里人在絕望的防禦戰中，將狂野的大象驅趕到敵人當中，但無濟於事。攻擊者接

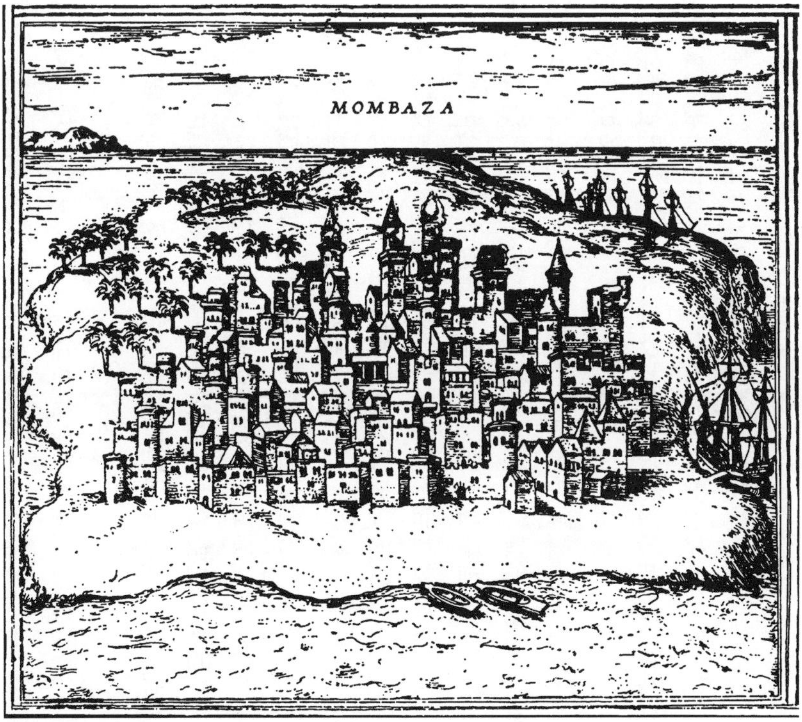

圖23　蒙巴薩島

近王宮的時候，看到一大群衣著華麗的人匆匆逃走。那是蘇丹及其親信在逃跑。葡萄牙人衝進王宮，發現裡面空空蕩蕩。方濟各會修士又一次樹立十字架，並升起葡萄牙旗幟，同時吶喊：「葡萄牙！」

隨後，搶劫開始了。一扇又一扇門被撞開，室內的物品和人都被擄到船上。蒙巴薩是斯瓦希里海岸的主要貿易中心，戰利品相當豐厚，包括「大量十分精美的衣物，有絲綢和金線的，有地毯、鞍褥，尤其是一張無與倫比的精美地毯，後來和許多其他貴重物品一起被送給了葡萄牙國王」[14]。為了防止士兵將財物占為己有，阿爾梅達儘量循序漸進地搶劫，加強對士兵的管理。每位船長都被分配一個專供他搶劫的區域；所有戰利品都被搬走並分類整理，根據御旨分配下去：發現戰利品的人將獲得其價值的二十分之一。在實踐中，是很難約束大肆擄掠的士兵的。廣大士兵遠涉重洋來到東印度，不是為了傳播基督教，也不是出於對國王的忠誠，而主要是為了自己發財。後來，曼努埃爾一世得知，假如要懲罰在蒙巴薩私藏戰利品的人，那麼阿爾梅達的軍隊就要損失大部分的兵力。一方面是普通士兵與貴族的私欲，另一方面是副王執行御旨的職責。在葡萄牙殖民冒險的幾百年間，這兩方面始終處於尖銳的對立狀態。正直而廉潔的阿爾梅達看到士兵們明目張膽地違抗御旨，頗為憤怒，但他沒有辦法阻止。

在距離城市砲彈射程那麼遠的一片棕櫚樹的掩護下，蘇丹及其親信眼睜睜看著蒙巴薩遭到洗劫和焚燒。葡萄牙人筋疲力竭，無法繼續追擊。和往常一樣，雙方的傷亡數字完全不成比例。街巷和房屋裡躺著七百具穆斯林屍體。葡萄牙方面有五人死亡，不過傷患比較多。他們抓了兩百名俘虜，「其中不少是膚色較白、容貌姣好的女人，還有很多十五歲及以下的女孩」[15]。

次日，蘇丹認識到抵抗毫無意義，急於避免基爾瓦統治者的命運，於是給阿爾梅達送去一個極大的銀碟，做為和平的表示，並獻城投降。為了表達善意，阿爾梅達釋放很多俘虜，並承諾保護所有返回城市的人的生命與財產。蘇丹繳納了高額貢金，以後要每年納貢，並簽訂一項和約，有效期為「只要日月尚存」[16]。八月二十三日，阿爾梅達離開斯瓦希里海岸，留下一片血跡。延續許多世紀的貿易體制如今在砲轟之下，屈服於葡萄牙了。

受到極大傷害的蘇丹給他的老對手——馬林迪國王寫了一封言辭悲戚的信：

真主保佑你，薩伊德．阿里（Said Ali）。我要告訴你，一位強大的領主經過了這裡，四處縱火。他殘酷地強行闖入我的城市，沒有饒恕任何人的生命，不論男女老少……不僅人被殺死和焚燒，就連天上的鳥兒也墜落到地面。在這座城市，死人的惡臭迎面撲鼻，讓我不敢進城。沒有人能夠描述或估算他們擄走的不計其數的財富。[17]

第十一章　巴比倫大淫婦①

一五〇五年六月至十二月

阿爾梅達的使命已經算是雄心勃勃了，而在里斯本，曼努埃爾一世關於印度洋的戰略思考還在繼續發展演變。他的宮廷原本就感染強烈的彌賽亞式使命感，如今更甚。他的親密謀臣鼓勵他相信，自己是被上帝選中的，注定要成就不世功勳。人們解讀很多跡象，從他的名字，從他當上國王的超乎尋常境況，從比他更有資格繼承王位的六個人的先後死亡，從潮水般湧入里斯本碼頭的財富，從地理探索的快速進展，大家都感到這是命中注定。曼努埃爾一世第一次嘗試，就成功抵達應許之地印度，而他的好幾位前任花了四分之三個世紀才繞過非洲。這被認為是上帝的奇蹟，表明一個和平與上帝得勝的新時代在降臨，或許時間的盡頭在加速到來。葡萄牙紋章的五個點，形似基督身負的五處傷；葡萄牙朝廷迫害猶太人，以淨化國家為理由強迫猶太人改宗或將其

① 巴比倫大淫婦（Whore of Babylon）的說法出自《啟示錄》（*Book of Revelation*）第十七章和第十八章，基督教用它來比喻邪惡的力量。

驅逐出境。這都表達一種狂熱的信念：葡萄牙人現在是新的上帝選民，肩負上帝賦與的偉大使命。船隊每一次從東印度滿載而歸，葡萄牙的目標就變得更恢弘。

具體地講，葡萄牙的目標是徹底打垮穆斯林世界。曼努埃爾一世的親信們從聖約翰的《啟示錄》中找到了隱祕的指涉。開羅的馬穆魯克王朝被認為是巴比倫大淫婦，必須要打倒。葡萄牙人有一種根深柢固的觀念，認為聖戰是葡萄牙人的使命，「葡萄牙王室的神聖性，建立在殉道者的鮮血之上，並透過這些殉道者，延伸到世界的末端」[1]。如今，葡萄牙人要在龐大的戰線上奉行自己的信念。曼努埃爾一世的親信鼓勵他採納皇帝的稱號。杜阿爾特·帕謝科·佩雷拉在關於葡萄牙地理大發現的書中稱他為「凱撒·曼努埃爾」。

一五〇五年六月初，曼努埃爾一世派人給教宗尤利烏斯二世做了報告。從這份報告裡，可以清楚地看到葡萄牙野心的彌賽亞式意味和廣泛程度，以及對曼努埃爾一世戰略的暗示：

> 因此，基督徒們可以希望，在不遠的將來，伊斯蘭的全部奸詐和異端邪說都將被斬草除根，基督的聖墓……長久以來遭受這些惡狗的踐踏和毀壞……將恢復它原初的自由。這樣，基督教信仰將傳遍全世界。為了讓這種前景更容易成為現實，我們已經在百般努力，希望能與最重要也最強大的基督徒（祭司王約翰）結為盟好，派遣使者去他那裡，與他接觸，提議給他最大的幫助。

曼努埃爾一世的大使愈講愈眉飛色舞，最後來了一個光輝燦爛的修辭誇耀，邀請教宗去掌握世界：

請接受您的葡萄牙。不僅是葡萄牙，還有非洲的很大一部分。請接受衣索比亞和廣袤無垠的印度。請接受印度洋本身。請接受東方的臣服。您的前任無法了解東方。這項榮譽專屬於您。您已經非常偉大，將透過上帝的仁慈，變得更加偉大。[2]

阿爾梅達奉命去建設一個印度國家，而教宗將享有這片廣袤土地之上的宗教權威。曼努埃爾一世的雄心壯志遠遠不是他給阿爾梅達的指示能夠滿足的。向教宗報告的僅僅一週之後，毛羅修士帶著蘇丹的威脅（摧毀聖地）終於抵達里斯本，而曼努埃爾一世的野心也昭然若揭。蘇丹的威脅造成的後果與他的期望截然相反。曼努埃爾一世絲毫不畏懼蘇丹的敲詐。他派毛羅返回羅馬，給蘇丹送去一封毫不妥協的回信，威脅道，假如聖地遭到破壞，他將發動一場十字軍東征。他追溯了葡萄牙的聖戰歷史；他發誓要徹底消滅異教徒。他自稱得到上帝佑助。這個威脅似乎具體體現里斯本的一個明確計畫：不僅要消滅馬穆魯克王朝，還要為基督教世界收復失落的聖地。曼努埃爾一世祕密派遣大使去見英格蘭國王亨利七世（Henry VII）、西班牙國王斐迪南、教宗尤利烏斯二世、法蘭西國王路易十二（Louis XII）和神聖羅馬皇帝馬克西米利安一世（Maximilian I），邀請他們參加一次海上十字軍東征，渡過地中海，前往聖地。無人響應，只有馬克西米利安一世表示支持。但曼努埃爾一世仍然面不改色。

一五〇五年之後，這種宏大的計畫主宰葡萄牙人的思維十五年之久。計畫的設計者是葡萄牙朝廷內部的一個小團體，他們面對商界的堅決反對、其他君主的嫉妒和馬穆魯克蘇丹的敵視，嚴格保密自己的計畫。計畫的靈感雖然來自中世紀的末世論（關於神聖天意與世界末日），其戰略卻建立在對已知世界的最前沿知識的基礎上，規模席捲全球。阿爾梅達接到的指示已經體現國王的部分計畫：首先從經濟上扼殺馬穆魯克王朝，然後通過紅海直接攻擊他們。宏偉的新計畫涉及一個發自兩面的鉗形攻勢。曼努埃爾一世提議從地中海發動海路的十字軍東征，同時集中力量攻擊摩洛哥的穆斯林勢力。

他的政策基石便是消滅伊斯蘭集團，印度是達成此目標的攻擊跳板，而非目標本身。甚至在摧毀伊斯蘭世界之後，可以放棄通往印度的海路。基督徒占領紅海地區之後，便可以生意照舊，從更安全和更短的紅海商路獲取東方財富。財富的通貨膨脹泡沫鼓勵國王去做黃粱美夢。七月，教宗批准曼努埃爾一世收繳兩年的十字軍稅，並赦免所有參與十字軍東征的人的罪孽。儘管曼努埃爾一世嚴格控制，避免公開表達這些想法：他似乎在渴望彌賽亞式的基督教國家的皇帝頭銜。而這個帝國的建設者將是阿方索·德·阿爾布開克。

與此同時，威尼斯間諜卡馬瑟守候在里斯本碼頭區，隨著每一支船隊的啟航和返航，兢兢業業地蒐集關於葡萄牙遠航帶來的財富的確鑿資訊。儘管曼努埃爾一世嚴密封鎖這些資訊，卡馬瑟還是獲得詳細得驚人的知識。「我看到印度航線的航海圖，」他向威尼斯國內報告道，「上面顯示葡萄牙人從事貿易和發現的所有地方。」[3]他冷靜地記錄葡萄牙船隊的編成、噸位、出海貨物、船長、挫折與海難、帶回來的香料數量、航行時間、香料銷售的安排與售價，以及關於基礎設施和政府的大量資訊。一五〇五年七月二十二日，他目睹葡萄牙一年一度的香料船隊（這一次是十艘船）駛入里斯本，仔細記下肉豆蔻衣、樟腦、薑和肉桂與「價值四千杜卡特②的珍珠」[4]。他得知，前一年十二月，葡萄牙人在潘塔拉伊尼（Panthalayini）取得一場輝煌勝利，摧毀了十七艘穆斯林商船，「連船帶香料一同被燒毀了，都是運往麥加的貨物……難以置信的損失……二十二名葡萄牙人死亡，七十至八十人負傷」[5]。關於此次遠航的規模，卡馬瑟的報告比較混亂：「航程持續了十八個月，去印度的航程是五個月，然後花三個半月裝船，六個半月返回。他們原本應當早些回來，但因為船隻狀況不好，在莫三比克耽擱了十二天……第一艘船的全程是二十四個月零八天。」

擁有精明商業頭腦的威尼斯人能夠準確把握在里斯本卸載的香料的巨大數量。他們曾熱切地希望，去印度的漫長海路是不切實際的，但葡萄牙人不屈不撓地經營航海事業。年復一年，葡萄牙人的遠航像機械一樣有規律，艦隊啟航又返回。卡馬瑟不抱任何幻想，他深知威尼斯的利益受到嚴重威脅：

> 我認為，要說葡萄牙人無法航行到印度，因此這門生意做不下去，是大錯特錯的。這已經變成一門定期的、穩定的生意，葡萄牙國王無疑會完全主宰大海，因為印度人顯然沒有能力保護自己的航海貿易，也無力抵抗這位尊貴國王的航運或火砲。印度人的船很弱……不帶火砲，因為他們目前沒有船載火砲。[6]

---

② 杜卡特（ducat）是歐洲歷史上很多國家都使用過的一種金幣，幣值在不同時期、不同地區差別很大。

對威尼斯人來說，唯一的辦法是再次嘗試祕密地催促馬穆魯克蘇丹採取行動。一五〇五年八月，阿爾梅達洗劫蒙巴薩的時候，威尼斯人又派遣一位使者阿爾維斯・薩古迪諾（Alvise Sagudino）去開羅：「單獨與蘇丹談話，不能有任何見證人……我們非常希望能夠確定，蘇丹已經採取堅定的舉措……在卡利卡特方面，我們給你充分的自由，可以提出任何恰當的提議。」為了讓蘇丹明白，他和威尼斯都遭受急迫威脅，薩古迪諾要給蘇丹看「一封剛剛從葡萄牙來的信，關於大宗香料運抵葡萄牙」[7]。這封信無疑是卡馬瑟寫的。

在開羅，高聲疾呼地反對葡萄牙的不止威尼斯一家，而且這樣的聲音愈來愈多。葡萄牙人燒毀穆斯林船隻，對穆斯林商人施以暴力，阻礙朝聖，麥加本身受到威脅，伊斯蘭世界的怒火正熊熊燃燒。阿拉伯編年史家詳細記載葡萄牙人在印度洋如何虐待穆斯林：

> ……阻撓他們的旅程，尤其是去麥加的旅程；毀壞他們的財產；燒毀他們的房屋與清真寺；俘獲他們的船隻；破壞和腳踩他們的檔案與文書……還殺戮去麥加的朝聖者……公開咒罵真主的使者……用沉重的枷鎖束縛他們……用拖鞋毆打他們，用火折磨他們……簡而言之，在對待穆斯林的時候，他們沒有一絲一毫的仁慈之心！[8]

✯

除了伊斯蘭教遭到侵犯，馬穆魯克蘇丹的稅源也受到威脅，因此他必然要和威尼斯人聯手。在身處開羅香氣襲人的御花園和繁文縟節典禮的人看來，印度洋似乎很遙遠。七月，蘇丹準備娶一位新妻子。「為了迎接她的駕臨，舉行了奢華的慶典。」[9]編年史家記載道：

她乘坐飾有金線刺繡的轎子。陽傘和花鳥圖案的華蓋遮蔽著她的頭頂；她經過的地方，侍從潑撒出小的金幣或銀幣。新房門前鋪開絲綢地毯，一直鋪到柱廊大廳。公主們走在新娘前方，直到她在高台落坐。蘇丹專門為她修繕柱廊大廳，並以新穎的方式施作裝潢。

✫

八月，「根據慣例」，舉行一條灌溉水渠的落成典禮，以應對「有福的尼羅河」一年一度的漲水。蘇丹還「像平素一樣，大擺排場」[10]紀念先知的誕辰。

但對於遠方傳來的壞消息，再也不能充耳不聞了。九月，他檢閱軍隊，準備組建三支遠征軍。其中兩支將去鎮壓阿拉伯半島的內亂，第三支則奉命「抵抗法蘭克人對印度的侵犯」。動員大量兵員，並積極推進武器裝備的準備工作」[11]。十一月四日，軍隊做好了開拔準備。士兵們領取給養和預支四個月的餉銀。大部分士兵來自北非，也有來自安納托利亞的土庫曼人（Turkmen）和許多連隊的黑人弓箭手。這是一支混編的伊斯蘭雇傭軍，葡萄牙人稱其為魯姆人③。一些磚瓦

---

③ 魯姆（Rum）的說法源自希臘語，意思是羅馬人，最早指的是拜占庭帝國，因為拜占庭自稱羅馬人，「拜占庭」是個詞是後來學者的說法。在不同的歷史時期，穆斯林世界用這個詞來指代不同的意思，如拜占庭帝國、生活在近東的希臘人、鄂圖曼帝國的非穆斯林居民、巴爾幹和安納托利亞地區，甚至整個地中海東部等。十六世紀的葡萄牙人將他們在印度洋遇到的馬穆魯克或鄂圖曼人稱為魯姆人。

匠、木匠和其他工匠隨軍行動，準備加固吉達的防禦，為其建造城牆。大家擔心葡萄牙人會襲擊麥加和伊斯蘭世界的腹地。大軍開始向紅海港口蘇伊士（Suez）前進。

為此次遠征所做的技術準備工作至今仍然是個迷。馬穆魯克王朝並非海軍強國，而是像寄生蟲一樣，依賴印度洋的穆斯林商人的私營貿易產生的稅金而生存。馬穆魯克王朝沒有艦隊，而且長期匱乏造船所需的木材。他們只能千辛萬苦地從黎巴嫩的地中海沿岸進口木材，透過尼羅河運往開羅，然後用駱駝或大車運過八十英里沙漠，來到蘇伊士。獲取鑄砲所需的金屬，同樣也是個難題。但馬穆魯克王朝在集中木材和金屬，準備打一場大戰役。在這一年，曼努埃爾一世從羅得島接到警示。聖約翰騎士團駐紮在羅得島，其中一名騎士，葡萄牙人安德烈·多·阿馬拉爾（André do Amaral），不斷向里斯本報告關於馬穆魯克王朝的消息。

葡萄牙人後來宣稱，蘇伊士造船廠建造船隻所用的木材是由威尼斯人砍伐、加工和供應的，而且威尼斯官員還去監管造船工程。一五一七年，葡萄牙派駐英格蘭國王亨利八世（Henry VIII）宮廷的大使向威尼斯大使提出這項指控，遭到毫不含糊的否認。尊貴的威尼斯共和國在其他地方也遇到麻煩。威尼斯人認為價格是比戰爭更好的武器。「讓葡萄牙放棄前往印度遠航的最妥當、最快捷的辦法是，」統治威尼斯的十人委員會後來收到這樣的報告，「降低香料價格，讓威尼斯的香料比里斯本更便宜。」[12]他們多次嘗試請蘇丹減低關稅，從而降低香料價格，但都失敗了。但威尼斯的一些私營商人可能為馬穆魯克王朝提供鑄砲用的銅條，他們素來是這樣幹的。也有一些來自威尼斯領地的自由工匠，如造船匠和鑄砲工匠，在蘇伊士製造歐洲風格的船隻與火砲。

蘇丹集結的軍隊被認為足以完成其任務。一五〇五年冬季，一千一百人開往蘇伊士，由經驗豐富的海軍指揮官侯賽因．穆斯里夫（Hussain Musrif，庫德人）指揮。他們登上集結完畢的艦隊（包括六艘歐洲設計風格的克拉克帆船和六艘槳帆船），開始沿著海峽南下，前往吉達。他們掌握的最新情報表明，葡萄牙人在印度洋擁有四艘船，只有一座要塞，位於柯欽。在一五〇五年夏季阿爾梅達抵達之前，這情報基本上是準確的。但沒過多久，它就過時了。

✯

八月二十七日，阿爾梅達第一次看到馬拉巴爾海岸。漢斯．邁爾記載道：「山峰高聳入雲，樹木非常高大，青翠欲滴得令人難以置信。」[13]葡萄牙人在印度海岸仍然只有微小的立足點，僅僅是一些印度權貴頂著穆斯林商貿精英團體的壓力准許他們開設的貿易站，以及位於柯欽的木製要塞。全靠杜阿爾特．帕謝科．佩雷拉的天才，柯欽的要塞才死裡逃生。阿爾梅達的政府所在地其實就是他的船的甲板。他下令以閃電的速度建造一系列設防基地，以鞏固立足點；若有可能，要借助平和的聯盟；若不可能，就訴諸武力。

根據國王的指示，他首先在無人居住的安賈迪普島登陸。這個島被認為是葡萄牙人一個重要的撤退基地，也是伏擊穆斯林船隻的瞭望哨。不到一個月時間，就建造一座要塞的雛形。然後他向南前進，拜訪霍納瓦爾，這是他的計畫中沒有的。為了一船馬匹，阿爾梅達與當地國王發生爭吵，引發一場大規模衝突。阿爾梅達的進軍過程主要就是短促的激戰。在一次戰鬥中，霍納瓦爾城的一部分被摧毀，一些船隻屬於狄摩吉（馬拉巴爾海岸臭名昭著的海盜，達伽馬七年前與他打過照面），被付之一炬。此次進攻的指揮官是阿爾梅達的兒子洛倫索，他很快就因為進攻特別凶猛而贏得「魔鬼」的稱號。這一次，他差點被敵人切斷退路和喪命。阿爾梅達腳上中了一箭，這個箭傷讓他「更多是憤怒，而不是疼痛」[14]，但猛衝猛打的榮譽法則就是會造成風險，這將對葡萄牙人的整個事業造成影響。後來，霍納瓦爾國王向葡萄牙人求和，承諾年年納貢。狄摩吉則加入葡萄牙陣營，此事的影響非常深遠。一座座城市被攻破並熊熊燃燒，一艘艘船隻被擊沉，這些消息借著季風迅速傳開，令整片大洋屈膝投降。

曼努埃爾一世曾敦促阿爾梅達儘快趕往柯欽，以保障冬季返航的船隻裝滿香料，並明確指示他不要在途中的坎納諾爾（葡萄牙人在那裡有一座貿易站）浪費時間。副王沒有服從御旨，可能是因為他已經得到風聲，葡萄牙在坎納諾爾的商業利益受到穆斯林商人（他們為自己的生意擔憂）的威脅。他在坎納諾爾停留八天，雷厲風行，接見強大的納辛哈（Narsingha）印度教國王的使節，然後受到坎納諾爾國王的歡迎。納辛哈國王願意把沿海港口交給阿爾梅達使用，並提議把自己的一個妹妹嫁給曼努埃爾一世。漢斯．邁爾對印度教儀式的場面和印度龐大的人口感到困惑。

> 坎納諾爾國王下令在一棵棕櫚樹下掛起一些裝飾物，然後在一隊隨從的護送下前來。他帶來三千名手執利劍、匕首和長矛的武士，弓箭手，以及喇叭手和笛手。從坎納諾爾到王宮的距離是兩里格，路兩邊有村莊。他抵達棕櫚樹下的帳篷時，身後已經有六千多人。在帳篷內，擺放一張臥榻，上面有兩個軟墊。他穿著一件齊膝的精緻棉布長袍，繫著腰帶，頭戴一頂絲綢帽子，就像加利西亞帽。他的侍從捧著一頂金冠，肯定有八馬克④重。[15]

國王或許知曉這些西方人一路燒殺搶掠留下的廢墟與血跡，決定抗拒穆斯林群體對他施加的壓力。他允許葡萄牙人加固他們的貿易站，還為其提供石料。阿爾梅達停留的時間不長，等到貿易站的地基打好之後就繼續航行，留下一百五十人和一些火砲在坎納諾爾，去鞏固據點，並建造一座固若金湯的建築，它不久之後將接受一場圍城戰的考驗。

到十一月一日萬聖節，阿爾梅達已經在柯欽了。這座城市是曼努埃爾一世的印度計畫的重中之重。它也是葡萄牙在印度的唯一一個可靠盟友。阿爾梅達抵達的時候，發現老國王特里馬姆帕拉（Trimumpara）已經隱遁，專注於宗教生活。根據王位繼承法，繼位的是他的侄子南貝朵拉（Nambeadora），但有人對此不服，正在興風作浪。阿爾梅達舉行一場隆重典禮，動用大象、喇叭、遊行，並向南貝朵拉奉上一頂金冠和貴重禮物。他彷彿變戲法一般，把合法的王權「授與」了南貝朵拉。南貝朵拉「從曼努埃爾一世手中接受這一切。曼努埃爾一世是西方最偉大的國王、東方海洋之王、南貝朵拉加冕禮的主人，也是柯欽所有統治者的主公」[16]。葡萄牙人在非洲海岸使用這樣的戰略，已經有五十年了。阿爾梅達乘勝追擊，狡猾地要求將目前的木製要塞改為石製，「做為副王的司令部和官邸，從今往後所有前來組織征服和本地貿易的總督都將以此為基地，以便讓葡萄牙王國的船隻到此地裝載貨物，而不去馬拉巴爾海岸的其他任何港口」[17]。國王有些不情願，因為根據傳統，石製建築是國王與婆羅門專享的特權。但他還是同意了。阿爾梅達

④ 馬克起初是流行於西歐的重量單位，專用於測量金銀，一馬克最初相當於八盎司（兩百四十九克），但在中世紀不斷有所浮動。

說服他的理由之一是，他承諾將要塞鑰匙交給國王，以顯示國王才是要塞的主人。但馬拉巴爾海岸的統治者們將會發現，法蘭克人有了堅固的城牆，並在堅固的砲台安放大砲之後，就幾乎沒有任何辦法將他們趕走了。

但據歷史學家巴羅斯記載，阿爾梅達勸服國王的言辭或許包含另一個有卓識遠見的方向。他宣稱：「曼努埃爾一世從事這些探索的主要意圖是，與這些地區的王室溝通交流，以發展貿易。這種活動源自人類的需求，依賴於透過互相交流而構建的友誼。」[18]阿爾梅達頗有

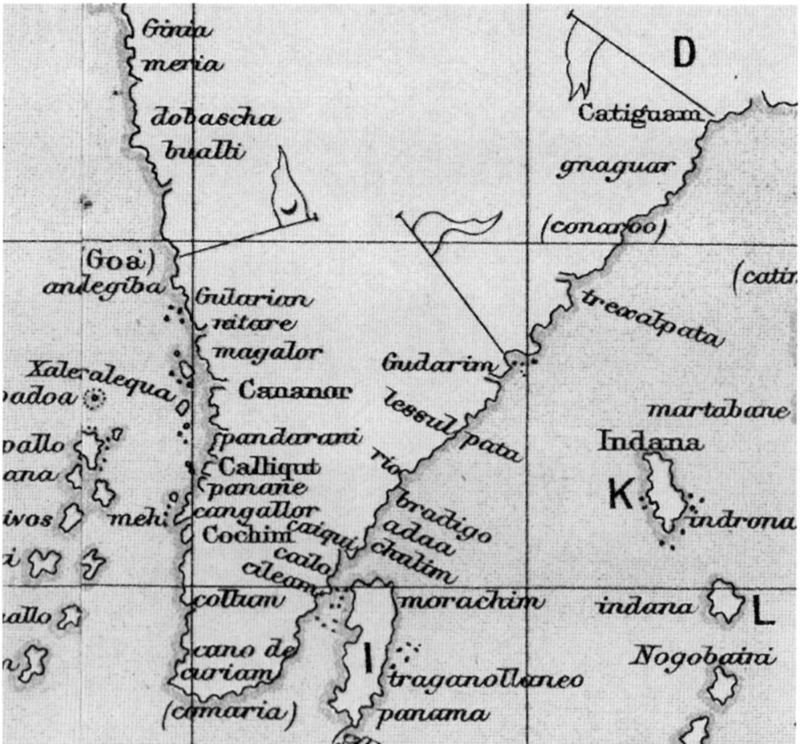

圖24　一五〇二年的印度地圖，包括斯里蘭卡和一系列半神話的島嶼。

先見之明地認識到遠途貿易——從達伽馬開始的全球化脫韁野馬——的起源和益處。

一五〇五年的最後幾個月和一五〇六年，阿爾梅達忙得不可開交，彷彿他面前的機遇隨時可能因為馬拉巴爾海岸的權貴變卦而驟然消逝，而且他必須完成葡萄牙國王交給他的緊急任務。曼努埃爾一世給他下了許多指令，其中兩項被他視為優先考慮的對象：財富與安全，即在柯欽為香料商船裝滿香料，並在柯欽與坎納諾爾建造要塞。他的勤奮與精力充沛堪稱楷模。據他的祕書說，一艘船裝貨時，「副王持續不斷地小心處置。他總是親自到場，監督香料的過秤，哪怕夜間亦如此」[19]。他的目標是遏制無處不在的欺詐，因為香料的份量可能給得不足，或者香料袋口會「意外地」破開，外漏的香料可能被人順手牽羊。對於建造柯欽要塞，他同樣兢兢業業：「每天天亮前兩個小時，有時是三個小時，他就起床了，與磚瓦匠一同工作……一直辛苦到日落之後兩個小時。」

阿爾梅達忙碌於方方面面，監督修理船隻、建立醫院、建造帝國行政機構的基礎設施。他身邊有一名財務監管人員、一名行政祕書、一名負責司法的巡視官，還有商業經紀人與船長。他的小小宮廷就是一個工作團隊，包括神父、火炬手、喇叭手、保鏢和僕人。每座要塞有一名指揮官、一名有商貿經驗的經紀人和一群輔助人員：倉庫管理員、文書、祕書長、警長、法庭官員、稅吏、主持葬禮的人和遺囑公證人。醫院、房舍、小禮拜堂和教堂拔地而起。常駐的海軍由他的兒子洛倫索指揮，負責保障海上安全。

阿爾梅達是一位出類拔萃的行政管理者，也是不會被收買的王室利益守護者，對誠實、紀律和公平交易極其重視。他讓回國的香料船隊送回一絲不苟的帳簿，上面記錄帝國體制的管理情況。他曾在給國王的信中不無誇張地寫道：「請陛下放心，任何人想進入柯欽城，都必須得到我的批准，讓我知情。連一個雷阿爾⑤也不會失竊……此地大小事務就像在葡萄牙一樣，非常安全，井井有條。」[20]他持續不斷地與個人的腐敗行為對抗。攻占基爾瓦之後，葡萄牙人擄得大量商品和金銀，他為自己留下的只有一支箭，做為此次勝利的紀念品。他給國王寫信稱：「我得到的報償，就是能夠這樣為陛下服務，我的行為就為此見證。」[21]做為副王，他可以理直氣壯地占有大量胡椒，但他總是只拿一點點。他堅定不移地捍衛普通水手與士兵的利益，他們為了建設印度帝國而受苦受難，甚至喪命，而薪水卻總是被拖欠。

一五〇五年冬季，當年的香料商船在柯欽迅速裝貨之後，分幾批返航。九艘商船抵達里斯本，其中只有一艘，即龐大且船齡已高的「海洋之花」號，因為漏水而不得不在莫三比克過冬。豐厚的回報證明東印度商業運作的高效和有序，阿爾梅達始終認為這是整個殖民事業的核心。威尼斯人卡馬瑟目睹香料商船陸續返航，詳細地報告其貨物，「是我從商船文書的帳簿看來的」[22]，他還描述里斯本方面經營這些商品愈來愈高的水準：「所有貨物都在印度事務院卸載，這是專門為這個目的而新建的海關大樓。每艘船有自己的倉庫。海關大樓內有二十間這樣的倉庫，所有胡椒在那裡井然有序地存放著。」[23]卡馬瑟估計，阿爾梅達在一五〇五至一五〇六年冬季送回的貨物價值「肯定非常高」[24]。據他估算，足有三萬五千擔⑥香料，這是國際貿易中前所未見的巨額數字，後來直到一五一七年才被超越。

一五〇五年十二月，阿爾梅達給曼努埃爾一世寫信的時候，可以回顧自己一系列可喜的成績。在奔波忙碌四個月之後，副王為葡萄牙在印度的恆久存在打下堅實基礎。他現在向曼努埃爾一世建議，不僅要採納「航海之王」的頭銜，還應當使用更為恢弘的稱號：

在我看來，陛下應當採用「東印度皇帝」的稱號……因為基爾瓦和蒙巴薩的國王……以及馬林迪和摩加迪休國王……都認您是主公，自稱是您的臣屬……而在印度海岸，您擁有許多和平的王家要塞，任何船隻要橫越大海，都必須得到您的保護。巴特卡爾和霍納瓦爾向我承諾，要臣服於陛下，向陛下納貢……所以陛下採納皇帝的頭銜，是理所應當、實至名歸的。[25]

與此同時，阿爾梅達知道自己沒辦法完成國王交付給他的全部任務。他給曼努埃爾一世寫信解釋道，因為他把建造要塞和運送香料視為頭等要務，「我決定今年不去紅海，儘管這是全世界中我最渴望做的事情」[26]。他解釋說，自己必須建成要塞並保障其安全，並且需要在採取進一步行動之前及時地為商船裝貨。何況扎莫林仍然是一個尚待解決的問題。

這封信於次年年中被送抵里斯本，國王收到信後下令在全國舉行彌撒和宗教遊行，並考慮製作一系列紀念性壁毯，以紀念促成印度帝國建成的那些偉大事件：基爾瓦國王的加冕、占領蒙巴薩、在馬拉巴爾海岸建造要塞。這些壁毯是自我宣揚的恢弘手段。教宗考慮賜與他「基督教國

⑤ 雷阿爾（real）是舊時西班牙、葡萄牙、巴西等國的貨幣單位。葡萄牙使用雷阿爾的時期約為一四三〇至一九一一年。
⑥ 擔（Quintal）是西方舊時的重量單位，不同時期在不同地區差別很大。葡萄牙的一擔約合五八點七五公斤。

王」的頭銜。在此期間，曼努埃爾一世的雄心壯志正繼續膨脹。一五〇六年五月，與葡萄牙競爭的西班牙代理人——哥倫布，在巴利亞多利德（Valladolid）去世，死前仍然堅信自己踏上東印度的土地。

第十二章　「恐怖的人」

一五〇六年一月至一五〇八年一月

在法蘭西斯科・德・阿爾梅達辛勤勞作，建設一個有利可圖的印度帝國的同時，里斯本的曼努埃爾一世對海外事業的指揮結構有了新想法。國王幾乎完全無法想像世界另一端的情況，與印度的通訊耗時甚久，所以他對印度事務的管理充滿矛盾。他給阿爾梅達的指示過於細瑣、喋喋不休，他疑心病很重，而且容易受到妒火中燒的廷臣小圈子的壓力與影響。曼努埃爾一世沒有眼光，無法區分有真才實學的人才和庸碌無能、貪贓枉法與自私自利之輩。杜阿爾特・帕謝科・佩雷拉在一五〇三年冬季單槍匹馬地挽救葡萄牙在柯欽的事業，然而他回國後卻漸漸湮滅於史冊中。在收到阿爾梅達的第一份工作彙報之前，曼努埃爾一世就已經決定取代他的新人選。阿方索・德・阿爾布開克和曼努埃爾一世一樣，相信後者奉天承運，命中注定要掃蕩印度洋的伊斯蘭教，並收復耶路撒冷。阿爾布開克還向國王鼓吹，讓他更加相信自己的偉大使命。阿爾布開克將成為國王選定的工具。

一五〇六年二月二十七日，也就是曼努埃爾一世公開表達對阿爾梅達百般信任的整整一年之後，新人阿爾布開克簽署了一份祕密檔案：

> 我，阿方索・德・阿爾布開克，鄭重宣布，我已經當面向我主國王陛下宣誓，在法蘭西斯科・德・阿爾梅達回國或死亡之前，絕不向任何人洩露關於印度總督職位（目前由阿爾梅達擔任）的御旨。在此御旨生效、我成為印度總督之前，我要對此事嚴格保密，不向任何人洩露。[1]

曼努埃爾一世已經任命他在差不多三年後，接替阿爾梅達，頭銜為總督，地位比副王要低。但在規定的時間之前，此項任命必須保密。在此期間，曼努埃爾一世寫信給阿爾梅達，通知他，阿爾布開克將在原先僅由副王一人管轄的印度洋西半部分執行公務。權責的重疊必然在未來的歲月導致混亂與敵意。與此同時，在回國船長們的冷嘲熱諷和宮中敵視阿爾梅達的大臣們影響下，曼努埃爾一世對阿爾梅達的語氣愈來愈嚴厲。

一五〇六年春季的香料艦隊將包括十五艘船，由特里斯唐・達・庫尼亞統一指揮。其中九艘由他直接掌管，另外六艘是阿爾布開克的。整支艦隊的計畫是進入印度洋，在索科特拉（Socotra）島建立基地。索科特拉島是紅海出入口附近的一個島嶼，據信由基督徒控制，因此是一個理想的基地，有助於扼殺前往埃及和中東穆斯林市場的伊斯蘭航運事業。

在十六世紀初，里斯本是一個生機勃勃、喧囂嘈雜且風雲激蕩的地方。東印度的財富滾滾湧入塔霍河兩岸的碼頭，富有企業家精神的商旅、買賣人、水手和冒險家在香料的氣息和奢侈品的

圖25　里斯本碼頭

吸引下，紛至遝來地抵達「新威尼斯」。里斯本碼頭區的大部分布局雄壯恢弘，以反映「雜貨商國王」的雄心壯志，但這也是一座汙穢骯髒、充溢著歇斯底里狂熱的城市。一五〇六年一月，城裡爆發瘟疫，可能是塔霍河上的航船把瘟疫傳播來的。很快地，每天都有一百多人死亡，國王考慮撤離城市。四月，他將宮廷遷往九十英里之外的阿布蘭特什（Abrantes）。氣氛高度緊張；為懇求上帝解救萬民於瘟疫，人們舉辦彌撒；帶兜帽的悔罪者在大街上行進。招募足夠的水手到艦隊去變得困難。沒有人願意和來自里斯本的人同船出航。

預定的啟航日子，四月五日快到了，艦隊按慣例在貝倫舉行出發前的儀式。為補足人手，阿爾布開克不得不吸收監獄裡的犯人，這為此次遠航增添更多的爆炸性因素。水手們桀驁不馴，難以管教。阿爾布開克後來宣稱，他的艦隊裡發生的打架鬥毆比薩拉曼卡（Salamanca）全城還多。船員們是一群無法無天的狂徒，對穆斯林恨之入骨，並且對凶殘的海盜活動有經驗，所以阿爾布開克很難駕馭他們。在預計出發那天，阿爾布開克遇到另一個問題。他的領航員，經驗豐富的若昂．迪亞士．德．索利斯（João Dias de Solis）沒了蹤影。索利斯偏偏在這個時候謀殺自己的妻子，然後越境逃到西班牙了。阿爾布開克從來不會低估自己的才能，因此決定親自領航。「我相信，我能像艦隊裡最優秀的領航員一樣，把我的船開到印度。」[2]啟航兩週後，里斯本出了大事。新基督徒（新近皈依基督教的猶太人）曾被允許留在城內，現在卻被指控犯有異端罪並散播瘟疫。歇斯底里的暴民在方濟各會僧侶率領下，在大街小巷攻擊改宗猶太人。有兩千人因此次迫害猶太人的暴力事件喪生，後來才恢復公共秩序。

庫尼亞和阿爾布開克是親戚，但此次遠航並不比一五〇三年阿爾布開克與其堂兄弟法蘭西斯科的那次更為友善和諧。庫尼亞和阿爾布開克摩擦不斷。阿爾布開克雖然是庫尼亞的下屬，但一貫自負，而且近期又得到國王的祕密任命，所以愈發飛揚跋扈，不肯向任何人低頭。從葡萄牙國家利益的角度看，他們的此次任務在商業上是一次災難。艦隊遭遇風暴，幾乎原路返回非洲海岸；庫尼亞衝動地希望探索新發現的馬達加斯加島，耽擱不少時間；途中擄掠索馬利海岸，又花了不少時間。原本六個月就應當完成的任務，最後花上十六個月。他們的第一個正式目標索科特拉島名義上屬於基督徒，但實際上是一組穆斯林要塞，必須用武力攻打。結果發現，索科特拉島沒有任何戰略價值，無助於紅海出入口的巡邏，也沒有給養能夠維持新的駐軍。在這期間，庫尼亞錯過了一五〇六年去印度海岸裝載香料的航行季節。

在其他地方，一五〇五年出征的馬穆魯克王朝遠征軍以同樣悠閒的速度緩緩行進。指揮官侯賽因·穆斯里夫顯然不著急與法蘭克人打仗，而且他的遠征軍在途中還有多項任務要執行。他的第一要務是加強吉達的防禦工事，他也是吉達的總督。他需要監督建造強大的防禦工事，以防葡萄牙人攻擊。里斯本方面正在提議攻打麥加的計畫讓馬穆魯克王朝提高警覺，因此整個一五〇六年，穆斯里夫的遠征軍都待在紅海。他還要鎮壓一些犯上作亂的貝都因人。直到次年五月，吉達的防禦工事才竣工。最初的軍事行動造成大量損耗。穆斯里夫原先有十二艘船，但由於逃兵和戰損，一五〇七年八月抵達亞丁時已經只剩六艘。印度洋的壞消息仍然不斷傳到開羅。「近來，法蘭克人膽大包天，不知深淺，」編年史家伊本·伊亞斯寫道，「他們有二十多艘船敢於在紅海巡弋，襲擊從印度來的商船，伏擊船隊，殺人越貨，所以很大一部分的進口都暫停了。如今在埃及很難弄到頭巾和平紋細布。」[3]但埃及方面堅信不疑，只要以聖戰精神鼓舞起一次泛伊斯蘭聯盟，再加上扎莫林的幫助，就足以消滅入侵者。

與此同時，阿爾梅達艦隊繼續破壞馬拉巴爾海岸的穆斯林商業活動，於是阿拉伯半島的商人將他們的船派往其他香料市場。愈來愈多阿拉伯商船向南前往低矮的馬爾地夫環礁，在那裡獲取食物與淡水，然後繼續前往錫蘭。阿爾梅達派遣他的兒子去切斷馬爾地夫航線，但領航員們迷路了。海流將洛倫索的船隻帶到錫蘭，這是葡萄牙人第一次在錫蘭登陸，與當地人締結條約，並樹立十字架。

但副王的前景愈來愈黯淡。曼努埃爾一世的全部擴張主義計畫，都取決於在馬拉巴爾海岸維持一個穩定的基地，而這不僅依賴於訓練有素的海軍力量及其無堅不摧的銅砲，還依賴於威望。所以必須讓各城邦覺得與法蘭克人做生意有利可圖。一五〇六年，印度各城邦對葡萄牙的信心在動搖。

安賈迪普島上的要塞竣工幾個月後，葡萄牙人發現建造它是個錯誤。不管他們去哪裡，都會侵犯當地原本固有的利益。安賈迪普島是比賈布林（Bijapur）蘇丹的勢力範圍，他的船隻強逼過往商船到他的達布林（Dabul）港繳納關稅。他不打算容忍葡萄牙人擅自闖入。雨季開始時，比賈布林蘇丹發動一次精心策劃的攻勢，由一名葡萄牙叛徒領導，攻打安賈迪普要塞，三艘葡萄牙船隻被燒毀。這時消息傳來，洛倫索即將趕來救援，於是比賈布林軍隊撤退。但要塞顯然是守不下去了，因為它距離比賈布林太近，而且奇缺自然資源。這年末，阿爾梅達沒有稟報曼努埃爾一世便自行決定放棄並拆毀安賈迪普島的要塞，這是對國王的宏圖大略是否明智所提出的質疑，此後這將對阿爾梅達產生負面的影響。同時，這讓穆斯林商人感覺到，驅逐葡萄牙人並非不可能。

隨後又發生兩起沉重地打擊了葡萄牙人的事件。葡萄牙人給印度洋事務帶來程度前所未有的兩極化與軍事化。他們向忠於自己的人——後來包括一些瑪皮拉商人，即馬拉巴爾海岸，尤其是柯欽與坎納諾爾的本土穆斯林——提供保護，發放通行證。他們假定印度洋將成為葡萄牙的專有領地。就是為了完成這樣的任務，洛倫索在一五〇六年末護送一些船隻北上，駛往朱爾港。他在沿途停下，前往拆除安賈迪普島的要塞，於是在敵視葡萄牙的達布林附近停泊。一些穆斯林商人自稱是友好港口的居民，登上他的船，向他求助。穆斯林商人滿載貨物的船隻從柯欽和坎納諾爾駛來，現在停泊在達布林港口，而一大群麥加船隻後來也停在那裡。現在達布林方面圖謀擄掠葡萄牙盟友的商船，這些到訪的商人懇求洛倫索儘快發動進攻。

洛倫索決心開戰，但根據他父親的指示，在決定開戰之前必須召集船長們商議。當晚會議上，船長們以六比四的多數票反對採取行動，他們擔心這是個圈套，他們不熟悉達布林所在的河口，說不定進去就出不來了，且何況他們本來就肩負著護送船隻去朱爾的任務。船長們的決定可能是出於謹小慎微，也可能是出於對洛倫索的惡意，他們都是經驗豐富的老船長，不願讓副王二十五歲的兒子對他們指手畫腳。洛倫索瞠目結舌，說不出話來。他接受大家的意見，但謹慎起見，首先把反對派的意見都記錄在案，並讓他們簽字。船上的騎士和水手們求戰心切，摩拳擦掌，渴望得到戰利品，因此對上級的決定感到非常憤怒。

此時發生不可避免的事情。葡萄牙盟友的商船遭受達布林人搶劫，船員被殺。卡利卡特船隻經過坎納諾爾要塞時，發出嘲諷的砲火。這是葡萄牙人第一次逃避戰鬥，他們拒絕保護盟友的船隻，在馬拉巴爾各個親葡萄牙港口造成惡劣的後果。阿爾梅達被這消息嚇到了，他把所有船長，包括他的兒子，送去軍法審判。曾投票反對參戰的人被囚禁、降職和送回葡萄牙。洛倫索的命運如何，懸而未決。

達布林事件留下深刻的影響。歷史學家巴羅斯概括此事對船長和指揮官們造成的後果：「在決定戰和的時候……為了建立榮耀的功業，即便危險，也絕不應出於個人安全的考慮而拒絕作戰。」[4]從此以後，就不可能審慎判斷了。任何人都不敢拒絕作戰，不管這決定是多麼魯莽，否則就會被指控為怯懦，他們必須做出最顯著的英勇行為。葡萄牙貴族的榮譽法則強調近距離肉搏戰，而不贊同遠距離砲擊。

一五〇六年冬季，比達布林事件更嚴重的損失降臨到忠於葡萄牙的當地商人身上。特里斯唐．達．庫尼亞艦隊未能如期抵達，這是自一四九八年達伽馬第一次到訪印度以來，首度沒有來自里斯本的艦隊來購買香料。坎納諾爾和柯欽港口儲存大量商品，卻賣不出去。商人們開始後悔與法蘭克人訂立專有貿易條約，並渴望回復到過去那種與麥加的穩定可靠的貿易。

坎納諾爾尤其不滿。當地穆斯林群體看著葡萄牙要塞增長，大感沮喪，並非常理解這些要塞代表的意義。商人們擔心他們與波斯灣利潤豐厚的馬匹貿易很快會消失。葡萄牙開始從霍爾木茲擄掠商船，穆斯林商人們已經損失一船昂貴的大象，是在洛倫索攻打奎隆期間被摧毀的。洛倫索向馬爾地夫和錫蘭方向的試探讓商人們更加不安，新來者的野心似乎沒有邊界。商人們開始憂心忡忡自己的生意。在坎納諾爾城內，葡萄牙還開始擾亂社會等級制度，並蔑視當地風俗。低種姓的女人與要塞駐軍勾勾搭搭；出現異族混居的社區，那裡的人皈依基督教，令穆斯林大為怨恨。而新來者愛吃紅肉，有時會殺牛，更是增加他們與印度教徒之間的緊張氣氛。坎納諾爾統治者給曼努埃爾一世寫了不止一封信，表達自己的擔憂，「葡萄牙人友誼的蜜糖會化為毒藥」[5]。

一五〇七年四月，坎納諾爾統治者去世，扎莫林運用自己的影響力，在坎納諾爾王座上安插一個比較親近他的人。就在此時，一些死屍被海水沖刷到海灘上，其中有一位顯赫穆斯林商人的侄子。一名葡萄牙船長被指控為凶手，他曾攔截一艘當地商船，宣稱該船的通行證是偽造的（儘管上面有阿爾梅達駐軍指揮官的簽名），並殺了船員。他用帆布裹住屍體，以確保它們會沉底，然後才將其拋入海中，但潮水鬆開了帆布，把屍體送到痛哭流涕的親人面前。

此事激起馬拉巴爾的大規模造反。一萬八千名武士集合到坎納諾爾城，扎莫林送來二十四門砲。葡萄牙要塞位於一座海岬之上，被切斷陸路通道，而從海上的補給也變得愈來愈困難。

在印度洋，季風決定萬事萬物的規律，船隻何時啟航，戰爭何時開打，葡萄牙的香料艦隊應當何時抵達，又應當何時離開。若是錯過一個關鍵時刻，就會浪費幾個月時間。葡萄牙的對手很快認識到，依賴海洋力量的敵人在風暴到來後就會變得脆弱，於是他們相應地選擇攻擊的時機。四月，天氣開始變糟。

耶穌受難節①這天，坎納諾爾遭到攻擊的消息傳到柯欽。阿爾梅達意識到時間很緊迫，於是一分鐘也沒有浪費。他在城內四處奔走，呼籲人們拿出糧食和武器。教堂內正在上演一部神祕

① 耶穌受難節是基督教的一個節日，即復活節前的星期五，紀念耶穌基督在十字架上受刑而死。早在西元二世紀基督徒便在此日齋戒、認罪、懺悔。東正教和天主教會在這天舉行特殊的禮拜儀式，包括讀經、祈禱，以紀念耶穌在十字架上的受難。新教教會也在這一天舉行特別的儀式。

劇②，打扮成守衛基督墳墓的羅馬百夫長的演員不得不當場交出身上的脛甲和胸甲。正是漲潮時節，洛倫索帶著搜羅到的所有物資和人員，啟航奔向坎納諾爾。他將一些人員和物資送上岸，但風力愈來愈猛，不得不啟航返回柯欽。坎納諾爾要塞的指揮官洛倫索・德・布里托（Lourenço de Brito）和約四百名士兵就這樣被季風阻絕，不得不獨自抵擋敵人猛烈的攻擊。八月，攻防戰還在進行的時候，已經占領荒涼的索科特拉島並駐軍的庫尼亞和阿爾布開克分道揚鑣：庫尼亞率領香料艦隊去印度，比原計畫晚了一年；阿爾布開克則負責在阿拉伯海巡邏。這個月底，庫尼亞的船隊營救飢腸轆轆的坎納諾爾駐軍，終於打破當地的反葡萄牙聯盟。

✯

庫尼亞和阿爾布開克在索科特拉島分手時，關係已經冷若冰霜。阿爾布開克焦躁而憤怒，他只有六艘飽受蟲蛀的船隻、裝備破爛、給養缺乏，而且只有四百人。做為最後的蔑視，庫尼亞還帶走所有的喇叭。在外國港口展示自己的權威與力量時，非常需要喇叭；在戰鬥中重整陣形時也需要喇叭。阿爾布開克不僅要為自己的船員提供糧食，還要為留在索科特拉島營養不良的駐軍提供給養。

曼努埃爾一世在給阿爾梅達的一封信中訂定阿爾布開克的任務，即「守衛紅海出入口，俘獲穆斯林運輸船，控制這些船上能找得到的所有珍貴貨物，在有利的地方訂立條約，如塞拉③、巴爾巴拉④和亞丁，還要去霍爾木茲，並盡可能了解這些地區的情況」[6]。所以阿爾布開克的行動範圍非常廣袤，從紅海沿著阿拉伯半島，跨越波斯灣一直到印度西北部。他以自己的方式對國王的指示做了非常寬泛的解讀。

儘管缺少人員和物資、船隻破敗、武器不足，儘管曼努埃爾一世信中的命令似乎要求使用和平手段，阿爾布開克還是率領他那群嗜血如命的水手，開始在阿拉伯半島沿岸開展一場閃電戰。今天阿曼的荒蕪海岸上的小港口背後就是阿拉伯半島廣袤無垠的大沙漠，但這些港口非常繁榮富庶，讓人頗感意外。這些港口出口海棗、食鹽和魚類，並向印度大陸的軍閥們出售貴重馬匹，以此為業。

在這裡，短短幾週內，阿爾布開克就在葡萄牙征服者當中立下與眾不同的威名，其流傳青史的名號是「恐怖的人」。他那群破破爛爛的船，旗幟招展，駛入阿曼的各貿易港口，勒令當地人臣服於葡萄牙王室。由於沒有喇叭，水手們奉命在船隻接近港口時大聲呼喊，發出開戰的喧譁。阿爾布開克在後甲板擺開架勢，要求當地人上來拜見他，企圖以此種方式震懾和嚇唬當地人。當地謝赫⑤的不幸使者登上葡萄牙船隻，看到的是精心設計的場景：總司令身穿灰色天鵝絨衣服，頭戴灰色天鵝絨帽子，脖子上掛著金鏈子，肩披鮮紅色斗篷，端坐在一張雕刻精美的椅子上，周圍簇擁著盡可能衣著光鮮的船長們，周遭裝飾著精美的掛毯。每一位指揮官都拿著出鞘利劍，這

---

② 神祕劇（Mystery play）是中世紀歐洲最早期的戲劇形式之一，一般講述《聖經》故事，有伴唱。

③ 塞拉（Zeila）是今天索馬利亞的一座港口城市。

④ 巴爾巴拉（Barbara）是今天索馬利亞北部的一個沿海地區，意思是「柏柏人之地」。

⑤ 謝赫（sheikh）是阿拉伯語中常見的尊稱，指「部落長老」、「伊斯蘭教教長」、「智慧的男子」等，通常是超過四十歲且博學的人。在阿拉伯半島，謝赫是部落首領的頭銜之一。

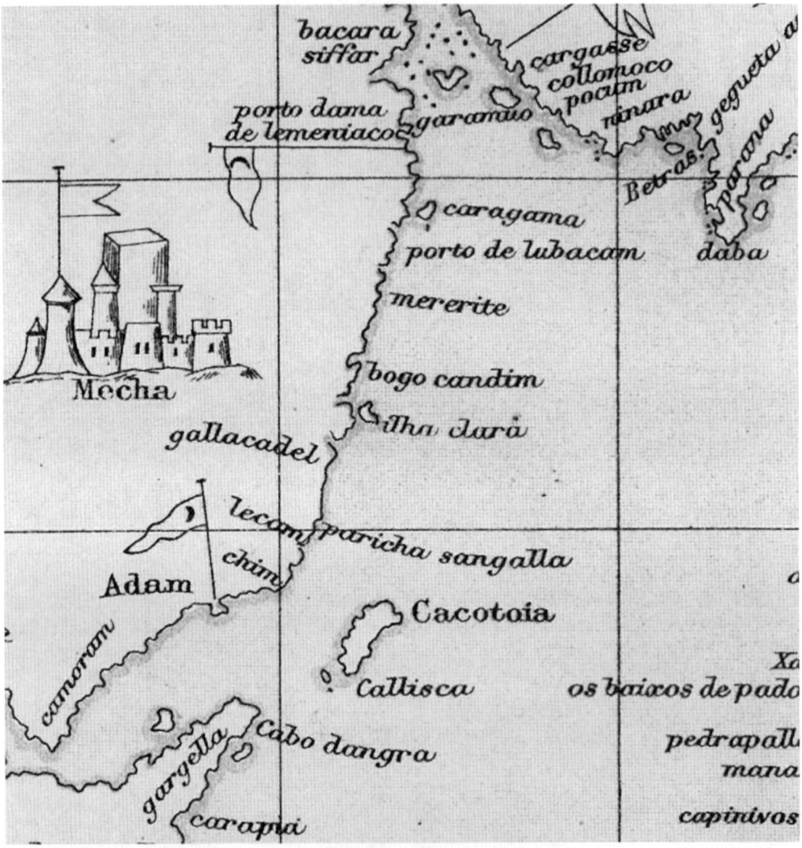

圖26　當時地圖上劃定的阿爾布開克的行動範圍，紅海入口附近可見索科特拉島，還有亞丁以東的阿拉伯半島沿海，及波斯灣入口的霍爾木茲。

清楚地傳達他們的意思：當地人不投降就開戰。阿爾布開克沒有時間按照東方外交慣例去閒聊打趣。他不收禮物，而是告訴使者，他不會從可能即將成為敵人的人那裡收受禮物。他長鬚飄飄，面容嚴峻不動搖，企圖以這副威風嚇倒對方。在這些精心安排的場景中，有很大一部分心理上的虛張聲勢。他的兵力遠遠少於對方，而且離家千萬英里，卻用威風凜凜的儀態來取得很好的效果。有時他堅持讓部下每天穿不同的衣服，以欺騙訪客，讓他們高估他手下的人數。

阿曼沿海的有些港口迅速屈服了。其他的選擇抵抗，就遭到洗劫。來自里斯本的罪犯水手成群結隊地湧進這些港口，燒殺搶掠。懲一儆百的恐怖暴力是種戰爭武器，用來軟化海岸其他地區的抵抗。就這樣，一連串小港口陷入火海。在每個港口，葡萄牙人都摧毀清真寺；馬斯喀特⑥是沿海地區的貿易中心，「一座非常雅致的城鎮，有非常美麗的房屋」[7]，遭到的破壞特別野蠻。葡萄牙船上的砲手們摧毀支撐清真寺的柱子，「這是一座非常宏偉而美麗的建築，大部分是用雕刻精美的木料建造的，上半部分是灰泥砌的」，最後轟然坍塌。阿爾布開克以為在清真寺裡搞破壞的葡萄牙人都死了，但「感謝上帝，」編年史家寫道，「他們毫髮未傷地出來了，身上連一處擦傷都沒有……我們的人嚇壞了，看到倖存者，都向上帝感恩，感謝他創造這個奇蹟，並縱火焚毀清真寺。它蕩然無存，沒有留下任何遺跡。」[8]這樣彰顯天意的奇蹟令阿爾布開克的神聖使命感愈發膨脹。在古賴亞特（Qurayat）港，搜羅需要的所有補給物資之後，「他下令將港口焚毀……大火熊熊，沒有一座房屋、建築留存，那裡的清真寺是我們見過最美麗的建築之一，也化

⑥ 馬斯喀特（Muscat）是今天阿曼的首都。

為灰燼」[9]。阿爾布開克致力散播自己的恐怖威名：「他下令割掉遭俘獲的穆斯林的耳朵與鼻子，並將他們送到霍爾木茲，以證明他們的受辱。」[10]

阿爾布開克的放縱不羈變得愈來愈明顯，不僅是針對倒楣的阿曼人，就連對自己的船長也非常剛愎自用。按慣例，總司令會與各位船長商議，常常會接受全體的投票結果。但聰明、暴躁且對自己的才幹有無比自信的阿爾布開克不懂得這樣的策略，也沒有合作精神。在阿曼遠征開始時，他名義上向各位船長知會此事，但隨著一週週過去，他與船長們的關係愈來愈緊張。九月中旬，他們進入波斯灣，距離他們接受的關鍵任務——封鎖紅海出入口——愈來愈遙遠。在阿爾布開克腦子裡，沿著阿拉伯半島沿海的遠征有一個明確的目標：島嶼城市霍爾木茲，那是外海的一小塊受赤日炙烤的礁石，那片海岸是波斯與印度洋之間貿易的軸心。霍爾木茲是一座富得流油的貿易城市，偉大的阿拉伯旅行家伊本·巴圖塔來到那裡時，看到「這是一座美麗的大城市，擁有絕妙的露天市場」和雄偉優美的房屋。中國的星槎船隊造訪此地時，發現這裡「民富俗厚」⑦。霍爾木茲控制著有名的波斯灣珍珠養殖地，並向印度大陸互相爭鬥不休的各大帝國出口大量優質的阿拉伯駿馬，以滿足它們欲壑難填的需求。「如果世界是一枚戒指，那麼霍爾木茲就是戒指上的寶石。」[11]一句波斯諺語如是說。阿爾布開克很清楚這座城市的美名和戰略價值。

曼努埃爾一世給他的指示是「訂立條約」[12]，似乎沒有讓他侵略霍爾木茲。阿爾布開克抵達時，霍爾木茲港內擠滿商船，他按照自己慣常的手段行事。他回絕國王使者送來的所有禮物；他的答覆非常簡單：要嘛成為葡萄牙王室的附庸，要嘛城市將被摧毀。霍爾木茲的主要維齊爾⑧瓦加·阿塔（Hwaga Ata）得出結論，阿爾布開克只有六艘船，竟敢如此囂張，實在是滿腦子幻想。然而在一五〇七年九月二十七日，在雷霆般的轟鳴中，葡萄牙的銅砲又一次憑藉優勢火力擊敗船隻數量多得多的穆斯林艦隊。維齊爾迅速求和，接受曼努埃爾一世為主公，並同意繳納一筆沉重的歲貢。

阿爾布開克認為此次勝利是基督教上帝的功勞。後來，他在給曼努埃爾一世的信中提及「天主創造的偉大奇蹟……戰役結束三天後我們在場的所有人都見證這奇蹟」：

> 一大群穆斯林的屍體，超過九百人，漂浮在海面上，其中大多數人身上、胳膊和腿上都有許多箭，儘管我這裡並沒有弓箭手，也沒有箭。這些死屍身上有大量黃金和屬於貴族的鏤刻白銀與寶石的劍。我們的人乘小船搜羅這些戰利品，花了八天時間，獲得大量財富。[13]

其實這些穆斯林是被友軍誤傷的，但在阿爾布開克看來，彷彿曼努埃爾一世在印度洋的神聖使命得到證實，送來勝利與收益。

阿爾布開克在霍爾木茲的工作還不算結束。他堅持要求獲得在當地建造要塞的權利。此時他與船長們的關係來到一個危機關頭，船長們覺得在霍爾木茲建造要塞沒有意義，這不是他們的任

---

⑦ 出自《明史·忽魯謨斯傳》。

⑧ 維齊爾（vizier）最初是阿拉伯帝國阿拔斯王朝哈里發的首席大臣或代表，後來指各穆斯林國家的高級行政官員。維齊爾代表哈里發，後來代表蘇丹，執行一切與臣民有關的事務。鄂圖曼帝國把維齊爾的稱號同時授給幾個人。

務。他們真正的任務，即封鎖紅海，被阿爾布開克拋在腦後；此外，索科特拉島急需糧食補給，霍爾木茲也已經臣服於葡萄牙王室；更何況他們沒有足夠的人手來駐防一座新要塞。船長和水手們也渴望返回紅海出入口，他們相信在那裡可以擄掠到寶貴的戰利品。但阿爾布開克對他們的抱怨置之不理，他甚至堅持要求船長們參加建造要塞的體力勞動。這將是團隊的工作，因為工程是在當地百姓眾目睽睽之下進行的，所以高階的船長和貴族們覺得這是對他們個人的侮辱。

有四位船長漸漸覺得，總司令是一個難以對付且嚴苛地執行軍紀的人，不肯聆聽合理的反對意見。如果他是在代表曼努埃爾一世執行一項宏大的戰略計畫，但國王的書面命令裡並沒有這麼寫，而且他也未能贏得指揮官們的支持。阿爾布開克的外表令人生畏，他的火爆脾氣讓人卻步，他似乎決心憑藉自己的人格力量來征服穆斯林的海。四位領頭的船長，包括經驗豐富的若昂・德・諾瓦，相信阿爾布開克是個危險的傢伙，說不定已經瘋了。他們遭受阿爾布開克的辱罵，於是寫了一封投訴信：

> 先生，我們以書面形式告知您（因為我們不敢口頭通知），您素來對我們厲聲呵斥，口出惡言。雖然您經常告訴我們，國王沒有要求您與我們商議，但茲事體大，我們覺得有必要向您提出建議。如果我們不這麼做，就應當受到懲罰。[14]

一五〇七年十一月，阿爾布開克收到第一封信，將其撕成碎片。船長們送來第二封時，他看都不看，就把信折疊起來，放在要塞正在建造的一處門廊的一塊石頭下。

船隊有四人叛逃到霍爾木茲，皈依伊斯蘭教，而維齊爾瓦加．阿塔拒絕交出他們，阿爾布開克大發雷霆。「我當時完全失控了。」他後來向阿爾梅達吐露心跡。他下令在岸上的船長們「殺死所有活的東西。他們心不甘、情不願地服從命令，但對自己的任務非常不開心。他們上了岸……只殺死兩名老人，但良心不安，不能繼續殺人。於是他們殺了四、五頭牲口，遇到更多當地人，就告訴他們趕緊逃走」。據編年史家記載，他們相信總司令「受了詛咒，要下地獄，魔鬼在他心裡」[15]。

儘管部下反對，阿爾布開克繼續針對霍爾木茲開展全面戰鬥。他在水井下毒，開始砲擊城牆。「船長們陷入絕望……堅持不懈地抗議……阿爾布開克全然不在乎。他們不願意服從一名癲狂總司令的命令，他不配指揮一艘小划艇，更不要說一支艦隊」[16]。阿爾布開克對部下的抗命不遵怒火中燒，有一次「抓住若昂．德．諾瓦的胸口，與他扭打，若昂開始大呼小叫，稱阿爾布開克無端傷害和攻擊他」。據編年史家記載：「他們看到自己的抱怨對總司令沒有產生任何效果……於是商議決定啟航前往印度。」[17]一五〇八年一月中旬，他們拋下阿爾布開克，自行啟航前往柯欽，向副王報告。阿爾布開克暴跳如雷，他現在只剩兩艘船，不得不放棄對霍爾木茲的圍攻。他駛回索科特拉島，去救援正在挨餓的守軍。

葡萄牙人因未能在紅海巡邏，而付出沉重的代價。緩緩前進的馬穆魯克艦隊於一五〇七年八月抵達亞丁。阿爾布開克九月間襲擊阿曼海岸的時候，馬穆魯克艦隊在他背後越過阿拉伯海，來到古吉拉特的港口第烏（Diu），葡萄牙人對此一無所知。

第十三章 朱爾的三日

一五〇八年三月

沿著印度西海岸，洛倫索・德・阿爾梅達忙個不停，不斷開展航海活動。一五〇七年十二月底，本年度的香料艦隊返航了，他又奉命執行護航任務。一月，他在馬拉巴爾海岸北上，護送一支來自柯欽的商船隊。途中，他抓住機遇，燒毀一些阿拉伯商船，並破壞忠於扎莫林的港口。對這位年輕指揮官來說，達布林還是個傷心地。他這一次逼近達布林，促使當地人迅速投降並立刻納貢。二月，商船隊及護航的葡萄牙克拉克帆船、槳帆船和卡拉維爾帆船抵達最終目的地，朱爾的貿易站，它位於一條河入海口的彎曲處。

適合航海的季節快結束了。很久雨季就會降臨，大海無法通行，葡萄牙人期望可以在柯欽過冬，在無事可做的幾個月裡休養生息並修理船隻。水手們很疲憊；洛倫索之前負的傷還沒有痊癒；船艙內滿是在沿海地區擄掠來的戰利品；氣溫在升高。與此同時，他們負責護送的柯欽商人在懶洋洋地慢慢做生意。一個月過去了。三月到了。地勢低窪的朱爾潮濕得讓人難以忍受。葡萄牙人無事可做，終日飲酒，與舞女嬉戲，變得懶散怠惰。洛倫索束手無策，倍感挫折。他知道，阿方索・德・阿爾布開克的艦隊很快將加入他們。

他們等待柯欽商人結束裝船的時候，洛倫索耳聞一些竊竊私語的傳聞：一支埃及艦隊即將趕來；它曾在古吉拉特的關鍵港口之一第烏停靠，就在坎貝灣對岸兩百英里處；這支艦隊要來向法蘭克人開展聖戰；艦隊的士兵是白人（可能是土耳其人），並且鬥志昂揚、裝備精良且擁有火砲。這些傳聞的來源五花八門，有的來自朱爾當地人，有的來自一名從第烏來拜見洛倫索的德高望重的婆羅門，以及最後來自副王本人。但法蘭西斯科・德・阿爾梅達顯然相信值得擔憂的嚴重威脅並不存在，他只派來一艘船。沒有任何證據表明葡萄牙人目前為止遇到的任何艦隊能夠抵禦葡萄牙的砲火，即便葡萄牙船隻遠遠少於敵人的時候。洛倫索對這些報告並不當真。

事實上，動作遲緩的埃及艦隊早在六個月前就抵達第烏，此前經歷過漫長而蜿蜒曲折的航行，消耗和損失相當大。由於拖欠軍餉，有不少士兵逃亡；兩艘船嘩變；四分之一的士兵途中於阿拉伯半島的戰鬥中陣亡；在第烏，侯賽因・穆斯里夫得到當地總督馬利克・阿亞茲（Malik Ayaz）相當謹慎的接待。阿亞茲是個白手起家的成功人士，原先是來自高加索的奴隸兵，在古吉拉特的穆斯林蘇丹統治下爬到高位，第烏差不多算是他的私人封地，擁有自己的弗斯特船（一種小型的槳帆船）艦隊。阿亞茲精明、務實、極其狡黠，對海上的力量對比有著非常清醒的認識。他與外界的貿易，包括出口棉花和頭巾（這些商品已經不能運往埃及），被葡萄牙人的封鎖癱瘓了。要想在第烏維持獨立，他需要在兩大難以對付的強大力量——在印度洋勢力愈來愈強的葡萄牙和決心消滅葡萄牙勢力的穆斯林——之間靈活游移。現在他處於一個兩難境地，知道法蘭克人遲早會來「拜訪」他，但如果他不參與聖戰，就會被他強大的宗主——古吉拉特蘇丹消滅。他已經嘗試與副王祕密談判，但也知道自己必須小心翼翼。

侯賽因進入這個地區，帶來明確的戰略計畫和聖戰的呼籲。回應他的人當中有馬伊瑪瑪・馬拉卡爾，即一五〇三年被維森特・索德雷羞辱的那位阿拉伯商人。馬拉卡爾在開羅奔走呼號，為扎莫林鼓吹，努力鼓吹蘇丹建立一個反對可惡的基督徒闖入者的泛伊斯蘭統一戰線。他帶著一艘自費裝配的大船和三百名士兵（其中不少是來自他部落本領高強的弓箭手）來到第烏。他們宣誓要為信仰復仇，甘願獻出自己的生命，他們的船也配備不錯的火砲和彈藥。

埃及人在朱爾有安插間諜，所以比由於酷熱而無精打采的葡萄牙人掌握更豐富的情報。他們知道洛倫索的兵力多麼微薄，他有三艘小型克拉克帆船、三艘卡拉維爾帆船和兩艘槳帆船，共約五百人。侯賽因的目標是發動突襲，徹底消滅洛倫索的部隊，然後對付正在封鎖卡利卡特的葡萄牙卡拉維爾帆船，在雨季到來前切斷位於柯欽和坎納諾爾要塞間的聯繫。現在他要求阿亞茲支持他。第烏總督別無選擇，只得擺出熱情洋溢的樣子。加上阿亞茲的小艦隊之後，侯賽因一共有四十五艘船，包括四十艘弗斯特船和槳帆船，以及蘇伊士的歐洲造船匠建造的一艘蓋倫帆船①和四艘克拉克帆船。這將是爭奪印度洋權力與貿易的一次決定性大攤牌。

① 蓋倫帆船（galleon）是至少有兩層甲板的大型帆船，在十六至十八世紀期間被歐洲多國採用。它可以說是卡拉維爾帆船及克拉克帆船的改良版本，船身堅固，可用做遠洋航行。最重要的是，它的生產成本比克拉克帆船便宜，生產三艘克拉克帆船的成本可以生產五艘蓋倫帆船。蓋倫帆船被製造出來的年代，正好是西歐各國爭相建立海上強權的大航海時代。所以，蓋倫帆船的面世對歐洲局勢的發展亦有一定的影響。

三月的一個星期五。星期五是穆斯林常選擇發動戰役的日子。在朱爾，葡萄牙人在昆達利卡（Kundalika）河兩岸消磨時光。柯欽商人的船還在河北岸的朱爾城旁邊裝貨。葡萄牙船隻零零落落地停泊在河面上。洛倫索的旗艦「聖米迦勒」號和他經驗豐富的副將佩羅．巴雷托（Pêro Barreto）的「聖安東尼奧」號停泊在河中央。其他船隻更靠近南岸，船首指向陸地。很多水手在岸上，洛倫索正在與其他貴族投擲長矛為樂。

靠近中午時分，微風拂面，瞭望哨看到海上出現五艘歐洲的克拉克帆船。他們以為這是等待許久的阿爾布開克艦隊，興高采烈地歡迎它們。人們放鬆心情、饒有興趣地停下觀看五艘船接近，但一名老兵更仔細地觀察那些船的索具。他向自己的侍從喊道：「我們現在要武裝起來，我們全都要！」[1]他命令侍從取來他的胸甲，開始迅速穿上胸甲。站在周圍的其他人嘲笑他。「這些開過來的阿爾布開克船隻，」他反駁道，「帆上沒有十字架。他們升的是穆罕默德的旗幟……先生們，我向上帝祈禱，願今天只有我一個人是傻瓜，今天落日時你們還能嘲笑我。」

那些船駛入河口。在克拉克帆船後面有六艘秩序井然的槳帆船在前進，現在所有人都能看到，那些船上飄揚著紅、白兩色的旗幟和畫有黑色新月的三角旗。這景象非常壯觀，武士們頭戴絢麗的頭巾，甲冑外面披著色彩鮮豔的絲綢，在陽光下閃閃發光，「如此大張旗鼓地駛入河口，奏響許多喇叭，再加上他們武器的光輝，令人膽寒。我們的人終於認識到，這些新來者是魯姆人」。他們是來打仗的。[2]

葡萄牙艦隊一陣恐慌，士兵們匆匆奔向划艇，以便返回停在岸邊的大船。他們披掛鎧甲，抓起劍、頭盔和火槍。未做好發射準備的火砲被推出來；槳手們瘋狂地努力將槳帆船調轉過來，以便將船首砲對準敵人。呼喊和咆哮，命令和相反的命令。侯賽因在河口暫停，等候阿亞茲慢吞吞的弗斯特船，所以葡萄牙人有時間擺開陣勢，恢復一定程度的紀律性。第烏總督假稱遇到某些困難，將自己的船停在河口外，以便坐山觀虎鬥，然後見機行事。侯賽因無所畏懼地繼續挺進，從脆弱的柯欽商用槳帆船旁駛過，未發一砲，逼近「聖米迦勒」號和「聖安東尼奧」號，這兩艘船距離其他葡萄牙船很遠，停在河中央，非常孤立。侯賽因的打算是以第一輪猛擊摧毀洛倫索的旗艦。

雙方之間的距離在縮短，穆斯林戰船上兩門砲從側舷開火。一發鐵彈丸擊穿「聖米迦勒」號船體，但無人死亡；「聖米迦勒」號從船首到船尾整個晃動起來。這是葡萄牙人在印度洋第一次遭到砲擊。穆斯林弓箭手用他們短而柔韌的土耳其弓射出嗡嗡作響如

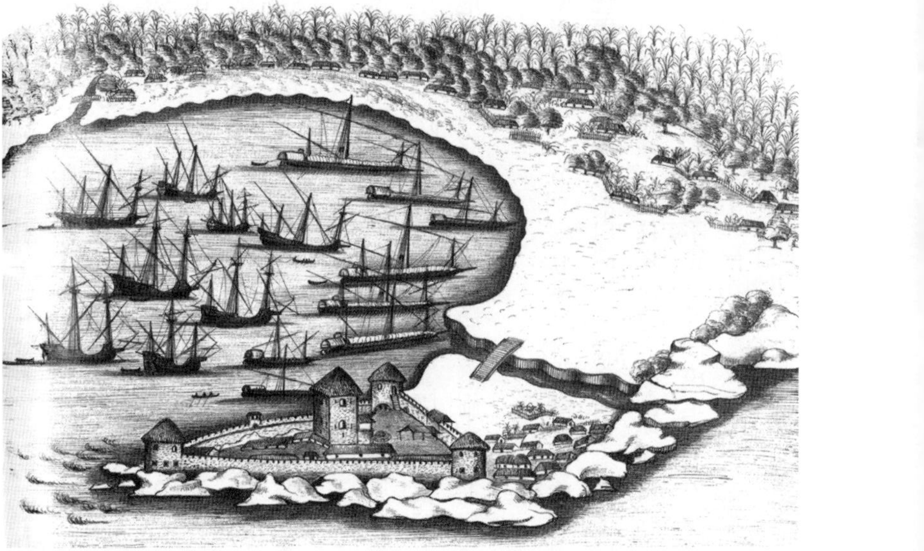

圖27 在印度沿海的航海活動中，葡萄牙人既用槳帆船，也用帆船。

陣雨般的箭矢，每分鐘能射出二十支箭。「聖米迦勒」號的桅杆上扎滿了箭；船上一百人當中有三十人中箭負傷。但葡萄牙武士用激流般的弩箭和火槍槍彈還擊，船上砲手有足夠時間為大砲做好射擊準備，並開砲還擊。在震耳欲聾的砲聲中，雙方船隻都被濃煙籠罩，又重新浮現。「聖米迦勒」號的八發砲彈擊中擠滿四百名戰士的穆斯林戰船。網兜也無法減弱這輪大砲齊射的威力，砲彈從隊形緊密的士兵隊伍中呼嘯衝過，擊碎鎧甲，打得士兵血肉橫飛。碎木片更造成嚴重的傷害。甲板上一片狼藉。侯賽因原想嘗試強行登上敵船，後來改變主意。借助朝向陸地的微風和潮水，他從葡萄牙克拉克帆船（現在得到兩艘槳帆船的支援）旁駛過，然後停泊在河對岸上游處，其他穆斯林戰船也跟了上來。

洛倫索看到侯賽因旗艦遭到損傷，決定乘勝追擊。這就需要用划艇將打頭陣的克拉克帆船拖曳著駛向敵船，但他沒有用槳帆船提供支援，所以這個動作執行得很笨拙。侯賽因只需要派遣自己的槳帆船上前，向脆弱的拖曳划艇射出毀天滅地的火網，它們不得不後撤。洛倫索的進攻只得放棄。[3]

高度緊張的一天結束了。兩支艦隊在小小的戰場糾纏著，分別停在兩岸，之間距離僅有五百碼。柯欽商船還停在城鎮前方的河邊，沒有受到騷擾。雙方都醫治自己的傷患，清點損失。侯賽因的戰船損失慘重，傷亡數字高得驚人，他的火藥也所剩無幾。夜幕降臨時，葡萄牙船長們乘小艇來到「聖米迦勒」號上開會商議。因為沒有外界消息，他們舉棋不定。他們決定派遣巴爾塔扎爾（Balthazar，譯員加斯帕爾・德・阿爾梅達的兒子，懂多種語言）上岸，去朱爾打探消息。他得知，侯賽因在等待馬利克・阿亞茲趕來，以便發動新的進攻；在此期間，他在努力籠絡當地人。目前當地人保持著謹慎的中立，等著看局勢如何發展。

天亮之後，洛倫索可以看到侯賽因將其戰船擺成緊密的防禦陣型。它們靠岸擺開陣勢，用鐵鍊鎖起來，船首指向河流，相互之間還用跳板連接，以便在戰鬥中快速地從一艘船向另一艘調動兵力。這簡直是戰術上的自殺。他的克拉克帆船在這種陣勢下無法運用側舷的射石砲，也逃脫不了。侯賽因把他的艦隊從一支進攻性力量轉變為蜷縮在一起的營地，等待阿亞茲的支援。而阿亞茲還在外海閒蕩。在此期間，侯賽因的艦隊就是甕中之鱉。

侯賽因不知道的是，他對手的思維同樣不正常。第二天早上在「聖米迦勒」號上召開軍事會議時，敵人艦隊的意圖已經昭然若揭，葡萄牙人決定進攻。他們需要吹向陸地的風，而這種風要到中午才會刮起來。他們有兩個戰略選項：要嘛砲擊埃及船隻，要嘛猛攻上去。

在一份可能由編年史家捏造的演講中，洛倫索的主砲手，日耳曼人米歇爾·阿爾瑙（Michel Arna）提出一個簡單的解決方案：「不要拿你們自己和你們的士兵冒險，因為你們想要的，是能夠以安全的手段取得，只有我和我的夥伴會遇險。」[4]如果洛倫索同意把克拉克帆船調動到他指定的位置，洛倫索的部下都可以離船上岸暫避，阿爾瑙的砲手可以在夜幕降臨之前擊沉敵人的整支艦隊，「如果辦不到……你可以下令砍掉我的雙手」。

在達布林怯戰的陰影還籠罩著聚集在船艙內的所有人，洛倫索需要重建威望和公信力。砲擊雖然是簡單而有效的解決方案，但在葡萄牙貴族的榮譽法則裡卻幾乎是與怯懦聯繫在一起的。獲得榮耀的途徑是個人的英勇、肉搏戰和掠奪戰利品。於是，按照科雷亞從後見之明來看的記載，「他們渴望榮譽和財富……對日耳曼人的建議不予理睬。他們決定登上敵船廝殺，用劍來贏得榮譽」[5]。副將佩羅．巴雷托比較冷靜，可能支持阿爾瑙。他們的意見被推翻了。會議決定採取肉搏戰，儘管那正中侯賽因的下懷。

儘管魯姆人的艦隊已經遭到重創，但葡萄牙人的任務並不簡單。魯姆人的克拉克帆船比洛倫索的船大得多，也高得多，可以從甲板上傾瀉投射武器。而且操縱帆船接近敵船以便近距離攻擊是很困難的，因為風向多變難測、潮水和渦流難以駕馭。葡萄牙人擬定了進攻計畫。「聖米迦勒」號和「聖安東尼奧」號將兩面夾擊侯賽因的旗艦。其他葡萄牙船隻則與穆斯林戰線的其他部分交戰，將其牽制住，以阻止其向侯賽因旗艦輸送援兵。葡萄牙的輕型卡拉維爾帆船和槳帆船負責攻擊敵人的槳帆船。

星期六下午早些時候，借助潮湧和海風，葡萄牙船隻起錨，開始向河流上游行駛。打頭陣的「聖米迦勒」號接近目標時，又遭遇暴風雨般的箭矢襲擊。葡萄牙人為避免損壞可能很珍貴的戰利品，沒有讓自己的大砲火力全開。儘管侯賽因船形較高的戰船嗖嗖地不斷射箭，「聖米迦勒」號還是逼近著，一直開到距離敵船有十或十五碼，這時葡萄牙人的進攻計畫突然崩潰了，風向改變，然後風完全停了，船艦在潮湧推波下飄走。慣性足以驅動「聖米迦勒」號繼續向前，與敵人旗艦搏鬥，而「聖安東尼奧」號落在後頭。但侯賽因把握住機會，成功執行一次超乎尋常的應變措施，他的水手放鬆船首錨的纜繩，而收緊船尾錨的纜繩（另一端繫在岸上），所以船往岸邊後退，避開葡萄牙船隻進攻的路徑。「聖米迦勒」號的舵無法導正航向，它漂移著從目標一旁駛過。

「聖米迦勒」號的副水手長本能地決定落錨，以防止船從目標旁滑過，而跟在後面的葡萄牙船隻都同樣地被迫放線落錨，以防撞上前面的船。進攻停頓了。葡萄牙船隻凌亂地停在河中央，一動不動。洛倫索對這突如其來的混亂狀況暴跳如雷，從甲板上跑過，手持利劍，要殺了搞砸整個進攻行動的肇事者。副水手長做了些取捨，還是更害怕洛倫索的懲罰，於是跳水逃生，游上岸，不過他後來還是被殺掉了。

對洛倫索的船員們來說，形勢現在非常危急。「聖米迦勒」號已經下錨，懶洋洋地在潮水中擺動，距離敵船僅有咫尺之遙，而敵船能夠從更高的位置用投射武器攻擊它。如果船員沒有身著精良甲冑就暴露身形，是很不明智的。主砲手米歇爾．阿爾瑙躲避著敵人的砲火，再次提議扭轉船身，以側舷面向敵人，這樣他就可以在近距離將埃及船隻轟得粉身碎骨。洛倫索不肯在未奪得戰利品且喪失榮譽的情況下離開戰場。敵人的投射武器繼續掃射「聖米迦勒」號的甲板，葡萄牙水手們完全暴露在敵人火力之下，洛倫索蠻勇魯莽地堅持在敞開的甲板上發號施令，他成為一個很明顯的目標。第一支箭僅僅從他身旁掠過，第二支箭命中他的臉部。他血如泉湧，終於下令起錨，逃離箭雨。「聖米迦勒」號和「聖安東尼奧」號向下游撤退，在敵人弓箭射程之外停船。

與此同時，兩艘葡萄牙槳帆船和一艘輕型卡拉維爾帆船因為能夠在減緩的風勢中活動，所以運氣比較好。它們從喪失機動力的克拉克帆船旁經過，攻擊停泊在戰線較遠處的埃及槳帆船。它們逼近敵船時，同樣遭到箭雨襲擊，槳帆船上沒有防護的划槳奴隸紛紛中箭，直到倒在自己的槳上，但葡萄牙人的進攻所向披靡，撞向停泊著的敵船。葡萄牙武士們獲得鏈甲、鋼胸甲和頭盔的良好防護，橫衝直撞地攻上敵船，橫掃甲板，踐踏被鎖在槳位上的槳手，風捲殘雲般地砍倒敵兵，用長槍、戟和巨大的雙手重劍將敵人推下水。這群訓練有素、裝備精良的葡萄牙武士的進攻是銳不可當的，每艘穆斯林戰船都化為屠宰場，甲板上血流成河，走路都容易滑倒。穆斯林士兵戰死在自己的崗位，或者棄船逃命，或者透過跳板逃到鄰近的其他槳帆船上。每艘槳帆船被掃蕩乾淨之後，葡萄牙人追殺抱頭鼠竄的敵人，從跳板窮追不捨。跳入大海的穆斯林則被乘坐划艇的葡萄牙人獵殺，穆斯林逃往岸邊的道路又被一艘葡萄牙卡拉維爾帆船切斷了。泅渡逃命的穆斯林四面受敵，就像落入圈套的金槍魚，被小艇上的葡萄牙人殘酷地殺死。這是一場屠殺。

四艘被拋棄的穆斯林槳帆船被當做戰利品拖走，而「聖米迦勒」號和「聖安東尼奧」號開始在一段距離之外砲擊埃及的克拉克帆船，瞄準它們的索具。一發砲彈幸運地擊落一艘敵船的桅杆瞭望台，炸死上面的所有人員，其他的桅杆頂端的戰鬥平台被拋棄了。為聖戰而喪命的人當中包括馬伊瑪瑪．馬拉卡爾，他站在艉樓甲板，用《古蘭經》的詩句鼓舞士兵，不幸戰死。

穆斯林槳帆船的水手遭到屠戮，克拉克帆船的船員又被葡萄牙砲火打得抬不起頭，並且震驚於戰友們遭受的滅頂之災，於是戰局似乎轉為對洛倫索有利。他受到這鼓舞，又一次考慮攻擊侯賽因的旗艦，以求在這天大獲全勝。在「聖米迦勒」號上，大家又為了下一步該怎麼走而激烈爭論起來。此時沒有風。洛倫索希望用小艇拖曳大船，再次嘗試進攻，但船長們非常不願意這麼做。士兵們已經筋疲力竭；很多人負了傷，包括洛倫索自己；天色已晚；若遭到敵人頑抗，必將導致災難。阿爾瑙又一次提議在安全距離外用砲火擊沉敵船，但洛倫索仍然固執己見，他希望，也需要向父親送去戰利品，而不是眼睜睜看著敵船沉沒。雖然船長們可以用多數決壓服洛倫索，但在達布林事件之後他們可能也不願意這麼做。在他們還爭執不休的時候，戰局又發生逆轉。

此時差不多已是薄暮時分。他們向外海眺望，看到一線輕型槳帆船進入河口，那是馬利克．阿亞茲和他的三十四艘弗斯特船。觀望和煎熬一整天之後，第烏總督得出結論，他不能再繼續拖延了，若在伊斯蘭的聖戰大業中被人指控故意耽擱或怯懦，將會危害他的地位。魯姆人的艦隊響起一陣陣歡呼，他們指手畫腳地宣稱要將葡萄牙人吊死，而大部分是穆斯林的朱爾當地居民之前持觀望態度，如今則公開表示熱切希望伊斯蘭艦隊獲勝。他們來到海灘上，向疲憊不堪的敵人射箭。「聖米迦勒」號上的作戰會議不得不再次重新考慮。此時，他們在河口面對三個敵人。停泊在城鎮附近的柯欽槳帆船在當天戰鬥中被雙方遺忘，而葡萄牙人應對其安全負責，此時這些柯欽槳帆船的處境愈來愈危險。

阿亞茲前進地非常謹慎，他沒有組成橫隊以支援侯賽因，而是在河流南岸附近擺開陣勢，也就是這一天早上葡萄牙人占據的位置。他對正在演變的戰局仍然保持謹慎態度。他嘗試派三艘船與侯賽因取得聯繫，但被洛倫索打退了。直到天黑之後，阿亞茲才與侯賽因見上面。侯賽因需要火藥和砲彈，因為他急缺這些物資。他還訓斥阿亞茲，因為後者在這一天激戰結束、死了兩百多人之後才姍姍來遲。

葡萄牙艦隊裡的氣氛很嚴肅。在這一天的跌宕起伏、攻擊與撤退之後，大家都筋疲力竭，火藥也所剩不多。穆斯林的勝利歡呼在黑暗中隔著河面傳來。負傷的洛倫索發起高燒，不得不臥床。侍奉他的醫生們給他放血。

在「聖米迦勒」號上，船長們還在激烈爭論。他們確信無疑在天亮之後，終於裝滿貨物的柯欽槳帆船會受到嚴重威脅。若是損失這些槳帆船，對負責保護它們的葡萄牙人來說是奇恥大辱，將進一步損害葡萄牙的公信力。務實的解決方案是乘夜色借助夜風溜走。暫代總指揮的佩羅·巴雷托激烈反對逃走，另一位船長佩羅·康（Pêro Cão）也持同樣意見，他說「因為我們的過失要求我們逃跑，但至少不要表現出逃跑的意圖，免得葡萄牙人在印度丟盡顏面。如果馬拉巴爾商船先離開，然後我們在黎明時離開，那麼敵人就不能說我們是因為怯戰而逃離戰場」。所以，仍然是榮譽的問題。他們哄騙其他人同意於拂曉啟航，並將俘獲的穆斯林槳帆船拖在身後，以此羞辱敵人。

午夜在月光下，柯欽商船開始靜悄悄地溜出泊地，借助風力駛向外海。天快亮時，葡萄牙人也偷偷跟上去。沒有口哨聲，沒有呼喊。他們開始起錨，或者割斷纜繩，把錨留在海底。但這策略被頑固不化的巴雷托搞砸了，他不肯如此灰頭土臉地撤退。他大張旗鼓地爬上一艘小艇，拉起大船的錨。敵人立刻發現他的動作，開火射擊。收回錨之後，他又登上自己的大船。洛倫索的傷勢稍稍恢復，他要求「聖米迦勒」號最後一個撤離，並決心效仿巴雷托的蠻勇，親自監督起錨。

此時侯賽因已經讓他兩艘毫髮未傷的克拉克帆船起錨。阿亞茲認為葡萄牙人正在逃離戰場，於是終於決定現在是表現自己「英勇」的時候了，同樣也讓手下的弗斯特船做好戰鬥準備。洛倫索正在小艇內起錨，在他背後，大船的大副眼見天色愈來愈亮，敵人正緊鑼密鼓地準備，不禁魂飛魄散。他砍斷了繫錨的纜繩，讓洛倫索有一段時間被困在小艇上。

穆斯林借助退潮，溯河而下，追擊敵人。大多數葡萄牙船隻能夠擊退對方，逃離河口，但「聖米迦勒」號落在後頭，而且因為拖曳著一艘繳獲的槳帆船，動作遲緩。所以「聖米迦勒」號是最容易被命中、也最有吸引力的目標。侯賽因集中力量，希望一舉擊沉敵人的旗艦。而「聖米迦勒」號的船長沒有跟隨撤退的戰友，而是將船轉向遠岸，以便與敵人艦隊拉開距離。

阿亞茲弗斯特船的輕型射石砲嘗試轟擊「聖米迦勒」號的舵，以奪取其行動能力。一發石彈擊中靠近吃水線的船尾，擊穿一塊木板。葡萄牙船上沒有人注意到這一點，他們的全副注意力都集中在如何打退不斷緊咬著「聖米迦勒」號的弗斯特船和侯賽因的兩艘克拉克帆船。「聖米迦勒」號繼續航行，海水緩緩滲入艙內的貴重貨物。水手們還沒有注意到，他們的船愈來愈笨重，反應愈來愈遲緩。這時風停了，「聖米迦勒」號頓時完全受制於潮水，而潮水湧向南岸，當地漁民在南岸的水中安插木樁，以便停泊他們的漁船。「聖米迦勒」號隨波逐流，被困在這些障礙物中，因漏水而愈來愈笨重的船身使得它動彈不得。水手們努力操控船隻移動，但無濟於事。一艘葡萄牙槳帆船（船長是帕約・德・索薩〔Payo de Sousa〕）嘗試拖曳「聖米迦勒」號，也失敗了。一些水手奉命上岸，用斧頭砍掉那些礙事的木樁，但「聖米迦勒」號艙內滲進的水使得它愈來愈穩固地卡在木樁之間。現在已經看得出船身的傾斜，甲板傾斜，船首上揚。

一時間，大家無法理解問題所在。在船首傾斜非常明顯之後，他們才確認船尾在漏水。洛倫索派領航員下船艙調查。在黑暗中，領航員驚恐萬狀地發現真相：艙內滿是海水和大米，晃來晃去。他回頭報告時面如土色，他們沒有辦法舀水，艙內的水太深了，而且大米會阻礙水泵工作，而且身體健全、能夠操作水泵的人也不夠，所以船實際上是完蛋了。領航員結束報告之後，「回到艙內，他們說他活活嚇死了」[6]。洛倫索下令割斷纜繩，放開俘獲的槳帆船。阿亞茲意識到「聖米迦勒」號是一頭受傷的困獸，開始用弗斯特船包圍它，而侯賽因的兩艘克拉克帆船也逼近著。

帕約・德・索薩仍打算用他的槳帆船營救指揮官的旗艦。根據當事人後來的記載，到此時，葡萄牙艦隊開始感受到恐懼，有的水手主張繼續戰鬥，有的人打算逃走。槳帆船上的很多人已經負傷，「聖米迦勒」號文風不動，敵人步步緊逼。有的水手後來說，帕約・德・索薩的槳帆船嘗試拖曳「聖米迦勒」號的時候，拖曳繩索崩斷了，但真相更可能是有人割斷了繩索。槳帆船被潮水帶往下游，索薩企圖調轉船頭，再試一次，但他的部下做不到，或者不願意。其他葡萄牙船隻瘋狂地努力回身營救陷入困境的旗艦，但它們已經移到下游很遠的地方，有心無力。

阿亞茲和侯賽因感覺到，殺戮時間到了。重量愈來愈重的水使得傾斜的「聖米迦勒」號下沉得愈來愈厲害。穆斯林的弗斯特船和克拉克帆船忙著向它射出箭雨。對葡萄牙貴族來說，當務之急是將洛倫索活著救走，因為「他能不能活下去，關係到葡萄牙的榮譽」[7]。貴族下令水手長準備放下小艇，並集合能夠划槳的一群人。但洛倫索不肯逃走，他要留下來死戰到底。洛倫索的部下堅持要帶他走，他用戟威脅他們。

海水還在灌入船體，現在船上只有約三十名身體健全的人。洛倫索把還能站立的人分成三組，每組一名組長，努力保衛「聖米迦勒」號。三個小組分別在船尾、主桅和艏樓處。水手長精神崩潰了，他解下小艇，借著潮水來到「聖安東尼奧」號，向忠誠的佩羅．巴雷托撒謊，說他是奉洛倫索的命令來求援的。巴雷托的帆船在逆流的情況下完全沒有辦法移動。他爬上小艇，命令水手長去找最近的槳帆船「聖克里斯多夫」號，那艘船至少還有機會用人力划船，返回受困的旗艦那裡。水手長哀求「聖克里斯多夫」號的船長迪奧戈．皮雷斯（Diogo Pirez）盡力而為，告訴他「洛倫索能否活命，取決於他」[8]。皮雷斯開始努力鼓舞他的划槳奴隸動起來，但他們筋疲力竭，不肯動作。在絕望和狂怒下，巴雷托開始用劍砍殺划槳奴隸。他殺死了七人，然後承認這樣也不是辦法。他轉向自由身的葡萄牙人，他們也同樣「不願意划船回去」[9]。他嘗試強迫他們坐到槳位上去，但完全沒有希望。他別無辦法，只能回到自己船上，希望風向轉變，或許能把「聖米迦勒」號推走。每一分鐘都愈加表明，這需要奇蹟發生才行。

「聖米迦勒」號上彷彿人間地獄。穆斯林的弗斯特船發射的箭狠狠插入動彈不得的船體；雲團般的箭呼嘯著從空中掠過。濃密的硝煙遮蔽愈來愈無力自衛的帆船。甲板傾斜的角度已經很大。船上的有些火砲已經被淹沒。隨著船體不斷滲水，船上的火藥失效了。守軍打退敵人一次或兩次登船的企圖。他們「奮勇拚殺，就像是渴望在臨死前報仇雪恨的人」[10]，但在他們周圍，「聖米迦勒」號正在逐漸死亡。甲板一片狼藉，滿是屍體和垂死掙扎的人、飛落的人頭和腿，木板上像小溪一樣流著血。盡是犬牙交錯的碎木片、纜索、被拋棄的武器、呼喊聲和慘叫聲。

身材魁梧的洛倫索身穿鮮亮的鎧甲，身形非常明顯，是一個不可能錯過的目標。一門輕砲的砲彈從大腿處切斷他的腿。他血如泉湧，止不住血。他還有意識，儘管生命在迅速流失。他請求把他扶到桅杆下的一張椅子上。不久之後，另一發砲彈擊碎他的胸膛，奪去他的性命。他的僕人洛倫索·弗萊雷（Lourenço Freire）趴在陣亡的指揮官身上，嚎啕大哭，被打死在他身旁。船上還活著的人都清楚知道，船是守不住了。他們急於阻止洛倫索的屍體被敵人當做戰利品搶走、剝皮、塞入稻草並拿到伊斯蘭世界各地遊行展示，那將是葡萄牙人無法容忍的。於是他們把洛倫索及其忠僕的屍體拉進淹水的船艙。

葡萄牙人堅持奮戰，已經不能站立的人也硬撐著，堅定不移地握著劍。穆斯林之前是在一段距離之外砲擊「聖米迦勒」號，現在他們逼近了。他們第三次、第四次、第五次企圖登船，仍然被擊退。阿亞茲那邊死傷慘重。第六次進攻時，「聖米迦勒」號已經化為屠戮場。葡萄牙人沒有還擊的火力了。穆斯林歡呼勝利，跳上敵船，包圍倖存者。征服過後，穆斯林迅速轉向搶劫。勝利者熱切地想看從正在沉沒的船上還能撈到什麼金銀財寶。他們用劍威逼一些俘虜走在前面，共有一百人走下淹水的船艙，尋找戰利品。因為人太多，下層甲板坍塌了。黑暗中他們墜入海水，全都溺死了。

最後的十八名葡萄牙人幾乎全都帶傷，被穆斯林俘虜。還有最後抵抗的一幕。來自波爾圖②的水手安德烈·費爾南德斯（André Fernandez）爬上桅杆瞭望台，不管敵人用什麼辦法企圖將他從傾覆的船頂端驅趕下來，就是不肯下來。他在那裡待了兩天，向下方的人投擲石塊，辱罵他們。最後阿亞茲承諾允許他安全地離開，才把這位勇敢的水手哄騙下來。

侯賽因的兩艘克拉克帆船離開「聖米迦勒」號殘骸，開始追擊停泊在河口附近觀戰的其他葡萄牙船隻。其中一些船隻割斷纜繩，可恥地逃走了，向南逃往柯欽。但佩羅·巴雷托巋然不動，展開風帆，準備作戰。埃及戰船後退了。

阿亞茲對於未能生擒洛倫索，感到大失所望。他還希望能找到洛倫索的屍體。但這位勇士的屍體在沉重板甲的拖拽下，已經消失了，可能從船底的某個窟窿墜入朱爾河，始終沒有找到。「洛倫索就這樣犧牲了，」編年史家卡斯塔涅達（Castanheda）寫道，「八十名葡萄牙人與他一起陣亡，其中有若昂·羅德里格斯·帕桑尼亞、若熱·帕桑尼亞、安東尼奧·德·聖帕約、隨船代理商迪奧戈·維利烏和佩羅·巴雷托的一個兄弟，其他人的名字我們就不知道了。」[11]

☆

榮譽、光榮、恐懼、對戰利品的貪婪和厄運，釀成此次大禍。如果葡萄牙人聽從主砲手的意見，完全可以在遠距離用砲火消滅整支埃及艦隊。但這不是葡萄牙人的戰鬥風格。剩餘的人駕船撤離，幾乎沒有損傷。他們在朱爾可能損失了兩百人。殺死副王的兒子，為開羅的蘇丹和穆斯林世界的英勇增添極大的威望。幾個月後，戰勝「肆虐印度洋的歐洲人」的喜訊傳到開羅，人們欣喜若狂。「蘇丹大喜過望，下令連續三天擊鼓慶祝，」伊本·伊亞斯記載道，「侯賽因要求提供援軍，以徹底消滅殘存的歐洲人力量。」[12]

侯賽因肯定需要更多生力部隊。他在朱爾的勝利總的來講是一場皮洛士式勝利③。他原先的總兵力應當不超過八百人，這一役卻損失六百至七百人。他的部隊也開始畏懼歐洲人大砲的威力。至於阿亞茲，他拒絕將十九名葡萄牙俘虜交給埃及指揮官。他善待這些俘虜，確保他們的傷得到醫治，並把他們展示給貴賓。他很睿智和謹慎，知道此役還不算完，還會有更多的後續。這些俘虜就是他將來討價還價的籌碼。

逃到柯欽的葡萄牙船隻不得不面對副王的暴怒和悲痛。讓他們更加糊塗的是，有三艘大船跟在他們後面。直到這三艘船接近，他們才看到桅杆上飄著葡萄牙旗幟。這艘船就是掀起嘩變、反抗阿方索·德·阿爾布開克的三位船長的座駕，正在前往柯欽，陳述他們的冤屈。

---

② 波爾圖（Porto）是葡萄牙僅次於里斯本的第二大城市。

③ 西元前二八〇年和西元前二七九年，伊庇魯斯（Epirus）國王皮洛士（Pyrrhic）擊敗羅馬軍隊，但自己也損失慘重。有人向他祝賀勝利，他說，這樣的勝利再來一次，他就要完蛋了。從此「皮洛士式勝利」（Pyrrhic victory）指空虛無意義的勝利，雖然名義上取勝，但差不多等同於失敗。

第十四章 「法蘭克人的狂怒」

一五〇八年三月至十二月

和朱爾戰役倖存者一同返回柯欽的那些嘩變水手，把暴跳如雷的阿爾布開克丟在霍爾木茲。他只有兩艘船，不得不丟人現眼地放棄攻打霍爾木茲，返回索科特拉島，營救那裡嗷嗷待哺的駐軍。他於八月返回霍爾木茲，希望最終攻下城市，但發現自己未完工要塞的駐軍武裝起來反對他，街道也被封鎖了。他不得不第二次撤軍。

一五〇八年中期，印度洋上不斷有書信穿梭往來，還有一些報告被送回里斯本。阿爾布開克怒氣沖沖地寫信給阿爾梅達（在一五〇八年底之前，阿爾梅達仍然是他的上級）：

若不是這些人拋下我，十五天內霍爾木茲必然投降……我無法想像，他們受了什麼冤枉，竟然要離開我！如果他們說我虐待他們，那麼我懇求閣下把他們對我的指控以書面形式記錄在案……然而，他們的罪孽是開脫不了的，竟然在戰時棄我於不顧……不管閣下給他們何種懲罰，都是他們罪有應得！[1]

阿爾梅達在一封信裡責備了阿爾布開克，不過始終沒有發出這封信。他在信裡可能表達對洛倫索戰死的悲憤，並指責阿爾布開克未能攔截馬穆魯克艦隊的罪過：「先生，我要提醒你，國王陛下派遣你的主要任務是守衛紅海出口，以便阻止印度香料運抵那裡。而你在霍爾木茲逗留，完全改變形勢，丟棄了紅海出口。」[2]

阿爾布開克聰明、無畏、清廉，而且是戰略大師，所以無論從哪個方面看都是國王最忠實的僕人，但曼努埃爾一世太遲鈍，不能完全理解他。阿爾布開克冷傲、自負、執拗而有些自我中心的性格讓很多人對他敬而遠之。一五〇八年下半年，部分葡萄牙人從霍爾木茲叛逃的事件在葡萄牙控制的印度洋產生意見分歧，讓後人對這段歷史的評判也產生截然相反的立場，並導致葡萄牙人的內鬥。霍爾木茲事件揭露阿爾布開克做為領導者常常笨拙而孤立。做為征服者，他已經證明自己的強悍，但霍爾木茲事件對他造成傷害。他發誓在攻克霍爾木茲之前絕不剃鬚，這是他非報不可的仇之一。

在柯欽，鬍鬚也是個大問題。在葡萄牙貴族當中，鬍鬚是男性氣概、地位和軍事力量的神聖不可侵犯的象徵。葡萄牙征服者的肖像一般都表現他們以幾乎相同的姿態傲然屹立：雙手叉腰，身穿黑色天鵝絨，袖子上飾有彩色絲綢，肖像的背景有他們的紋章和頭銜，鬍鬚濃密，威風凜凜，如同戰神瑪爾斯（Mars）。若昂·德·諾瓦的鬍鬚遭到阿爾布開克撕扯，他對此義憤填膺，莊重地用一張紙包著被撕下的鬍鬚去拜見副王，做為阿爾布開克侮辱他的證據。這些鬍鬚對同情德·諾瓦的貴族們造成很大的影響。

阿爾梅達沒有處罰從阿爾布開克那裡叛逃的船長們，而是將其吸納進自己的艦隊。（對阿爾布開克來說）更糟糕的是，阿爾梅達還寫信給霍爾木茲的瓦加．阿塔，為阿爾布開克的行為道歉。維齊爾幸災樂禍地將這封信拿給阿爾布開克看，讓後者瞠目結舌。但在一五〇八年，阿爾梅達還有別的事情要考慮。朱爾的災難和兒子的犧牲對副王造成極大震動。從戰略上，他認識到魯姆人在這片海域的存在威脅到葡萄牙殖民事業的根本。在個人層面上，他也必須為洛倫索復仇。據記載，他曾說：「吃掉小雞的人要嘛把公雞也吃掉，要嘛就得付出代價。」3

✯

新軍事行動的準備工作持續差不多九個月。首先是雨季，接著是壓倒一切的為本年度香料艦隊裝滿貨物的任務，耽擱他的軍事計畫。朱爾的噩耗傷害了阿爾梅達，而曼努埃爾一世愈來愈冰冷的語調對他更是加倍的傷害。副王已經失去了主公的信任。國王在一五〇七年的書信裡包含一長串對阿爾梅達的指責和專橫跋扈的命令，這源自敵視阿爾梅達的船長和嫉妒他的廷臣的讒言。阿爾梅達被指控越權行事、管理不善、未能控制麻六甲、未能及時向國王彙報。阿爾布開克在副王管轄範圍內的獨立行動對副王也是沉重的打擊。一五〇八年，他還得知，自己將在年底被阿爾布開克取代。曼努埃爾一世擴展的戰略計畫，以及時間和距離上的延遲，使得在里斯本的國王的優先目標與阿爾梅達對目標的理解，兩者之間的差距愈來愈大。

到一五〇八年底，副王清楚地認識到，殲滅魯姆艦隊是他的頭等大事，也是他任期結束前的最後一次機會。到十二月，他已經在柯欽集結一支強大艦隊，包括十八艘船和一千兩百人。其中包括阿爾布開克要求他處罰的那些反叛阿爾布開克的船長。

在出征前夕，阿爾梅達給國王寫了一封長信。副王相信自己可能是在寫下最後遺囑，既表達個人的哀慟、為自己行為的辯護，逐條反駁遭到的指控，並表達歉意，也宣示已經做好一死的準備。這是一個被工作與職責拖垮的人的遺囑。在印度，對人的磨損是非常厲害的。酷熱的氣候、腐化、離家萬里、周圍敵人的虎視眈眈，這些都是葡萄牙殖民事業中的消耗性因素：

致最尊貴與強大的國王，我的主人：

我非常想給陛下寫信，因為我必須觸及那些傷害我靈魂的事情，我決心要讓這些事情留下紀錄，不管我本人的命運如何……按照上帝的意願，我的兒子死了，這也是我罪有應得。威尼斯人和蘇丹的穆斯林殺害了他……因此，本地的穆斯林滿懷希望，自信能得到大力幫助。我認為，今年無法避免與他們發生一次較量，這也是我最渴望的事情，因為在我看來，我們必須在上帝佑助下，將穆斯林徹底從這片海域驅逐，讓他們再也不能回到這片土地。如果我能以這種方式結束自己的殘年，而對上帝有所貢獻，那麼我就能得到我渴求的一切：與我的兒子團聚。上帝仁慈地把他帶到天堂。那麼我們將為上帝，為陛下視死如歸。[4]

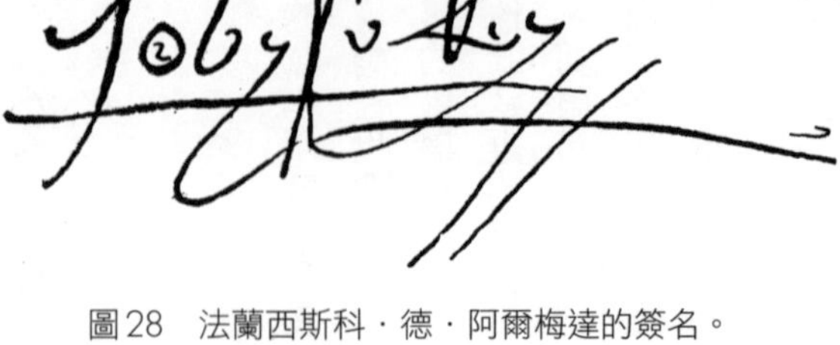

圖28　法蘭西斯科・德・阿爾梅達的簽名。

在阿爾梅達為此次冒險所做的解釋中，有種嚴峻的警示：「從麻六甲到霍爾木茲的穆斯林人口多於費茲和突尼斯王國，而且所有這些穆斯林都敵視我們。」[5]他於一五〇八年十二月八日在自己的艙室內寫完這封信。阿爾梅達的思緒非常清晰，他已經為最後的戰鬥做好準備，這場戰鬥將決定葡萄牙人在印度的命運，而他願意為此獻出生命。

他正準備封緘這封信，這時傳來報告，發現有船隻在接近海岸。阿爾梅達的艦隊啟航出港，前去迎戰。接近之後，他們才發現這些船隻升的是葡萄牙旗幟。原來是阿爾布開克終於來到柯欽，準備開始他的總督任期。他幾乎在海上連續航行將近兩年半。阿爾布開克的旗艦「西爾內」號被蟲蛀得千瘡百孔，船艙內已經有魚在游水。不分晝夜，需要三十人持續不斷地抽水，才能使船隻維持浮力。

兩位指揮官間進行一次非常尷尬的會面。起初雙方還算客氣。阿爾布開克禮貌地要求接管東印度的管轄權。阿爾梅達則指出，自己的任期要到次年一月才結束，而且他正準備啟航作戰。根據某些記載，阿爾布開克主動提議由他率領艦隊，代替阿爾梅達完成任務；而根據其他記載，阿爾布開克謝絕了參加阿爾梅達遠征的邀請，因為他筋疲力竭，更願意留在柯欽。或許阿爾布開克不願意與那些曾在霍爾木茲反叛他的船長們一同行動。次日清晨，阿爾梅達的艦隊揚帆起航，去獵殺埃及艦隊。

恐怖與復仇，一場力量的考驗。阿爾梅達沿著印度西海岸北上，驅動他的既有私人的仇怨，即為死去的兒子復仇，也有戰略的考量，即他深知與伊斯蘭力量的最終對決是不可避免的，而且迫在眉睫。曾有人指控副王在解讀曼努埃爾一世的命令時過於謹慎。而如今他拒絕將印度的管轄權交給阿爾布開克，等於是公開違抗御旨。阿爾梅達堅信要保障葡萄牙事業的安泰，就必須與埃及艦隊攤牌。與此同時他也渴望復仇。他已經決定親自執法，不管自己回到里斯本之後會受到怎樣的責難。

穆斯林在朱爾的「勝利」讓人們大受鼓舞，希望能將葡萄牙人逐出印度洋。扎莫林打算派遣船隻與目前在第烏的埃及艦隊會師，以便最終徹底剷除可惡的入侵者。然而，埃及人領導的聯盟內部矛盾重重，關係高度緊張。侯賽因知道，葡萄牙人捲土重來只是時間問題，他並不樂觀。他曾在近距離體驗歐洲人的砲火。他的艦隊在朱爾損失慘重；他缺少人手，也沒有足夠的金錢給他們發餉。他與馬利克·阿亞茲的聯盟也不融洽。侯賽因絕不能撤退，回國去面對蘇丹的怒火。他能做的，只有希望得到增援。他熱切期望能殺死被阿亞茲扣押的葡萄牙俘虜，將其剝皮並塞滿稻草，送回開羅，以證明自己的成功。但阿亞茲置之不理。他嚴密守衛著俘虜，考慮如何操縱局勢。他被夾在伊斯蘭世界的狂熱和伊斯蘭之敵的凶悍中間。

很快地，葡萄牙人的軍力展示就要開始了。得到近期從里斯本來的增援之後，阿爾梅達目前擁有自中國人退出印度洋以來這片大洋上最精銳的艦隊。而且副王情緒極差，沿著海岸北上，勒令他經過的各個小貿易國家投降，並為他的水手提供食糧。到一五〇八年十二月底，他已經來到達布林，也就是洛倫索兩年前未能攻擊從而釀成大禍的地方。阿爾梅達懷疑達布林與埃及艦隊串通一氣。在這一年的最後一天，他率領戰船進入河口，小心翼翼地探索前進的航道，一心要報仇雪恨。

達布林是一座富裕的穆斯林商貿港口，得到雙層木牆的良好防護，木牆前方有一條壕溝，城內還有不錯的火砲。此時港口內停泊著四艘古吉拉特商船，這令阿爾梅達愈發憤怒。在發動攻擊前夕，副王召集船長們，上演激情洋溢的戰前動員講演。葡萄牙人的兵力與他們眼中的敵人相比，極度不對等，所以似乎他們有理由動用極端手段。阿爾梅達提醒船長們，他們不僅要占領城市，還要「在你們對抗的敵人心中留下極大的恐懼，讓他們魂飛魄散。你們知道，現在他們因為我兒子和其他人的死而洋洋得意、不可一世」[6]。

船長們嚴格執行這道命令。十二月三十一日黎明，艦隊開始猛烈的砲擊，然後從港口兩端同時發起登陸進攻。壕溝前方守軍的抵抗被葡萄牙人的鉗形攻勢粉碎了。木牆陷落了。守軍抱頭鼠竄，葡萄牙人窮追不捨。他們全身武裝，身穿板甲，不怕弓箭，如狼似虎地殺入城鎮。隨後發生的慘劇是歐洲征服史上黑暗的一日，令葡萄牙人在印度土地上遭到詛咒。

城民被打得措手不及，向四面八方逃竄。葡萄牙人見人就殺，不分男女老少，目標就是不留活口。一名印度貴婦乘轎逃跑，被掀翻在地，與轎夫一起被殺死；小孩子被從心驚膽寒的母親懷裡搶走，被抓住腳，腦袋被甩向牆壁。男女老少、漫遊的聖牛和流浪狗，全都被砍倒。「最後，城裡沒有一個活口。」[7]古吉拉特商船被焚毀。在有些地方，當地人的抵抗非常勇敢，但徒勞無功。這一天結束的時候，阿爾梅達將部下重新集結在一座清真寺，並控制街道。次日，他允許士兵恣意擄掠。士兵們分成二十人一組，把搶到的財物送到岸邊。但阿爾梅達擔心，假如當地居民重整旗鼓，如此混亂地搶劫和醉醺醺的葡萄牙人將無法應付。他祕密命人在城裡縱火。藏在地下室裡的人被活活燒死，拴在棚子裡的牲口也葬身火海。婦女、兒童哭喊著逃離燃燒的房屋，但副王派遣士兵將他們砍倒。全城一片狼藉：牛的哞哞聲、王宮馬廄內著火的馬匹的嘶鳴、人的哭喊、燒焦的肉味、城內很大一部分財富被毀。大火熄滅後，擄掠者在灰燼裡翻揀，探視仍然躺著死屍的地窖，並四處搜尋，希望能夠找到一些貴重的東西。

阿爾梅達僅在摧毀沿岸居民點時才上岸，並於一五〇九年一月五日率全軍再次登船出發。穆斯林死者數量無人計算，但應當很多，葡萄牙人的傷亡微不足道。他們抵達朱爾後，阿爾梅達專橫跋扈地勒令當地人準備貢金，等他擊敗穆斯林艦隊之後會回來收繳。他們發現馬希姆島（Mahim，在孟買附近）空無一人。當地人已經逃走了；達布林慘案的消息風馳電掣般地傳遍整個沿海地帶。這場屠殺和達伽馬摧毀「米里」號一樣，成為印度人長久銘記、難以原諒的暴行。在烈焰滾滾的海岸，人們開始使用一種新的咒罵方式：「願法蘭克人的狂怒落到你頭上！」8

阿爾梅達繼續航向第烏，一心要追蹤並殲滅埃及艦隊。他手裡有一封馬利克・阿亞茲的信。阿亞茲正在與侯賽因一同準備迎戰葡萄牙人，但他三心二意。在這封信裡，阿亞茲尋求與副王交好，並保證，在朱爾被俘的葡萄牙人都在他手中，得到善待。信裡還告知馬穆魯克艦隊的部署情況等有用的資訊。阿亞茲又在兩面下注。

如果阿亞茲在得知達布林命運之後對自己的前景還有什麼疑問的話，他也很快收到阿爾梅達的回信。阿爾梅達的口吻正式、禮貌，但咄咄逼人：

我，副王，向你，最尊貴的馬利克・阿亞茲致意，並告訴你，我正率領我的騎士趕往你的城市，去尋找那些在朱爾與我的部下對抗並殺害我兒子之後躲藏在第烏的人。我帶著上帝的希望前來，將要向那些人及他們的幫凶復仇。如果我找不到他們，那麼你的城市也不會倖免。你在朱爾給了我的敵人那麼大的幫助，你和你的城市都將付出一切代價。我如此告知你，以便我抵達的時候你能知曉我的意圖。我已經在路上了。我目前在孟買島，送信人會證明這一點。9

第十五章　第烏

一五〇九年二月

一五〇九年二月二日，葡萄牙艦隊逼近第烏。穆斯林方面的戰術討論中滿是猶豫和互相猜忌。穆斯林艦隊包括：馬穆魯克王朝的六艘克拉克帆船和六艘槳帆船；四艘古吉拉特的克拉克帆船；阿亞茲的弗斯特船，現在數量下降到三十艘；可能還有七十艘來自卡利卡特的輕型船隻。他們一共有約四千至五千人。船隻都停泊在第烏所在的河口內，地形類似朱爾。關於如何迎敵，穆斯林意見不一。

侯賽因希望早一點主動進攻，在葡萄牙人經歷漫長航行、還沒有調整好的時候就在外海與其交戰。阿亞茲覺得這是埃及人的藉口，真實目的是在情況不妙時開溜，他相信埃及人一定會借機逃之夭夭的，把他自己丟下來面對糟糕的後果。所以他堅持在河上作戰，不僅可以得到岸砲的保護，還可能得到居民的支持，那樣他就有機會從陸路逃跑。他拒絕讓自己或卡利卡特的船隻出海。阿爾梅達的威脅還在他耳邊迴盪，他覺得最好不要親身涉險，便說自己在別處有緊急要務，必須處理。侯賽因旋即識破他的虛張聲勢，率領自己的戰船出海，並命令阿亞茲的克拉克帆船也出海。阿亞茲被信使叫回城，然後下令自己的船回到河上。雙方陷入僵局；兩位指揮官就像被捆在一起的兩隻螞蚱，但互不信任。侯賽因在外海與葡萄牙人進行過一番毫無結果的遠距離砲戰之後，不得不接受不可避免的現實，選擇在河上作戰。阿亞茲不得不參加戰鬥，和上次一樣，希望只是作秀一番，佯裝戰鬥，而盡可能減少自己的參與和損失。他原本可以用鐵鍊封鎖港口，徹底阻止葡萄牙戰船進來，它們一定會被迫調頭。但他沒有這麼做，可能是另有玄機，他的盤算是，如果他封鎖港口，就可能被阿爾梅達認為是敵對行為，那麼他遲早要倒楣；他可能還覺得，討厭的馬穆魯克艦隊若是被消滅了，對他是有好處的，他可以設法與副王達成和解。

這些可疑的兩面三刀讓穆斯林艦隊再次採取防禦姿態，就像在朱爾那樣。克拉克帆船成對地停泊在岸邊，排成橫隊，船首指向敵人的方向；先是侯賽因的六艘克拉克帆船，然後是槳帆船，接著是古吉拉特的克拉克帆船。來自卡利卡特的弗斯特船和輕型划槳船停泊在上游較遠處，打算在葡萄牙人與穆斯林的大船交鋒時從敵人背後襲擊。岸砲將為艦隊提供掩護火力。他們估計敵人會重複在朱爾的那種戰術。渴望榮譽的葡萄牙人會選擇近距離廝殺，而不是遠距離砲擊。

阿爾梅達的船上也在進行戰術討論。副王強調此役是葡萄牙事業的關鍵時刻——「不必懷疑，只要征服了這支艦隊，我們就能征服整個印度」[1]——並且葡萄牙人在印度的生死存亡也在此一戰。他希望得到親自攻擊侯賽因旗艦的光榮任務，但他的船長們不同意，考慮到洛倫索的戰死，他們堅決反對阿爾梅達這樣拿自己的生命犯險。更好的辦法是讓他在旗艦「海洋之花」號指揮全軍，讓其他人來發動第一輪攻擊。這是他們從朱爾的慘敗學到些經驗教訓的第一個跡象。他們在其他方面也完善自己的戰術。砲火將在此役中發揮一定的作用；他們將把最好的弓箭手和神槍手安排在桅杆瞭望台上；做好緊急情況的應急措施，準備好用來填堵船隻漏洞的材料和用來滅火的水，以及操作的人員；然後才像之前那樣發動進攻。克拉克帆船將負責纏住穆斯林的克拉克帆船，槳帆船與敵人的槳帆船纏鬥。強大的「海洋之花」號將成為一座浮動砲台，不會有步兵。船上的少量水手和砲手將猛轟敵船，並堵住穆斯林划槳船從後方發動的反擊。日耳曼主砲手在朱爾得到的一些經驗教訓已經被葡萄牙人吸收了。

✯

一五〇九年二月三日，黎明。

艦隊等待微風和潮水，以便進入水淺的河道。阿爾梅達給每位船長送

圖29　葡萄牙人的克拉克帆船，配有大量火砲和大型戰鬥平台。

去消息：

先生們，魯姆人不會出來，因為他們到目前為止還沒有這麼做。所以，請大家回想耶穌的受難，提高警覺，等待我的訊號。海風開始吹拂的時候，我會發出訊號，然後我們一起前進，給他們送上「午飯」。最重要的是，我建議大家格外小心……請大家警覺火攻，以免穆斯林點燃自己的船，然後用火船來衝撞你們的船，或者把你們的船的錨索砍斷，把船拖到岸邊。[2]

兩個小時之後，起風了。一艘輕型巡航艦從戰船佇列前駛過。經過每一艘戰船時，都有一人從巡航艦登上該船，向聚集起來的全體船員宣讀副王的宣告。阿爾梅達為全神貫注的聽眾準備的是一份慷慨陳詞、動人心扉的演講，充滿使命感和聖戰的神聖感：

唐．法蘭西斯科．德．阿爾梅達，印度副王，以最尊貴、最偉大的我主曼努埃爾一世陛下的名義。我向所有讀到本文的人宣布……此時此刻，我在第烏的沙洲，率領我擁有的全部武裝力量，向埃及蘇丹派來的艦隊開戰。這支艦隊是從麥加來的，圖謀攻擊和損害基督教信仰，並反抗我主國王陛下的王國。

他隨後慷慨激昂地概述自己兒子在朱爾的犧牲、坎納諾爾和柯欽遭到的攻擊、卡利卡特國王的敵意。據說卡利卡特國王「已經下令派遣一支龐大艦隊來攻擊我們」。他強調局勢的危險，以及「阻止這莫大危險的必要，因為如果不懲罰和消滅這些敵人，必將釀成大禍」[3]。阿爾梅達想要的不僅是戰勝敵人，還要徹底消滅敵人。在此役中犧牲的葡萄牙人將成為烈士。雖然沒有史料記載穆斯林船上的戰前動員，但他們極可能也呼籲士兵們要為真主而犧牲自己。

葡萄牙傳令官在佇列前行進，還奉命向每艘船上的水手宣布阿爾梅達的承諾，即勝利之後將如何犒賞大家，騎士將被擢升到更高級的貴族，犯人的刑罰將被一筆勾銷。如果有奴隸陣亡，他們的主人將得到補償；如果奴隸活下來，將重獲自由。一旦打贏這場戰役，所有人都可以任意擄掠財物。

風力漸強，士兵們摩拳擦掌，躍躍欲試。「海洋之花」號鳴響大砲，宣示進軍。穆斯林陣營也在緊鑼密鼓地備戰。船上掛了網，以阻撓敵人登船，並利於己方向下頭的進攻者射箭。船舷披掛著厚厚的木板，以提供額外的防護。船體在水線之上的部分掛著打濕的棉花包，以減緩敵人的砲彈衝擊力。

葡萄牙人遵照傳統，發出「聖地牙哥！」的吶喊，然後展開他們的旗幟。喇叭齊鳴，戰鼓擂響，戰船駛入河道。艦隊經過時，岸上和河對岸一個小島上的穆斯林大砲做好了準備。阿爾梅達挑選最舊的一艘船「聖靈」號去打頭陣，一邊前進一邊測深，並承受敵人的第一波攻擊。「聖靈」號兩面遭受砲擊，「彈丸橫飛，彷彿碎石的暴雨」[4]，甲板遭到火力橫掃，十人死於砲擊，但艦隊通過狹窄的河口繼續前進，一艘一艘地逼近他們選定的目標。

前方克拉克帆船的主要目標是穆斯林的旗艦，因為旗艦永遠是海戰的關鍵。這一次葡萄牙人決定更明智地運用他們的火砲。「聖靈」號接近敵人之後穩住陣腳，在近距離向停泊著的敵人克拉克帆船開火。侯賽因旁邊的船遭到直接命中，船舷被打出一個大窟窿。這艘船不斷傾斜，最後傾覆沉沒，大多數船員溺死。攻擊者發出歡呼。葡萄牙戰船兩船一組，迅速逼近敵人旗艦。在戰線另一端，戰鬥也打響了，克拉克帆船對決克拉克帆船，槳帆船纏鬥槳帆船。在上游，阿亞茲的弗斯特船在等待機會，從背後包抄敵人。

雙方戰船混戰成一團，響起亂七八糟的呼嘯轟鳴。穆斯林船隻落錨，等待敵人的衝擊；葡萄牙船隻以側舷對準敵人，在近距離開砲，然後與敵人廝殺；埃及人竭盡全力地還擊。太陽被硝煙遮蔽，「濃煙滾滾，火光衝天，大家什麼都看不清」[5]。根據編年史家的記載，這簡直是世界末日的景象。大砲的轟鳴「令人魂飛魄散，似乎是魔鬼，而不是人類的造物」[6]。「不計其數的箭矢」[7]從濃煙中呼嘯而過；鼓舞的吶喊聲呼喚著

圖30　第烏

神的名字，有基督徒的上帝，也有穆斯林的真主，還有聖徒的名字。傷患和垂死掙扎者的慘叫「響徹雲霄，彷彿今天就是最後審判日」[8]。由於水流湍急、風力強勁，準確地捕捉目標變得很困難。有些船猛地徑直撞上它們選定的對手，顫抖不停；有的船從敵船身側擦過，就被水流沖走。有的戰船完全錯過敵人，被水流帶往上游，暫時脫離了戰鬥。侯賽因的克拉克帆船上顯然有本領高強的砲手和上乘的火砲，其中很多砲手是叛變的歐洲人。但他們的戰船靜止不動，而且船首指向敵人，所以火砲的射界有限，而且他手下經驗豐富的戰士也比葡萄牙人少得多。

阿爾梅達的戰船上，登船小組在艏樓待命，準備與敵船相撞的那一瞬間縱身一躍。他們將拋出抓鉤，把己方與敵船連接起來，然後由奴隸把敵船拉近。衝撞的震撼力是爆炸性的。「聖靈」號雖然在河道裡中了許多彈，還是衝向侯賽因旗艦，即最關鍵的目標和整個戰役的核心。抓鉤還沒有抓牢，葡萄牙士兵們就跳上敵船，在甲板上殺出一條血路。在他們頭頂上，攀附在網兜上的馬穆魯克弓箭手向他們射出暴雨般的箭矢；然後「聖靈」號的船長努諾・瓦斯・佩雷拉（Nuno Vaz Pereira）率領第二支隊伍衝上敵船。侯賽因的旗艦似乎馬上就要失陷，但在濃煙與混戰中，戰局逆轉往往驟然發生。另一艘埃及的克拉克帆船在繫錨允許的範圍內左衝右突，從另一側攻擊「聖靈」號，使它像三明治的肉餡一樣被夾在兩艘埃及戰船之間。攻擊立刻轉變為防禦，葡萄牙人被迫放棄近在眼前的戰利品，保衛自己的戰船。在激烈戰鬥中，努諾・瓦斯・佩雷拉因為穿著板甲而感到酷熱難當，掀起了護喉甲，想喘口氣，結果中了一箭。他身受致命傷，被抬到甲板下方的艙內。對爭奪穆斯林旗艦的戰鬥來說，這是一個關鍵時刻。葡萄牙人動搖了。然後第二艘船，「偉大國王」號從另一側撞上侯賽因旗艦，新的一波士兵衝上船，拆掉網兜，把攀著網兜的弓箭手困在裡面。主動權再次易手。

在克拉克帆船的戰線全線都爆發類似的戰鬥；葡萄牙戰船開砲之後就蠻勇地衝向敵人。小型戰船「孔塞桑」號企圖派兵登上另一艘高側舷的穆斯林克拉克帆船；二十二人衝上敵船，包括船長佩羅·康。但「孔塞桑」號被水流從敵船一側沖走，於是那二十二人就被困在敵船上孤立無援，面對數量遠遠多於他們的敵人。康企圖通過一個舷窗從側翼包抄攻擊者，但他從舷窗一露頭就被斬首。其餘二十一人在艏樓拚命抵抗，直到其他葡萄牙戰船發動新的進攻，他們才獲救。「聖約翰」號向另一艘馬穆魯克戰船衝去，十幾人等待登船，發誓要跳上敵船，同生共死。「聖約翰」號撞上目標，力度極猛，以至於反彈回來，偏向一邊。在縱身跳船的一瞬間，只有五人成功登船，很快被大批敵人包圍；三人中箭身亡，另外兩人躲到屏障之後的船艙，堅守不出。他們雖然因中箭和被碎木片擊傷而失血，但堅持戰鬥，殺死八名企圖驅逐他們的敵人，最後這艘船被葡萄牙人占領，他這兩人才得救，但此時已經奄奄一息。

在參加此役的許多葡萄牙人當中，有兩人的名字永載史冊：安東尼奧·卡瓦略（António Carvalho）和戈梅斯·謝拉·丁埃羅（Gomes Cheira Dinheiro）。但他們敵人的名字，我們一無所知。訓練有素的馬穆魯克步兵身穿靈活的鏈甲，頭戴插著紅羽飾、附有護喉甲、護鼻甲的敞開式頭盔，比身披重甲的歐洲人敏捷輕快得多。馬穆魯克士兵非常勇敢，但他們的人數較少，而且阿亞茲對他們充滿惡意，巴不得他們全都死掉，或者離開他的領土。而且他們的戰船受制於侯賽因的戰術，大砲火力也不如葡萄牙人。和他們並肩作戰的是黑皮膚的努比亞人、阿比西尼亞人①和「本領高強、射擊準度極高的」[9]土庫曼弓箭手。在高懸於海面之上的桅杆戰鬥平台之間的戰鬥中，這些弓箭手的威力令對手膽寒。葡萄牙人不得不在木製屏障後面躲避嗖嗖射來的箭矢。這些箭插入桅杆，像豪豬刺一樣，或者一次又一次射入人體。這一天結束時，阿爾梅達的部下有三分之一都負了箭傷。在桅杆瞭望台上的葡萄牙人頂多只能匆匆地衝出屏障，向敵船甲板投擲石塊，然後再迅速找尋掩蔽。

有馬穆魯克士兵的鬥志和弓箭手的高超本領還不夠。阿亞茲的很多部下不是職業軍人，而且誘惑力極強的安全地帶——城市大門，就在咫尺之外。侯賽因英勇地努力挽救自己的旗艦時，阿亞茲仍在岸上，在安全的距離外坐山觀虎鬥。濃煙有時遮蔽戰場，有時暫時消散，將戰場展現出來。就連這硝煙也對葡萄牙人有利，因為風把煙吹向穆斯林陣線，給他們的敵人帶來一些有利的機會。

在上游，雙方的槳帆船展開鏖戰。葡萄牙人的迅猛砲火掃蕩兩艘穆斯林槳帆船；葡萄牙人登上船，用船上的火砲對付其餘穆斯林船隻。最終，砲彈射入側舷低矮的埃及船隻（它們被釘死在岸邊，只有船首砲能夠發揮戰鬥力）的兩側，殺死被鎖在槳位上的奴隸。穆斯林船員拋棄戰船，逃往陸地。

在河道中央，副王身穿精美的鏈甲和做工絕佳的頭盔與胸甲，從「海洋之花」號觀察戰況。

① 即衣索比亞。

「海洋之花」號是葡萄牙艦隊中最大也是最雄壯威武的一艘船，三層甲板，配備重砲，但此時船齡已經有八年，頗有些老邁。船體漏水，需要不斷修理。在戰役打響時，它的十八門砲從側舷向古吉拉特的克拉克帆船發出排山倒海的轟擊。大砲的震動猛烈地撼動這艘四百噸的戰船，使得它的船體木板接縫開始鬆動。沉沒的危機突然間暴露出來，令眾人擔憂。旗艦一旦沉沒，可能會造成局勢逆轉。該船在此役中生存下來，被歸功於神聖的奇蹟，但實際上是接縫裡的粗麻屑遇水膨脹，堵住了漏水的空洞，將其封閉，所以船能維持浮力，無需抽水。

激戰正酣時，阿亞茲終於被迫下令弗斯特船和輕型阿拉伯三角帆船的指揮官，獨眼龍「狡猾的」西迪・阿里（Sidi Ali）從葡萄牙人背後襲擊他們。但「海洋之花」號選擇目前的站位，恰恰就是為了應付這個威脅。西迪・阿里的艦隊以作戰的速度瘋狂地划槳前進，企圖迅速從葡萄牙旗艦旁衝過，但逆風和逆流減緩它們行進的速度。它們與「海洋之花」號位置平行時，變成極易命中的活靶子。它們划過水面時，三發重型砲彈射來，粉碎了前線船隊，將船隻轟得粉身碎骨，將船員掀入水中；緊密的隊伍亂得一片狼藉。跟在後面的船沒辦法繞開前面船的殘骸，撞了上去；又是三發砲彈，命中全體敵船。穆斯林的進攻土崩瓦解。最後面的船拚命倒退，以躲避更多的災禍；一些比較勇敢的船員判斷自己能在葡萄牙人下一輪砲火之前猛衝過去，於是繼續划槳前進，但葡萄牙砲手填彈的速度讓他們大吃一驚。侯賽因計畫的核心部分就這樣被破壞了。

穆斯林作戰非常英勇，但他們缺乏訓練有素的戰士，再加上葡萄牙人的專業化軍事素養，以及他們火砲的強大威力，都使得戰役的結果沒了懸念。穆斯林的船隻一艘艘地被俘獲或拋棄。侯賽因的旗艦最終投降，那時侯賽因已經乘坐小艇逃之夭夭了。其他船上的一些士兵不會游泳，於是砍斷船首錨的纜繩，企圖把自己的船拉回到岸邊。葡萄牙人又派遣小船去屠戮在水中掙扎的人，於是「大海被死者的鮮血染紅了」[10]。一些輕快的卡利卡特三角帆船成功逃到外海，沿著馬拉巴爾海岸南下去傳播這淒慘的消息，而古吉拉特的克拉克帆船中最大的一艘，是一艘約六百噸的雙層甲板戰船，有四百名船員，則堅持戰鬥了一整天。它被拉到離岸很近的地方，所以葡萄牙船隻無法接近它並派兵登船，而且這艘船的船體非常結實。整支葡萄牙艦隊砲擊了很長一段時間，才將它擊沉。它雖然沉底了，但上層船體仍然露出水面。船員逃到陸地上。

這一天結束的時候，阿爾梅達巡視各船，擁抱船長們，詢問傷者的情況。次日清晨，在旗艦上舉行典禮，喇叭齊鳴，然後清點損失數字。葡萄牙死者為三十至一百人，傷患可能有三百人，主要是被碎片和箭打傷的。不過對葡萄牙人而言，這是大獲全勝。埃及艦隊全軍覆滅，所有船隻都被擊沉、俘虜或焚毀。除了侯賽因和與他一同逃跑的二十二人之外，魯姆人活下來的極少。根據葡萄牙史料，有一千三百名古吉拉特人戰死，卡利卡特人的死亡數字不詳。敵人的三艘克拉克帆船，包括旗艦，以及兩艘槳帆船、六百門砲，被葡萄牙艦隊接收。對穆斯林而言，這是一場毀滅性的失敗。

這天上午，一艘飄著白旗的小型弗斯特船趕來了。阿亞茲一直到最後都非常小心謹慎。他迅速送回他在朱爾戰役之後精心照料的葡萄牙戰俘，讓他們全都穿著華貴的絲綢衣服，並送給他們塞滿黃金的錢包。他提議讓第烏無條件投降，並臣服於葡萄牙國王，然後給葡萄牙艦隊呈上豐厚禮物。

阿爾梅達並不想要第烏，他覺得以自己現有的兵力不足以防禦這座港口。他要求曾資助埃及艦隊的穆斯林商人賠款，並為自己的兒子復仇。他得到了賠款。洛倫索死後，副王再也不是能夠講道理的人了。他殘酷無情、虐待狂一般地報復玷汙他名譽的人，他強迫阿亞茲交出他在城內庇護的所有魯姆人，這些人將淪落各式各樣的恐怖下場。阿亞茲順從了他，有些魯姆人被砍掉手腳，然後在一個大柴堆上被活活燒死。有的被捆在大砲砲口，被炸得粉身碎骨；或者被丟到俘獲的船隻上，然後船隻被葡萄牙人的大砲擊沉。有的魯姆人被強迫互相殺戮，城門上懸掛著血淋淋的死人肢體，「因為那些殺害他兒子的穆斯林曾從這城門進進出出」[11]。有的俘虜則被他關押在船上。法蘭克人的狂怒將被銘記許久。伊斯蘭世界對此的態度是斯多噶式的哀慟：「這些可憎的入侵者，勝利地駕船離去，因為這是最偉大的真主的旨意，祂的意志是無可爭議的，任何人都不能違逆祂的旨意。」[12]

阿爾梅達返回柯欽的途中就像他來時一樣，一路燒殺搶掠，震懾和恫嚇當地居民。經過海港時，葡萄牙人用大砲射出首級和砍斷的手。在坎納諾爾，葡萄牙水手折磨俘虜，將其吊死在桅杆上；阿爾梅達在震天的喇叭聲中凱旋柯欽時，桁端掛著更多死屍。馬穆魯克蘇丹的王旗被送到葡萄牙，懸掛在位於托瑪律（Tomar）的基督騎士團修道院。第烏戰役的結局或許是不可避免的，但它的影響非常深遠。馬穆魯克蘇丹的公信力被一勞永逸地徹底打破，穆斯林將葡萄牙逐出印度洋的希望也徹底破碎。法蘭克人將在印度洋常駐下去。

阿爾梅達在柯欽登陸以慶祝自己的勝利時，阿爾布開克已經在海灘上等候。他是來為阿爾梅達鼓掌喝采的，但也是來接收指揮權的。阿爾梅達從他身旁走過，不理睬他。他拒絕交出自己的職位，說此時季節已晚，他不能啟航回國，而且根據國王的命令，他的任期到他啟航為止。在這背後，是葡萄牙人因為霍爾木茲的反叛者和阿爾布開克的惡名而產生嚴重分歧。阿爾布開克遭到指控，有人說他心態惡劣，道德敗壞，不適合治理印度。他的一名敵人作證道：「在我看來，如今阿方索·德·阿爾布開克對印度的威脅，比土耳其人的威脅大得多！」[13]人們威脅道，寧可離開印度，也不願意接受他的指揮。人們起草起訴書，指控他管理不善。九月，阿爾梅達命令他離開柯欽。他用要塞的大象拆毀阿爾布開克的房屋，而送他去坎納諾爾的船被蟲蛀得厲害，阿爾布開克覺得他們是故意要害死他。在坎納諾爾，他實際上是被囚禁起來，儘管當地的葡萄牙管理層基本上同情他。阿爾布開克似乎非常克制地忍耐這險惡局勢；他脾氣暴躁，但並不記仇，很容易原諒別人。他曾羞辱若昂·德·諾瓦的鬍鬚，導致後者反叛。這一年底，若昂·德·諾瓦在貧困中死去，是阿爾布開克支付他的葬禮費用。

十一月，本年度的香料艦隊抵達坎納諾爾時（指揮官是年輕但自視甚高的唐·費爾南多·科蒂尼奧〔Dom Fernando Coutinho〕，葡萄牙的最高軍務官②，擁有國王授與的全權），問題才得到解決。他把阿爾布開克帶回柯欽，要求阿爾梅達交出權力。阿爾布開克終於接管了印度的管轄權，這讓他的許多部下大為警覺。次日，阿爾梅達從印度啟程，一去不復返，去里斯本面對國王的不悅。

一位占卜師曾預言，阿爾梅達不會活著通過好望角；在海上，他起草了遺囑。他留下一些錢

② 最高軍務官（marshal）這個詞源自古諾曼法語，最初的意思是馬夫或馬廄管理人，在中世紀早期指的是王室的近衛隊長，負責王室內廷的安全，後來演化為高級軍事指揮官。

用來施捨囚犯，贈給國王一顆大鑽石，給僕人留下金錢，給與奴隸自由。一五一〇年三月，他的船平安無事地繞過好望角，然後在桌子灣③停泊以補充木材、淡水和給養。在這裡，葡萄牙人企圖偷走科伊科伊人的一些牛，可能還想綁架他們的兒童，於是發生一場毫無意義且鮮為人知的衝突，阿爾梅達因此喪命。葡萄牙人一定是遭到突襲。根據各方面的記述，這都是一場大災難。五十人死亡，包括十幾位船長和高級貴族，簡直相當於在第烏戰役犧牲的船長與貴族的數量。

據說阿爾梅達的墓誌被安放在葡萄牙的一座教堂：

此處安息著唐．法蘭西斯科．德．阿爾梅達，印度副王，他從不說謊，也從不逃跑。[14]

但他的遺骨仍然留在非洲海岸一個匆匆挖掘的墓穴中。

③ 桌子灣是今天南非開普敦附近面向大西洋的一個海灣，得名自附近的桌子山，距離好望角不遠。

第三部

征服：海上雄獅

Conquest: The Lion of the Sea 1510-1520

第十六章　扎莫林的大門

一五一〇年一月

如果阿爾布開克覺得阿爾梅達走後他就可以施展拳腳，以印度總督的身分自由地行使職權，就大錯特錯了。唐·費爾南多·科蒂尼奧是他的親戚，但也是葡萄牙的最高軍務官，是目前到訪東印度級別最高的官員，也是在宮中頗為得寵的權貴。他向阿爾布開克傳達國王壓倒一切的命令，即消滅卡利卡特（此時卡利卡特仍然是葡萄牙的眼中釘、肉中刺，刺傷葡萄牙國王的虛榮心）。科蒂尼奧帶來一支大艦隊，並得到授權，可以獨立於總督之外行事，而總督被要求輔助他。

這將是科蒂尼奧的舞台。最高軍務官年輕氣盛、剛愎自用，對別人的建議置之不理，渴望榮耀，體態肥胖。他曾承諾返回國王身邊時要帶回此次行動的一件紀念品。在卡利卡特的海灘上，扎莫林擁有一座裝飾華美的亭子，稱為沙拉姆（cerame），「用雕刻精美的木料製成」，他常到此享受宜人的海風。沙拉姆還擁有神話般美麗的門，飾有「金銀板製成的動物、鳥類圖案」[1]。這個充滿異國情調、令人垂涎的美麗物品，在葡萄牙宮廷被吹噓得無以復加。科蒂尼奧一心要成就的英雄偉業的戰利品就是沙拉姆。他此時實際上正進行一次軍事化的旅遊。他要向印度通們展示，如何一舉解決卡利卡特問題。

有理由認為此時是攻擊扎莫林的良機。柯欽的間諜告訴最高軍務官，扎莫林疾病纏身，並且不在城內；到訪卡利卡特的商船在前往阿拉伯半島之前停泊在岸邊，十分脆弱。若是摧毀這些商船，扎莫林的稅收將遭到沉重打擊，因為稅收是他唯一的財富來源。在討論作戰計畫的會議上，阿爾布開克半信半疑。私底下，按照他的秉性，他很討厭與別人聯合行動。他認為卡利卡特目前與柯欽處於和平狀態，這對葡萄牙胡椒貿易非常有利，而且他比最高軍務官更了解戰術上的困難。卡利卡特沒有自己的港口，它前方的海灘不適合登陸作戰。激流沿著卡利卡特海灘沖刷，大海可能會波濤洶湧。科蒂尼奧嚴厲地提醒他：「作戰會議不能違背國王御旨。只能決定如何組織進攻。沒有別的目的。」[2]他還向在場的所有船長發出莊重的呼籲，這種呼籲既可能造就葡萄牙英雄氣概最輝煌的時刻，也可能釀成最嚴重的災難。他的呼籲是：「世界上最好的東西，除了上帝的愛，就是榮譽。」[3]「榮譽」這個詞始終迴盪在葡萄牙人征服、抵抗和失敗的所有歲月。阿爾布開克的意見被否決了。

在馬拉巴爾海岸，軍事行動極少能有出其不意的效果。扎莫林很快得知一支大艦隊停泊在柯欽，猜到它的意圖。他派遣一名使者去求和，提出他能提出最好的條件。阿爾布開克對這項和平建議表示同情，而且有很好的理由去信任這位使者，但他還是坦率地承認，使者來得太晚了。使者不敢帶著壞消息返回卡利卡特，選擇留在葡萄牙人那裡。一五〇九年十二月的最後一天，艦隊啟航了。約有二十艘船和一千六百人，另有二十艘來自柯欽的小船載著熟悉卡利卡特海況的水手，以幫助葡萄牙人登陸。

到一五一〇年一月二日傍晚，葡萄牙艦隊已經在卡利卡特城外海濱隨波搖曳。他們面前就是卡利卡特城，一長串沙灘上散布著一些漁民的茅草小屋；更遠方是商店和庫房，然後是棕櫚樹之間粉刷白石灰的商人住宅、貴族的木製和石製宅邸、清真寺尖塔以及印度教神廟的屋頂。卡利卡特城擴展到很廣大的地域，沒有明顯可見的防禦工事；在高牆之間有迷宮般的小巷，在逐漸升高的地域蜿蜒曲折，延伸到西高止山腳下，扎莫林的宮殿就在那裡，距離海邊約三英里。

卡利卡特人對入侵者的到來並不感到意外。國王不在城內期間指定一位攝政者，此人集結他所能召集到的所有奈爾戰士以及弓箭手和全部火砲；最高軍務官垂涎的目標「沙拉姆」距離海邊只有一支箭射程的距離，現在那裡築起了工事，部署

圖31　從海上看卡利卡特，其背後是西高止山。

一些射石砲，它後方的房屋內還駐紮一些士兵，準備保衛沙拉姆。

葡萄牙船長們聚集在最高軍務官的艙室，籌劃進攻，他們將兵分兩路登陸。阿爾布開克率領「印度人」（即土著部隊）在沙拉姆以南上岸，科蒂尼奧率領「葡萄牙人」在沙拉姆以北登陸。然後兩支部隊以鉗形攻勢夾攻沙拉姆，兩位指揮官將享有帶著旗幟率先踏上陸地的榮譽。任何人都不准觸碰沙拉姆的大門，因為那將是獻給曼努埃爾一世的禮物。然後他們要攻打城門，襲擊卡利卡特。

士兵們等候了一夜，厲兵秣馬，從神父那裡接受恕罪，將靈魂託付於上帝。在戰前準備的儀式中，大家也普遍抱有貪婪的期望。他們相信這座城市富得流油。輕鬆獲得戰利品的期望令他們胃口大開。黎明前兩個小時，科蒂尼奧在船上點亮訊號烽火；士兵們爬上長艇，划槳向岸邊進發。皎潔月光照耀著他們面前的陸地、棕櫚樹叢中的房屋、神廟的銅屋頂和清真寺的尖塔。阿爾布開克的部隊約六百人，在靠近沙拉姆的地方登陸，秩序井然。他們繼續逼近沙拉姆，但最高軍務官的部隊被海流沖到較遠的地方，登陸的地點距離目標有一段路程。

阿爾布開克理應等待科蒂尼奧，但他的士兵急於擄掠戰利品，爭先恐後，阿爾布開克也節制不了他們。紀律渙散了。為了防止陷入進一步的混亂，阿爾布開克下令吹響軍號，發出「聖地牙哥！」的吶喊，宣布全面進攻。奈爾戰士呼喊著從沙拉姆附近的房屋衝殺出來，雙方展開激戰。從海灘之上的制高點，卡利卡特人的大砲向海灘開火，發出震耳欲聾的巨響，但這些砲手經驗不足，打得太高。葡萄牙人無情地端著長矛向前推進；他們猛攻敵人的工事，殺死一些敵人。其他奈爾戰士調頭跑回房屋當中。與此同時，一些葡萄牙人正用斧頭拆卸那著名的門。他們把門抬到海灘，裝上大船。為防止士兵在最高軍務官到來之前衝進城，以及預防敵人發動突然反撲，阿爾布開克在街道入口處安置崗哨。

最高軍務官從海灘姍姍來遲。他聽得見喊殺聲和砲聲，看到燃燒房屋的大火。他抵達時，沙拉姆的大門已經沒了影子。科蒂尼奧暴跳如雷，他只能相信，阿爾布開克奪走理應屬於他的勝利，搶走他的光榮。他怒氣沖沖地訓斥總督。阿爾布開克努力地好言相勸，大談光輝與榮譽：「你是第一位率領士兵在卡利卡特登陸並進城的將領，你已經得到自己想要的。沙拉姆的大門已經在我們的船上了。」[4]科蒂尼奧聽了這話，氣得渾身發抖。「阿方索·德·阿爾布開克是什麼東西？」他啐了一口，「你的話全是放屁⋯⋯。」[5]「榮譽屬於你⋯⋯我不想要任何榮譽。如果要我去和那些像山羊一樣逃竄的小野人打仗，我倒會覺得丟人。」[6]他在暴怒下下令將著名的大門投入大海，然後脫掉頭盔，把自己的頭盔、盾和長槍都交給侍從，從侍從手裡拿了一頂紅帽子和一根木棍。他喚來譯員加斯帕爾·德·阿爾梅達，命令他指示去王宮的道路。他說要從王宮奪走其他的大門，贏得更偉大的榮譽，比某些人在海灘上從他那裡偷走的榮譽要大得多。「我主國王陛下會知道，我僅僅戴了一頂帽子，手裡拿著木棍，就殺向王宮⋯⋯在這聞名遐邇的卡利卡特，除了小黑人之外什麼都沒有。」[7]

據編年史家科雷亞的描寫，在這關頭，阿爾布開克倚靠著自己的長槍，盾牌丟落在腳邊，身邊圍著許多士兵。他努力與最高軍務官講道理。現在他感到大事不妙，部隊很疲憊，被怒火衝昏頭的科蒂尼奧完全不知道自己在說什麼。

願上帝保佑你。我必須告訴你，如果你走那條路，那些赤身露體的小黑人，雖然現在像山羊一樣逃竄，但很快就會變成恐怖的商販，他們的貨物會讓你付出慘重代價。我懇求你，千萬不要走那條路。……從這裡到王宮的路很遠，路況極差，只能一字縱隊前進，你會遇到極大的麻煩。你到了王宮的時候，一定已經筋疲力竭，會發現那裡有許多鬥志昂揚、裝備精良的小黑人。我說的是實話。我真心誠意地勸你，拜託千萬不要去。[8]

「我偏要去。」最高軍務官鄙夷地說，「你回船上吧！你可以走了，可以為自己的豐功偉績心滿意足了。」

他準備前進，一名騎士舉著旗幟打頭陣，加斯帕爾·德·阿爾梅達帶路。他們還拖著一輛砲車，車上載著一門輕型迴旋砲以及火藥和砲彈。「士兵們渴望從王宮擄掠金銀財寶，跟著最高軍務官前進。」[9]阿爾布開克帶著自己的部下返回海灘，說：「我們必須做好準備。今天我們就會看到上帝的意志。你們見到那些去攻打王宮的許多人，不會回來了。」他為停在沙灘上的長艇安排崗哨，確保它們隨時待命、能夠運送傷患。他帶領剩餘的士兵（因為很多人跟隨最高軍務官去了），燒毀海邊停靠的阿拉伯三角帆船和輕型帆船。他在為最糟糕的結局做準備。

最高軍務官和他的四百人現在徑直開往王宮，距離約為三英里。道路極其狹窄，兩側是高高的石牆，石牆背後是棕櫚樹叢中的房屋。他們只能排成一字長蛇陣，蜿蜒前進。他們沒有遇到任何抵抗。「小黑人」看到他們紛紛逃竄，似乎不願意打仗。最高軍務官的士兵一邊前進，一邊燒毀空蕩蕩的房屋。西高止山送來的風將濃煙吹到他們的路上，所以隊伍後方的人被濃煙和大火的熱力嗆得喘不過氣來。很快地，似乎整座城市都燃起熊熊大火，很多人調頭返回。阿爾布開克原想率領自己的部隊以良好秩序跟進，但發現路很難走。

最高軍務官及其部下繼續推進。他們抵達一座大廣場，周圍有比較豪華的屬於貴族的宅邸。在這裡他們遭遇一大群武裝精良、做好抵抗準備的奈爾戰士。戰鬥激烈起來，葡萄牙人掃清了廣場，但貴族蒙受一些損失。「利蘇阿爾特·帕謝科喉嚨中箭倒下，安東尼奧·達·科斯塔被砍了腦袋」[10]；很多人腿部中箭，因為腿部沒有板甲防護。有些人往船的方向逃跑，發現道路塞滿雙方的死屍。指揮印度人反抗的攝政者也陣亡了。

最高軍務官繼續前進，抵達王宮外門。在這裡，他的部隊再次遇到一大群敵人。葡萄牙人迎頭撞上暴風雪般的箭矢。激戰之後，他們擊退守軍，衝進王宮庭院。那裡「有一座大院子，周圍建有許多亭台樓閣，它們的大門都裝飾華美，表

圖32　扎莫林的木製宮殿。

面貼著精工黃銅與黃金片，陽台也蓋得極其精美」[11]。

擄掠開始了。門鎖被斧頭砍碎。這簡直是阿拉丁的藏寶洞，裝滿絲綢與金線華服的箱子、產自阿拉伯半島的絲絨和錦緞、飾有黃金的木製聖物箱。葡萄牙貴族讓僕人把擄掠來的財寶堆積起來，瘋狂爭先恐後地擄掠，並嚴加守衛自己搶來的東西。為了更方便地搶劫戰利品，他們把長槍丟在室外。一百名士兵奉命看守大門，指揮官是魯伊．弗萊雷（Ruy Freire），他「一隻眼是斜的」[12]。這些人不能參加搶劫，非常嫉妒，於是搶劫戰友。洗劫宮殿的人收集的成堆財寶被堆放在庭院內，無人看管，於是弗萊雷和二十名同伴竭盡全力掃蕩這些別人搶來的贓物，將其運回船上。搶劫持續了兩個鐘頭。上午的時間不斷流逝，天氣愈來愈熱。

搶劫的人毫無防備。攝政者陣亡的消息，以及三枚葡萄牙人首級被送到扎莫林那裡，他此時正在城市周邊撤退。他暴跳如雷，下令展開報復。奈爾戰士重整旗鼓，開始強行殺入王宮，闖過殘餘的葡萄牙警戒線。此時對財寶的貪欲衝昏了葡萄牙人的頭腦，讓他們無視危險。他們衝入一扇門，發現裡面有成箱的金幣，「他們把箱子搬到外面，人人盡可能守衛自己的那一份」[13]。這個房間內還有第二扇門，從裡面鎖上了，門上金光閃閃，極富誘惑力。據譯員加斯帕爾的說法，這是國王的寶庫。士兵們陶醉於寶庫內可能有的財富，猛撞大門，用長槍的一端打門，然而門文風不動。

宮外有四百名奈爾戰士奉國王的命令集合起來，決心為攝政者復仇，甘願血灑沙場。阿爾布開克率領他自己的一隊士兵趕來增援的時候，箭雨開始密集地落下。他肅清宮門外的一個地域，命令祕書加斯帕爾．佩雷拉（Gaspar Pereira）進宮去警示科蒂尼奧，形勢危急。佩雷拉努力讓最高軍務官理解，現在外面有很多敵人，而且愈來愈多，該是撤退的時候了，「他應當滿足於自己的行動，因為已經算很了不起了……他兵力不足，所有人都扛著戰利品走了。撤回海邊的道路漫長而艱難；已經是正午了，天氣非常炎熱」[14]。

科蒂尼奧充耳不聞，對那扇不肯動搖的門執迷不悟。他發回給阿爾布開克的唯一口信是：「他來的時候沒有和阿爾布開克同來，回去的時候也不和他同去。」[15]阿爾布開克派人守衛外門，以阻止更多葡萄牙人被誘入死亡陷阱。他親身勸說最高軍務官：「以國王的名義，我們請求你撤退，我們在這裡一分鐘都不能待了。我們若是不走，全都死路一條。你來的那條路已經陷入火海，我們要撤退會非常困難。」[16]最高軍務官到最後都極度傲慢自負，他不情願地同意撤退，但就像洛倫索在朱爾戰役那樣，他堅持要最後一個離開，以宣揚自己的英勇；他還要把王宮燒了。他們撤退了，阿爾布開克及其部下在前方開路，然後是科蒂尼奧的部下，最後是最高軍務官本人和他的砲手。砲手們用迴旋砲開火，一時間迫使奈爾戰士暫時退卻，沒有沿著街道追來。

他們又來到狹窄街道上，其寬只有半支長矛的長度。奈爾戰士改換攻擊的方向。他們攀上高牆和制高點，用箭、石塊與標槍猛擊和騷擾葡萄牙人，然後用石頭和樹幹來堵塞街道，攔住他們的去路。很快地，葡萄牙人就沒辦法把迴旋砲運過這些障礙物了，只得丟棄迴旋砲。印度人再也不怕了，潮湧般地衝回小巷，猛撲掉隊的葡萄牙士兵，用葡萄牙人搶劫時丟棄在宮門外的長槍攻擊他們。

肥胖而疲憊的科蒂尼奧用盾牌自衛，兩側有一群葡萄牙貴族守衛。小巷在蔭涼下，但天氣酷熱，而且在這狹小的地方，笨重的板甲反而對他們不利。葡萄牙人笨拙地用劍刺殺，敵人輕鬆地跳躍閃避。撤退的葡萄牙隊伍不得不一邊走一邊脫掉鎧甲，同時遭到攻擊和騷擾。小巷變寬，匯入一條大街，形勢更加惡化。又一群印度武士在這裡守株待兔，這一次有足夠的空間包圍最高軍務官一行人。科蒂尼奧勇敢地面對敵人的進攻，但遭到背後襲擊。他的腳跟被砍斷，跌倒在地。印度人發出勝利歡呼。其他葡萄牙人努力把肥胖的科蒂尼奧扶起來，但在擁擠的空間就是辦不到。他們被打退，勇敢地且戰且退，揮舞雙手重劍的瓦斯科．達．席爾瓦（Vasco da Silva）和其他一些人的名字永載史冊，成為英雄，「他們全都建功立業，奮勇拚殺，直到累得無力舉起胳膊，全部捐軀，他們的首級被和王旗一起高舉起來」。

阿爾布開克的位置距離後衛有火槍射程那麼遠，愈接近海灘，他也遇到愈來愈嚴重的麻煩，遭受敵人弓箭手的猛烈射擊。但他周圍聚集了足夠多的士兵。他想等待最高軍務官，但消息傳來，科蒂尼奧在戰鬥中倒下了。他打算回去救援，但很少有人願意同去，「沒人想回去」[17]。旋即他遇到一群逃跑的葡萄牙士兵，隨後是追殺而來、歡呼勝利的印度武士。葡萄牙士兵們乾脆丟下武器，潮水般地逃向海灘，把阿爾布開克和四、五十人丟在後面去面對敵人、努力阻止全面崩潰。阿爾布開克在巨大壓力下撤退，左臂中箭，箭矢刺入骨頭，拔不出來。幾分鐘後，他的脖子又被飛鏢擊中，護喉甲被刺穿。然後一發子彈擊中他前胸。他跌倒在地的時候還在呼喚瓜達露佩（Guadalupe）聖母的保佑。有人喊叫說他死了，他附近的人開始驚慌失措。奈爾戰士逼近過來，準備將他們一網打盡。

但阿爾布開克認為發生了奇蹟，因為命中他前胸的子彈並沒有奪去他的生命。大部分葡萄牙士兵逃走了，但四人將他抬到一面盾牌上，奔向海灘，而第二群士兵以緊密隊形跟在後面，阻止徹底的災難。海灘上的指揮官開始用小艇將傷患運往大船；他們還在長艇上用後裝迴旋砲射擊，威懾追兵，鼓舞起那些通過街道逃往海灘的葡萄牙人的信心，讓他們知道海灘就在不遠處。後來大砲也開火了。葡萄牙貴族一直到最後關頭還要證明自己的超強戰鬥力，其中兩人，安東尼奧．德．諾羅尼亞（António de Noronha）和迪奧戈．費爾南德斯．德．貝雅（Diogo Fernandes de Beja）率領三百人返回城市。他們迎面遇到一大群土著男女（他們以為葡萄牙人全都死了），殘酷無情地將其盡數屠戮。有些土著逃往海灘，讓等待登船的葡萄牙人又雞飛狗跳起來。他們以為這些衝過來的當地人是追兵，於是很多葡萄牙人不聽戰友的呼喊，跳入大海，拚命游向大船，不幸溺死。

✯

夜幕降臨，海灘上只剩下兩名船長，他們一直到最後還在爭奪最後一個撤離的榮譽。最後迪奧戈．費爾南德斯和唐．安東尼奧同時登船，以捍衛自己寶貴的榮譽。艦隊在卡利卡特停留兩天，醫治傷患，將死者丟下船。阿爾布開克則恢復元氣，撰寫了報告。

雙方都傷亡慘重。最高軍務官的光榮冒險讓葡萄牙人付出慘重代價。一千八百人①中有三百人陣亡，「其中七十人是貴族」[18]——編年史家總是認真地記下貴族死者的姓名——還有四百人負傷，「其中很多後來傷重不治死亡，或永久性殘疾」。從魯伊．弗萊雷等二十幾人的命運，我們可

① 前文說葡萄牙遠征隊共計一千六百人，另外兩百人可能是為葡萄牙效力的印度人。

以瞥見那些擄掠王宮的葡萄牙人的損失情況。斜眼的弗萊雷原本奉命守衛大門，卻怠忽職守，帶人去擄掠財物。「他們全死了，只有一名奴隸身負重傷，逃到小船處，報告最高軍務官的最後命運。」[19]有些人下落不明，包括加斯帕爾．德．阿爾梅達。這位皈依基督教的猶太人譯員曾見到達伽馬，後來為曼努埃爾一世提供大量關於印度洋的資訊。他可能在這一天陣亡了。此後史料中就再也不見他的名字。卡利卡特人的損失更嚴重。扎莫林拿到最高軍務官的首級和旗幟，但這很難彌補他的損失。卡利卡特人損失極大，城市被毀，王宮被付之一炬，而且財源依賴的商船也毀於一旦。他為此役的後果憂心忡忡。他確保為最高軍務官舉行體面的葬禮，立下刻字的墓碑，將其旗幟懸掛在墓碑之上。這是為了應付葡萄牙人必然施加的報復。至於阿爾布開克，他的左臂自此殘廢，但他一直紀念幫助自己逃生的奇蹟。打倒他的那枚子彈被一名僕人取出，並和一筆錢一起送到阿爾加維的瓜達露佩聖母聖龕。子彈被放到聖母像前，錢則用來在那裡點一盞「長明燈」[20]。

此役對總督來說畢竟還有一個亮點。最高軍務官的船隻除了三艘返回葡萄牙之外，全都歸屬於他了。現在他擁有一支相當強大的艦隊，可以按照自己的意願去部署，他也有相應的計畫。次日他給國王寫信，彙報近期的所有事態，但對卡利卡特的慘敗隻字未提，返回葡萄牙的人可以解釋那事。他對此的沉默是意味深長的。卡利卡特本身仍然是個亟待解決的問題。三年後，他將找到解決扎莫林的辦法，比軍事行動簡單得多，也幾乎沒有流血，但沒有光輝或榮譽可言。在此之前，他深思熟慮了紀律敗壞的教訓，葡萄牙人過於強調個人英勇，對戰術組織的重視不夠，過於貪戀戰利品（戰利品是對軍餉長期拖欠的一種補償），因此一支軍隊容易迅速轉變成隨時可能潰散的烏合之眾。

第十七章　「葡萄牙人咬住的，永遠不會鬆口」

一五一〇年一月至六月

沒人知道阿爾布開克何時，以及為什麼決定進攻果阿，但在卡利卡特慘敗的幾週後，他就醞釀出一個計畫，發動一場大規模軍事行動。持續近三年的鏖戰將給印度洋的力量平衡帶來翻天覆地的改變。

他返回柯欽的時候身負重傷，據一位編年史家記載，一五一〇年一月，醫生擔心保不住他的性命。如果這是真的，那麼他痊癒快得驚人。阿爾布開克是一個內心非常有緊迫感的人，受到消滅伊斯蘭世界的夢想的感召（曼努埃爾一世也有這個夢想），彷彿他知道自己時日無多。他看到葡萄牙人在印度的消耗和損失極快。令人衰弱的氣候、水土不服、痢疾和瘧疾的打擊，都榨乾人的精力，縮短了壽命。他在給國王的信中寫道：「填塞船縫的工人和木匠與當地女人鬼混，再加上在炎熱天氣裡勞作，不到一年時間就耗盡元氣。」[1]在柯欽，他開始狂熱地執行自己做為總督的職責，修整艦隊以便為新戰役做準備，組織給養，鞭策執行公務時怠惰的人，並給國王寫報告。阿爾梅達給國王的彙報非常簡略，而阿爾布開克花費了大量筆墨。他已經得出結論，始終缺乏安全感的曼努埃爾一世事無巨細都要了解，而自我中心的阿爾布開克需要為一切辯護和解釋。他在給國王的信中寫道：「印度的大小事務，或者我自己的想法，我全都向陛下報告，絕無遺漏，只除了我自己的罪孽。」[2]隨後五年內，他為曼努埃爾一世提供潮湧般的細節、解釋、辯護和推薦，涉及印度的方方面面。不分晝夜，他向飽受磨難的祕書們口述，累計有數十萬字。無論是騎馬的時候，坐在桌前或在船上，還是在凌晨，他們都要記錄下他的話。他在膝蓋上為書信、命令和請願書簽字，並一式多份發出。這些文字是在匆忙中寫下的，文筆非常莽撞、焦躁和急迫，常常突然轉換主題，並且始終貫徹著激情澎湃的自我意識。

他的倒楣的書記員之一加斯帕爾·科雷亞不僅為了記錄和抄寫總督的書信而磨破手指，還百忙之中找到時間，撰寫他卷帙浩繁、生動精采的編年史，記錄這一系列旋風般忙碌的活動。阿爾布開克似乎事無巨細都要親力親為。他一方面能夠構建宏偉的地緣戰略計畫，另一方面也能不知疲倦地關注細節。派遣使者去見毗奢耶那伽羅①的國王時，他還會詢問一頭受傷大象的腳掌，考慮用椰子殼製作包裝材料，準備給當地權貴的禮物，監督裝貨上船和醫院的工作。他知道，雖然葡萄牙人是海洋的主宰，但在印度沿海僅僅在坎納諾爾和柯欽擁有脆弱的立足點。他要在卡利卡特和霍爾木茲報仇雪恨，還要完成國王交付的任務。阿爾梅達尚未完成的任務清單很長：消滅卡利卡特、占領霍爾木茲、封鎖紅海、控制麻六甲（香料貿易最南端的中心）、探索更遠方的海洋。除此之外，還有僅有宮中內層圈子知曉的曼努埃爾一世的最終使命：消滅埃及的馬穆魯克王朝、收復耶路撒冷。

曼努埃爾一世總是害怕把大權集中到一個人身上，所以已經決定在印度洋建立三個自治政府。名義上，阿爾布開克僅管轄中央部分，即從古吉拉特到錫蘭的印度西海岸。非洲、紅海和波斯灣沿岸地區是杜阿爾特・德・萊莫斯（Duarte de Lemos）的轄區。在錫蘭之外，迪奧戈・洛佩斯・德・塞凱拉（Diogo Lopes de Sequeira）負責麻六甲和更遠方的大洋。這種分權在戰略上是有問題的，因為另外兩位指揮官都沒有足夠的船隻來進行有效的活動。阿爾布開克不僅認清這種分權的毫無意義，還相信沒有人的才幹能與他相提並論。漸漸地，他想盡辦法把另外兩位指揮官的船艦弄到自己手下，將其納入一支聯合艦隊，而沒有經過國王的同意。這樣能有效地部署軍事資源，但這也讓他在印度和國內宮廷樹敵頗多，這些政敵會攻擊他的舉措，並向國王進獻讒言，誹謗他的意圖。

同樣不受歡迎的另一項措施是軍事上的整頓重組。卡利卡特的慘敗已經凸顯葡萄牙人戰術的缺陷。葡萄牙貴族的軍事法則珍視個人的英雄主義，而對戰術重視不夠；重視擄掠戰利品，而不是達成戰略目標。武士們透過個人的效忠關係和經濟紐帶與他們的貴族領袖聯繫在一起，而不是服從一位最高指揮官的調度。勝利是透過個人英勇的壯舉而獲得的，而非理性的運籌帷幄。葡萄牙人作戰的勇猛令印度洋各民族震驚，但他們的手段過於中世紀，過於混亂，往往是自殺式的。洛倫索・德・阿爾梅達就是出於這種精神，才在朱爾拒絕砲擊埃及艦隊；科蒂尼奧也是因此戴著帽子、拿著手杖就殺向卡利卡特。編年史裡隨處可見英勇戰死的葡萄牙貴族備受歌頌的英名。然

① 毗奢耶那伽羅（Vijayanagar，字面意思是勝利城，一三三六至一六四六年），位於印度南部，是印度歷史上最後一個印度教帝國，一五六五年被德干高原的伊斯蘭教蘇丹國大敗後逐漸衰敗。

而，儘管怯懦是對葡萄牙貴族的最嚴重玷汙，而僅僅是拒絕作戰的一絲傳聞就讓洛倫索最終付出生命，但很顯然的事實是，紀律渙散的部隊在壓力之下會崩潰瓦解。

阿爾布開克固然心醉於曼努埃爾一世的中世紀十字軍東征的彌賽亞思想，但和國王一樣，他也非常清楚地知道，一場軍事變革正在席捲歐洲。在十五世紀末的義大利戰爭中，成群結隊的瑞士雇傭兵以一個組織有序的群體接受行軍與作戰的訓練，為戰術帶來革命。訓練有素的士兵排成縱隊，手執長槍和戟，能夠勢不可當地擊潰呈密集隊形的敵人。阿爾布開克以狂熱的充沛精力，開始重組和訓練他的士兵，學習新的戰術與紀律。在柯欽，他組建第一支訓練有素的部隊。從卡利卡特返回不久後，他就寫信給曼努埃爾一世，要求送來一隊按照瑞士方法訓練的士兵和軍官，來訓練印度人。同時他按照自己的想法繼續操作。他把士兵正式編成若干隊，教導他們以整齊隊形行軍和使用長槍。每個「瑞士」隊伍都有自己的軍士、旗手、笛手和文書，每個月都能領到軍餉。為了提高這種新的「團」架構的地位，阿爾布開克有時也肩扛長槍，與士兵們一同行軍。

從卡利卡特返回一個月內，他就率領一支恢復元氣的艦隊，再度沿著印度海岸北上。他手頭有二十三艘船、一千六百名葡萄牙士兵與水手，還有從馬拉巴爾海岸招募的兩百二十名土著士兵，以及三千名「作戰奴隸」。這些奴隸負責運送輜重和給養，在極端情況下也可以參戰。此次遠征的最初目的似乎並不明確。有傳聞稱，馬穆魯克蘇丹正在蘇伊士籌備一支新艦隊，要為第烏的慘敗復仇。但阿爾布開克不動聲色，沒有宣布自己的意圖。二月十三日，他在德里山停泊，向指揮官們解釋，他接到國王的書信，國王命令他去霍爾木茲。他還提及紅海受到威脅的消息，並漫不經心地提到果阿，這座城市以前從來沒有出現在葡萄牙人的計畫中。四天後，令幾乎所有人大吃一驚的是，他們此行的任務居然就是攻占果阿。

在此之前發生的事情是，曾煩擾達伽馬的印度海盜狄摩吉來到艦隊裡拜訪。狄摩吉是一個矛盾重重的人物，在阿爾梅達時代與歐洲人合作，現在來拜見阿爾布開克並提出一個建議。儘管此事貌似偶然，但可能其實是事先約好的。狄摩吉的使者在一月就拜訪過阿爾布開克。他倆很可能早就祕密安排好此次會面。狄摩吉帶來一個事前精心準備過的故事。

果阿城坐落於兩條大河之間的肥沃島嶼之上，是印度西海岸戰略位置最重要的貿易站。它位於爭奪印度次大陸南部核心的兩大帝國的邊界：北面是穆斯林的比賈布林王國，南面是它的競爭對手，印度教毗奢耶那伽羅的王公們。這兩大王朝激烈地爭奪果阿。在過去三十年裡，它已經三次易手。它的特殊價值與財富，源自它在馬匹貿易中發揮的作用。果阿從霍爾木茲、波斯和阿拉伯半島進口馬匹，對兩國的邊境戰爭來說，馬是不可或缺的。在熱帶氣候中，馬很容易死亡，而且不能成功地繁育，所以需要不斷補充新的馬。果阿還有其他的優

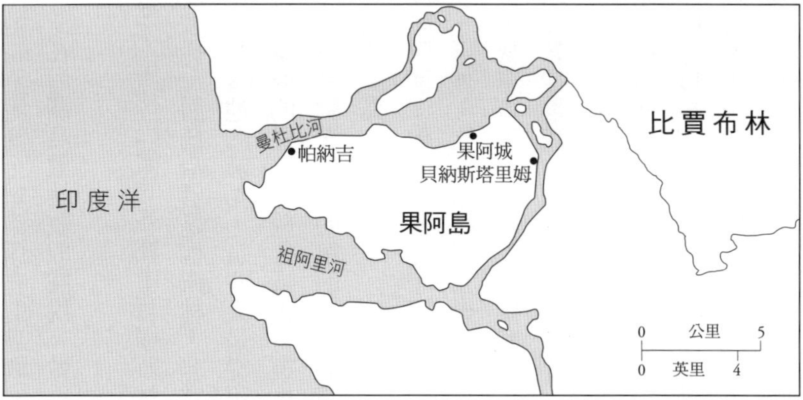

圖33　阿爾布開克時期的果阿。

勢，它擁有一座絕佳的深水港，不受季風的影響。該地區的土地特別肥沃，城市所在的島嶼，即提瓦迪（Tiwadi）島或果阿島，能夠允許所有商品順利進出，並在海關高效地收取關稅。做為一個島嶼，它也適合有效的防禦。

狄摩吉有緊迫的理由去催促葡萄牙人在這個時間進攻果阿。馬拉巴爾的各城市有穆斯林居民，但統治者是印度教徒。而在果阿，目前大多數居民是印度教徒，而統治者是穆斯林，非常不得人心。印度教徒被迫繳納苛捐雜稅。一群魯姆戰士的存在更加劇當地的騷動，這些人是從第烏戰役逃出的殘兵敗將，在這裡魚肉百姓。對阿爾布開克來說特別重要的是，這些魯姆人有復仇的計畫。他們在模仿葡萄牙人的設計，建造不少克拉克帆船，可能得到歐洲叛徒的幫助。他們請求馬穆魯克蘇丹送來更多援助。事實上，果阿正在成為穆斯林反攻法蘭克人的基地。

狄摩吉強調，此時不進攻，更待何時？比賈布林的蘇丹剛剛駕崩，他的年輕兒子阿迪爾沙阿（Adil Shah）②遠離城市，正在鎮壓叛亂。果阿島上的守軍不多。另外，比賈布林因為幾乎常年與毗奢耶那伽羅交戰而受到牽制。城內會有人支持葡萄牙的接管，狄摩吉可以親自去安排此事。他對果阿城、它的地形、地貌與交通道路瞭若指掌。他與當地印度教徒群體的領袖有親戚關係，這些領袖會歡迎葡萄牙人將他們從穆斯林手中解放。海盜的具體動機可能很難揣測，但他已經證明自己是葡萄牙人的忠誠盟友，他的間諜網絡顯然很廣闊。阿爾布開克傾向於相信他，果阿也符合他建立一個印度帝國的藍圖。只有占據了土地，才能讓葡萄牙的印度事業穩固無虞。果阿的戰略位置非常有利於控制香料貿易，且壟斷馬匹貿易之後也能讓葡萄牙人干預南印度錯綜複雜的軍事與政治博弈。果阿很容易防守，而且葡萄牙人與印度教徒也沒有宗教爭端。

攻占果阿就像狄摩吉說的那樣輕鬆，不過要守住它就困難多了。這位印度海盜集結他兩千名人馬，幫助葡萄牙人的行動。二月十五日或十六日，阿爾布開克派遣偵察船進入曼杜比（Mandovi）河的河口去測深。水深足夠，他的最大型克拉克帆船也可以行駛。他們準備從海陸兩路發動鉗形攻勢。狄摩吉的人占領並拆毀陸地一側的一處砲兵陣地。阿爾布開克的外甥攻擊河口島上的另一座砲台。在短暫而激烈的戰鬥之後，防禦土崩瓦解，當地指揮官撤入城內。與此同時，狄摩吉已經滲透進城。城內派出兩名代表，與葡萄牙人相見，提出要和平地投降。阿爾布開克向民眾發布宣告，對居住於此的穆斯林和印度教徒都施行全面的宗教寬容，並減稅。他的唯一條件是必須將魯姆人和阿迪爾沙阿的雇傭兵驅逐出去。這些人亂哄哄地逃離了城市。

三月一日，總督舉行隆重典禮，大張旗鼓地正式占領果阿。新訓練的士兵集合在碼頭，長槍的槍尖閃閃發光。阿爾布開克身穿精美鎧甲，踏上陸地，受到八名果阿顯赫城民的屈膝迎接。他們向他獻上城門鑰匙。他騎著一匹配有鑲銀馬鞍的駿馬入城，兩側群眾三呼萬歲，專業的樂隊演奏鼓點和笛子，一名修士高舉鑲嵌寶石的十字架，基督騎士團的旗幟（白底紅十字）宣示基督的得勝。

從阿爾布開克踏上果阿島開始，他就將其視為葡萄牙的永久產業。他的一舉一動也都是遵循這個精神的。他以嚴格的紀律約束部下，不准擄掠，不准向人民施加暴力、搶劫或強姦，因為這些人民如今是曼努埃爾一世的子民。在隨後的歲月裡，面對超乎尋常的挫折和激烈的批評，總督

②波斯文中「沙阿」意指「國王」。

將一如既往地、頑強地堅持這種立場。

他們仔細探查了全城。王宮擁有大廣場、香氣撲鼻的花園和精美的木製亭台樓閣，和卡利卡特王宮一樣金碧輝煌。他們在御廄發現一百五十匹阿拉伯駿馬和一百頭大象。狄摩吉的報告，即魯姆人在果阿備戰，也被證明是正確的。船塢內有大型克拉克帆船正在建造；兵工廠堆滿軍用物資，大砲、火藥和劍，還有用於製造大型航海遠征隊裝備所需的一切鍛爐與器械。總督下令完成未完工的船，以充實他的艦隊。

阿爾布開克開始滿懷熱情地建設葡萄牙的果阿。這是葡萄牙在亞洲獲得的第一處領土。為宣示它的永久性，兩週內他就下令建造一家鑄幣廠，「以鑄造新貨幣，在國王陛下的新國度為他效勞」[3]。此事體現出他對當地局勢的敏感。城市的顯貴人物很快來找他，談及果阿沒有自己的貨幣，而貨幣是重振貿易的必備條件。新的主要貨幣是克魯扎多或曼努埃爾，這是一種閃閃發光的金幣，一面的圖案是十字架，一面是渾天儀，即葡萄牙國王的象徵。金幣重量為四點五六公克，遵照當地的果阿標準，比葡萄牙的類似金幣重一點。為宣布新貨幣的發行，新貨幣被裝在銀盆裡在大街小巷展示，鼓樂喧天，笛聲悠揚，小丑、舞者和傳令官陪同，用葡萄牙語和當地語言宣布「這是我主國王陛下的新貨幣，他下令在果阿及其領地流通此種貨幣」[4]。

阿爾布開克對新貨幣的細節極其關注，體現了他性格的複雜性。他是一位務實而思維靈活的行政管理者，對當地條件高度敏感，能夠在新的框架內思考新的解決方案；但同時他也盲目自信，自負到令人難以忍受的程度，因此造成許多問題。輔幣的正面有字母A，「以顯示鑄幣的人」[5]，這很有爭議。就是這種傲慢的舉動，讓他的政敵有了嚼舌根的材料，並在葡萄牙引發謠言，稱總督要把果阿變成自己的私家采邑。

殖民地管理工作的最初肯定是摸著石頭過河，不可能不犯錯誤。起初狄摩吉被任命為收稅的長官，這注定要招致兩個居民群體的不滿，於是不得不更改他的職權範圍。另外，儘管阿爾布開克承諾宗教寬容，他對「薩蒂」（suttee），即寡婦殉夫自焚的習俗感到憎惡，明令禁止。他的基督教使命感和自己的執拗性格也使得他草草下令處死一些引發騷亂的人。

在這期間，來了兩名使者，一名來自沙阿伊斯瑪儀一世③，即波斯的什葉派統治者，另一名來自阿爾布開克的老對手，霍爾木茲的瓦加・阿塔。他們都是來找阿迪爾沙阿，求他幫忙對付葡萄牙人的。他們發現阿迪爾沙阿已經沒了蹤影，而阿爾布開克盤踞在果阿，大感困惑。但阿爾布開克看到，與伊斯瑪儀一世合作是一個戰略機遇，因為他是遜尼派馬穆魯克王朝的死敵。他提議與伊斯瑪儀一世聯合行動。葡萄牙人將從地中海和紅海攻擊馬穆魯克王朝，沙阿從東方。「如果上帝應允，這項盟約能夠締結，你就能夠以全副力量攻打開羅和蘇丹的土地，而我主國王陛下可

---

③伊斯瑪儀一世（Ismail I，一四八七至一五二四年），伊朗薩法維（Safavid）王朝的創立者。他率領薩法維耶教團（什葉派十二伊瑪目派的一個宗教組織）統一了伊朗。他建立的薩法維王朝將延續兩百多年，是波斯／伊朗歷史上最強大的帝國之一，鼎盛時期統治著今天的伊朗、亞塞拜然、亞美尼亞、喬治亞大部分、伊拉克、科威特、敘利亞部分地區、土耳其部分地區等。伊斯瑪儀一世也是一位優秀的詩人。伊斯瑪儀一世向西擴張的行為終於導致他與鄂圖曼帝國發生衝突。一五一四年在查爾迪蘭戰役（Battle of Chaldiran）中，伊斯瑪儀一世被鄂圖曼帝國蘇丹塞利姆一世（Selim I）擊敗，他的兩個妻子被塞利姆一世俘獲。對土耳其軍事力量的共同擔心使他向一些歐洲國家伸出橄欖枝（包括威尼斯、西班牙和匈牙利）。伊斯瑪儀一世的對內政策主要是宣布什葉派為國教，並自任什葉派的領袖。

以進軍耶路撒冷，從另一側征服整個國家。」[6]這就是實現曼努埃爾一世夢想的機會。阿爾布開克派了一位使者去見沙阿，送去這個建議，還給霍爾木茲的傀儡國王送去一封好言安撫的書信，建議雙方都既往不咎。被選為使者的倒楣鬼魯伊・戈梅斯（Ruy Gomes）未能抵達波斯，而是在霍爾木茲被瓦加・阿塔毒死了。

總督在果阿的行動表現出極大的緊迫性。他深知這座城市的防禦不足，而且年輕的阿迪爾沙阿遲早會捲土重來，索要他寶貴的貿易港口。因為缺少石灰，沒有辦法製作砂漿，所以修整城防工事的工程受到很大阻撓。他們不得不用石塊和泥漿來重建城牆。他知道時間緊迫，於是派遣許多組勞工不分晝夜地輪流加緊施工，鞏固防禦，以應對可能的進攻。總督日夜都在工地上督工。他決心不惜一切代價守住果阿。但到四月，葡萄牙人的情緒開始焦躁不安。很多葡萄牙貴族並不贊同總督的想法。雨季快到了，遠方傳來消息，阿迪爾沙阿在組建一支強大的軍隊。由於阿爾布開克的嚴刑峻法，葡萄牙人與當地居民的關係有些惡化，他的一些船長開始私底下渴望返回柯欽。如果不能儘快離開，就會被傾盆大雨困住，不得不等待一個漫長的季節，甚至可能遭到圍攻。很顯然地，敵人最喜歡的策略就是等待暴雨和糟糕的海況孤立葡萄牙人，使其無法得到外界援助。阿爾布開克毫不動搖，果阿屬於葡萄牙，並將永遠屬於葡萄牙。

事實上，在四月，阿迪爾沙阿成功鎮壓他國內的叛亂。阿爾布開克不知道的是，阿迪爾沙阿還和敵國毗奢耶那伽羅達成停戰協定。他已經準備好利用雨季困住葡萄牙人了。這個月，他派遣將領帕盧德汗（Palud Khan）率領一支大軍（據說有四萬人，言過其實了），而且是來自伊朗和中亞訓練有素的武士，去驅逐入侵者。這支軍隊抵達曼杜比河沿岸時，迅速擊潰狄摩吉匆匆拼湊的部隊。隔著狹窄的溪流和充斥鱷魚的大河，果阿島上的守軍已經能看得到一支大軍的帳篷和旗旗。很顯然地，果阿島的整個周長，約十八英里，將會把阿爾布開克的兵力分散於各處，因為他們不得不守衛所有的沼澤渡口，在退潮時那些地方可以供敵軍通行。帕盧德汗越過瀉湖發動一連串佯攻和試探性攻擊，讓葡萄牙指揮官們大為警覺、神經緊繃。帕盧德汗給果阿城內的穆斯林偷偷送信，城裡的人開始逃跑，並加入伊斯蘭軍隊。帕盧德汗在等待天氣進一步惡化。

某一天，守軍緊張不安地凝視著分隔兩軍的狹窄小溪對面時，看到一個人走到水邊，揮舞白旗。他用葡萄牙語喊道：「葡萄牙的大人們，請派人來與我談話，傳達我給總督送來的消息。」[7]一艘小艇被派出。此人自稱是葡萄牙人，名叫若昂・馬沙多（João Machado），請求安全護送他去見阿爾布開克。

馬沙多是十年前被留在斯瓦希里海岸的一名犯人，此時為阿迪爾沙阿效力，但他似乎對自己的同胞還有一些好感。他帶來有價值的建議。他傳達的消息很簡單：帕盧德汗的軍隊很快會得到阿迪爾沙阿本人的增援；雨季即將到來，葡萄牙人應當在一切都不可收拾之前離開島嶼；還要歸還沙阿的駐軍逃跑時被留下的蘇丹後宮女眷和孩子。沙阿希望與總督保持友好關係，做為回報，他將提供總督另一個濱海的地點，以建造一座要塞。

這包含威脅、利誘和勸說對方理智行事的言辭。阿爾布開克對其不予理睬。他不願意和對方談條件。「葡萄牙人咬住的，永遠不會鬆口。」[8]是他驕傲的答覆。他也不會歸還「任何兒童或婦女，他要把這些婦女留下當做葡萄牙人的新娘，並希望她們成為基督徒」[9]。阿爾布開克固執己見的談判風格讓大家震驚，已經不是第一次了。他的答覆被送到帕盧德汗耳邊時，這位將軍「瞠目結舌，因為他知道總督手下的人極少」[10]。他回到自己的營帳，下令建造大型木筏，即將許多獨木舟捆縛連接而成的平台，以運送軍隊過河。

阿爾布開克執拗地固守自己的帝國霸業願景，不肯聽別人的意見。他相信自己能堅守熬過雨季，一直到八月從里斯本來的下一支艦隊抵達。他還不知道，阿迪爾沙阿與毗奢耶那伽羅的停戰意味著阿迪爾沙阿後方安全無虞，可以放手對付葡萄牙人。阿爾布開克還對自己部下愈來愈嚴重的不滿情緒充耳不聞。敵人不斷越過小溪發動襲擊，令葡萄牙人神經緊繃，沒有作戰的時候還要被阿爾布開克督促加快修建城牆。越過水道，他們可以看到敵軍是多麼雄壯。酷熱消耗人的體力，糧食配給愈來愈少，許多葡萄牙貴族和士兵愈來愈悶悶不樂，愈來愈不理解阿爾布開克。就連狄摩吉也和絲毫不肯讓步的阿爾布開克爭吵起來。大雨開始傾盆而下，海上開始波濤洶湧，葡萄牙人感到自己落入了陷阱。總督愈來愈孤立，就像在霍爾木茲的時候一樣。他依賴於一小群對他忠心耿耿的貴族，其中最突出的是他的外甥，年輕的安東尼奧·德·諾羅尼亞，他雄心勃勃且英勇無畏。而果阿的居民，不管是印度教徒還是穆斯林，都在盤算自己的機會，覺得或許投靠城外的軍隊比較好。

帕盧德汗得知葡萄牙指揮官之間的分歧愈來愈厲害，於是選擇一個非常好的時機來發動總攻。五月十日或十一日夜，大雨傾盆，勁風抽打棕櫚樹，正是退潮時間，渡口很容易通行，成群的木筏被推過河流的淺水。在夜間混戰中，葡萄牙人和當地馬拉巴爾人的混合部隊被打了個措手不及。兩支隊伍之間缺乏凝聚力。他們迅速潰敗，張皇失措地逃竄，竟然丟棄了大砲。很快地，葡萄牙人被打退進城。一些土著部隊叛變。城裡的穆斯林揭竿而起，反對他們的新主人。阿爾布開克拚命努力控制局面，城內爆發激烈巷戰。沒過多久，葡萄牙人被圍困在城堡內。一連二十天，總督敦促部下頑強抵抗，持續不斷地巡視各個指揮部，一邊騎行一邊吃飯，但用泥漿黏合、匆匆建起的城牆不可避免地坍塌了。城民的反叛在蔓延。很顯然地，他沒有足夠多的兵力無限期地防守下去。阿迪爾沙阿也駕臨前線。從城牆上，葡萄牙人能看得見海洋一般的帳篷和藍、紅兩色的旗幟，「他們的所有帳篷之上都飄揚著旗幟，他們恐怖的呼喊聲打破我們士兵的鬥志」[11]。愈來愈多的指揮官請求趁著還有機會時趕緊撤退。活著逃出果阿港，回到安全的柯欽的希望日益渺茫。總督在其親信支持下，頑固地堅信城市是可以守下去的，阿迪爾沙阿需要回去和毗奢耶那伽羅交戰。直到若昂．馬沙多得知阿迪爾沙阿與毗奢耶那伽羅的停戰協定，又一次趕來警示阿爾布開克，帕盧德汗軍隊正在計劃燒毀他的船隻，而且在河道裡擊沉一艘船以封堵葡萄牙人的逃跑路線，阿爾布開克才意識到局勢已經迫在眉睫。

他計劃於五月三十一日夜間衝出被圍的城堡。葡萄牙人祕密進行出逃的準備。午夜將有鐘敲響。船隻做好出航的準備。一群精銳指揮官將負責掩護撤往碼頭的部隊。有人建議放火燒毀全城，被阿爾布開克否決，他發誓要重返果阿並將其占為己有。除此之外，他鐵面無情。他命令狄摩吉殺死扣押的所有穆斯林，不分男女老少，不留活口。大砲被釘死火門，馬匹被屠宰，以防資敵。兵工廠和軍用物資將被燒毀。

狄摩吉開始執行他的殘酷任務。他欺騙穆斯林，讓一小群一小群穆斯林男子去接受總督的視察，然後將其殺死在大街上。但狄摩吉並沒有趕盡殺絕。他把多名婦女兒童鎖在一處房屋內。對那些最美麗的女人，他剝去她們的珠寶首飾，讓她們女扮男裝，將其藏匿在自己船上。儘管葡萄牙人的撤退計畫很隱密，但敵人還是很快捕捉到風聲。阿迪爾沙阿的士兵潮水般地湧入城門。阿爾布開克設計最後一項策略以延緩敵人的前進。他把胡椒和銅條撒在他們的必經之路，於是敵人紛紛停下來擄掠這些貴重物品，放慢了追擊的腳步。其他人看到自己的親戚在大街上被屠戮，不禁呆若木雞。雖然有阿爾布開克的這個計謀，但在撤往碼頭的過程中還是一路激戰。後衛部隊瘋狂拚殺，才確保船隻得以撤離。葡萄牙艦隊駛入河道，敵人擊沉的船隻未能堵住河道。可能除了總督之外，所有人都因為得以逃出生天而鬆了一口氣。但他們的麻煩才剛剛開始。

第十八章 雨季的囚徒

一五一〇年六月至八月

在敵人的箭雨中，他們順流而下。他們背後傳來阿迪爾沙阿的軍號聲，那是在慶祝收復城市，其中也混雜有穆斯林發現自己男性親屬被當街屠殺、妻子女兒被擄走的哀哭。葡萄牙艦隊在曼杜比河河口附近下錨。在戰略要地帕納吉（Pangim）要塞的俯視下，曼杜比河逐漸變寬。

他們撤退得太晚了。此時已是六月初。雨季大張旗鼓地駕臨。暴雨敲打著船隻，勁風通過彎腰的棕櫚樹猛吹。河水猛漲，船頭和船尾都必須捆綁好，才能防止它們在激流中扭曲變形。船上，高級指揮官們激烈地爭論，下一步能否脫離河口、航海到安賈迪普島。船長們的情緒非常乖戾。他們責怪阿爾布開克釀成了大禍，他們應當早點撤退。他們要求逃出這陷阱。領航員們同樣固執地說，現在已經辦不到了。阿爾布開克最終同意拿一艘船（船長是費爾南・佩雷斯〔Fernão Peres〕）冒險，嘗試通過河口的沙坑。然而激流將他的船沖刷到淺灘上。在驚濤駭浪拍擊下，這艘船沉沒了，不過水手們得以逃生，而且從殘骸上回收了火砲。另一位船長在沒有得到授權的情況下嘗試衝出河口，但遭到攔截，被革職。葡萄牙人被大河困住了，可能要一直被困到八月。這是一個獨特而嚴峻的艱難形勢。

他們就這樣停泊在中游的時候，一艘小艇打著白旗駛來。阿迪爾沙阿又派若昂・馬沙多來談判，表面上是來提出議和條件，實際上沙阿是在爭取時間。他擔心入侵者會猛攻並占領帕納吉要塞，於是希望將他們牽制住足夠長的時間，等他控制住帕納吉要塞。阿爾布開克的答覆簡練而嚴厲：「果阿屬於他的主公，葡萄牙國王。除非沙阿改變主意，將果阿及其領土全部奉還，否則沒有什麼和平可談。」[1]

阿爾布開克的狂妄無禮讓沙阿大感震驚。阿爾布開克四面受敵，動彈不得，吃了敗仗，準備要餓肚子，居然還敢專橫跋扈地提條件。沙阿口中說出的最文明的咒罵是：「魔鬼的兒子！」[2]他又試了一次，讓馬沙多和兩名城市顯要人物一同返回，提出新的建議：他不能放棄果阿，但可以贈送阿爾布開克達布林和整個霍爾木茲馬匹貿易的稅收。阿爾布開克粗暴地命令使者離去：在歸還果阿之前，沒什麼好講的。這是一場新較量的開始，既是心理上的，也是生理上的。在假裝談判期間，阿迪爾已經向帕納吉要塞派駐一支強大的軍隊，並在木製堡壘裡部署了火砲。另外一個砲兵陣地被部署在對面的大陸上。在中游岌岌可危的位置上，葡萄牙人被兩個砲兵陣地夾在中間，能看得到兩個陣地上旌旗招展，聽到敵人的呼喊和他們戰鼓與軍號的奏樂。葡萄牙人落入陷阱，兩邊各有一張血盆大口。

葡萄牙人遭受各式各樣的磨難。首先是砲擊，他們的船隻遭到兩岸砲火的夾擊。船體非常堅固，而沙阿的火砲口徑較小，不能給葡萄牙船隻造成很大損傷，但不分晝夜、持續不斷的砲火讓葡萄牙人感到一種恐怖的不安全感，飽受折磨。阿爾布開克的旗艦「海洋之花」號因為懸掛司令旗而容易識別，是最顯眼的目標，有時一天能中彈五十發。登上艦橋或桅杆瞭望台是非常危險的事情。為了降低敵人砲火的威脅，他們不得不經常改變船隻的位置，這也是困難和危險的工作。他們沒有嘗試還擊。最好是節約火藥，準備以後的戰鬥。水手們被困在甲板下，大雨持續不斷地敲擊他們頭頂的木板，他們開始生病。

此後，六月的某日，大雨停了。天氣一連放晴十五天，於是出現另一個問題：缺乏飲用水。現在沒有雨水可供收集，曼杜比河河水太鹹，無法入口。酷熱榨乾人們的體力，大家開始氣喘吁吁。阿迪爾守衛著河流周圍的所有水源，靜靜等候。他相信只要圍困住敵人足夠長的時間，就能粉碎入侵者。對葡萄牙艦隊來說，唯一的安慰是狄摩吉不斷幫助他們。他熟悉地形，還能提供情報。在他幫助下，葡萄牙人發動一次突襲，前往叢林中的一處山泉取水。為了這小小的回報，他們經歷了激烈戰鬥：「我們吃盡苦頭，終於給六十或七十個木桶裝滿水，但我們的大桶都沒有辦法裝水，因為我們有很多人負傷。」[3]根據另一份記述：「一滴水要用三滴血來換。」[4]

出乎意料的好天氣使得部分葡萄牙人再次大聲鼓噪，要求嘗試強行突圍。船長們不斷糾纏阿爾布開克，要求他起錨並再次嘗試。阿爾布開克和領航員們以佩雷斯船的厄運為例，固執己見。和在霍爾木茲的時候一樣，總司令的頑固引發人們緩緩燃燒的怨恨怒火。人們普遍相信，有一個偏執的瘋子把他們強留在這裡，他為了自己的驕傲，不惜讓大家都丟掉性命，「出於頑固，他自己要死，還要大家都陪葬」[5]。

大雨再次降臨、海況又變得糟糕，證明之前若是強行突圍，可能會以災難告終。雨水也讓大家的乾渴消失了。他們可以用船上的木桶貯存雨水，而順流而下的河水現在也足夠淡，可以飲用，只要他們先把河水放置一、兩日，讓泥土沉澱。但飢餓感開始打擊大家的士氣和體力，給養所剩無幾。阿爾布開克施行嚴格的口糧配給制度。他嚴密封鎖儲藏室，只有他本人簽字，才能打開。每人每天領到四盎司餅乾。從河裡能捕到少量魚，僅供病人食用。與此同時，狄摩吉盡其所能地搜尋食物，派他的人乘坐小船偷偷上岸。在大船上，水手們獵殺老鼠。那些擁有儲物箱的人剝掉箱子外層的皮革，將其煮熟吃掉。「普通水手忍受不住飢餓，倍感絕望，就如此果腹」[6]。科雷亞這麼說的意思是暗示貴族不會受到這樣的苦難，但沒有記載說貴族是否和普通水手吃同樣的東西。有人到總督面前哀求一點食物，而倉庫管理員尤其遭到斥責。船長們指責阿爾布開克讓他們遭受這樣的折磨：「如果他們沒有在此地過冬——他們也曾勸他不要這樣做——他們一定能避免這樣的苦難……他發了瘋，把他們都留在那裡。」[7]人們因為恐懼而面色陰沉。淫雨綿綿，砲火晝夜不停，熱帶的酷暑有如地獄，人們渾身濕透，衣衫破爛，大汗淋漓，愈來愈被病態的恐懼控制，他們全都要死無葬身之地。

開始有人開小差。三人從船上跳海，游到岸邊。阿迪爾張開雙臂歡迎他們，給他們吃好喝好，並盤問他們關於葡萄牙普通水手心懷不滿與急缺口糧的情況。船長們不得不一邊警惕被難以對付的敵人占據的河岸，一邊監視自己的部下。

對阿爾布開克來說，生死存亡在此一戰。葡萄牙在印度殖民政府的所有主要人物，都被困在曼杜比河的大雨中，敵人的砲彈不時墜落，水手和船長們愈來愈凶狠地咒罵他，斥責他造成糧食匱乏、他的頑固不化、他的執迷不悟和虛榮。他擁有的，只剩下對明確戰略視野的信念、鼓舞士兵的言辭和嚴酷的紀律。這或許是他最嚴峻的危機時刻。在霍爾木茲，他沒能讓部下追隨他。在柯欽，他遭到大家的不信任投票。如今他制定的果阿計畫也面臨災難。在他最黑暗的時刻，他「躲在艙房閉門不出，舉頭望天，不斷祈禱」[8]。只有一小群人完全支持總督。阿爾布開克的外甥安東尼奧・德・諾羅尼亞發揮了關鍵作用，在狂暴的總督和愈來愈焦躁不安的船長們間扮演一個安撫、軟化的緩衝角色。

在果阿的王宮，阿迪爾沙阿仔細地傾聽葡萄牙叛徒描述的敵軍窘境。這些人或許過於熱忱地在新主子面前表現，淨撿新主人想聽的說，因此他打算驗證一下這些人的話。他設計一種新策略來戰勝冥頑不靈的敵人。六月的某個時間（具體日期不詳），一艘滿載食物（成袋大米、雞肉、無花果和蔬菜）的船打著白旗，接近「海洋之花」號。葡萄牙人派了一艘小艇去探明來意，並得知，沙阿希望以光榮的方式贏得戰爭，而不是用飢餓迫使敵人屈服。阿爾布開克讓使者在河當中等待，安排己方的策略，以回應敵人的心理戰。他下令將一個木桶鋸成兩截，盛滿葡萄酒；日漸減少的餅乾也被從倉庫取出，放在桶裡展示。一群水手奉命在甲板上嬉戲，載歌載舞。使者最終被允許登船，目睹這豐饒而歡樂的景象，阿爾布開克已經準備好強硬的言辭：把你們的食物拿走，我們有的是吃的；若不歸還果阿，就沒有和平可談。阿迪爾沙阿或許因此認為葡萄牙叛徒的話是假的，或許他看穿阿爾布開克在這場考驗雙方神經的較量中的把戲。阿爾布開克的部下看到敵人把給養運走時，可能偷偷說出最惡毒的咒罵。砲火繼續嘲弄他們，擾亂他們的神經。

阿爾布開克知道，阿迪爾沙阿不會在果阿久留。在他國內，他還有其他的威脅要應對，其他的職責要履行。阿爾布開克寄希望於沙阿先放棄。在此期間，為了鼓舞士氣，他提議發動一次襲擊，摧毀敵人的岸砲。葡萄牙貴族們的情緒非常低落，不肯同意。惱怒之下，他決定不管不顧，直接進攻，「我是你們的總督。上帝保佑，我要舉著王旗在帕納吉岸邊登陸……上船之後，我會下令奏響狄摩吉的軍號。你們來不來，隨便你們」[9]。他們全都選擇加入。

要發動一次兩棲登陸作戰，狄摩吉的淺水內河船隻是至關重要的。黎明前，葡萄牙人襲擊帕納吉城堡外的砲兵陣地，擊潰猝不及防的守軍，擄走大砲和一些食物。對岸的大砲也被消滅了。直到晚上，阿迪爾才派援兵來反擊，此時他的敵人早已安全地回到船上。

阿迪爾原以為能用飢餓迫使葡萄牙人屈服，但葡萄牙人對帕納吉的攻擊挫傷他的傲氣。現在他必須發動進攻了。在果阿港，他下令祕密地準備一大批木筏，準備向敵人艦隊發動火攻。但這個祕密是不可能保守的。居功至偉的狄摩吉總是能夠派遣間諜上岸去搜尋情報。阿爾布開克決定運用自己小船上的輕型火砲，展開先發制人的打擊。雖然遇到抵抗，但他的奇襲基本上是成功的。阿迪爾的木筏被葡萄牙砲火炸得粉身碎骨。安東尼奧・德・諾羅尼亞殺得興起，看到敵人的一艘槳帆船停在岸邊，抵禦不住這種誘惑，企圖將其俘獲並拖走。他膝蓋中箭，不得不撤退。在這片海域的戰鬥中，腿傷是葡萄牙人的大難題，而且常常是致命傷，要嘛是因為箭射中了靜脈或動脈，要嘛是因為感染和缺乏醫藥。諾羅尼亞負傷後臥床，三天後死去。外甥的死對阿爾布開克影響很深。諾羅尼亞曾是總督與心懷不滿的船長們之間的調解人；總督還曾安排，假如他死亡，由諾羅尼亞接替他。他努力封鎖消息，不讓阿迪爾沙阿知道諾羅尼亞的死，但敵人還是知道了。

✯

在曼杜比河的浮動囚牢內，艱苦無聊的日子仍在繼續，無休止的雨、食物匱乏、身體愈來愈衰弱的人們。對阿爾布開克來說唯一的亮點是，消息傳來，阿迪爾與毗奢耶那伽羅的停戰結束了。沙阿需要到別處去。這給了阿爾布開克很大的鼓舞，繼續堅守，但仍然不斷有水手逃亡。果阿的戰鬥八天之後，一個叫若昂．羅芒（João Romão）的人游到岸邊，帶來葡萄牙船上困境的最新消息：唐．安東尼奧死了，水手們疾病纏身，快要餓死，在戰鬥中負傷的人得不到任何醫治。更多人叛逃。五個、十個，然後是十五人，趁夜色從船舷逃跑，游到岸上。船上的士氣在動搖，但阿迪爾沙阿急需和平，這變成一場意志的對決。

沙阿再次嘗試奪回主動權，他派來更多和談使者。阿爾布開克對這些訪客的來來去去厭煩了。阿爾布開克猜疑他們的動機，因為他們的到訪消磨葡萄牙人的鬥志、拖垮他們的抵抗力。此外，沙阿還給叛徒羅芒配了一匹馬。他身穿阿拉伯服裝出現在岸上，顯然飽食終日，用他皈依伊斯蘭教之後更好的時運來嘲弄葡萄牙水手。阿爾布開克再次拒絕講和，但這一次葡萄牙貴族要求他至少聽一聽對方的提議。他同意了，但決心一勞永逸地解決逃兵的問題。

雙方同意於次日交換俘虜。阿迪爾沙阿派他的攝政者（城內地位最顯要的貴族）來談判。使者帶來一大群騎兵，刻意搞得很隆重，以炫耀自己的實力。岸邊搭起一座黑色緞子的帳篷，攝政者帶著必備的譯員、騎兵和步兵在那裡等候葡萄牙的談判代表。阿爾布開克派去他的審計員佩羅．德．愛爾博伊姆（Pêro de Alpoym），他在葡萄牙駐印度殖民當局是一位重要人物。德．愛爾博伊姆負責把阿迪爾的攝政者帶到他的船上，同時狄摩吉的一艘船載著一名神射手若昂．德．奧艾拉斯（João de Oeiras），他帶著一支弩弓。在鼓聲中，他們乘小船接近岸邊，看到衣著光鮮的叛徒在人群中，騎著馬。其中就有羅芒，穿著絲綢長袍，手執長槍和盾牌，嘲弄著葡萄牙人。奧艾拉斯在小船船頭的槳手前方蹲伏，小船接近沙灘。現在他們可以聽得清羅芒的話了。他在辱罵總督和其他所有人，叫他們去吃屎。德・愛爾博伊姆一聲令下，弩手站直身子，瞄準射擊。這支箭正中羅芒，擊穿了他的身體，擊倒在地，當場死亡。沙灘上的人嚇得目瞪口呆，然後發出怒吼，指責葡萄牙人破壞停戰。葡萄牙人解釋說，叛徒在辱罵總督，這是他不能允許的，所以不要讓叛徒再出現了。

攝政者終於上船，他也對談判的簡潔感到吃驚。他按照東方外交的風格，以溢美之詞向對方問候，提議把果阿城外的一個擁有良港、適合建造要塞的地點送給葡萄牙人，還付上五萬克魯扎多金幣的現金，而只有一個條件。他要求葡萄牙人交出狄摩吉。阿爾布開克嘆了口氣，給出簡練而嚴厲的答覆：阿迪爾必須交出果阿，否則免談；阿爾布開克絕不會交出狄摩吉。他粗暴無禮地將目瞪口呆的攝政者趕下船，臨別時說，除非送來果阿的城門鑰匙，否則不要再派使者來了。

阿迪爾沙阿知道嘗試與這樣一個藐視所有規則的人談判是毫無意義的，於是放棄了。弩手因為這一次精采表現而得到十克魯扎多的賞金，但這未能震懾逃兵，夜間仍然有人逃走。雙方陷入僵局，艦隊停留在河上。葡萄牙貴族的心懷不滿驟然爆發成公開的反叛，具體的情形非常詭異。

之前果阿城被穆斯林占領的時候，狄摩吉把一些穆斯林婦女和女童，其中一些來自後宮，偷擄走了。現在有人提議，用這些俘虜做為討價還價的籌碼。阿爾布開克震驚了，他已經忘記這些俘虜的存在。他詢問狄摩吉，她們現在何處，為什麼沒有報告他。狄摩吉支支吾吾：她們已經被交給了船長們，分給大家，並且「其中很多人已經皈依基督教」[10]。總督看到部下互相勾結、隱瞞此事，並且讓女人留在船上會多麼嚴重地影響紀律，更不要說不道德的行為，不禁大怒。他要求狄摩吉把這些女人交出來。他繼續深挖此事，得知其中一些女人已經「嫁給」艦隊的水手，不肯與她們的情人分離。他做了務實的選擇，而且深怕水手會製造麻煩，於是簡單地將這些「婚姻」合法化，儘管並沒有舉行正式的儀式。這讓他的隨軍神父非常不滿，神父宣布這種做法不符合教會法。「那麼就遵守阿方索・德・阿爾布開克的法律吧！」[11]阿爾布開克專橫地答道。

還有一些來自穆斯林後宮的婦女和女童並沒有皈依基督教，其中包括比較美貌的一些，她們不肯與普通水手發生關係，而是受到一些年輕葡萄牙貴族的注意。阿爾布開克將這些女人轉移到「海洋之花」號上，將其鎖在船尾的一個艙室，由一名太監看押。這讓一些葡萄牙貴族非常惱火，因為他們的樂趣就這樣被強行打斷了。太監很快向總督報告一些可疑的動靜。他確信有人在夜間想方設法進入艙室，不過他說不準具體是誰。阿爾布開克派了一艘小艇監視。隨後幾夜，小艇上的哨兵觀察到，有時是一人，有時是三人，從附近的「玫瑰」號游過來。一個人偷偷爬上船舵，有一個艙門打開，他溜進了「後宮」。哨兵認出，他是一位叫做魯伊・迪亞士（Ruy Dias）的年輕貴族。

阿爾布開克找來兩名他最親近的謀士。他暴跳如雷，因為就在整支艦隊遭到攻打的艱困時期，竟有人背著他，偷偷摸摸、不服從紀律、不遵守道德，在他的旗艦上搞這些桃色勾當。他們同意，「因為在這樣的時期，在這樣的地方，如此放肆地與穆斯林女人同寢，是罪大惡極」[12]。只能有一個懲罰，迪亞士應當被處以絞刑。

此時魯伊・迪亞士正與「玫瑰」號的船長若熱・福加薩（Jorge Fogaça）下棋，有人用力抓住他的肩膀，「以國王的名義，跟我們來！」[13]一群士兵將迪亞士押到艉樓甲板，在他脖子上套上絞索，準備把他吊起來。就在這時爆發嘩變。福加薩大步向前，割斷絞索，並大喊起來，有人要絞死魯伊．迪亞士。貴族船長們的所有不滿情緒一下子沸騰了。消息不脛而走，總督在沒有恰當解釋的情況下，就要處死高貴的魯伊．迪亞士。艦隊騷亂起來。一群葡萄牙貴族登上小艇，升起旗幟，沿著艦隊的戰線航行，煽動叛亂。整支艦隊處於嘩變的邊緣。在岸上觀察的穆斯林歡呼起來，對著愈來愈嚴重的騷亂大呼小叫。

與此同時，押解迪亞士的士兵的長官向「海洋之花」號呼喊，他的犯人被劫走了。阿爾布開克暴跳如雷，登上一艘小艇，親自去面對嘩變者。叛亂是對總司令至高無上權力的挑戰。他們抱怨他以「專橫跋扈的權力，在沒有與船長們商議的情況下」[14]就絞死迪亞士；而且幾乎更糟糕的是，處決貴族的方法照例應當是斬首，而絞刑是對待平民犯人的；他要絞死迪亞士，是對貴族禮節的嚴重藐視。阿爾布開克對他們的話一概充耳不聞，將叛亂的頭目逮捕並銬起來，並將迪亞士吊死在「玫瑰」號桅杆上，殺一儆百。

這次叛亂是幾個月來的緊張與困境釀成的惡果，魯伊．迪亞士的處決仍然是一個有爭議的話題，是阿爾布開克名譽的一個汙點。在極端的情況下，他固執己見，專斷跋扈，不肯聽別人的意見。安東尼奧．德．諾羅尼亞曾對他粗暴的領導風格起到一定的緩和作用，但諾羅尼亞已經不在人世。此事是霍爾木茲事件的重演。他不能夠理智地領導部下，已經讓他臭名昭著。但阿爾布開克雖然暴躁易怒，但也很快就能悔改。他努力與四名被囚禁的叛亂頭目修復關係，因為在艦隊的生存鬥爭中，這四個人是至關重要的。就像在霍爾木茲一樣，他們拒絕與他合作。迪亞士之死將始終困擾阿爾布開克，直到他去世。

阿爾布開克知道阿迪爾沙阿急需離開，因為他有別的戰爭要打。角力在繼續。八月到了，天氣開始好轉，雨停了。從曼杜比河的瘴氣瀰漫的囚牢逃脫的可能性在增加。阿爾布開克命令狄摩吉去搜尋給養然後回來，繼續堅持，等待阿迪爾沙阿的耐心耗盡。但他的部下再也忍受不了。他們哀求啟航離去。他不情願地讓步了。「於是，八月十五日，即聖母蒙召升天日①，乘著吉利的風，總督率領整支艦隊從河流出發，前往安賈迪普島」[15]。他們在曼杜比河被困了七十七天，始終忍受著暴雨、飢餓和轟炸。忍耐這些困難並生存下來，已經差不多可以算一次勝利。但對阿爾布開克來說，果阿的事情還不算完。就像霍爾木茲事件之後一樣，他發誓要重返果阿，並旗開得勝。而他這個願望實現的速度則令人瞠目結舌。

---

① 根據天主教教義，耶穌的母親瑪利亞在結束今世生活之後，靈魂和肉身一同被上升到天堂。天主教、東正教、東方正統教會和部分聖公會團體承認這個神學觀點，天主教將其做為正式教義的一部分。絕大多數的新教教派則強烈反對這個神學觀點。

第十九章　恐怖的手段

一五一〇年八月至十月

在安賈迪普島，阿爾布開克意外遇見一支擁有四艘船的小艦隊，正要開往遙遠的馬來半島麻六甲，指揮官是迪奧戈・門德斯・德・瓦斯康塞洛斯（Diogo Mendes de Vasconcelos）。曼努埃爾一世漫不經心地命令這支微薄的力量去征服麻六甲。這支艦隊的部分資金是佛羅倫斯投資者提供的，他們的代表包括喬萬尼・達・恩波利（Giovanni da Empoli），此人曾與阿爾布開克一同參加之前的一次遠航。恩波利發現總督「因為在果阿遭受的失敗而非常不悅，對其他許多事情也很惱火」[1]。恩波利保存至今的記述可能是兩年後他在巴西海岸因無風受困且身患壞血病期間寫下的，語調非常尖酸和暴躁。他寫道，阿爾布開克對果阿十分癡迷，一心要東山再起，儘快將其收復。他需要盡其所能地搜羅兵力，包括預定前往麻六甲的船隻。而且有鑑於在曼杜比河上受的災禍，他需要用狡黠的策略來贏得指揮官們的同意。他認識到果阿島的潛力，也擔心魯姆艦隊會捲土重來，將其變成一座堅不可摧的基地，阻礙葡萄牙獲取利益。他強調，即將有一支魯姆艦隊殺來。在恩波利看來，埃及人的威脅已經變成一場虛假的戰爭①：「關於魯姆人的消息和之前許多年傳播的一樣，但我們始終無法知道真相……目前對這種消息不能當真，因為穆斯林人說的話不能信。」[2]私底下，他指控阿爾布開克在第烏的馬利克．阿亞茲幫助下偽造信件，做為埃及艦隊即將到來的證據。

不管真相如何，阿爾布開克很快就勸誘、威逼和哄騙他的艦隊，包括預定前往麻六甲的船隻，發動一場新的戰役。考慮到柯欽和坎納諾爾的葡萄牙人都不太願意再去攻打果阿，他能辦得成這事，也算很厲害了。始終保持高度警覺的狄摩吉傳來消息，阿迪爾沙阿已經離開果阿，與毗奢耶那伽羅打一場新的戰爭。這真是天賜良機。阿爾布開克花了兩個月時間修整艦隊，並為其囤積給養。十月十日，在柯欽的一次會議上，他將自己的意志強加於船長們：誰願意跟隨他，就一起走；不願意去的人，就向國王解釋好了。他擺平果阿的事情之後，會迅速處置麻六甲和紅海的問題。他又一次憑藉自己的個人威勢和恫嚇，稱心如意了。迪奧戈．門德斯．德．瓦斯康塞洛斯和滿心不情願的佛羅倫斯人不得不同意暫緩開往麻六甲。就連魯伊．迪亞士事件中的嘩變者，雖然更願意留在監獄裡，也被釋放，加入艦隊。十六日，阿爾布開克給國王寫了一封信，為自己的舉措辯護，並再次解釋他為什麼堅持要拿下果阿：「陛下會看到，假如陛下擁有果阿，會擾亂整個印度……沿海沒有比果阿更好、更安全的地點了，因為它是一座島嶼。假如丟掉了整個印度，還能以果阿為基地，將其收復。」[3]這一次不僅僅是征服果阿就算完事，他還打算徹底消滅果阿的穆斯林。

次日，他率領十九艘船和一千六百人揚帆起航。到十一月二十四日，艦隊已經返回曼杜比河口。葡萄牙人漸漸獲得許多盟友。印度沿海地區四分五裂，各小國之間有著錯綜複雜的權力鬥爭，所以他們把一些小國拉入自己的勢力範圍。據說霍納瓦爾的蘇丹派來一萬五千名陸軍。狄摩吉徵集了四千人，並提供六十艘小船。但阿迪爾沙阿在果阿留下防禦力量。他部署八千人的駐軍，主要是來自鄂圖曼帝國和伊朗的經驗豐富的雇傭兵，葡萄牙人稱之為白土耳其人，還有一些懂得鑄砲技術的威尼斯和熱那亞叛教者。

阿爾布開克決定不再等待，於是在十一月二十五日，聖凱薩琳瞻禮日，兵分三路，從兩個方向攻打果阿城。隨後發生的，不是他一直努力灌輸的紀律嚴明、井然有序的軍事戰術的勝利，而是葡萄牙人傳統的狂暴魯莽的戰法贏得了勝利。士兵們高呼「聖凱薩琳！聖地牙哥！」衝過城下的壁壘。一名士兵將自己的兵器插入守軍正關閉中的城門的門縫，阻止城門關閉。在另外一個地段，一個叫弗拉迪克·費爾南德斯（Fradique Fernandes）的身手敏捷的小個子將長矛插入牆縫，借力跳上胸牆，站在那裡揮舞一面旗幟，吶喊道：「葡萄牙！葡萄牙！勝利！」

守軍聞風喪膽，未能關閉城門。葡萄牙人將門推開，潮水般湧入。守軍後撤時，遭遇從另一扇門衝進來的其他葡萄牙士兵的衝殺。戰鬥非常血腥。葡萄牙編年史家記載一些瘋狂的蠻勇行為。最早殺入城的人之一，曼努埃爾·德·拉塞爾達（Manuel de Lacerda），眼睛下方被一支帶倒

---

① 虛假戰爭（Phoney War）的典故來自第二次世界大戰期間，從一九三九年九月德國入侵波蘭到次年五月德國入侵西歐之間，在法德邊境上，雙方雖然已經互相宣戰，但都按兵不動。又稱「假戰」或「靜坐戰」。

刺的箭射中，插得極深，拔不出來。他折斷箭杆，血淋淋的臉上還插著半截箭，繼續廝殺。另外一個人，熱羅尼莫．德．利馬（Jerónimo de Lima）一直奮戰到傷重而癱倒在地。他的兄弟若昂發現了他，想陪在奄奄一息的熱羅尼莫身旁，在他生命的最後一刻撫慰他。垂死的人抬眼看著兄弟，指責他在戰鬥中停頓。據某一種版本的記載，他說道：「兄弟，繼續殺去吧！我要走自己的路了。」[4]若昂回來的時候，發現他已經死了。

穆斯林的抵抗土崩瓦解，人們企圖通過淺灘逃離城市，很多人因此溺亡。成功通過淺灘的人則遇上葡萄牙的印度教徒盟軍。「他們從渡口和山上過來支援我，」阿爾布開克後來寫道，「他們斬殺所有從果阿逃走的穆斯林，不留一個活口。」[5]僅僅花了四個小時，戰鬥就結束了。阿爾布開克關閉了城門，以阻止自己的士兵不知節制地猛追敵人。然後他准許士兵洗劫和屠戮全城。這是一場血腥的慘劇，他要清剿城內的所有穆斯林。阿爾布開克後來向國王描述自己的行動，絲毫沒有悔意。

> 天主幫助我們成就偉大的事業，因為祂希望我們成就一樁豐功偉績，甚至超過我們所祈禱和希冀的……我燒毀這座城市，將其居民盡數屠戮。我們的人一連屠殺了四天，一刻不曾停歇……只要我們能去的地方，沒有饒恕一個穆斯林的性命。我們把他們驅趕進清真寺，把清真寺點燃。我下令不准殺害任何印度教徒農民或婆羅門。我們估計，穆斯林男女死者的人數為六千。陛下，這是一項了不起的事業。[6]

被活埋的人當中有一個葡萄牙叛徒，他曾在曼杜比河的戰鬥期間游到岸邊投敵。佛羅倫斯商人皮耶羅·斯特羅齊（Piero Strozzi）寫道：「沒人能逃得性命。不分男女，甚至孕婦和嬰兒，都被趕盡殺絕。」[7]死屍被餵給鱷魚。恩波利回憶道：「屠殺的規模極大，以至於河裡滿是汙血和死人，一週之後，潮水把死屍沖刷到岸邊。」[8]顯然鱷魚也沒能吃光所有的屍體。

阿爾布開克向曼努埃爾一世描述此事用的詞是「清洗」。他這是要殺一儆百。「這種恐怖的手段，能夠不戰而屈人之兵。」他寫道，「我沒有留下一座墓碑或伊斯蘭建築。」[9]事實上他不可能把城內所有人都殺光的。一些「皮膚白皙、容貌姣好的」[10]穆斯林婦女被留下，後來被嫁出去。根據各方面的記載，葡萄牙人對果阿的洗劫都是聲勢浩大的。斯特羅齊目睹葡萄牙人擄走的東方財富，簡直眼花撩亂。他在給父親的信中寫道：「那裡能找得到世界上所有的財富，既有黃金，也有珠寶……我覺得東方人除了打仗之外，在不計其數的方面都比我們優越。」他最後表達了懊惱，不過還是覺得自己運氣不錯：「我沒能參加搶劫，因為我負了傷。不過我還是幸運的，因為我中的不是毒箭。」[11]

聖凱薩琳瞻禮日快結束的時候，阿爾布開克親自問候得勝的指揮官們，並感謝他們的辛勞。「很多人受封為騎士，」恩波利記載道，「其中包括我。」但這並沒有軟化他對總督的敵視態度。「當騎士比當商人好。」[12]他補充道，想起了葡萄牙貴族對商業活動的相對輕視。第一批歡迎阿爾布開克入城的人當中包括曼努埃爾·德·拉塞爾達。他騎著一匹裝飾華美的駿馬，是他從殺死的一名穆斯林手中奪來的。他面頰上仍然插著斷箭，渾身是血，「阿爾布開克看到他面部帶箭，鎧甲上盡是血，於是上前擁抱他，吻了他的面頰，說道：『你就像受難的聖塞巴斯蒂安②一樣光榮。』」[13]德·拉塞爾達的形象成了葡萄牙傳奇的一部分。

果阿失陷於一小群葡萄牙人之手，令印度各大帝國瞠目結舌。阿爾布開克的驚人之舉迫使印度人重新考量戰略。遙遠的國度派來使者，向阿爾布開克獻禮致敬，並評估和思考葡萄牙人的征服意味著什麼。

關於如何維持和保障這個新的帝國，阿爾布開克有一些新穎的想法。他知道葡萄牙人的人數是多麼少，他們的死亡率是多麼高，而且缺少婦女。他立刻開始推行異族通婚的政策，鼓勵葡萄牙平民（士兵、石匠、木匠）與當地女人結婚。與葡萄牙人通婚的當地女性一般是低種姓的印度教徒，她們接受洗禮，得到饋贈做為嫁妝。與印度人通婚的葡萄牙男人被稱為卡薩多③，也得到經濟補助，以獎勵他們迎娶當地女人。收復果阿的兩個月之內，他就安排兩百門這樣的婚事。他努力建立一個當地的、基督教化的、忠於葡萄牙的群體，這種政策很務實。但阿爾布開克在這方面也很開明，對果阿女性的福祉表達了關切。他努力禁止寡婦殉夫，並授與女性財產權。他的婚姻政策受到憤慨的基督教教士和政府官員的大力反對，但啟動創建一個持久的印度—葡萄牙社會的過程。

與此同時，意外被改變行程的迪奧戈·門德斯·德·瓦斯康塞洛斯，畢竟肩負占領麻六甲的御旨，已經在焦躁地渴望啟航。很顯然地，他的四艘船若是沒有支援，不大可能取得什麼成績。而且阿爾布開克在八月收到魯伊·德·阿勞若（Ruy de Araujo）的一封信。阿勞若是前一次前往麻六甲的遠航中被當地人扣押的六十名葡萄牙人質之一。阿勞若的信語調絕望：「我們等候您的駕臨……願上帝保佑，讓您能在五個月內抵達，否則我們就全都活不了。」他在信中提供大量關於麻六甲政治和軍力的資訊。麻六甲城很大，但防禦並不堅固，但「即便未必真的需要這麼多兵力，閣下也必須率領全部力量到此，以期在陸地與海洋震懾敵人」[14]。一五一一年四月，阿爾布開克啟航，開始一次新的征服。他在果阿只停留了四個月。

阿爾布開克不知道的是，就在這一年，葡萄牙人對馬穆魯克王朝還施加另一次沉重的打擊，地點是地中海。八月，一隊軍用槳帆船在安德烈・多・阿馬拉爾（André do Amaral，羅得島上的聖約翰騎士團的一名葡萄牙騎士）率領下，攔截並消滅一隊從黎巴嫩向埃及運送木材的船隻。這些木材是用來建造一支新艦隊、為第烏的失敗報仇雪恨的。馬穆魯克王朝完全依賴於從地中海東部進口木材。沒了木材，他們就束手無策了。這場災難讓他們的海軍實力倒退了許多年。

---

② 聖塞巴斯蒂安（Saint Sebastian，西元二五六至二八八年）基督教聖人和殉道者，據說在羅馬皇帝戴克里先（Diocletian）迫害基督徒期間被殺。在藝術和文學作品中，他常被描繪成雙臂被捆綁，被亂箭射死。他受到羅馬天主教和東正教崇敬。

③ 卡薩多（Casado），意思是「已婚男人」。

第二十章　太陽的眼睛

一五一一年四月至十一月

對葡萄牙人來說，他們在印度洋的第一個十年裡，時間的流逝既快又慢。里斯本與印度之間的通訊肯定是曲折而艱難的，王室的一道命令從發布到接到回覆起碼需要一年。但葡萄牙人的學習能力和取得的成績是超乎尋常的：地理、文化與語言知識的蒐集整理、地圖的繪製和對政治微妙之處的理解，都以驚人的高速進行著，因此從一五一〇年的角度來看，達伽馬第一次遠航幾乎已經成了傳說。他那些飽經風霜的船隻於一四九九年回國時，帶回來自遠方的關於麻六甲的道聽塗說：若風向有利，麻六甲距離卡利卡特「四十天航程……所有丁香出產於那裡。那個國度有許多大鸚鵡，羽毛火紅」[1]。到一五〇五年，國王已經在漫不經心地命令阿爾梅達探索新的海域：「發現」錫蘭、中國、麻六甲和「目前尚不了解的其他地區」[2]，並在新發現的土地樹立石柱。渾身精力用不完的葡萄牙人永遠貪婪地渴求新的視野。

一年後的一五〇六年，麻六甲成了葡萄牙主要的戰略目標：阿爾梅達奉命立刻前往該海域，只在馬拉巴爾海岸保留少量兵力。促使國王突然發布此項命令的原因，是折磨他良久對競爭的畏懼。有消息傳來，「一支卡斯提爾艦隊……在這一年夏季準備出航，去搜尋麻六甲」[3]。「托爾德西里亞斯條約」的不確定性也困擾著國王。一四九四年設定的葡萄牙與西班牙勢力範圍的分界線環繞整個地球，卡斯提爾人相信麻六甲屬於他們在地球另一邊的勢力範圍。哥倫布也堅信他發現通往東方的直接航路，所以里斯本方面非常擔心西班牙人或許能向西航行而抵達麻六甲。這似乎是一場直截了當的競爭。阿爾梅達只派遣兩個人登上一艘商船，去尋找麻六甲，不過這艘船始終未能抵達那裡。副王認為他自己是不可能親自去的，因為他在馬拉巴爾海岸的脆弱立足點受到威脅。曼努埃爾一世認為阿爾梅達是在故意拖延，於是在一五〇八年派一支小艦隊直接從里斯本出發，去麻六甲建立一個貿易站。這支遠征隊命途多舛，其倖存者如今被麻六甲蘇丹扣押，他們寫信懇求阿爾布開克的救援。

葡萄牙人同時也愈來愈深刻地認識到麻六甲城的價值。它坐落於馬來半島西海岸，地理位置具有重大的戰略意義，因為它控制著前往印度的海路。不到一個世紀裡，麻六甲就從一個貧困的小漁村發展成世界貿易的主要中心之一。「麻六甲非常偉大和富庶，其價值難以估量，」葡萄牙商人托梅·皮萊茲①寫道，「麻六甲是一座為商業而生的城市，比世界上其他任何城市都更適合商貿；雨季在這裡終結，興旺的事業在這裡萌芽。麻六甲居於熙熙攘攘的商業活動的中心，方圓一千里格之內所有不同民族的商業貿易都要透過麻六甲。」[4]它將印度洋和西方所有地區的貿易與南中國海和太平洋的商貿連接起來。中國的平底商船撤離印度西海岸之後，麻六甲就成了它們的目的地。他們稱之為太陽的眼睛。它是地球上最為國際化的城市。按照皮萊茲的說法，在麻六甲可以聽到八十四種語言。他列舉歐洲之外的眾多商貿民族：商旅來自開羅、霍爾木茲、果阿、柬埔寨、帝汶、錫蘭、爪哇島、中國和汶萊。就連鸚鵡也會說多種語言。麻六甲經營羊毛織物、威尼斯的玻璃和鐵器、阿拉伯半島的鴉片和香水、波斯灣的珍珠、中國的瓷器、班達群島的肉豆蔻、孟加拉的布匹和摩鹿加群島的香料。麻六甲比里斯本更大，人口和威尼斯差不多，約十萬人。「毫無疑問，麻六甲非常重要，利潤豐厚，所以我覺得它在世界上沒有可以與它媲美的對手。」[5]皮萊茲如此寫道。統治麻六甲的是一位穆斯林蘇丹。曼努埃爾一世急切想要的，不僅是營救人質，還有麻六甲的財富。

在該地區的主要勢力是爪哇島和古吉拉特的穆斯林。麻六甲距離阿拉伯半島太遠，所以阿拉伯的三角帆船無法在一個雨季內抵達。古吉拉特商人是來自印度洋西部的貿易中間商，對麻六甲蘇丹最有影響力。就像在卡利卡特一樣，古吉拉特商人擔心葡萄牙人與他們競爭，於是說服蘇丹，摧毀葡萄牙貿易站，抓了人質。

阿勞若的求救信為阿爾布開克提供大量關於麻六甲城的資訊。他遵照阿勞若的建議，率領能夠召集的全部力量出征，目標是震懾住敵人。他帶來十八艘船，其中十二艘是克拉克帆船。人力

---

① 托梅・皮萊茲（Tomé Pires，約一四六五至一五二四／一五四〇年），葡萄牙藥劑師、作家、航海家。他是首批到達東南亞的歐洲人之一，也是中國明朝以來，葡萄牙乃至整個西方世界首位進入中國的使者，時為明代正德年間。一五一七年，他與假麻六甲使者、翻譯「火者亞三」隨船來到廣州近海，向明朝政府要求建立關係。一五一八年，他獲准在廣州登陸，不久抵達南京，經賄賂寵臣江彬後獲得正在南巡的明武宗的接見，然後隨武宗來到北京。一五二一年，武宗駕崩，中、葡爆發屯門海戰，皮萊茲被明世宗下令押解到廣州聽候處置。一五二四年五月，皮萊茲因病死於廣州監獄，也有些記載說他在江蘇住到一五四〇年並死於江蘇。

的問題比較大。他只有七百名葡萄牙人和三百名馬拉巴爾士兵，卻要對付可能非常龐大的土著軍隊。而且這是一次極其大膽的遠距離攻擊。他必須航行一千五百英里，越過印度洋東部，假如遇到困難，很難找到歇腳點。途中阿爾布開克損失了一些船隻，而且他的旗艦「海洋之花」號的船齡已經有九年，適航性愈來愈差。

艦隊遵循阿勞若的建議，一路燒殺搶掠，散播恐怖，俘虜穆斯林船隻，咄咄逼人地訪問蘇門答臘島沿海的臣屬於麻六甲的小邦。對很多人來說，這是一片全新的海洋。不見印度洋西部的阿拉伯三角帆船的蹤影，取而代之的是蘇門答臘島和爪哇島的平底船，它們是四桅帆船，堅固，高側舷，「用非常厚的木板建成，與我們的船差別很大」。他們有很多機會對這些平底船感到好奇。他們遇見一艘比雄偉的「海洋之花」號還要高大的平底船，「簡直和城堡一樣固若金湯，因為它有三、四層重疊的甲板，所以砲火也奈何不了它」[6]。它抵擋葡萄牙人的大砲一連兩天。直到他們用砲火打飛了它的舵，它才喪失機動力，不得不投降。「因為平底船很高，他們下船時走過的跳板的傾角有二十度」[7]。

喬萬尼·達·恩波利也被阿爾布開克拖進此次遠征。他不情願地奉命上岸，向敵視葡萄牙人的蘇門答臘島王公們發出和平建議。「阿爾布開克彷彿對我的死活完全不在乎。」這個佛羅倫斯人抱怨道。七月一日前後的某個時間，艦隊抵達了麻六甲，「在城市前方停船，我們沒有開砲，放下船錨，等待當地國王派使者來岸邊見我們」。據恩波利說，這座城市「離海岸非常近，房屋鱗次櫛比，人口稠密，足有三里格長，非常美麗」。城市沿著海岸延伸，低窪的沼澤地帶、棕櫚葉屋頂的房屋之間偶爾可見清真寺尖塔。一條河穿城而過，注入大海，入海口有一座堅固橋梁，將城市一分為二。麻六甲完全依賴貿易而生存。它的背後是瘧疾肆虐的熱帶雨林，是老虎和鱷魚的巢穴。當地屬於熱帶氣候，令人難以忍受的濕熱會榨乾身穿鎧甲的人的生命力。港口熙熙攘攘地擠著大小船隻。「帆船與平底船之間，大約有一百張帆，還有大量划艇與三十或四十支槳的舢板。」恩波利寫道。他還說「港口很美觀，並且不怕任何風……可以容納兩千艘滿載貨物的船……因為水最淺的地方也有四英尋」。有一些來自中國的平底船，載著「白人，和我們一樣，穿著打扮是日耳曼風格，穿著法蘭西式靴子和鞋子」[8]。中國人和印度教徒商人似乎都很友好。

　　蘇丹和總督之間發生一場高度緊張的僵持。蘇丹穆罕默德希望簽訂和平協議，保障船隻的安全通航（因為他的財富仰賴於商船），然後才肯交出被扣押的葡萄牙人質。阿爾布開克要求先歸還人質。雙方僵持不下。蘇丹在古吉拉特和爪哇穆斯林的輔佐下，企圖玩弄季風的計謀，即故意拖慢談判，等

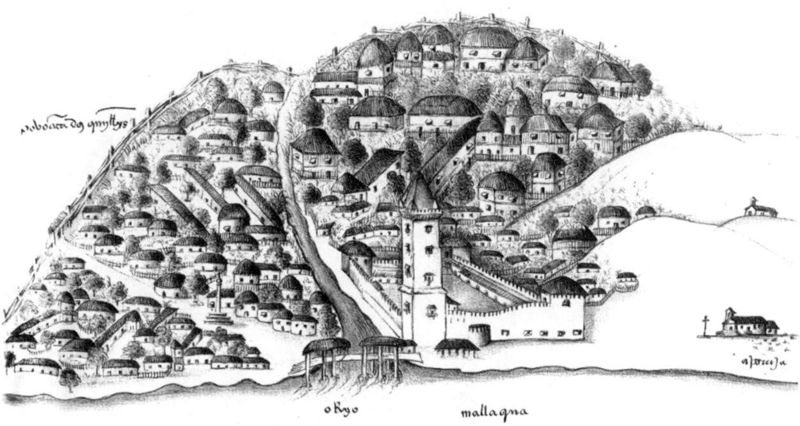

圖34　地勢低窪的麻六甲城被河流分成兩個部分。加斯帕爾·科雷亞在葡萄牙人占領麻六甲並建造要塞不久後繪製了這幅圖。

待天氣迫使葡萄牙人離開。同時他派人密切監視入侵者。他知道葡萄牙人的人數是多麼少，於是準備防禦。阿爾布開克不耐煩了。七月中旬，他砲擊城市，燒毀海邊的一些房屋以及古吉拉特的平底船。蘇丹匆匆回到談判桌前。他給人質穿上華麗衣服，將其釋放。阿爾布開克提出更高的要求：允許葡萄牙人建立貿易站和一座防禦要塞，並重金賠償葡萄牙人蒙受的損失。他可能是估計對方最終不可能接受這些條件，因此在積極備戰。阿勞若和中國人從城裡洩露出來的大量資訊對阿爾布開克幫助極大。蘇丹名義上擁有兩萬士兵、二十頭戰象，還有大砲與弓箭手。實際上這些數字並不讓人肅然起敬。他的大砲品質很差，缺少火藥和訓練有素的砲手，而且實際上擁有武器、能夠作戰的士兵只有約四千人。蘇丹繼續支吾搪塞，並在橋梁兩端建造堅固的防禦工事。同時，他用鐵製尖釘保護海灘，並用稻草蓋住這些尖釘，還準備成袋的火藥。

阿勞若敦促總督立刻行動，不要浪費時間。時間拖得愈久，敵人的防禦就愈鞏固。在慣例的作戰會議上，阿爾布開克敦促指揮官們支持他的計畫，並理解此役的全部意義，他們需要在此地建造一個貿易站，因為麻六甲「是東印度群島人口最稠密的城市，位於所有利潤豐厚的商貿活動的中心和終端」[9]。要建造貿易站，就需要一座堅固的要塞。他對此非常堅持。大家似乎達成一致的意見。

✯

他們精心準備攻勢。麻六甲的關鍵是河上的橋梁。占領了橋梁，城市就被切割成兩塊。於是阿爾布開克兵分兩路，一路在河流西岸登陸，那裡有一座清真寺，王宮也在那裡；另一路由總督親自指揮，在東岸登陸，城市的主要部分在那一側。兩路軍隊將在橋梁處會合。中國人表示願意幫忙，但阿爾布開克決定不讓他們參加戰鬥，而是請他們提供運輸船，協助他的部隊登陸。七月二十四日（聖雅各瞻禮日）黎明前兩個小時，攻勢發動了。他們向海灘拋擲寬闊的木板，以保護士兵在接近敵人防禦工事時免遭尖釘和火藥的傷害。麻六甲人的砲火基本上沒有殺傷力。葡萄牙人身披重甲，但遭受箭雨襲擊。敵人還有一種用吹管吹出來的短而薄的飛鏢，上面塗有某種魚的毒液。如果毒素進入血液，傷者幾天內必死無疑。

阿爾布開克的士兵快速推進，爭奪橋梁的戰鬥很激烈。在另一路，葡萄牙人終於衝過防禦工事，蘇丹決定親臨戰場、身先士卒。他的二十頭戰象橫衝直撞地在大街上走來，將阻攔牠們去路的所有東西都撞得粉碎，後面跟著一大群人。弓箭手從城堡向入侵者射擊，象夫催動戰象前進，戰象的長牙上還掛著劍。蘇丹乘坐大象親自帶隊。面對這恐怖的景象，葡萄牙人開始撤退。只有兩人堅守，用長槍對抗蘇丹乘坐的那頭狂暴的大象。一個葡萄牙人用長槍戳牠的眼睛，另一個刺牠的肚子。受傷的大象因劇痛而狂躁，怒吼起來，轉過身，用鼻子抓住象夫，將他摔死在地。跟在後面的大象亂作一團，喇叭聲響徹雲霄。蘇丹從大象的背上溜下逃走，但戰象隊伍的衝鋒被阻擋住了。象群亂哄哄地散開，丟下一些被踩成肉餅的屍體。

濃煙滾滾，殺聲震天，飛鏢呼嘯，葡萄牙人高呼「聖雅各！」終於衝上橋梁。此時已經到了正午。太陽升到最高點。披著板甲、餓著肚子廝殺幾個小時之後，葡萄牙人因為潮濕炎熱的天氣而筋疲力竭。阿爾布開克下令用船帆搭建涼棚，但士兵們已經一點力氣也沒有了。他們沒有精力去修建防禦工事，以鞏固好不容易得來的橋梁。阿爾布開克單方面決定撤退，這令正在渴望擄掠戰利品的指揮官們大怒。為了在挫折面前鼓舞士氣，他派遣一些小隊去燒毀蘇丹的一些建築和清真寺。他們遇見一座金碧輝煌的木亭，它被承載在一輛巨型戰車上，戰車有三十個輪子，每個輪子都有一個房間那麼高。這座移動亭子本來是用於蘇丹的女兒和鄰國君主的婚禮遊行的，「上面張掛著絲綢織物，外面掛著旗幟。它被付之一炬」[10]。對葡萄牙人的戰略失敗來講，這至少算是一點安慰。橋梁被放棄了。葡萄牙人擄走七十二門砲，帶走己方的傷患。中毒鏢的人幾乎全都死了，唯一倖存者是費爾南・戈梅斯・德・萊莫斯（Fernão Gomes de Lemos），他中毒鏢之後，迅速用滾燙的豬油燙傷口。除了感謝上帝之外，這種療法是挽救他性命的第二功臣。[11]

戰鬥出現一個讓人不確定的間歇。蘇丹宣稱自己大感困惑，因為他明明已經釋放了人質，卻橫遭攻打。他提議和談。他是在爭取時間，等待天氣變化。葡萄牙人的失敗給了蘇丹新的自信。他重建防禦工事——圍欄、海灘上的陷阱（如今在鐵製尖釘上塗了毒），並在城內建造障礙物。但阿爾布開克已經拿自己的雪白美髯起誓，一定要對麻六甲復仇，絕不放棄。

對葡萄牙人來說，問題仍然是掌控城市入口的那座高高的橋梁，現在那裡的防禦比之前厲害多了。解決辦法是居高臨下地攻擊它。阿爾布開克可能是記起在麻六甲海峽與平底船的持續兩天的難忘戰鬥，那次戰鬥表明平底船是多麼堅固。於是他強徵港內的一艘爪哇四桅平底船，裝上許多大砲，交給安東尼奧・德・阿布雷烏（António de Abreu）指揮，然後把它拖曳到橋梁處。這艘船吃水很深，所以只能在漲潮時駛近橋梁；最後它擱淺在一座俯瞰橋梁的沙洲處。平底船處於守軍的火力射界之內，遭到猛烈砲擊。但它安然無恙。守軍從河流上游送來裝滿木材、瀝青和油的木筏，企圖火攻平底船。葡萄牙人乘小船，用鐵製尖端的長魚叉將火攻木筏撥開。阿布雷烏面部中了一枚火槍子彈，牙齒被打碎，舌頭的一部分被打掉，但當阿爾布開克命令別人接替阿布雷烏時，他直截了當地拒絕，並宣稱「只要他還有腳能走路，有一部分舌頭能發布命令，只要他還有一絲氣息，他就不會把自己的崗位交給任何人」[12]。阿布雷烏留在平底船上，準備砲擊橋梁。

阿爾布開克為第二次攻勢做的準備比上一次考慮得更周全。他除準備大量弩弓外，還預備木桶、鶴嘴鋤、鐵鍬和斧頭，以便在猛攻下橋梁之後迅速建立防禦工事；他準備大量木柵欄，以便保護推進的士兵免遭火槍和毒鏢襲擊；他還準備大量木板，鋪設在布有陷阱的沙灘上。萬事俱備。他允許中國人帶著禮物和祝福啟航離去。八月九日，阿爾布開克傳喚所有船長和貴族，召開又一次會議。

很顯然地，許多人在第一次進攻失敗和總督單方面做出的撤退決定之後嘟嘟噥噥。麻六甲吹管毒鏢著實令人膽寒。在熱帶的酷暑中建造一座要塞的想法也不吸引人。葡萄牙貴族始終覺得建造要塞的任務對他們來說太低賤了。他們更願意擄掠一番然後返航。根據不同的記載，阿爾布開克發表一次激情洋溢的演講。他介紹對印度洋的整個戰略計畫。如果扼殺紅海的穆斯林貿易是最終目標，那麼麻六甲，「所有利潤豐厚的商品與貿易的中心和終端」[13]，是戰略計畫的一個關鍵部分。它是「所有香料、藥品和全世界財富的來源……透過它輸送到麥加的胡椒比途經卡利卡特的多得多」[14]。占領了麻六甲，就扼住了開羅、亞歷山大港和威尼斯的咽喉，阻擋伊斯蘭教的傳播。「誰是麻六甲的主人，誰就掐住威尼斯的咽喉」[15]。這是托梅．皮萊茲的話。阿爾布開克準確地把握了印度洋貿易的神經中樞，以及麻六甲為什麼重要。他努力讓葡萄牙貴族們放心，不管葡萄牙人的數量多麼少，他們可以占領並公正地統轄麻六甲，可以借助當地的盟友來守住它。阿爾布開克不是要洗劫一座城市，而是在建設一個帝國。他的主要關注點就是：如果沒有建造一座要塞，是守不住麻六甲的。他直視指揮官們，希望能夠確定他們會致力於要塞的建築工程。他把這一點說得非常明確。「如果不能用一座要塞守住這個地方，那麼我就不打算派遣士兵上岸去占領它。不管能擄到多少戰利品，我也不會拿一個人的生命冒險，因為我覺得那樣不符合我主國王陛下的利益」[16]。這是個強而有力的呼籲，將帝國霸業與聖戰狂熱、騎士的責任感和個人利益聯繫在一起。傾聽他演說的指揮官們的腦子裡一定在覬覦麻六甲的「黃金城牆」[17]，但阿爾布開克勢必要他們都承諾參與建造要塞，才同意繼續作戰。他憑藉強大的個人意志力，終於得勝。葡萄牙貴族或許寄希望於麻六甲缺少石料因此無法建造要塞，宣稱自己「一切工作準備就緒，願意建造一座要塞」，還魯莽地說，「如果需要的話，就蓋個兩座」[18]。阿爾布開克為了保護自己，明智地把大家的表態記錄在案並妥善保管。

✯

一五一一年八月十日，海水漲潮了。他們希望潮水能把擁有城堞的平底船從擱淺的沙洲鬆動出來，把船送到距離那座戰略橋梁更近的位置。他們準備用一千多名葡萄牙人和兩百名馬拉巴爾人征服一座擁有十二萬人口的城市。這可能是葡萄牙人執行過最為紀律嚴明、精心籌劃的軍事冒險。阿爾布開克對攻打卡利卡特失敗的教訓記憶猶新，還記得科蒂尼奧的悲慘結局。他擔心如果士兵們突破海灘上的防禦工事並占領橋梁，他們腦子裡幻想的金銀財寶會誘使他們狂熱地一口氣衝進這座陌生城市錯綜複雜的小巷，在那裡因為沉重板甲的拖累和令人窒息的酷熱，被敵人輕鬆地一網打盡。

他們吸取第一次攻打麻六甲失敗的教訓，不要把士兵分成若干群；占領橋頭堡，掘壕據守並鞏固陣地；維持補給線，以確保不會被敵人打退。這一次他們打得非常精采。平底船俯視橋梁，向沒有任何防護的麻六甲和爪哇士兵傾瀉火力。西路部隊的登陸非常高效和迅捷；在木柵和木板的保護下，他們衝過敵人的防禦工事，打得蘇丹的士兵抱頭鼠竄。葡萄牙人高效地將建築材料送上岸，在橋梁兩端建造堅固的防禦陣地。蘇丹的士兵現在被分割成兩群。葡萄牙人占領了橋東端的一座清真寺；蘇丹軍隊的戰象發動又一次猛攻，也被打退。葡萄牙大船向城內轟擊，以震懾敵人的援兵。葡萄牙人掘壕據守，在清真寺附近的兩座房屋設防，並在屋頂上部署一群火砲。

酷熱令人頭昏腦脹。阿爾布開克又用帆布搭建涼棚，以保護部下免遭毒日炙烤；運送飲食的補給線足以滿足部隊的需求，士兵輪流休息和上陣。如果蘇丹覺得自己可以把葡萄牙人誘騙進伏擊圈，就大錯特錯了。阿爾布開克明令禁止士兵擅自入城，違者格殺勿論。他決心一點一滴穩步前進，尤其是要盡可能減少傷亡——畢竟葡萄牙人本來就很少——並約束士兵們擄掠財物的狂熱。幾天就這樣過去了。「我們在陸地上堅守，」恩波利寫道，「我們披堅執銳至少二十天，不分晝夜地守護崗位，因為敵人隨時從陸海兩面進攻，給我們製造了不少麻煩。」[19]麻六甲人的進攻漸漸減少了。也就是在這個時期，阿爾布開克向士兵灌輸的軍事紀律開始大展身手。

他調遣訓練有素的隊伍有條不紊地肅清敵人的抵抗據點。葡萄牙士兵組成六排方陣，舉起長槍，槍尖向外，整齊地開進城市，奉命始終保持隊型，並在熟悉街道的當地嚮導帶領下前進。這些重裝步兵方陣在軍號、戰鼓與「聖地牙哥！」的吶喊聲中前進，戰鬥力極強，殺戮極其高效。

他們接到的命令是「不要饒恕任何穆斯林、他們的妻子兒女的性命，不管在何處找到他們」。方陣在城市掃蕩，戳刺著、踐踏著。蘇丹的士兵「從未見過長槍」[20]，調頭就跑。八、九天後，訓練有素的葡萄牙士兵就將城市徹底肅清了。蘇丹及其親眷、侍從和大象撤進了叢林。葡萄牙貴族不喜歡這種戰法，站在一旁觀戰。葡萄牙人已經牢牢控制了城市。

葡萄牙士兵們忍受了酷熱、持續攻擊、吹管毒鏢引發的恐懼和總督的鐵一般紀律，如今渴望得到獎賞，要把這座神話般的東方集市洗劫一空。阿爾布開克承認他們有這個權利，但他希望保住一座有生命力的城市，而不是將其化為冒黑煙的廢墟。他嚴格管束搶劫的過程。搶劫僅限一天。葡萄牙人與印度教徒、爪哇人和緬甸人是盟友關係，所以不准搶劫他們的住宅。這些民族的主要居住區懸掛旗幟以標明身分。不准焚燒任何房屋。不准動蘇丹的宮殿，因為那裡的一切都屬於葡萄牙王室。所有人都得到公平的機會。在勝利之後的搶劫狂潮中，水手一般是輸家，這一次他們得到優先挑選戰利品的權利。每一支隊伍聽到號聲之後必須返回。他們扛著自己能拿得動的所有財物蹣跚回到岸邊時，總督要求他們帶著自己的戰利品留在原地，然後派遣下一群士兵進城搶劫，直到夜幕降臨。他們從商人住宅的地下室裡搶到大量財寶。

在狂奔而去搜尋財寶的過程中，每個人都要決定什麼帶走，什麼留下。對葡萄牙人來說，麻六甲是「天方夜譚」一般的寶庫，充溢著遠東的財富。他們借此瞥見印度以東的情況，也讓馬拉巴爾海岸的財富顯得黯然失色。恩波利在給父親的信中寫道：「相信我，這裡富得流油，有非常了不起的東西，有宏偉的高牆環繞的都市，有各色商品和財富的貿易，有五花八門的風俗和生活方式。我們歐洲簡直不值一提；在東方，印度算是最差最窮的地方。」[21]

夕陽西下，墜入西方的海峽。麻六甲的大街小巷丟滿形形色色、非同小可的商品：珠寶，成罐的麝香，塞滿錦緞、絲綢、塔夫綢（taffeta）和樟腦的箱子。「有的房間裝滿檀香木，都不值得搬走。」[22]還有珍稀的中國青花瓷，因為易碎和笨重，不值得去搬運。金條、成罐的金粉、香水和罕見的寶石，是更受青睞的戰利品。大量鐵砲被擄走，其中一些可能是扎莫林送給麻六甲的。阿爾布開克命令一些士兵從蘇丹宮殿搜羅令人眼花撩亂的金銀珠寶，以便送給葡萄牙國王。而總督本人對自己的身後事和現世生活同樣關注，擄走六隻青銅獅子，以裝飾自己的墓穴。隨後宮殿被付之一炬。

區區數百名葡萄牙人，乘坐漏水的破船，竟然輕鬆占領擁有龐大人口的麻六甲，這是一樁異乎尋常的壯舉，是凸顯莫大勇氣和狂妄自信的冒險事業。何況敵人數量極多，且擁有自己的火藥武器。純粹從軍事角度看，此役完全可以和西班牙征服者在美洲的那些非對稱的勝利媲美。但正如阿爾布開克預想的，守住這座城市就是另外一回事了。

葡萄牙軍官和士兵們大發橫財，做好離開的準備。他們請求總督返回印度，讓艦隊將來有機會再來麻六甲。阿爾布開克無疑已經預想到部下會有這種想法。他指出，他手裡掌握著他們宣誓參加要塞工程的保證書，並宣布，如果他們「擅自離開城市，而沒有以國王的名義控制和保障它……我就活該丟腦袋、靈魂下地獄……不要說這樣的事情。我們必須全部歡歡喜喜地工作，建造要塞，並且愈快愈好」[23]。阿爾布開克是個風風火火的人。鞏固葡萄牙在麻六甲的據點、搶在雨季之前離開、擔心果阿出事——這些因素都催動他拚命工作。

持懷疑態度的人不熱中修建要塞，是完全有道理的。事實證明，在城市中心的河邊建造一座要塞，是另一種人間地獄。恩波利素來不會低估困難，他如此記述道：「總司令和一些部下白天匆匆趕工，夜間點著火把施工，用木板建造一座要塞，用很多沉重的原木圍繞著它，部署許多火砲，在一個月內將其打造得非常堅固。」這是一個持續加固的過程：「要塞足夠堅固之後，我們著手用石料建造另一座要塞。」參加工程的人們肯定感到失望，因為總督拆除清真寺和房屋，搬來足夠的石料。

> 用我們的後背把石料背到工地非常困難，所有人都是勞工、砌磚工和石匠……在無法忍受的酷熱（因為此地位於赤道以北兩度）中，我們一邊勞動，一邊始終攜帶武器。地勢很低，沼澤叢生，有野獸出沒，所以臭氣熏天，空氣非常不衛生。除了大米，我們沒有任何吃的，於是我們全都病了……沒有一個人不曾患上恐怖的熱病，於是指揮官的兵營裡有死屍停放兩、三天，因為找不到人手掩埋屍體。我在十月初病倒，發燒一連五十天，病勢沉重，以至於我昏迷不醒。[24]

瘴氣瀰漫的環境、糟糕的飲食和瘧疾打倒許多葡萄牙人，以至於工程幾乎無法繼續下去。他們只得依賴當地勞工將工程繼續推進。阿爾布開克也染上熱病，寒顫不止，但仍繼續監督工程。

要塞工程、對反擊的擔憂和嚴重的疫病拖住阿爾布開克的手腳。一五一一年底，他必須決定是離開，還是在麻六甲滯留一年。阿爾布開克留下三百人和八艘船（有兩百名船員）駐守麻六甲。剩餘三艘船，「海洋之花」號、「恩紹布雷加斯」號和「特林達迪」號將返回印度，運回大部分財寶。他還讓十五人乘坐一艘俘獲的平底船，由爪哇奴隸駕船。

「海洋之花」號是葡萄牙艦隊最寶貴的戰船之一。它排水量四百噸，是史上最大的克拉克帆船；裝備四十門砲（分別在三層甲板上），擁有高聳的艉樓和艏樓；相對於印度洋上的阿拉伯三角帆船而言，它非常威武雄壯。它是一座能向所有方向射擊的浮動要塞。在第烏戰役期間，它一天之內向埃及艦隊發射六百發砲彈，但它船體太大，在困難的情況下難以操控，而且船齡太老了。前往印度的葡萄牙船隻的平均壽命可能是四年；漫長旅途的煎熬和鑿船蟲的破壞會在很短時間內把堅固的木板化為木漿。到一五一二年，「海洋之花」號已經在海上航行十年了。它漏水嚴重，需要持續不斷地修補和抽水。阿爾布開克希望把它修葺一番，勉強支撐到柯欽，在那裡大修。但大家的共識是，這艘船已成為一個死亡陷阱。離開麻六甲的很多人直截了當地拒絕乘坐這艘船。只有總督堅定不移的自信讓一些船員放下心來。因為它船體最大，所以運載大部分財寶和很多傷病員，以及一些準備送給葡萄牙王后的奴隸。

恩波利乘坐「特林達迪」號，對後來發生的事情有著第一手記錄：「就這樣，我們出航了，在非常惡劣的天氣條件下航行，因為即便我們於十二月二十日從麻六甲出發去印度，也算很晚了。」他們實際的出發日期比這還晚一個月。出海六天後，這支小艦隊遭遇了風暴。

> 凌晨三點左右，我們聽到雷鳴般的巨響……我們的船進水四英尋。我們立刻落錨……風力極強，向海岸的方向猛吹。天亮之後，我們周圍四、五里格的範圍盡是驚濤駭浪，因為我們在一個淺水區的中央。總司令的船位於水最淺的地方；一片巨浪猛擊它的艄樓，把十六人

捲入大海，全都溺死了。

「海洋之花」號深陷危境，嚴重漏水，而且因為載貨太多、進入船體的水愈來愈重而難以動彈。為了熬過這場風暴，它必須落錨，但漏水太快，用水泵抽水也無濟於事。據恩波利說：「又是一片巨浪擊中船體，打落了舵，於是它轉向一側，擱淺了。它立刻灌滿了水，船員們集合到艉樓甲板，站在那裡等候上帝的裁決。」[25]

棄船的時間到了。阿爾布開克下令將一些桅杆砍倒並捆綁起來，做成簡易木筏。傷病員被送上一艘小艇，其他成員乘坐一艘划艇轉移到木筏上。阿爾布開克腰間繫著繩索，繩子另一端繫在「海洋之花」號上。他親自操縱小艇，來回接送船員，直到全體葡萄牙人都離開「海洋之花」號。他到最後危急關頭仍然嚴格執行紀律，命令所有人離船時只能穿著上衣和馬褲；誰要是想拿走財物，就留下和船一起沉掉好了。至於奴隸，就自求多福吧。奴隸們跳海逃生，不會游泳的人就淹死了。有些奴隸抓住木筏，但葡萄牙人用長槍逼迫他們，不准他們登上木筏，免得超重。在海上，生存始終是最重要的。在他們背後，「海洋之花」號斷成兩截，艉樓甲板和主桅還露出水面。小艇和木筏漂流了一夜，「他們的心跳到嗓子眼，哀求上帝憐憫，直到黎明時分，風力減緩，大海略微平靜了一些」[26]。

在黑夜的混亂中，更前方的「恩紹布雷加斯」號測了水深，決定挽救自己要緊，於是駛離「海洋之花」號的殘骸。平底船上的奴隸抓住機會，殺死葡萄牙主人，駕船逃走了，還帶走一大批貴重貨物。只有「特林達迪」號比較接近海難地點，能夠救援，但它也自身難保。據恩波利說，

「船已經觸碰到海底，於是我們不得不扔掉甲板上的所有設備、火砲和部分香料，把我們自己的性命託付給上帝，因為我找不到其他的辦法。跳海逃生是沒有希望的，因為海域非常廣袤」[27]。曙光初現，大海漸漸平靜，他們辨認出木筏，筏子上的人臨時拼湊一面旗幟，扎在長矛上，做為訊號。

倖存者被救到「特林達迪」號上。「船上……大約有兩百人，我們沒有足夠的飲食供給這麼多人……上船的人太多……讓我們陷入了混亂。」儘管缺乏口糧，阿爾布開克因為擔心自己不在期間柯欽和果阿出事，心急如焚地要趕回去，因此拒絕靠岸獲取給養，「說印度急需他回去，還有其他的原因」。如果恩波利的話可信，總督的固執讓駛往柯欽的航行彷彿噩夢。「我們缺吃少喝，生活極其困難；我們每人每天只能領取六盎司腐爛的餅乾和一小口水……大家高聲疾呼地抱怨……總司令躲在自己艙房，閉門不出，沒有人見得到他。」[28]為了減少需要吃飯的人數，葡萄牙人趁著一些穆斯林俘虜睡覺的時候將其扔進大海。就這樣，他們「抵達柯欽，船上拚命抽水，水手半死不活」[29]，除了自己身上的衣服，什麼都沒有了。據一份史料，阿爾布開克保住暹羅國王贈給曼努埃爾一世的一頂王冠、一支金劍和一隻紅寶石戒指。

他們拋下的「海洋之花」號只有上層建築還在蘇門答臘島礁石叢中露出水面，而從麻六甲王宮擄來的全部財寶和其他財富，已經沉入大海。科雷亞在一份罕見的第一手回憶錄中寫道：「我聽他說，他們在麻六甲國王的宮裡找到一張四條腿的桌子，上面鑲嵌價值七萬克魯扎多的寶石。」[30]隨「海洋之花」號一同損失的「黃金與首飾的價值超過在印度任何地方損失的財富，將來也不會有這麼多的金銀珠寶了」[31]。這一切都在深淵裡消失得無影無蹤，包括原打算獻給葡萄牙國王與王后的寶石和金條。美麗的奴隸被溺死，阿爾布開克為自己的墓地準備的青銅獅子也墜入海底。此外，葬身大海的還有一件對葡萄牙人——他們不斷努力更加地理解和主宰世界——來說同樣寶貴的東西。

那是一幅神奇的世界地圖，只有一小部分留存至今。阿爾布開克向曼努埃爾一世哀嘆這幅地圖的遺失：

一名爪哇領航員繪製的偉大地圖，記錄了好望角、葡萄牙和巴西的土地、紅海和波斯灣、香料群島、中國人與福爾摩沙（台灣）人的航行路線，附有羅盤方位線和他們的船隻走過的航線，以及這些互相接壤的王國的內部情況。陛下，我認為這是我見過最美妙的東西，陛下若是看到一定會大悅。地名是用爪哇文寫的。我這裡有一個爪哇人，懂得讀寫爪哇文。我將這份地圖的殘片……陛下能從中看到中國人和福爾摩沙人是從何而來，以及您的船隻要去香料群島必須走哪些航線；哪裡有金礦分布；爪哇島和班達群島，即肉豆蔻和肉豆蔻衣的產地在何方；暹羅王國的位置；以及中國人航海的範圍，他們返回何地，以及他們航行的最遠邊界。地圖的主要部分在「海洋之花」號上損失掉了。[32]

但阿爾布開克已經利用新開闢的橋頭堡麻六甲，去親自尋找和探索這片海域。他派遣使節團到勃固（緬甸）、暹羅（泰國）和蘇門答臘島；他的一支探險隊於一五一二年拜訪香料群島，並繪製地圖；葡萄牙船隻向更東方航行，於一五一三年和一五一五年在中國的廣東登陸，尋求與明朝通商。他把世界的各個最遙遠的末端連接起來，完成了曼努埃爾一世給他的所有任務。

但對葡萄牙人來說不幸的是，這些勇敢的探索產生意想不到的後果。他們之所以攻打麻六甲，部分理由是為了挫敗西班牙人在遠東的野心。然而，此次行動反而提供西班牙人開拓遠東所需的人才、資訊和地圖。在麻六甲的葡萄牙人當中有麥哲倫。他從戰利品中大發橫財，帶著一名蘇門答臘奴隸返回葡萄牙，給他洗禮，取名為恩里克。麥哲倫後來與曼努埃爾一世發生爭吵，叛逃到西班牙，把恩里克也帶去了，還帶走葡萄牙人繪製的香料群島地圖以及一位曾去過那裡的朋友的詳細書信。幾年後，他為西班牙效力，在第一次環球航行中利用這些資源。恩里克是價值不可估量的譯員，這種知識幫助葡萄牙的競爭對手將東印度的香料群島據為己有。

第二十一章　蠟的子彈

一五一二年四月至一五一三年一月

阿爾布開克回到柯欽，彷彿一個死而復生的人，只穿一件灰色上衣和一條馬褲。他的抵達並不讓人感到喜悅。自一五〇八年霍爾木茲的反叛者抵達柯欽以來，此地就變成反對總督的一個強大派系中心。每支返航里斯本的艦隊都攜帶例數總督出格行為的御狀信。「那些希望打擊陛下偉業的人，」阿爾布開克在給曼努埃爾一世的信中寫道，「宣稱我已經死了，和整支艦隊一起完蛋了。」[1]

貌似堅不可摧的總督登陸之後發現，他不在印度期間，貪汙腐敗、濫用職權和昏庸無能的現象非常猖獗。他的命令沒有得到遵守；他任命的人遭到藐視；與當地女人結婚的葡萄牙人被處以破門；有人盜竊公共財產並逃亡；紀律嚴重渙散。隨後幾個月裡，他連珠砲一般地給國王發去兩萬字言辭激烈的書信，在其中原原本本地講述應當採取哪些舉措來控制海洋。他自稱經驗豐富，所以在這個話題上享有權威：「我已經五十歲了，在您之前曾侍奉兩位國王，目睹他們的作為。」[2]這話可不是當前的國王愛聽的。

這封信揭示這位積極行動的帝國建設者的形象：惱怒、直言不諱、激情澎湃，並且似乎無所不知。有的時候他極其直率，嚴厲斥責葡萄牙貴族的不守紀律（他們「覺得可以隨心所欲……對我的決定置若罔聞」），批評國王在摩洛哥的軍事行動浪費資源，「卻拋棄了印度」[3]；對自己缺乏人手、物資和金錢而憤怒，更不要說船隻的朽爛，並對這些壞消息造成的後果感到憤恨：「陛下知道我遭受的忽視和困窘會造成怎樣的後果嗎？我不得不攻打麻六甲兩次，果阿兩次，進攻霍爾木茲兩次，並乘坐木筏在海上航行，以便補救您的事業、履行我的使命。」[4]

有時他的語調簡直就是粗魯，但他始終忠心耿耿，提出許多逆耳忠言，並且在國王面前謙卑到了奇怪的地步，他雖然有著無比自信但卻受到一種罪孽感的折磨。無論多麼枝微末節的事情，他都要向國王彙報。他要給麻六甲送去滑輪，及做為教士法衣的「兩件精美長袍」；他需要教堂的管風琴和中型彌撒書；需要「勞動力以挖掘壕溝和建造圍牆」[5]，需要石匠去建造要塞和在麻六甲修建水車磨坊，「那裡漲潮時有很強的水流」；需要木匠，還需要熟悉瑞士戰術的軍官來訓練他的部隊。他對有些教士企圖顛覆他的異族通婚政策而煩惱，「在柯欽，我找到一箱書，可以教孩子識字。我覺得陛下送來這些書不是為了讓它們爛在箱子裡，所以我命令此地的一名與當地女人結婚的葡萄牙人教導小男孩讀書寫字」。他評論道：「這些孩子非常聰慧，很快就學會老師教的東西。他們全都是基督徒。」[6]他最大的要求是送來更多人。他始終在清點計算手頭可用的人力，人總是太少。他一次又一次寫道：「我要再說一次，如果您想在印度避免戰爭，並與此地的所有國王保持和平關係，就必須送來大量部隊和優良武器。」[7]

在阿爾布開克寄給曼努埃爾一世潮水般的書信中，他概述自己獨當一面、僅用數千人在努力建設帝國的方方面面——軍事、政治、經濟、社會和宗教。這位絕頂聰明、飽受磨難的殖民地長官重述了主宰印度洋的鐵律。「陛下，請信賴優秀的要塞……只要有葡萄牙士兵頭戴鋼盔站在城堞上，不管哪個國王還是領主都無法輕鬆地奪走要塞……這塊地方只要有陛下的一座堅固要塞來控制，只要被我們占領下來，就能一直維持到審判日。」[8]連結堅固的要塞，控制戰略要衝，就能讓葡萄牙人完全主宰印度洋。他對自己的主要軍事建築師湯瑪斯．費爾南德斯（Tomás Fernandes）讚不絕口。

在這過程中，阿爾布開克正在鞏固帝國霸業的一個革命性理念。葡萄牙人始終深刻地意識到自己的人數多麼少；早期他們的許多征服都是面對數量遠遠大於他們的敵人，而以少勝多的。他們很快地捨棄占領大片領土的想法，他們發展出來的原則是掌握靈活機動的海權，同時控制易守難攻的沿海要塞與基地網絡。要掌握制海權，他們得擁有建造要塞、航海、地圖繪製和砲術方面的技術專長，以及海上機動性和在

圖35　「信任優良的要塞」，阿爾布開克的軍事建築師湯瑪斯．費爾南德斯在印度沿海建造一個堅固的要塞網絡，有能力抵禦長時間圍攻。

廣袤海域協調配合的能力。他們的堅忍不拔和持續努力，幾十年間，葡萄牙人不惜血本地投資在造船、獲取知識和人力資源上，這一切促成一種新型態的遠距離海上貿易帝國，使其有能力在極遠距離外控制貿易和資源。它賦與葡萄牙人具全球視野的雄心壯志。

但如果我們更細緻地觀察，印度殖民事業往往顯得出乎意料地搖搖欲墜，依賴超乎尋常的個人積極性。「陛下，」阿爾布開克在給國王的一份抱怨書信中寫道，「建造要塞需要規劃，而我們在印度沒有這樣的能力。我們艦隊出航的時候，只攜帶一點大米和椰子，每個人帶著自己的武器，如果有武器的話……我們需要的裝備，還在里斯本的庫房裡。」[9-11]這是一個身處一線的人感到的絕望，他拚命拉扯遙遠的上級的衣袖，渴望上級能聆聽他的訴求，「陛下萬萬不可忽視我所說的話！」[12]而且阿爾布開克知道有人在和他作對，向國王進獻惡毒的讒言。關於他即將被撤換的傳聞一直在流傳。「我擔心陛下不想於我在印度期間支持這項事業，是因為我的新舊罪孽……我遭受打壓，得不到陛下的信賴。」[13]他最擔心的是，在他的工作完成之前，他就被掃地出門。印度是阿爾布開克畢生的事業。

與建造要塞的政策緊密相連的，是他與所有前任總司令的共識，必須以殘酷的暴力行為殺一儆百：

陛下，我告訴您，在印度最關鍵的事情是：如果您希望在這裡得到愛戴和畏懼，就必須盡全力報復……印度人看到麻六甲和果阿遭受的殘酷報復，看到扎莫林的宮殿和宅邸、穆斯林的清真寺與船隻被焚毀，受到極大震撼。我說的這些事情，讓我們在印度事務中樹立極高的公信力，受到莫大敬畏。[14]

他清楚知道國王想要的是什麼。想要「扼殺麥加、吉達和開羅的貿易」[15]，就需要「從穆斯林手中奪走這些貿易中心」[16]。現在最關鍵的就是已經耽擱許久的進入紅海的作戰。在書信中沒有明言，但雙方都理解的是，這將是徹底摧毀馬穆魯克王朝的跳板，並且根據曼努埃爾一世的聖戰願景，也是收復耶路撒冷的前奏。

向穆斯林勢力中心發動最後攻勢的基石仍然是果阿。果阿是阿爾布開克心心念念、魂牽夢縈的地方。他的政敵三番五次主張拆除在果阿的要塞，而他一次又一次為這個島嶼辯護。「強而有力地支援果阿，陛下就會得到它的所有領土……它一定會變得安寧祥和，為您做出極大貢獻。」[17-18]「陛下若是能看得到果阿的重要性，我們對它的占領如何粉碎穆斯林的癡心妄想、平定了印度，我會非常高興。」[19]也的確需要阿爾布開克這樣一位具有戰略天賦和極度自信的人，才能清楚地看到果阿的價值。

事實上，阿爾布開克寫這封信的時候，果阿又一次遭到圍攻。他在麻六甲期間對果阿的安危心急如焚，果然是有道理的。他之前關於維持果阿島防禦能力的指令遭到忽視。阿迪爾沙阿派遣一支強大的軍隊，捲土重來，要奪回原屬於他的領土。他的軍隊強行通過渡口，並在島上具有戰略價值的貝納斯塔里姆（Benastarim）渡口建造一座相當強大的要塞。隨後他們以這座要塞為基地，攻打果阿城，將其圍得水泄不通。因此阿爾布開克必須再次推遲前往紅海的遠征，先保障果阿的安全。

這一回阿爾布開克沒有匆忙行事。雨季將會嚴重阻撓救援果阿的行動。從麻六甲戰役返回的倖存者筋疲力竭。戰爭、死亡大大削減他的兵力，而且他還不得不留下一支相當大的部隊和不少船隻駐守麻六甲，所以他手頭的力量不足以有效馳援果阿。他需要等待本年度的香料艦隊從里斯本趕來。在此期間，阿爾布開克寄望於果阿要塞能夠堅守住。「上帝佑護，」他在給國王的信中寫道，「只要不發生內部叛亂，就不必害怕攻打您要塞的穆斯林。」[20]歷經初期的絕望之後，果阿葡萄牙守軍的鬥志一五一二年夏季有所改善。阿迪爾沙阿的叛教者譯員若昂・馬沙多渴望恢復自己出生時的信仰，倒戈到葡萄牙人那邊，讓葡萄牙人士氣大振。馬沙多的變節非常悲劇。他有一個穆斯林妻子和兩個孩子，他祕密讓他們接受洗禮，成為基督徒。從穆斯林陣營溜走的時候，由於某種原因，他只能帶走妻子。為了不讓孩子在穆斯林手中當異教徒，他將孩子溺死，好讓他們直接上天堂。馬沙多只帶來為數不多的人手，但他知曉沙阿將領們的祕密計畫，非常熟悉他們的戰術，並且也知道他們的資源情況和要塞的弱點。消息傳到果阿的葡萄牙要塞，總督還活著，這進一步鼓舞大家的士氣。由清真寺改建的教堂響徹鐘聲，守軍寫信給總督，宣稱他們能夠守住，但他需要率領強大的兵力前來救援。

八月中旬，從里斯本來的艦隊抵達柯欽。它沒有像阿爾布開克的政敵期望的那樣送來新任總督，而是為阿爾布開克帶來他急需的大量援兵和裝備：十二艘船和一千五百名裝備精良的士兵。他欣喜若狂，「似乎陛下現在要給與印度應有的重視了」[21]。令他尤其高興的是，曼努埃爾一世回應他要求派遣訓練有素的軍官的請示。曼努埃爾一世送來兩名軍官、義大利戰爭中熟悉瑞士戰術的老兵、連隊士官、三百支長矛、五十支弩弓和一批火槍。在這些軍官的指導下，組建一支八百人的部隊，分成三十二個排。一絲不苟的操練開始了。士兵們定期舉行射擊訓練，射術最好的人能得到賞金。他們還接受隊伍的機動訓練，以便能夠做為一個有效的單位進行協調熟練的動作，而不是亂哄哄地各自為戰。最妙的是，這些士兵如今接受阿爾布開克的直接指揮。

雨季結束了，總督做好出征的準備。他堅信自己能夠驅逐穆斯林軍隊，儘管敵我雙方兵力依舊懸殊。紅海在召喚他。他打算儘快奪回果阿，然後運用這支強大的新軍隊，在兩個雨季之間至少封鎖住紅海的咽喉。

一五一二年十月底，阿爾布開克抵達果阿。十一月底，戰役就結束了。他大膽地猛衝猛打，首先摧毀河裡的防禦木柵，將貝納斯塔里姆與大陸分割開。然後他從那裡進入果阿城，攻擊沙阿的軍隊。在一場短暫而激烈的野戰和攻城戰（葡萄牙人在城外砲擊城牆）之後，沙阿的將軍升起了白旗。

葡萄牙軍官們像以往一樣，打得十分蠻勇莽撞。河上的戰鬥尤其激烈。貝納斯塔里姆要塞守軍從城牆上用精準的砲火掃蕩河面，轟擊葡萄牙船隻（用椰子纖維製作的軟墊提供防護）。雷鳴般的砲聲讓人短暫失聰。就連阿爾布開克也不得不斥責一些船長毫無必要地冒險。「我常批評他們過於魯莽地親身涉險，拿自己的身體和性命犯險……他們會走到船樓上，站在最危險的地方……有時我看到他們對安全防護置若罔聞，非常痛心。」[22]但他自己總是身先士卒，從不躲避戰鬥的危險。穆斯林要塞射出的一發砲彈命中他的小船，打死兩名槳手。敵人以為阿爾布開克也死了，於是歡呼勝利。這時阿爾布開克站了起來，向敵人要塞展示自己，證明他們的錯誤。他奇蹟般的生還令他的敵人和朋友都相信，他一定是刀槍不入。在最後砲擊貝納斯塔里姆時，他又一次親臨最前線，審視部隊的部署。敵軍砲手發現他，瞄準他射擊。與他不和的葡萄牙貴族迪奧戈・門德斯・德・瓦斯康塞洛斯建議他找尋掩蔽。這一次阿爾布開克聽取別人的建議，躲到一塊岩石背後。隨後一發砲彈擊中他旁邊的一個人，血濺了他一身。

葡萄牙貴族希望遵照榮譽法則不顧一切地奮勇拚殺，但阿爾布開克對兵力有著個人的戰略部署。兩方在戰術上的分歧不斷造成麻煩。貴族們渴望揮舞巨大的雙手重劍，進行英雄式的單挑對決，贏得戰利品、揚名立威；而總督要的是將組織有序的部隊運用於連貫協調的戰術。他那些訓練有素的部隊發揮極大的殺傷力。由長槍兵、弓箭手和火槍手組成的密集隊伍以良好秩序在戰場上運動，在正面對壘中將隊形鬆散的穆斯林散兵逼退到城牆下。葡萄牙人組成「秩序井然的方陣……隊形緊密，長槍黑壓壓地伸出，舉著八面團旗，戰鼓齊鳴、吹奏笛子」[23]。他們以密集隊形緩緩前進，「用許多火槍不斷射擊，槍是這一年從葡萄牙運來的」。阿爾布開克預見到未來的戰爭形式，但這不受貴族們的歡迎。由砲火而不是攀爬城牆來決定戰局，嚴重違反了中世紀軍事文化的精神。很多葡萄牙人希望猛衝進城、大肆洗劫，而不顧這種戰術可能造成無謂的傷亡。阿爾布開克抵制這些人的堅決反對，與敵人進行投降談判。根據協定，所有穆斯林及其家眷均可安全撤離。其他的一切，如火砲、馬匹、武器，則必須留下。穆斯林將被安全地送過河，但只能帶走他們身上穿的衣服。這其中只有一個問題，沙阿的軍隊裡有一些葡萄牙和其他基督教國家的叛教者，這些人必須被交出來。穆斯林將軍非常不願意交出這些人，因為他們已經皈依伊斯蘭教。最後雙方達成協定，阿爾布開克同意饒恕這些叛教者。

穆斯林安全撤離了，沒有受到傷害；阿爾布開克也信守關於叛教者的承諾，饒了他們的性命。但僅此而已。這些俘虜被關在囚籠裡一連三天。大家譏笑他們，向他們扔泥土，拔掉他們的鬍鬚，以示羞辱。第二天，叛教者的鼻子和耳朵被割掉。第三天，他們的右手和左手拇指被砍斷。然後他們的傷口被包紮起來。很多人死了，倖存者則「非常有耐心地忍辱負重」[24]，說「他們的滔天罪孽理應受到更嚴酷的懲罰」。阿爾布開克不斷演進的戰術如同外科手術，節省了人力和時間，但受到很多人的憎惡。他的敵人散播謠言，稱他接受敵人的一大筆賄賂，因此縱虎歸山，讓敵人逃走，將來還能再戰。事實上，阿爾布開克相信自己無需殺掉所有敵人。他認識到，貝納斯塔里姆是整個果阿島的關鍵所在。他重建貝納斯塔里姆的要塞，重組其他所有渡口的防禦體系，將島嶼嚴密地封鎖起來。葡萄牙部隊繼續操練。他知道，果阿已成為葡萄牙王室永久的財產。現在，只有柯欽和坎納諾爾那些反對他的派系能夠危害果阿。

第二次擊敗阿迪爾沙阿之後，葡萄牙成為亞洲的一支強大力量。一五一〇年葡萄牙人第一次占領果阿的時候，一位柯欽商人宣稱：「總督轉動了鑰匙，把印度進獻給他的國王。」[25]他說的「印度」指的是東印度沿海貿易。葡萄牙人的微弱力量當然不足以直接威脅印度次大陸的主要強國比賈布林和毗奢耶那伽羅，但葡萄牙人如今成為印度政治的參與者。阿爾布開克天才地認識到果阿的戰略意義，它是兩個互相爭鬥的強國之間的分歧點，是比卡利卡特或柯欽優越得多的商業樞紐。最關鍵的是，他如今控制波斯的馬匹貿易。從霍爾木茲運來馬匹的船隻被他的戰船引導到果阿，商人及其珍貴的貨物都受到極好的待遇。每年有一千匹馬會通過果阿島，葡萄牙王室從中獲取巨額利潤，獲利率約為百分之三百至五百。

阿爾布開克是自亞歷山大大帝（Alexander the Great）以來第一位在亞洲建立帝國霸業的歐洲

人。他那雪白的長鬚和令人生畏的嚴峻面容，使得印度洋各地的人對他產生一種迷信的敬畏。在馬拉巴爾海岸，他們把當地的一種魚命名為「阿方索．德．阿爾布開克」，並將其用於魔法咒語。他的孟加拉敵人詛咒他是「印度巨犬」。他運用個人的聰明才智，去理解印度洋錯綜複雜的商業和帝國競爭——印度教徒與穆斯林、什葉派與遜尼派、馬穆魯克王朝和波斯人、毗奢耶那伽羅和比賈布林、霍爾木茲和坎貝、卡利卡特和柯欽之間的爭鬥，以及第烏的馬利克．阿亞茲狡黠的生存策略。阿爾布開克帶著精明敏銳的頭腦投入這場政治遊戲，分而治之，利用其中一派去對付另外一派，同時保持冷靜，不抱幻想。他不信任協定和友誼的保證，因此在給曼努埃爾一世的信中清楚介紹了印度洋外交的現實：

陛下的目標是控制他們的貿易，並摧毀麥加貿易，那麼他們竭盡全力去阻止您，您還會感到震驚嗎？……陛下覺得可以用好言相勸、和平提議和保護來留住他們……但唯一讓他們會尊重您的方式，就是力量。我率領一支艦隊抵達的時候，他們第一件事情就是查清楚我有多少人、有什麼樣的武器。如果他們判斷無法戰勝我們，就會和和氣氣地接待我們，誠實守信地與我們做生意。但如果他們覺得我們很弱，就會拖延搪塞，準備做出我們無法預測的反應。若是沒有軍事支持，我們不能和任何國王或領主建立盟約。[26]

所有人都不得不應對新的現實，葡萄牙的勢力將在亞洲長久存在。一五一二年底，各國使臣蜂擁來到果阿，向葡萄牙人致敬邀寵。阿爾布開克漸漸認清穆斯林在印度洋的廣泛分布，並務實地認識到，是不可能將其全部消滅的。為了消滅馬穆魯克王朝，他也開始巧妙地尋求與敵對馬穆魯克王朝的伊斯蘭權貴合作。毗奢耶那伽羅和比賈布林都非常需要馬匹貿易。他就借此操縱他們。他與古吉拉特的穆斯林蘇丹建立關係，並派遣另一位使者，米格爾・費雷拉（Miguel Ferreira），去拜見波斯的沙阿伊斯瑪儀一世；這位使者比他的前任幸運。扎莫林似乎終於接受葡萄牙人將在印度長久盤踞的現實，送來和平建議，並允許他們建造一座要塞。阿爾布開克接受了，但也在制訂其他計畫。他在第烏的老對手馬利克・阿亞茲特別熱切希望知道他的意圖。阿爾布開克正請求阿亞茲的主公——坎貝蘇丹，允許他在第烏建造一座要塞。阿亞茲希望坎貝蘇丹不會同意。

阿亞茲的使者遭受一場如大師講習班的恫嚇。重返基督教的前叛教者若昂・馬沙多，把這個倒楣的傢伙帶去參觀被葡萄牙砲火打得七零八落的貝納斯塔里姆防禦工事，帶他去看馬匹貿易中那令人驚嘆的馬廄設施、軍械庫和倉房，以及那些造成巨大破壞的重型射石砲，還邀請他把自己戴頭巾的腦袋伸進砲管，去親身體驗一下砲管是多麼巨大。最後，使者被要求穿上一件鋼製胸甲，領到一面牆前，讓一名士兵用火槍瞄準他的胸膛。一聲槍響，使者覺得自己的末日到了。但子彈在胸甲上彈開了，沒有對他造成任何傷害。阿爾布開克向渾身戰慄的使者解釋，葡萄牙的鎧甲有防彈功能，並請他把這件胸甲帶回去給他的主公，做為證據。阿爾布開克的這一套手法，都是為了震懾對方。毫無疑問地，假如馬利克・阿亞茲親自穿上胸甲做同樣的實驗（阿爾布開克可能想到這一點），他肯定會被殺死。因為向使者射出的子彈是用蠟做的假貨。

對於正在求和的扎莫林，阿爾布開克有更玩世不恭的解決方案。他向扎莫林的兄弟（比較親葡萄牙）提議，或許一次簡單的下毒就能解決問題。扎莫林果然死了。他的繼承者成了葡萄牙的傀儡。總督得以寫信報告曼努埃爾一世，他終於「掐住這頭山羊的喉嚨」[27]。卡利卡特的問題就這樣幾乎不流血地解決了。後來，這座城市變成一個落後的窮鄉僻壤，它原先欣欣向榮的貿易全都轉移到果阿。同樣的命運也降臨到曾積極支持葡萄牙人的兩座港口頭上，即坎納諾爾和柯欽。所以長遠來看，當搞壟斷的帝國主義者的鷹犬，是沒有好下場的。

在此期間，一名衣索比亞使者來到果阿。這是一個形跡可疑的角色，名叫馬太（Matthew），是衣索比亞太后艾萊妮（Eleni）派來的。他代表少年國王（也就是葡萄牙人尋覓許久的祭司王約翰），送來了一封信和真十字架的一個碎片。這起事件讓葡萄牙人欣喜若狂，但也有人懷疑馬太是個騙子。衣索比亞人提議與葡萄牙人結盟，以粉碎衣索比亞以北的穆斯林勢力；他們甚至提了一個計畫，讓尼羅河（它澆灌埃及肥沃的三角洲地帶）上游改道。這個恢弘計畫對阿爾布開克很有吸引力，他相信馬太真的是衣索比亞使者，並派遣他隨同香料艦隊於這年冬季返回曼努埃爾一世那裡。馬太得到葡萄牙國王的熱情接待。阿爾布開克似乎萬事如意，一切順利。

大約在同一時期，他給曼努埃爾一世送去兩隻罕見的動物，一頭白色大象（柯欽國王的禮物）和一頭同樣珍稀的白色犀牛（坎貝蘇丹的禮物）。這是自古羅馬時代以來，歐洲人看到的第一頭活犀牛。這兩隻動物在里斯本引發轟動。大象被遊街展示，還特地蓋了一個圍場，讓這兩頭野獸打鬥，請國王觀看。但大象感覺到對手的厲害，恐懼地逃跑了。一五一四年，曼努埃爾一世決定舉辦一次公開的盛大活動，以彰顯他強盛的統治，並宣揚對印度的偉大征服。他讓自己的使者特里斯唐·達·庫尼亞將大象送給教宗。一百四十人的隊伍，包括一些印度人，帶著一群五花八門的野獸，有豹子、鸚鵡和一頭黑豹，來到羅馬。圍觀群眾人山人海。大象由象夫牽著，背上承載一座白銀的「城堡」，裡面裝著贈送給教宗的貴重禮物。這頭大象被取名為漢諾（Hanno），典故是漢尼拔在義大利的大象。

在教宗面前，漢諾三次鞠躬，並向神聖教會的紅衣主教們噴灑了一桶水，讓他們感到好玩但也窘迫。漢諾立刻成為大明星，藝術家們為牠畫像，詩人們為牠寫詩，有一幅現已佚失的壁畫描繪的就是牠。她還是一份聳人聽聞的諷刺小冊子《大象漢諾的最後遺囑》（*The Last Will and Testament of the Elephant Hanno*）的主題。牠被養在一座專門建造的房舍內，參加許多遊行，深得教宗寵愛。不幸的是，漢諾的飲食安排不太好，牠來到羅馬兩年後，吃了含有金粉的瀉藥後死去，享年七歲。

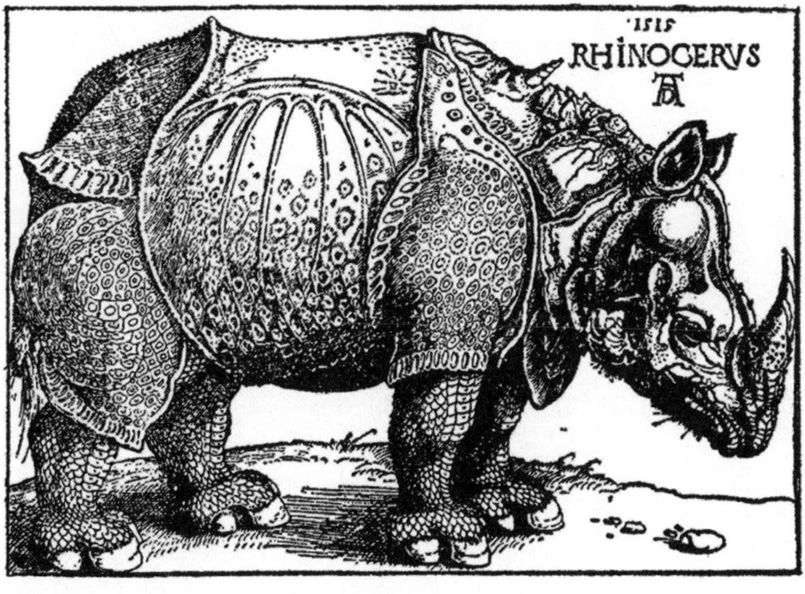

圖36　杜勒繪製的曼努埃爾一世的犀牛圖。

漢諾臨終前，哀慟的利奧十世（Leo X）陪伴在牠身側，並為牠舉辦隆重的葬禮。

曼努埃爾一世給教宗的另一件禮物犀牛更倒楣。牠戴著一個綠色天鵝絨項圈，從里斯本坐船出發。一五一五年，牠乘坐的船在熱那亞沿海失事沉沒。犀牛因為被鎖著，溺死了，後來被沖刷到海岸。牠的皮被剝下，送回里斯本，做成標本。阿爾布雷希特．杜勒（Albrecht Dürer）讀到一封描繪這頭犀牛的信，可能還看到一幅素描。他沒有親眼看過這頭犀牛，但為牠製作那幅著名的圖畫。

☆

財富如潮水般湧入里斯本，一派神話氣象。金錢很少回流到印度（阿爾布開克常常抱怨這一點），部分原因是曼努埃爾一世非常懂得如何花錢。全世界形形色色的商品都在里斯本待價而沽：象牙製品和刷漆的木器、中國瓷器和東方地毯、來自法蘭德斯的掛毯、義大利的天鵝絨。這是一座五光十色的城市，如同淘金熱一般人口暴增，許多種族和膚色的人群彙聚於此。有吉普賽人和皈依基督教的猶太人，有黑奴，他們抵達里斯本時的慘狀令人髮指，「擠在船艙內，一次有二十五、三十或四十人，營養不良，背靠背地用鐵鍊鎖起來」[28]。新的奢侈品狂熱席捲全城。黑人家奴變得司空見慣；大量湧入的糖對人們的口味造成革命性影響。里斯本是經久不息的奇妙景象上演的劇場，吉普賽音樂和非洲人舉行宗教遊行時的異國情調歌舞為城市增添活力。在這裡，人們能目睹國王帶著五頭印度大象遊行，「大象走在他前面，再往前是一頭犀牛，相隔較遠，他們看不見牠；國王前方是一匹披著富麗堂皇波斯織物的駿馬，馬後面是一名波斯獵人，牽著一頭

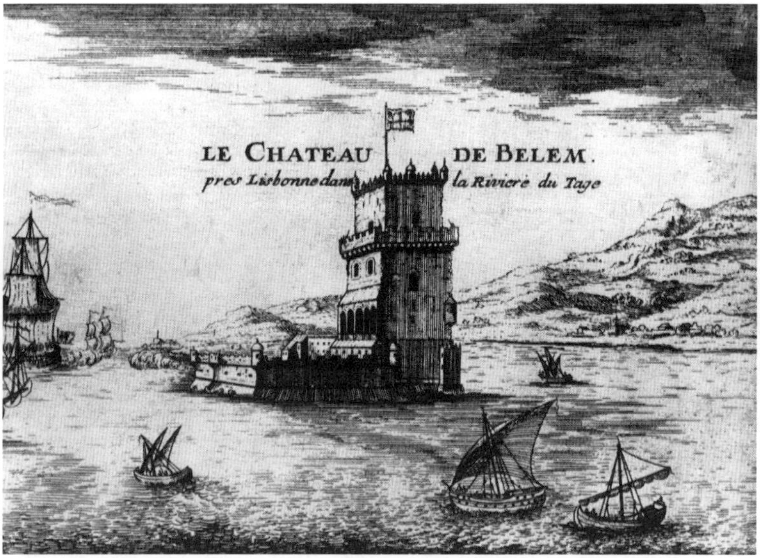

圖37、38　貝倫塔（上）、羅尼莫修道院（下）

美洲豹，是霍爾木茲國王送來的」[29]。

曼努埃爾一世於一五〇〇年之後啟動的建築工程的風格與宏偉規模，反映了塔霍河兩岸的東方情調。最雄心勃勃的建築是貝倫的雄偉修道院，它鄰近船隻啟航前往東方的出發地——賴斯特羅海灘。熱羅尼莫修道院長三百碼，那裡的僧侶奉命為水手的靈魂祈禱。這座修道院既是曼努埃爾一世王朝恰如其分的萬神殿，也是對他統治時期發現新世界的偉業的歌頌。建造修道院的經費來自胡椒貿易的巨額收入，它的哥德式中世紀結構之上有一大群雕塑，從石質建築表面突出，像印度教神廟的裝飾一樣華麗奔放。曼努埃爾一世風格的裝飾非同一般，出現在大量教堂、城堡和宮殿，從穹頂、窗格和屋頂如雨後春筍般長出，描摹了航海與東印度發現的象徵符號。在曼努埃爾一世的紋章（航海所用的渾天儀）周圍，簇擁著石質船錨和錨鏈、扭曲纏繞的纜繩、珊瑚與海藻、海貝、珍珠和富有異國情調的葉子。

這些建築上繁茂的植物形象，讓人想起一座熱帶雨林，或印度洋包裹著植物的海底洞穴。這些符號不斷出現在石質雕塑中，再加上特色鮮明的基督騎士團十字架，令人思索東印度冒險的回報與新奇。在賴斯特羅外海，曼努埃爾一世下令建造一座防禦要塞，即貝倫塔，這既是一座軍事要塞，也是一座奇思妙想的建築，傲然屹立於海中，裝飾著上述的圖案。半球形瞭望塔就像被繩索勒住的帶有一道道凸痕的鳳梨，城堞上繪有基督騎士團的紋章盾。石雕工匠還製作白色犀牛的頭像，它將長著尖角的口鼻伸出大海，表達對葡萄牙人成就的讚嘆和驚訝。

一五一三年冬季，在果阿，曼努埃爾一世的得力幹將阿方索·德·阿爾布開克，正在準備啟動印度洋的最後包圍：進入紅海。

第二十二章　「全世界的財富，盡在您的掌握」

一五一三年二月至七月

為了征服紅海，葡萄牙人已經等待多年。早在一五〇五年阿爾梅達統治下，就強調紅海的重要性。再過八年，葡萄牙人才做好遠征紅海的準備。到一五一三年初，果阿要塞已經固若金湯；扎莫林被毒死了；阿爾布開克已經保障印度沿海地區的和平安定，心滿意足；最關鍵一擊的時刻到了。

表面上的目標是最終切斷馬穆魯克王朝伸向東方的補給線，扼殺其香料貿易，並同時消滅威尼斯的香料貿易。而在這個目標背後，隱藏著彌賽亞的幻夢：戰勝伊斯蘭世界；收復耶路撒冷；讓曼努埃爾一世成為王中之王。衣索比亞使者前不久的抵達讓葡萄牙人更加期望與祭司王約翰的軍隊聯手，消滅「巴比倫大淫婦」。這些深層次的目標，即便在葡萄牙朝廷也是很有爭議的話題。總督於一五一三年二月從果阿啟航時，對這些深層次目標祕而不宣。普通士兵與水手儘管篤信宗教，但更感興趣的是擄掠戰利品的物質機遇，而不是人間的基督教天國王朝的勝利。

紅海是一個長一千四百英里的深深口子，分隔阿拉伯半島與非洲大陸，自然條件十分惡劣。

它很淺，缺少淡水資源，有眾多低矮小島和隱蔽的淺灘，因此航行頗為危險。沙漠的熱風捶打著它，而且它受到印度洋氣象節律的影響，不過印度洋的雨水不會落到紅海。只有在特定的季節，人們才能進入紅海。沒有當地領航員的幫助，外來船隻無法在紅海航行，所以必須俘虜或強迫一些當地領航員。曼德（Mandeb）海峽，即「淚之門」，是一個潛在陷阱的半張開上下頜。那是一個令人窒息的熱氣騰騰的熔爐，沒有一滴水。進入紅海之後，葡萄牙人就可以進入伊斯蘭世界的古老腹地。從那裡到吉達只有六百五十海里，到蘇伊士是一千三百五十海里。從蘇伊士穿越沙漠到開羅只需三天，從吉達到麥地那（先知的遺體就長眠在那裡）則需要九天。伊比利半島的人們感覺自己正在駛向敵基督的神廟，數個世紀的聖戰熱情鞭策著他們。

阿爾布開克的第一個目標是設防港口亞丁，在「淚之門」之外一百一十英里處。攻占亞丁之後，它可以為葡萄牙人提供一個安全的基地，以便做最後的推進。亞丁的謝赫和開羅的蘇丹關係並不融洽，但由於葡萄牙人擾亂了原先的香料貿易，亞丁已經成為紅海的阿拉伯三角帆船的一個重要中轉站。

一五一三年四月二十二日，總督的艦隊已經在亞丁港外隨波搖曳。亞丁就在他們面前，位於一座已經熄滅的火山口之內，周圍環繞著九座令人生畏、寸草不生的紫紅色岩石山峰，每座山峰頂端有一座要塞。亞丁實際上坐落於沙漠之中。阿爾布開克後來對它描述道：「周圍盡是赤裸裸的岩石，草木不生，兩、三年也沒有一滴雨。」[1]城鎮面向大海的一面建有一線長長的高牆，只有一座門，有許多塔樓。他們能看得見，在這城牆之內有清真寺尖塔，高聳的灰白色房屋在陽光下閃閃發光，還有謝赫宮殿雄壯的立方體結構。而城鎮的另一面也有一線防禦工事。當時的歐洲人不確定亞丁是不是坐落在一座島上，後來的探索才確定它與大陸之間有一座堤道相連。在他們左側，一座突出的海岬之上建有一座要塞，部署著大砲。港口是一個新月形的海灣，停滿了船隻。「我們的克拉克帆船很大……所以只能停在港口外。」阿爾布開克寫道。

這一天是耶穌受難節。天氣已經酷熱難當。在耶穌受難這一天抵達，對葡萄牙人來說既是鼓舞也是刺激。聖戰的熱情非常高漲，「士兵們已經摩拳擦掌，全副武裝，熱切渴望戰鬥。」[2]阿爾布開克在後來給曼努埃爾一世的一封解釋性長信中寫道。謝赫不在城裡，但城市總督阿米爾·米爾贊（Amir Mirzan）禮貌地派遣一名信使去詢問訪客有何貴幹。阿爾布開克開門見山，他說自己要去吉達和蘇伊士消滅馬穆魯克艦隊。他拒絕接受當地總督送來的食物，「因為我的習慣是，不接受尚未與我們締結和約的國家和君主的禮物」[3]。他要求阿米爾「打開城門，允許我們的旗幟和士兵進入」。阿米爾提議親自前來談判。阿爾布開克說，那沒意義，士兵們開始磨刀霍霍。

阿爾布開克知道兵貴神速，必須在周邊沙漠的援兵抵達亞丁之前將其攻下。更重要的是，由於亞丁氣候嚴酷，他們眼前的機遇稍縱即逝。他們已經遇到紅海最關鍵的戰略問題：「在我看來，由於缺水，如果我們占領了城市卻沒有控制通往城後山區的大門，我們的全部努力就白費了，因為我們不得不從船上獲得給養。」沒有辯論，沒有猶豫，有的只是一個簡單的計畫，從事後看來，他承認這個計畫差不多等於是沒有計畫。「我們唯一的計畫就是枕戈待旦，以精神和行動為陛下效勞。我們達成一致，從兩個地方進攻，並將部隊分為三路。」除此之外，由於復活節的吉利時節，他們堅信「天主一定會為我們提供一切」。葡萄牙貴族及其武士和訓練有素的民兵之間存在競爭，所以必須把這兩批人分隔開。兩個群體都領到梯子。「我們帶來了撞城槌、撬棍、鐵鏟和鍬，並用火藥炸毀一段城牆。」黎明前兩個小時，軍號響起。士兵們登上小船，划到岸邊。「黎明時分的城市，以及旭日東升的景象，真是令人心中油然而生敬畏。」總督的祕書之一科雷亞記載道。他不僅留下對此役的記載，還繪製亞丁地圖，「它沿著海岸延伸，形似一個彎曲的海灣，小船只有在漲潮時才能接近，城牆高聳，令人生畏，有許多圓形塔樓」[4]。

葡萄牙人的進攻出師不利。小船停泊在淺灘，距離海灘有弩弓射程那麼遠。士兵們不得不在相當遠的距離涉水上岸；指揮官們渾身濕透；火槍手的火藥被浪潮打濕。葡萄牙貴族們沒有把他們的部下整好佇列。他們渴望個人的榮耀，為了爭奪第一個登上敵城的榮譽，爭先恐後地攀爬梯子。「這讓我非常傷心，」阿爾布開克後來寫道，「因為他們盡到做為騎士的義務，卻忽視留在城牆腳

圖39　加斯帕爾．科雷亞繪，葡萄牙人進攻亞丁。

下、隊形混亂的士兵。」[5]城牆很高，梯子的長度不夠，所以爬到梯子頂端的人不得不艱難地爬上胸牆。第一批登上城頭的是兩名葡萄牙貴族，名叫賈西亞·德·索薩（Garcia de Sousa）和若熱·達·西爾韋拉（Jorge da Silveira），還有一個扛旗子的侍從。在他們下方，一大群人鬧哄哄地企圖跟上去，但梯子頂端的耽擱使得梯子上出現堵塞；進攻很快陷入混亂。阿爾布開克描述了「訓練有素部隊的梯子，一次可以將一百人送到城牆頂端」，現在開始晃動。「我看到梯子上的人有著極大重量，下令戟兵去支撐梯子……他們用自己的戟在梯子兩側支撐它，但梯子還是倒了下來，把戟壓碎，將戟兵砸成重傷。」

此時穆斯林守軍察覺敵人的混亂，重整旗鼓，頑強抵抗，向城牆下的人投擲石塊和射箭。葡萄牙人嘗試撞開主城門，但失敗了。城門被封堵得嚴嚴實實。最後葡萄牙人用火藥在城牆上炸出一個洞。現在需要一個人身先士卒。現場的指揮官唐·賈西亞·德·諾羅尼亞（Dom Garcia de Noronha）是阿爾布開克的外甥，未能起到表率作用。後來的審判表明，他之所以沒有帶頭衝鋒陷陣，若不是因為怯懦，就是由於嫉妒：「他拒絕衝進去，是因為嫉妒第一個登城的賈西亞·德·索薩，如果占領了城市，索薩會得到全部榮耀……諾羅尼亞不肯進去，其他人也不肯。如果他們勇敢地衝進去，就能一口氣占領城市。」[6]這一天將會出現一系列「如果」。

城牆下雞飛狗跳，領導乏力。總督和唐·賈西亞·德·諾羅尼亞正忙於指揮士兵修復梯子。這工作非常關鍵，卻是低微的體力勞動。已經登上城牆的人感到沒有後續支持，決定撤退。他們沒有梯子可以爬下來，於是城下的葡萄牙士兵向上方投擲繩子，幫助他們逃跑。與此同時，一小群葡萄牙士兵，包括賈西亞·德·索薩和若熱·達·西爾韋拉，躲在一座塔樓內，拚命戰鬥。一貫無比自信的阿爾布開克這一次承認自己猶豫不決：「我不知道應當鼓舞軍官、騎士和貴族們（他們爬回了地面）和正在城牆腳下督戰的唐·賈西亞，還是去援助城牆頂上的人。由於這番躊躇，我們損失了一些人。」[7]

在遭到敵人圍攻的塔樓內，葡萄牙士兵遭受愈來愈猛烈的箭矢和長槍的襲擊。若熱·達·西爾韋拉瞥見總督的身影，向下喊道：「大人，幫助我們，否則我們全都要死了！」[8]阿爾布開克在嘈雜中回答道：「我幫不了你們。用繩子爬下來吧！」有些人成功地沿繩索爬下來，其他人冒險跳牆，還有人拒絕逃跑。有一個葡萄牙人坐在胸牆上，俯視城下，畫了個十字，然後跳下來。他跌斷了一條腿，後來傷重不治。一名船上的砲手比較幸運；他一手握著弩弓，跳下城來，得以倖存。賈西亞·德·索薩拒絕逃跑。「我可不是用繩子逃命的人！」[9]他喊道。這是毫無意義的勇敢。沒過多久，一支箭射穿他的頭殼，他死了。很快地，穆斯林士兵就占領塔樓，將葡萄牙人的首級插在長槍上，向下揮舞。葡萄牙人只得撤退。

阿爾布開克只得盡力收拾殘局。他們撤退的時候，收走倒塌梯子的碎片，「免得它們被當做我軍潰敗的證據」[10]。據編年史家記載，總督「看到失敗得如此淒慘，大感震驚，啞口無言」[11]。

軍中的氣氛十分抑鬱。在復活節前的禮拜六，他們寄希望於上帝的援助，卻一敗塗地。士兵們渴望再試一次，打算把他們的重砲送上岸，將城牆轟出一個窟窿，但阿爾布開克知道有利的時機已經過去了。缺水的問題非常急迫，雨季的東風快要結束了。如果他們現在不撤退，就會身陷絕境，既不能攻入紅海，也不能跨越印度洋返回。

攻打亞丁的失敗是一個挫折，但在當時他還不知道，這是多麼嚴重的一個挫折。阿爾布開克在給國王的信中盡力粉飾這次失敗。

> 關於亞丁的行動，我可以向陛下報告，這是陛下能夠想像的最激烈、最快速的戰鬥……為陛下效力的願望讓士兵們加倍努力，由於在那一天希望為陛下建功立業的人太多，壓垮了梯子。[12]

他責怪梯子，並再次怪罪騎士們缺乏紀律性。他很有策略地批評了唐．賈西亞，「關於他那天的行為，我不敢多說我個人的意見，因為他是我的外甥」[13]。阿爾布開克是個誠實的人，所以他也怪罪自己：「我相信，如果我事先對亞丁進行偵察，就不會在那個地點發動進攻。」[14]說到底，他沒有隱瞞事實，此次進攻的籌劃很不穩妥，執行又很糟糕。即便如此，艦隊繼續航向曼德海峽和紅海。這個決策並不受人歡迎，領航員和船長們希望在雨季開始之前返回印度。他們可不想被困在紅海，因為紅海的條件惡劣是臭名遠揚的。就像當年在霍爾木茲一樣，一些人竊竊私語，說領導他們的是個瘋子，要把他們帶到沒吃沒喝的地方去：「他們相信自己必死無疑。」[15]阿爾布開克對所有這些反對意見置若罔聞，他只不過是在服從國王的命令而已。他沒有透露更深層次的計畫，如果天氣許可，就駛過整片紅海，到蘇伊士去殲滅馬穆魯克蘇丹的艦隊。

到四月底，他們進入狹窄的紅海，據總督的祕書科雷亞說：「水道只有火砲射程那麼寬。」[16]這是一個歷史性的時刻，是基督徒第一次深入穆斯林世界心臟的海洋，而且也接近紅海西岸的衣索比亞高原，他們相信那就是祭司王約翰的王國。「我們航行到水道入口處，」阿爾布開克記載道，「盡我們所能地大擺排場，禮砲齊鳴，奏響軍號，旌旗招展。」[17]對總督來說，這也是激動人心的時刻，因為他們已經到達最終征服的門檻。獲取領航員的問題很容易就解決了，他們俘虜一艘過路的阿拉伯三角帆船，派二十人躲藏在甲板下方，把船開到一個港口，等當地領航員上船，然後將其扣押。

他們在紅海北上，「始終看得見祭司王約翰的土地和阿拉伯半島的海岸」[18]。據科雷亞記載，兩岸的風景都非常荒蕪：「沒有風暴，只有猛烈的熱風……兩岸土地都非常乾枯貧瘠，沒有一絲綠色，群山巍峨。」[19]艱險難走的淺灘太多，意味著他們只能在白天航行，手裡拿著鉛垂線隨時準備測深，夜間落錨停船。由於一名領

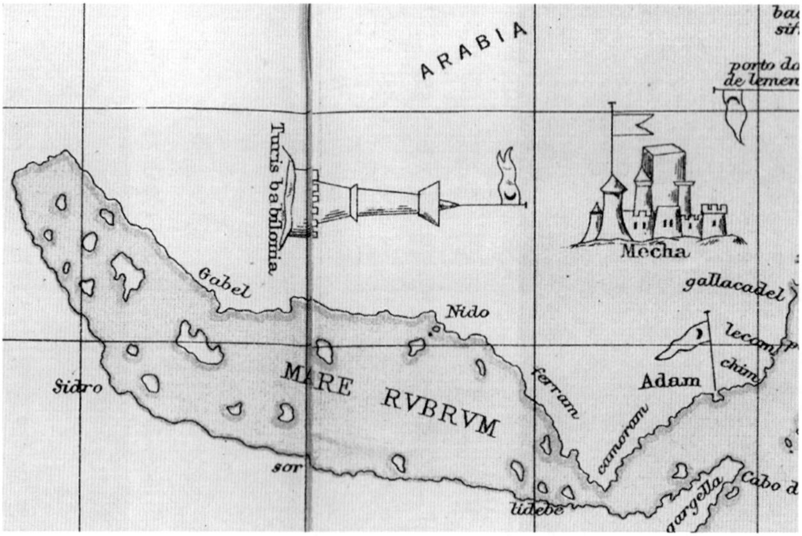

圖40　在阿爾布開克入侵紅海之前，葡萄牙人繪製的紅海地圖幾乎是一片空白，不過已經標註了卡馬蘭島。

航員的錯誤，一艘船險些擱淺。阿爾布開克實施了威懾策略，就是這種策略讓印度海岸的人們對法蘭克人噤若寒蟬。經過的船隻都被葡萄牙人俘虜並擄走給養。不幸的穆斯林船員被砍掉雙手、鼻子和耳朵，再被送上岸，去宣傳葡萄牙的恐怖和威嚴。然後遭俘獲的船隻會被付之一炬。

阿爾布開克的第一個目標是遍布黃沙的低矮島嶼卡馬蘭島，位於紅海入口以北兩百英里處，靠近阿拉伯半島，這是整個海岸地區唯一的淡水來源。他在那裡補充淡水之後，急於繼續進軍吉達，但風向已經開始變得難以捉摸。刮起了西風，他無法繼續前進了。東風刮起的時候，阿爾布開克下令他的船隻匆忙離開錨地。後來又變成西風。一連二十二天，他的艦隊停泊在大海中央，等待機會繼續北上。在此期間，他的部下焦躁不安。淡水用完了，他們別無選擇，只能返回卡馬蘭島。「他們就停留在那裡，」科雷亞寫道，「度過了五月、六月和七月。沒有下一滴雨。」[20]他們等於是被困在那裡，只有山羊和駱駝跟他們做伴。他們待在長著紅樹的沼澤和黃沙滿地的灌木叢，在毒日頭下，靠吃山羊和駱駝以及從海裡打魚度日。阿爾布開克無比樂觀，派遣小型卡拉維爾帆船去偵察，俘虜過路船隻，並盤問這些倒楣的船員，以獲取資訊。讓他那些備受折磨的部下驚恐的是，他命令石匠試著製造石灰。他們報告稱，是可以做得到的。「我們找到大量合適的岩石，房屋、清真寺和古建築也能提供許多石料……這是世界上修建要塞的最理想地點，還擁有最好的設施，」他在給國王的信中寫道，「不受風力影響的港口……水源充足……有大量優質魚類。」[21]大家呆若木雞，害怕他會下令修建又一座要塞。

阿爾布開克向里斯本朝廷彙報的時候，把這個島嶼描繪成世界上最有益於人們生養的地方。但事實截然相反，他從卡馬蘭島出發去吉達的時候，官兵們又一次高聲反對他的這個決定，稱

「他要把他們全帶上死路」[22]。與阿爾布開克給國王的樂觀報告相反的是，大量葡萄牙人在此死亡。島上顯然缺少口糧，而且他們被無情地驅使著拚命勞作，去修理船隻。一種神祕的流行病開始奪取他們的生命：「有一種未知疾病，發燒僅僅兩、三輪，胸口產生劇痛，接著胸腔鬱結血塊，奪去很多人的生命。死者超過五百人（總共有一千七百人），幾乎所有土著士兵都死了，死於辛勞和糟糕的飲食。」[23]他給國王的報告裡絲毫沒有提及這次疫病。

阿爾布開克相信上帝給了他神聖的使命，而夜空中的一個奇觀強化他的信念。一個沒有月光的夜晚：

> ……我們停泊在那個地方的時候，祭司王約翰國度的上空出現一個符號，形似十字架，非常耀眼，一朵雲飄在它上方。雲接近十字架的時候，分散成無數碎片，沒有接觸到十字架，也沒有遮掩它的光輝。[24]

很多船上的人都看到這奇蹟，許多人跪下，接受上帝的旨意。還有很多人虔誠地流下眼淚。阿爾布開克努力勸服領航員和船長們，要求他們頂風渡海去西岸，但他們不肯挪動。

在橫遭赤日炙烤的沙丘度過的這幾個月裡，阿爾布開克繼續撰寫一份關於紅海的詳細報告，將其發回里斯本。他盡其所能地蒐集關於紅海的所有資訊，涉及氣候、地理、航海、港口、政治和部落從屬關係。他派遣卡拉維爾帆船去調查珍珠養殖場，詢問關於祭司王約翰富饒金礦的情況，最終得出結論（讓他的部下長舒了一口氣），紅海西岸的馬薩瓦（Massawa）比他目前所在的島嶼更適合建造要塞，因為「馬薩瓦背後的海岸就是祭司王約翰的土地」[25]。葡萄牙人對祭司王約翰這個半神話的基督徒的信仰還很強烈。「現在我掌握關於紅海方方面面的完整資訊。」[26]他告訴曼努埃爾一世。

葡萄牙人持續不斷的情報蒐集活動有很多形式。總是有一些人願意冒險，不管那有多麼危險。秉承科維良（若昂二世派往印度的間諜）的精神，一位叫費爾南・迪亞士（Fernão Dias）的人志願執行一些長途的間諜任務。迪亞士可能是位皈依基督教的穆斯林，也可能是葡萄牙人，被摩洛哥人俘虜，囚禁在直布羅陀很長時間。相關的史料不太明確。無論如何，他精通阿拉伯語，對伊斯蘭教儀式、祈禱和《古蘭經》經文非常熟悉。他提出，他可以前往阿拉伯半島的沙漠海岸，然後取道吉達、麥加和蘇伊士去開羅，在亞歷山大港搭乘威尼斯船隻，帶著給國王的情報返回葡萄牙。他的另個身分將是一名逃亡奴隸。於是，葡萄牙人給他的腿上了腳鐐，用一隻獨木舟將他送到大陸。他的衣服裡縫了寶石，以便沿途出售，做為活動經費。他安然無恙地返回葡萄牙，向曼努埃爾一世做了報告。迪亞士後來返回印度，顯然在紅海長期蒐集情報。科雷亞認識他，說他「死時非常貧寒」[27]。

阿爾布開克特別希望獲取關於蘇伊士（位於紅海北端）和馬穆魯克艦隊構成的情報。根據他認為可靠的情報來源，他得出一個結論，證實他多年來的猜測，即馬穆魯克艦隊可以說基本上不存在。馬穆魯克海軍在第烏慘敗，然後是聖約翰騎士團截獲從黎巴嫩運往埃及的木料，所以蘇丹的海軍力量遭到致命的打擊。他宣稱蘇伊士已經是一片廢墟，那裡只有十五艘小型帆船。

侯賽因離開印度之後，馬穆魯克王朝對海戰的熱情消退了，沒有再建造任何船隻。他們在蘇伊士只有三十人守衛那些船隻，抵禦時而發生的阿拉伯人的襲擊……他們每天早上向船隻灑水，以防止木板被曬裂。那裡沒有克拉克帆船，沒有木材、木匠、桅杆或船帆。[28]

事實上，每年都傳得沸沸揚揚的伊斯蘭艦隊大舉入侵的傳聞只不過是異想天開。阿爾布開克按照他一貫的表達習慣，吹噓葡萄牙人向紅海的試探給敵人造成毀滅性打擊。「我可以向陛下保證，紅海由於我們的入侵而心驚膽寒、空空蕩蕩，沒有一艘船或獨木舟在紅海航行，就連鳥兒也不敢在那裡著陸。」[29]他的分析結論是，如今吉達和麥加糧食匱乏，蘇丹的政權搖搖欲墜。

他的話有些誇大其詞，但總的來講，他的評估驚人地準確。葡萄牙人向紅海的進犯令伊斯蘭世界瞠目結舌。在亞丁遭到攻擊後，當地謝赫派遣迅捷的競賽用駱駝，將消息送到阿拉伯半島的吉達和麥加。麥加駐軍開往吉達，做好戰鬥到最後一兵一卒的準備。另一匹駱駝將消息從麥加送往開羅，只花了九天時間。到五月二十三日，葡萄牙人的入侵已經世人皆知。開羅城內一片張皇失措。蘇丹呆若木雞。星期五的祈禱中添加了特殊的內容。蘇丹匆匆在賽馬場集合一支部隊：「他們身穿鏈甲，頭戴鋼盔，背著彎刀。出征名單上有三百人……蘇丹的一隊馬穆魯克士兵奉命駐紮到蘇伊士，開始造船。」[30]六月中旬，蘇丹下令軍工廠總指揮及其部下護送火砲到蘇伊士，但「沒有餉銀」。

開羅編年史家伊本・伊亞斯記載了此項備戰計畫的瓦解。沒有人真的離開城市。六月十五日，部隊再次集合到賽馬場，拒絕出動，「除非領到一筆獎金，否則我們不走。我們不想在沙漠裡餓死、渴死」[31]。蘇丹大發雷霆，當即離開操練場。事實上，馬穆魯克政權的確在崩潰邊緣。蘇丹擔心城內發生叛亂。到九月，伊亞斯報告稱，局勢沒有變化，紅海傳來的消息卻更糟了。他記載「歐洲人放肆地阻礙紅海貿易，扣押貨船；他們占領卡馬蘭島，這是通往印度道路上的一個關鍵中轉站」[32]。從一五一四年到一五一五年，時間一點一滴地流逝，馬穆魯克王朝的癱瘓狀態沒有任何好轉，一方面是葡萄牙人的侵襲，另一方面是聖約翰騎士團的海上封鎖。「去年一年裡，沒有任何船隻抵達亞歷山大港的港口；沒有任何貨物運抵吉達，因為歐洲海盜在印度洋恣意巡弋；上一次有貨物在吉達上岸，已經是六年前的事情了。」一五一五年七月，第烏戰役的指揮官侯賽因在吉達，還在哀求蘇丹「儘快派來增援部隊，免得歐洲人占領整個印度海岸，並且他擔心吉達遭到攻擊……蘇丹在各地都遇到麻煩」[33]。直到一五一五年八月，一些士兵因為「身體過於羸弱或患有性病」[34]而被剔除，才有說得過去的部隊啟程前往蘇伊士。

阿爾布開克對局勢的概括非常精采。他相信存在一個機遇，可以有效地將紅海一分為二；紅海不存在有能力抵抗葡萄牙人的艦隊；伊斯蘭世界的腹地已經洞開，只要集中努力一次，馬穆魯克王朝必然滅亡，「蘇丹的處境非常糟糕。他的兵力極少，他不會離開開羅，也不會出征作戰，更不會離開所處的要塞。沙阿伊斯瑪儀一世在他們前虎視眈眈，冷酷無情地打擊他」[35]。

在這年十二月發出的一封長信的結尾，他向曼努埃爾一世呈現一個清晰而狂熱的戰略願景，並向他展示最終戰利品的前景：

……在我看來，如果陛下在紅海擁有強大的力量，那麼全世界的財富，盡在您的掌握，因為祭司王約翰的所有黃金都將屬於您，數額之大，我都不敢計數。可以用這黃金去收購印度的香料和商品……我冒昧地向陛下如此講述，是因為我親眼看過恆河兩岸的印度，我觀察到，天主在佑助您，將印度交給您。自陛下占領果阿和麻六甲並命令我們進入紅海、尋找蘇丹艦隊和切斷通往吉達與麥加的航路以來，印度風平浪靜，安泰穩定……陛下若能摧毀邪惡的王座，並滌蕩其全副汙穢醜惡，對上帝將是莫大貢獻。36

這話並不是非常隱晦，實際指的是摧毀麥加和麥地那及先知穆罕默德的遺骸。這個計畫如此大膽，只有曼努埃爾一世的一小群理論思想家知曉內情。葡萄牙人將在祭司王約翰的協助下完成這項事業。

我得知，祭司王約翰也渴望摧毀麥加城。他相信，如果陛下提供船隻，他就能派遣大量騎兵、步兵和大象前來……穆斯林自己也相信，祭司王約翰的戰馬和大象將在麥加的聖地吃草……上帝佑助陛下的這番事業。具體執行的將是您的船隻、您的軍官和您的士兵，因為渡海需要兩天一夜時間。37

阿爾布開克在設想彈丸之地的葡萄牙能夠控制世界中心，曼努埃爾一世或許能成為最偉大的基督徒國王，並解釋如何實現這樣的願景。他將在亞丁和馬薩瓦建造要塞，鞏固立足點，在那裡駐紮艦隊，但不會嘗試深入阿拉伯半島腹地；他將與祭司王約翰會師，然後「陛下的艦隊可以直搗蘇伊士，從那裡到開羅僅需三天。這會在首都造成震盪，因為蘇丹不像您被誤導去相信的那樣強大……我們會暫且擱置印度的事務。果阿會保障您在印度的基業永保安泰」[38]。阿爾布開克的戰略構想繞過了半個地球：東印度不再是他的目標，而是行動基地。他最終的使命是消滅伊斯蘭世界、收復耶路撒冷。[39]

但他必須等待。到七月中旬，風向改變，雨季結束。返回印度的時間到了。途中，他又一次逼近亞丁，砲轟城市，並研究出來年如何截斷其水源、將其一舉攻下。

圖41　日耳曼地圖師馬丁．瓦爾德西米勒（Martin Waldseemüller）於一五一六年繪製的世界地圖，將曼努埃爾一世呈現為海洋的君王。

第二十三章　最後的航行

一五一三年七月至一五一五年十一月

「陛下竟怪罪我，怪罪我，怪罪我！」[1]

每年九月，香料艦隊抵達果阿的時候，都會捎來葡萄牙的書信。回信則隨艦隊於次年一月或二月送抵葡萄牙。這種協調非常差的通訊很容易造成誤會和錯誤觀念。曼努埃爾一世對阿爾布開克未能完成一些任務感到愈來愈焦躁易怒，從遙遠的里斯本，他覺得這些任務再簡單不過了。必須封鎖紅海，必須迅速運送香料，必須給士兵支付軍餉。「按時領到足額薪水的水手會心滿意足，心甘情願地留在船上效力，」他以說教的口吻告訴阿爾布開克，「因此我要求及時發放水手足夠的餉銀，讓他們滿意……但我要囑咐你，餉銀應當來自其他人的腰包（戰利品），而不是我的國庫。」[2]總督對這一點尤其不滿意，因為他始終沒有足夠的金錢或人力去實現國王的雄心壯志。對阿爾布開克來說更不妙的是，國王漫不經心地質疑果阿的價值。對總督來說幸運的是，他麾下的指揮官們在投票表決中堅決支持他守住這個島嶼。而且曼努埃爾一世朝三暮四，經常心血來潮地改變主意，這非常讓人惱火。「陛下知道嗎？您的政策每年一變。」[3]阿爾布開克在信中倍感挫折地寫道。但反對他的聲音愈來愈響亮，他很容易樹敵，他的政敵在每年的郵件中都發回自己的報告。當亞丁城下的失敗傳回朝廷之後，造成特別惡劣的影響。

他原打算於一五一四年一月重返亞丁，但未能如願，原因很簡單，他缺少適航性強的船隻。有一艘船在從亞丁返回果阿的途中沉沒；他缺少訓練有素的木匠和碼頭工人，無法修理破損的船隻，因為修復等待回國的香料艦隊的工作始終是更優先的。在「海洋之花」號失事之後，阿爾布開克航行時總是有點心驚膽戰，在給曼努埃爾一世的信中描述得很生動：「一隻手捂著我的鬍鬚，另一隻手放在水泵上。」[4]他必須等待到九月才能得到支援。

然而他不得不在果阿待一整年，建設殖民地，與印度次大陸的權貴們談判。為了準備好一再耽擱的亞丁戰役，他花費了大量時間。他儲存大量火藥與砲彈，監督兵器（尤其是長槍）的生產、航海餅乾的烘焙和攻城器械的製造。在攀爬亞丁城牆的可恥失敗之後，他特別重視製造許多非常堅固的梯子（並且長度足夠抵達城牆頂端）。阿爾布開克熱切希望增加火槍手的數量。他在果阿、柯欽和坎納諾爾發布消息，懸賞鼓勵人們主動報名接受火槍手訓練。每個月的星期天和第一個星期六，進行射擊訓練，凡命中靶子的人將得到一個克魯扎多的獎勵。方陣步兵每個月操練兩次，練習瑞士戰術；他們的長槍存放在軍械庫內，得到嚴密看護，因為有些反對這種新潮戰術的貴族威脅要將長槍折斷。每個星期天下午，阿爾布開克親自帶領騎兵練習襲掠作戰，並熟悉穆斯林風格的馬鞍。一直到夜幕降臨，他才在火把照明下返回馬廄。

阿爾布開克兢兢業業，事無巨細都要關照，不知疲倦地辛勞著。他的祕書加斯帕爾・科雷亞記載他的日常：「總督天未亮就起床，帶著衛兵聽彌撒，然後獨自騎馬出行，手裡只拿一根手杖，頭戴草帽。他帶著戟兵巡視海岸和城牆，檢查正在進行的施工，親自觀察大小事務，並發號施令。」倒楣的科雷亞忍不住補充寫到他自己：「他的四個祕書，都是國王的忠僕，跟隨他，手拿紙和墨，記錄他口述的命令和指示。他一邊騎馬，一邊在馬背上簽署這些檔案。正在撰寫本書的加斯帕爾．科雷亞，即我本人，就曾擔任他的祕書，這樣跟隨他辦公。」[5]「我接到請願的時候，」阿爾布開克在給曼努埃爾一世的信中自豪地（他有理由這樣自豪）寫道，「就當場給出答覆。」[6]

阿爾布開克是帝國主義的夢想家，決心在印度洋為葡萄牙開拓千秋基業。他是務實的人，監督著城市的物質防禦——城牆是用乾泥黏合的，在雨季容易受損，必須不斷維修。他也是嚴峻的道德家，努力創建一種持久的、公正的社會秩序。他深知，他的部下雖然英勇無畏且能夠自覺地做出自我犧牲的壯舉，但也不服管教、暴戾和貪婪。所以他必須持續地予以監督。「我在場的時候，一切順利；但我剛轉過身去，每個人就都遵照自己的天性行事。」[7]他寫道。他不知疲倦地對抗貪腐，並糾正葡萄牙人對當地人的不公行為。他知道，贏得民心和成功的軍事行動同樣重要。他非常清楚，必須及時、足額地支付士兵、水手與官員薪水，否則他們必然會貪汙腐化和魚肉百姓。葡萄牙的美名是至關重要的，他擔心，就像坎納諾爾國王說的那樣，「蜜糖變成毒藥」[8]。他努力保護當地女性免受性暴力，同時積極推動異族通婚政策。他禁止任何形式的賭博；只允許玩象棋和跳棋；他把行為不端的人送到槳帆船上划槳，做為懲罰；把愛爭吵、不守紀律的人隨同香料艦隊送回里斯本。他每個月定期施捨和賑濟孤兒和喪父的孩子，並雇傭一名教師去教他們讀書識字，並向他們傳播基督教信仰。這項工作有著很大的社會工程的意味。

阿爾布開克貌似一個嚴酷的獨裁者，但也有歡快的時光。在果阿王宮的典禮大廳，他每天晚上坐下來，在喇叭聲中與四百人一同用餐。每個星期天，果阿土著部隊在王宮前方，在他們本土樂器的伴奏下表演。從錫蘭運來的二十四頭大象在總督面前遊行，並在象夫的指揮下向他致敬。宴會期間，舞女在火把照明下載歌載舞。阿爾布開克內心裡酷愛印度的景致、音樂和五光十色。他變得愈來愈融入當地了。

印度大陸的強國容忍葡萄牙人的存在，因為他們處於印度大陸各帝國利益的邊緣，但也對其嚴加監視。阿爾布開克以嫺熟的技巧，與印度次大陸和更廣袤大洋的權貴們玩著外交遊戲，縱橫捭闔。毗奢耶那伽羅統治者派來的使臣被邀請參觀葡萄牙軍隊的表演。葡萄牙方陣步兵在城市的街道武裝遊行，從使臣面前走過。使臣觀看這盛大的閱兵。一連兩個小時，一排排士兵列隊行進，手執長槍，在笛子和鼓聲中潮水般湧過。對這個使臣來說，所有歐洲人的相貌無疑都是一樣的。他震驚地發現，葡萄牙兵力有一萬多人。

在其他地方，阿爾布開克忙著管理葡萄牙統治下的馬拉巴爾海岸的大小事務。雖然他不是個睚眥必報的人，但他粗暴直率的風格招致很多敵意。他非常鄙夷代理商們的才幹和品德，玩世不恭地說：「他們不知道如何從市場買到價值十雷阿爾的麵包……陛下還不如忍受佛羅倫斯商人揩油，因為他們是天生的生意人，懂得生意經。」[9]反對他治理方式的小團體，尤其是柯欽的那一夥，不遺餘力地向曼努埃爾一世抹黑阿爾布開克。發回里斯本的每一包郵件都包含對阿爾布開克的激烈指責：總督是個危險的瘋子、奴隸販子、腐敗的受賄者，正在中飽私囊，盜竊國王的財產。阿爾布開克知道自己遭受的攻擊。他對曼努埃爾一世報告稱：「這些人抓不到把柄的時候，就自己捏造。」他截獲一些寫給國王的指控他的書信，肯定感到自己處境危險。他宣稱，這些信的內容「讓我大為灰心喪氣……讓我的白頭髮增多了一倍」[10]。最後他與反對派領導人安東尼奧・雷亞爾（António Real）、洛倫索・莫雷諾（Lourenço Moreno）、迪奧戈・佩雷拉（Diogo Pereira）與加斯帕爾・佩雷拉（Gaspar Pereira）當面對質，將其中一些人隨同香料艦隊送回里斯本。這個措施適得其反。

壓制放縱不羈和滿腹嫉妒的葡萄牙貴族、查處貪腐官員、努力應付國王的過多而朝三暮四的要求、任務太重而手中資源太少——阿爾布開克的力量也被逼到了極限。一五一四年末的幾個月裡，在柯欽，有人行刺他，讓他大感震驚。一個叫若昂・德爾加多（João Delgado）的人，勇敢而魯莽，因強姦一名當地女子而被關入監牢。他說服一名在地牢上方廚房工作的穆斯林奴隸，在總督的一道雞蛋菜肴中下毒。阿爾布開克得以倖存，但此事讓他預見自己的死期。他說「他已經只是一袋稻草，每天都在奔向墳墓，時日無多；但他必須等待，不想死於毒藥」[11]。下毒的奴隸認罪後，德爾加多被帶到總督面前。德爾加多反正已經死路一條，無所畏懼，以驚人的坦率明說，如果阿爾布開克知道他的敵人想害死他，那麼或許還不知道他認為是朋友的人當中，有多少其實是敵人。德爾加多被判有罪，被處以絞刑、開膛和斬首，但始終沒有查明，是誰在獄中提供他毒藥。

✣

一五一五年初，新的遠征已經準備就緒。計畫是占領亞丁、進入紅海、在紅海西岸的馬薩瓦建造一座要塞，然後進軍吉達。阿爾布開克很清楚曼努埃爾一世的命令和指示。但後來遠征未能成行。霍爾木茲事務打亂他的計畫。這座建造於島嶼之上的城市雖然向葡萄牙國王稱臣納貢，但對阿爾布開克來說仍然是需要解決的未竟事業。當初在一五〇七年，他攻打霍爾木茲失敗，不得不撤退。霍爾木茲是印度洋的樞紐之一，是波斯灣貿易和馬匹出口的軸心，但它的政局紊亂而動盪。它名義上的統治者是一位傀儡孩童國王，但權力掌握在首相及其氏族手中，他們常常用下毒或刺瞎雙目的手段換掉國王。霍爾木茲有一群被廢黜的前任國王，都已經瞎了。實際掌權的是各個維齊爾。

總督在一五〇七年打交道的那位維齊爾，瓦加・阿塔已經去世。他死後，發生一場錯綜複雜的宮廷革命。當時的年輕國王被新維齊爾賴斯・努爾丁（Rais Nuruddin）殺害了，努爾丁隨後又廢黜另一個傀儡統治者圖蘭沙阿（Turan Shah）。後來賴斯・努爾丁又被一個更殘忍的親戚賴斯・艾哈邁德（Rais Ahmed）排擠出去。艾哈邁德很可能在波斯沙阿的保護下篡位。這種可能性讓葡萄牙人的位置岌岌可危。阿爾布開克由此決定，霍爾木茲比亞丁更重要，必須優先處置。

一五一五年二月，阿爾布開克率領艦隊離開果阿。他抵達阿拉伯半島的馬斯喀特（此時是葡萄牙忠順的附庸）時，從當地謝赫那裡得到關於霍爾木茲局勢的更詳細報告。在賴斯・艾哈邁德的淫威之下，國王和維齊爾都為自己的性命而戰戰兢兢。艾哈邁德給城裡帶來四百名波斯弓箭手。阿爾布開克匆匆趕路，他於三月抵達霍爾木茲，給了這座城市一個嚴正的問候：軍號齊鳴，然後是火砲齊射，石彈掠過屋頂，令人膽戰心驚。據科雷亞記載，砲火非常猛烈，「彷彿船隻都著了火」[12]。賴斯・艾哈邁德顯然已經有所戒備，通往海灘的街道被路障封鎖，並部署火砲。

黎明時分，城鎮居民可以看到葡萄牙艦隊在晨曦之下閃閃發光，旗幟飄揚，甲板上擠滿手執長槍和矛的士兵。由於波斯灣的酷熱，葡萄牙人沒有穿甲冑，而是將其懸掛在索具上，熠熠生輝。一艘小船接近艦隊，送來一位身穿葡萄牙服裝的人。他接近時喊道：「上帝保佑總督大人、船隻和水手們！」[13]原來是米格爾・費雷拉，他出使波斯回來了。他帶著波斯沙阿派遣的一名使者來到霍爾木茲，這名使者正在等待拜見阿爾布開克。費雷拉詳細彙報他的出使經過。他在霍爾木茲待了兩個月，所以能夠詳細解釋城內局勢。葡萄牙艦隊抵達後，賴斯・艾哈邁德一夜之間就釋放了維齊爾賴斯・努爾丁，後者已經是個老人。艾哈邁德在靜觀其變。與此同時，國王圖蘭沙阿仍然隨時可能被刺瞎或處死；艾哈邁德將他囚禁在深宮，受到嚴密監視。

葡萄牙艦隊威脅到艾哈邁德的計畫，而對可憐兮兮的圖蘭沙阿來說，阿爾布開克似乎是他唯一的希望，「除非他把自己交給總督，否則死路一條」[14]。而艾哈邁德希望引誘阿爾布開克上岸，趁其不備將其俘獲並殺死。總督以果斷和狡黠處置這個一觸即發的微妙局勢。費雷拉及其猶太譯員的內部消息也提供情資。國王在艾哈邁德的授意下表示，阿爾布開克旅途奔波，不妨上岸休息。他謝絕了，並說自己非常習慣於海上生活，在岸上反倒不舒服，但他的指揮官們可以上岸，不知國王是否可以在岸邊提供一些房屋供他們暫住？艾哈邁德企圖阻撓，但國王在絕境之中突然迸發出一股自主精神，他同意了。於是，葡萄牙人在岸上獲取一個堅固的陣地，由自己的士兵守衛。阿爾布開克不肯以任何方式承認艾哈邁德的權威；他只願意和國王或他的維齊爾交流。在葡萄牙人控制的安全房屋裡，在避開酷熱的涼爽地窖內，總督單獨會見了國王，並向其施加影響。他說服國王開放街道。他先勸說維齊爾，然後勸說國王本人，請求允許建造一座要塞。賴斯・努爾丁雖然收了貴重禮物，仍然支支吾吾，因為葡萄牙人要求的地點距離王宮太近，很不方便。阿爾布開克告訴國王，他需要在岸邊有一個合適的地方接見波斯使者，他絕無歹心。圖蘭沙阿為了擺脫惡毒的賴斯・艾哈邁德、贏得自由，他同意了。

阿爾布開克不需要更多的批准了。他的動作很快。在一個忙得發瘋的夜晚，他悄悄把一大群人和事先在果阿製作好的建材（木料、用來盛沙子的籃子和保護性屏障）運上岸，然後建造一座臨時基地，由火砲保護，並升起旗幟。這座基地「不必害怕任何力量，完全守得住」[15]。基地俯視王宮，並堵住從城鎮到海灘的道路。葡萄牙人得到一個穩固的立足點。

第二天早上，城民一覺醒來，不禁大吃一驚。賴斯・艾哈邁德對他的傀儡大發脾氣，說「自己寧可把財寶都交給總督，也不願意城市被占領」[16]。這話對可能的結局是準確的評估。但圖蘭沙阿非常堅決，他認為葡萄牙人是抱著和平善意而來的，否則城市早就被破壞了。對艾哈邁德來說，如今當務之急是殺掉阿爾布開克。

除了具有戰略價值之外，葡萄牙人的臨時基地還成了大擺排場接待波斯沙阿大使的場所。與波斯的什葉派君主結盟，是阿爾布開克的權力政治的一個關鍵部分，也是預防賴斯・艾哈邁德從中作梗的保障。他準備了一個展現葡萄牙輝煌的場地。為了接見波斯大使，搭建一座有三級台階的高台，背後是富麗堂皇的壁毯，地上鋪著地毯。在約定的那天上午，阿爾布開克在這裡等候大使。他坐在一張帶有美麗鑲嵌裝飾的椅子上，威風凜凜，全身穿著黑色天鵝絨服裝，胸前有閃閃發光的金色十字，他的雪白美髯非常顯眼。在他背後，指揮官們也衣著光鮮，腰佩利劍，再往後是他們的侍從，手裡捧著帽子，拿著主人的長槍和盾牌。道路兩側是土著士兵（果阿人和馬拉巴爾人），他們吶喊著，敲打鐃鈸。他的葡萄牙士兵則攜帶旗幟、笛子、橫笛和戰鼓。大使前方有人送來他的禮物：脖子上套著項圈的黑豹、配有精美鞍具的駿馬等。兩人一排的隊伍，手捧四百件精美織物、綠松石、金碗、精緻鏈甲、鑲嵌寶石的匕首，還有一件來自沙阿本人的禮物：一件非常奢華的長袍。然後是大使本人，帶來沙阿的信，信寫在一片金葉子上，塞在他碩大的頭巾裡。城裡的顯貴聽到吶喊聲和奏樂聲，也走來了。停泊於外海的艦隊也旌旗招展，奏響雷鳴般的禮砲。

大使走近時，阿爾布開克端坐著一動不動。他僅僅招招右手，示意大使上前。在精細的禮節之後，用葡萄牙文寫的書信（不過仍然是穆斯林外交的那種浮誇風格）被高聲朗讀。這封信認可阿爾布開克的地位和聲望：「發號施令的偉大領主、總督們和彌賽亞宗教偉人們的脊梁、強大的武士、強悍而慷慨的海上雄獅，我對您十分敬重。這就像黎明曙光一樣確實，像麝香氣味一般明白無誤！」[17]信裡承諾與葡萄牙人締結友誼，並請求借用一些優秀砲手。

阿爾布開克彬彬有禮地收下禮物，但他本人沒有從中獲益。他只是把那件華美的長袍在肩膀上披了一下，宣稱自己不能將它穿上身，因為那是給君王的衣服。他把最精美的禮物送給里斯本的王后，把獵豹送給霍爾木茲國王，將剩餘財寶分發給指揮官們。他眼見那些沒有得到賞賜的人以及廣大官兵的嫉妒，於是決定大放賞金，但他不打算自掏腰包。他看到圖蘭沙阿愈來愈絕望，除了給他送去獵豹，還提出一個建議，請國王從稅收中借他十萬塞拉分①。國王同意了。這筆錢

① 塞拉芬（serafin）是一種金幣。

是賴斯．艾哈邁德親自送來的。他是來查看葡萄牙人虛實的。在喇叭樂聲中，這筆巨款被擺放在葡萄牙營地入口處的一張桌子上，非常高調地分發給士兵。群眾呆呆地盯著。這筆錢還不夠，於是阿爾布開克索要更多金錢。國王送來消息：艾哈邁德打算來給總督送禮，借機刺殺總督。阿爾布開克答覆稱，他已經做好準備，制定了應對計畫。

他決定邀請各方人馬：國王、艾哈邁德和努爾丁到海灘的一處房屋商談。每一方可以來八個人。武裝人員必須等在屋外。會議時間是四月十八日。阿爾布開克祕密地在鄰近營地安排一大群士兵。船上的大砲也做好射擊準備，隨時待命。

參加會議的人都不准攜帶武器。與會者都沒有帶武器。阿爾布開克的七名軍官帶來長袍做為禮物，內藏匕首。阿爾布開克也藏了一件兵器。這些匕首是用來戳刺的。賴斯．艾哈邁德第一個到場。他躊躇滿志地走進庭院，身側光明正大地佩帶利劍，腰帶上攜帶匕首，還帶了刀子和一把小斧頭。阿爾布開克透過譯員責備道：「已經約好都不帶武器，你為什麼要這個樣子？」[18] 艾哈邁德答道，這是他的日常習慣。他轉過身，丟掉一些武器，但還保留著一些。此時國王和努爾丁到了，他們進門之後，門就被鎖上了。

艾哈邁德轉身做了一個手勢，隨後一瞬間發生了很多事情。阿爾布開克抓住他的胳膊，抽出自己的匕首，向軍官們喊道：「抓住他！」兩人扭打起來。艾哈邁德一隻手扭住總督的領子，企圖用另一隻手抓住對方的匕首。他撲了空，企圖抽出自己的劍。太晚了。葡萄牙軍官們猛撲過去，拔出兵器攻擊他，戳得太猛，以至於誤傷了自己人。艾哈邁德當場倒地死去。國王事先知道葡萄牙人的計畫，但他以為艾哈邁德僅僅會被俘虜並押往葡萄牙。年輕的國王看到地上的死屍，嚇壞了，以為自己的末日也到了。他企圖逃跑，但門還鎖著。在外面，艾哈邁德的部下喊道，他們的主人全都被殺了。他們開始撞門。

阿爾布開克早就做了精心準備。葡萄牙方陣步兵開進街道，用密密匝匝的長槍逼退群眾。國王渾身戰慄地等待末日的時候，阿爾布開克拉著他的手，好言安撫，給他穿上絲綢華服，將他帶到陽台上展示給人民。艾哈邁德的支持者固守王宮。最後葡萄牙人允諾他們安全撤離，他們才離開宮殿並出城。這一天結束的時候，霍爾木茲全城大擺筵席。圖蘭沙阿被隆重地送回宮殿，總督還發表鼓舞他的演說：

> 圖蘭蘇丹陛下，您是霍爾木茲王國的主人和君王……只要上帝給您生命，您就永遠是君王，不會有任何人膽敢奪取王位。我將運用指揮我的葡萄牙國王的全副力量輔佐陛下。他是您的摯友，所以我將親近您的朋友，敵視您的敵人。如果您願意，我們可以全副武裝地在這裡過夜，保衛您。19

這是一場完美的政變。圖蘭事實上成了葡萄牙人的傀儡，只不過他不用擔心自己的生命。為了徹底掌控全城，阿爾布開克悄無聲息地破除最後的障礙，只要他需要錢，就總能得到。他在國王的腦子裡灌輸了新的不安全感：無法保證艾哈邁德的支持者全都已經走了；國王在前往清真寺的時候，很容易被敵人從一處陽台或窗戶用箭射死；最好解除全城所有人的武裝；從今往後，葡萄牙人將提供完全的保護。阿爾布開克的這些計畫果然都實現了。他愈來愈誇大其詞，暗示傳聞稱有一支魯姆人新艦隊要開來。如果國王把他的火砲都交給葡萄牙人，他們就能更好地保衛霍爾木茲。之前，霍爾木茲的火砲被刻意埋起來，以免落入葡萄牙人手中。國王和努爾丁對阿爾布開克的這個建議目瞪口呆。他們唯一的答覆就是沒有辦法把火砲挖掘出來。阿爾布開克答道，沒關係，不麻煩，他的水手可以去挖。克服更多的抵抗之後，葡萄牙人弄到一百四十門砲。葡萄牙人的司法（名義上司法權由國王掌控）是非常嚴酷的。阿爾布開克在市場搭建頸手枷，用於懲罰和處決犯人，並將其展示給國王。四名葡萄牙水手被引誘當了逃兵並皈依伊斯蘭教，以換取榮華富貴。阿爾布開克抓到這四個人，捆縛其手足，在城鎮前方的小船上將其活活燒死。這是為了殺一儆百：「穆斯林看到總督不遺餘力地去抓捕這些人並予以懲戒，無不膽戰心驚。」[20]

國王還被要求出資，在葡萄牙人的舊營地原址建造一座石質要塞，這是葡萄牙完全控制霍爾木茲的最後一步。阿爾布開克說，國王出這筆錢，只不過是償還當初瓦加．阿塔欠葡萄牙人的債而已。

在阿爾布開克的建築大師湯瑪斯．費爾南德斯領導下，要塞工程的組織工作極其精細。他們從鄰近一個島嶼運來石料；從大陸的窯運來砂漿。所有人——葡萄牙人、他們的印度士兵以及當地穆斯林，都對這項工程肅然起敬。三百人參加施工，分成十二組，每天有兩組上工，勞動兩天、休息三天。五月三日，阿爾布開克和指揮官們為要塞正式奠基，在祈禱聲中用鋤頭開挖壕溝。三天後，阿爾布開克肩膀上披著一塊布，親自搬運地基的第一塊石頭，在地上放了五枚金幣，然後將石頭壓在上面。

工程在炎炎赤日下不斷推進。選址有問題。要塞位於海邊，距離海水很近，地基的一部分必須在水下用防水水泥建造。葡萄牙人更願意在夜間借助火把和月光勞動，但疲勞、熱病和脫水讓他們損失慘重。爆發了痢疾，開始有人死亡。阿爾布開克對醫生們非常惱火，因為他們挽救不了病員，要價還很高。「你們拿著醫生的報酬，卻對這種病一無所知，讓為我主國王陛下效勞的人白白死去。」[21]他咆哮道，「很好，我來告訴你們，他們為什麼會死。」他強迫醫生們在毒日頭下艱難地搬運石頭，讓他們體會一下勞動的辛苦。醫生們最終被釋放後，他又訓斥他們：「現在我已經教訓過你們了，從今往後你們應當能夠治癒他們的病，把你們輕輕鬆鬆拿到的錢分一點給病人。我是以朋友的身分給你們善意的忠告，因為我不願意看到你們坐在槳帆船上划槳。」

總督始終親臨一線，鼓舞士氣。他睡眠極少，飲食極少，很少離開要塞工地。他走出工地的時候，身後總是跟著一大群想看看他的人。他們走到要塞大門，親吻他的手。他在印度洋已經成了一個傳奇：他被譽為海上雄獅，「主持公道，統領海洋和陸地」[22]。波斯灣和更遠地區的鄰國君王尋求他的友誼。波斯統治者稱他為「首領中的首領、眾多指揮官的指揮官、幸運的雄獅、印度的總司令和總督」[23]。其他統治者送來畫家，「為他繪製肖像」[24]。對阿爾布開克來說，這是他一生的顛峰時刻。「取得此項成績之後，」他給國王寫道，「我們就平定了整個印度，除了紅海和亞丁。占領了霍爾木茲，讓我們能夠非常接近亞丁，並且極大地增加我們在印度的威望。」[25]他設想快速攻入紅海、在馬薩瓦建造要塞、控制珍珠養殖場、扼住伊斯蘭世界和馬穆魯克蘇丹國的咽喉。完全控制印度洋似乎指日可待。但在八月，他染上了痢疾。

阿爾布開克在印度洋已經南征北討九年。為了建設曼努埃爾一世的帝國，他持續不斷地辛勞、不分晝夜地拚命工作。在這期間，他忍耐著長期航海、戰爭、陰謀和酷熱。他曾在卡利卡特負傷，在蘇門答臘島遭遇海難，在坎納諾爾被囚禁，在果阿被下毒。他在曼杜比河的雨季被圍困了三個月。他曾談判、威嚇、勸誘和殺戮。在外界看來，他似乎刀槍不入。子彈和長矛不曾打倒他；砲彈曾從他耳邊呼嘯而過；在貝納斯塔里姆，他在小船裡站直身子嘲諷穆斯林砲手。但他已經年近花甲。有機會在近距離觀察他的人，如他的祕書加斯帕爾．科雷亞，會發現「他垂垂老矣，身體非常羸弱」。如今，在霍爾木茲令人難以忍受的酷熱中，在碧藍大海與耀眼的日光之下，在寸草不生的岩石上，他奄奄一息。

在他身邊有一個名叫尼古勞．德．費雷拉（Nicolão de Ferreira）的人，他之前做為霍爾木茲使者前去里斯本，現在回來了。阿爾布開克問他，自己在朝廷的地位如何。費雷拉或許是想粉飾實情，於是說國王非常看重阿爾布開克，所以希望他回到自己（國王）身邊，在印度事務方面輔佐國王。老人悲哀地答道：「在葡萄牙，沒有一項榮譽能和當印度總督相比。在葡萄牙，工作累了可以休息。但我的殘軀病體能休養多久？我的日子已經不多了，還有什麼比在這些勞作中度過殘年更美好的事情？這些工作讓我感覺自己還活著。」[26]印度是他畢生的冒險，他希望死在自己的崗位上。

有些日子，他閉門不出。除了親信侍從，他誰也不見。有人說他已經死了，遺體被藏了起來。要塞工程鬆懈下來。阿爾布開克從俯瞰要塞的窗戶露面，向指揮官們講話，讓他們能看得到自己。九月，他做了告解，召喚指揮官們到自己身邊。他輪流握住每一個人的手，要求對方宣誓，服從他指定為繼承者的人。他們的誓言於當月二十六日被記錄在案。被指定為要塞指揮官的佩羅·德·阿爾布開克（Pêro de Albuquerque）是他的一個親戚，接管了要塞工程。

但到了十一月，阿爾布開克還活著。他不肯離開，在看到霍爾木茲的要塞竣工之前他不肯瞑目。石質要塞雖然還不完整，但已經是一座可以防禦的建築，部署了霍爾木茲國王的火砲。醫生們相信海上的環境對他會有益處。十一月八日，他登上「玫瑰」號，這艘船對他來說有很多回憶。五年前，他曾在這艘船的桁端絞死了魯伊·迪亞士。他命令船長在午睡時間起錨出航，此時整個霍爾木茲沉浸在午後的酷熱中。他這麼做是為了避免向大家辭別。「玫瑰」號停泊在外海，他給圖蘭沙阿送去了最後的道別和致歉。國王的回信充滿哀傷，他希望在阿爾布開克啟程之前再見他一面：「看到您離去，我抑制不住眼淚，我覺得這應當是永別了。」「玫瑰」號和另外三艘船啟航了。「黃昏時，他們駛向印度。」[27]

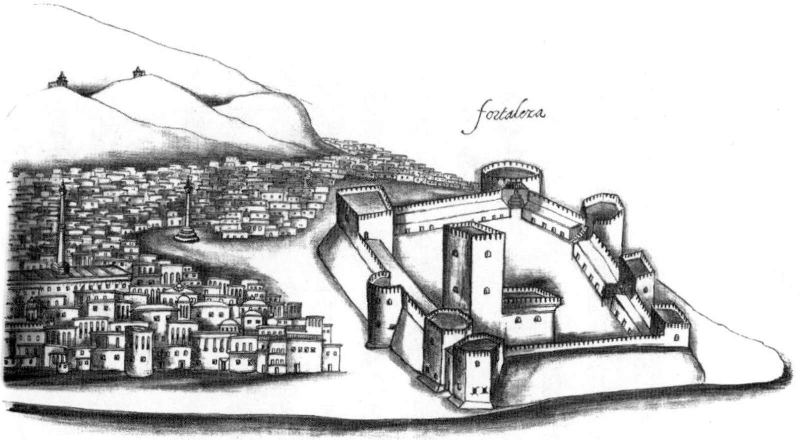

圖42　加斯帕爾·科雷亞繪，阿爾布開克在霍爾木茲的要塞。

船上的密友們努力勸慰阿爾布開克，但他滿腹憂愁，擔心自己死前會被剝奪總督職位。跨越坎貝灣時，他們俘虜了一艘小型阿拉伯三角帆船，訊問它的船長。有消息稱，有一位新總督帶來許多船隻和軍官；新總督在果阿待了一個月，現在去柯欽了；但不知道他姓甚名誰。對奄奄一息的阿爾布開克而言，這是沉重的打擊。

隨後傳來更糟糕的消息。在達布林外海，他們遇到一艘葡萄牙船。船上有一個人，曾在阿爾布開克在印度的這麼多年裡多次與他打交道：佛羅倫斯商人喬萬尼・達・恩波利。他與阿爾布開克頗有芥蒂。我們不清楚他倆之間究竟有什麼糾葛，但根據一份記載，恩波利「祕密地告訴阿爾布開克一些壞消息，這些話對他的健康簡直是毒藥，擾亂他的內心寧靜……加速他的死亡」[28]。或許恩波利惡毒地強調阿爾布開克在國王心中已失勢了。垂死的阿爾布開克得知他的繼任者的名字叫洛波・蘇亞雷斯・德・阿爾貝加里亞（Lopo Soares de Albergaria），以及他的艦隊中一些被任命到印度殖民地關鍵位置上的一些人選。這些得勢的新人大多是他的敵人，其中包括迪奧戈・佩雷拉，他曾將佩雷拉趕回葡萄牙。阿爾布開克轉向朋友迪奧戈・費爾南德斯，說道：「你對這怎麼看？被我趕回國的人、被我批評的人如今得到榮譽和封賞，這對我來說真是『喜訊』啊！在國王眼裡，我的罪過還不知道有多大。我因為愛護士卒，在國王面前遭到譴責；我因為愛戴國王，而遭到奸佞小人的構陷。」[29]聽到這番消息之後，他就喪失了生存的意志。他下令將自己船上的王旗降下，他已經沒有權力了。

一五一五年十二月六日。他寫給國王的最後一封信：

陛下，這封信不是我親筆寫的，因為在寫這封信的時候，我已經時日無多。陛下，我留下了一個兒子，繼承我的衣缽。我的所有財產，反正不多，都傳給他。但我憑藉自己的效勞而理應得到的回報，我也留給他。這回報是非常大的。印度的繁榮昌盛就是我的證詞，也會為他說話。印度和我們已經占領的所有主要據點，我都留給陛下。唯一的困難是未能非常確實地封鎖紅海。這是陛下給我的使命……我完全信賴陛下和王后。我懇求兩位陛下推進我的未竟事業，因為我是在為您效力的過程中死去的，我理應得到您的支持……我親吻您的雙手……寫於一五一五年十二月六日，海上。[30]

然後是他歪歪扭扭的親筆簽名：陛下的僕人，阿方索·德·阿爾布開克。

他希望能活著再看到果阿，並讓人為他穿上聖雅各騎士團的罩袍（他是這個軍事修會的成員），並穿著這罩袍下葬。他立了遺囑。其中留了一筆錢給魯伊·迪亞士的靈魂舉辦九十場彌撒，當初他在一怒之下絞死迪亞士。他要求為那枚在果阿時奇蹟般從他身旁掠過而沒傷到他的砲彈鍍銀，並隨其他禮物一起送往阿爾加維的瓜達露佩聖母教堂。十二月十五日黎明前，他們看到果阿的時候，他已經只剩最後一口氣。城裡

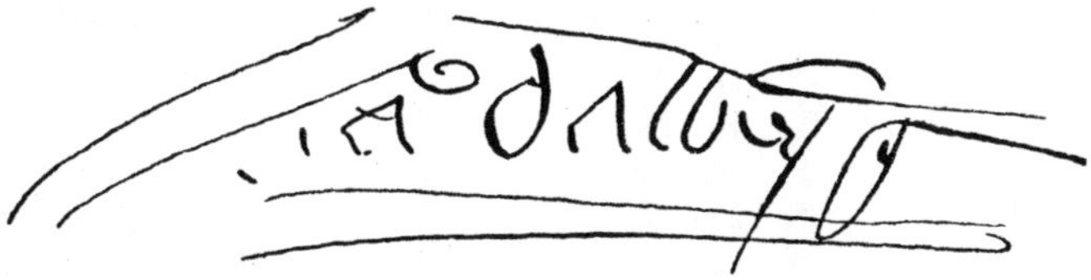

圖43　阿方索·德·阿爾布開克的簽名。

的高級教士前來為他舉行臨終塗油禮，一名醫生幫他喝了一點葡萄牙紅酒。他們駛入曼杜比河的時候，微弱的曙光潑灑在西高止山上，他掙扎著起身，被扶到舷窗旁，最後看一眼他設想成為自己的帝國首都的地方。隨後他就再也不能說話了。在火把照耀下，他的遺體被用棺材架抬到岸上。果阿全城人民都前來觀看海上雄獅被抬到教堂。本地果阿人和葡萄牙人一樣哀哭。樹叢中有猴子在嘰嘰喳喳。清晨的炊煙冉冉升起。

✯

一五一六年三月二十日。在前一年度的香料艦隊將阿爾布開克的死訊送回印度之前。曼努埃爾一世寫了一封信：

> 阿方索．德．阿爾布開克，我的朋友！我們從威尼斯得到消息，蘇丹的艦隊去了印度。既然是這樣，儘管我之前命令你回國，但現在請你務必留在印度！根據我對你和你的效力的經驗，以及天主總是賦與你的勝利，我覺得你在印度，會讓我非常安心……我完全依賴你。如果你能執行我的這些指示，我會非常寬慰，彷彿我能親自處理這些事務！[31]

對阿爾布開克來說，這封信來得太遲。對曼努埃爾一世偉大的聖戰夢想而言，也太遲了。阿爾布開克死後，葡萄牙的聖戰事業自此一蹶不振。

尾聲 「他們從不在一處停留」

我們知道這個就足夠了：地球隱藏的一半已經被揭示出來，葡萄牙人在赤道以南愈走愈遠。因此，之前我們不了解的海岸將很快可以通行，因為人們互相效仿，去勞作和冒險。

——安傑拉的彼得・馬特①（一四九三年）[1]

一五二〇年十月十九日夜，一支小小的葡萄牙探險隊被帶到衣索比亞高原一座裝飾華麗的營帳內。在一座石鐘的鳴響中，他們跪在地上等候並觀察四周。一面帳幕被緩緩拉開，一個人端坐在高高的奢華寶座上。用看不見的細線懸掛的藍布遮擋著他的面容。鐘聲奏響，最後一層屏障被

① 安傑拉的彼得・馬特（Peter Martyr d'Anghiera，一四五七至一五二六年），出生於義大利的西班牙歷史學家與人文主義學者。他記載了西班牙的地理大發現歷史，其著作是關於新大陸地理和歷史的珍貴資料來源。他還是西班牙女王伊莎貝拉一世的兒女們的教師。

短暫地降下，允許葡萄牙人一睹這位神祕人物，正是他給葡萄牙人的航海冒險提供那麼大的動力：衣索比亞的基督徒國王達維特二世（Dawitt II），葡萄牙人稱之為祭司王約翰，他們相信他會幫助葡萄牙實現曼努埃爾一世的聖戰夢想。葡萄牙人期盼這次會面，已經有差不多一個世紀，而整個西方基督教世界渴望的時間則更久。

我們看到祭司王約翰坐在六級台階的華麗高台上。他頭戴一頂金銀的高高冠冕……手裡拿著一支銀十字架……祭司王約翰身穿富麗堂皇的錦緞長袍、寬袖的絲綢襯衣……他的膝蓋以下穿著一件華麗的織物，鋪得很開，就像主教的裙裾，他端坐的姿態就像他們在牆上畫的聖父……從年齡、面貌和身材看，他還很年輕，皮膚不是很黑……身高中等，頗為優雅，他們說他二十三歲。他看上去的確像是這個年紀，圓臉龐，大眼睛，鼻子中段很高，開始蓄鬚。他威風凜凜，儀表堂堂，的確符合他的崇高身分。我們距離他的距離大約有兩支長槍那麼遠。[2]

找到祭司王約翰的消息於次年春季傳到曼努埃爾一世耳邊，他立刻給教宗發去一封賀喜信。一五二一年六月，國王公開宣布，摧毀麥加和收復耶路撒冷已經指日可待。但真相並非如此。曼努埃爾一世目前還不知道，達維特二世個人的儀表雖然令人肅然起敬，但卻不是中世紀地圖上描繪的戰無不勝的強大君王。只要仔細觀察就會發現，衣索比亞人在軍事上和經濟上都沒有能力進攻伊斯蘭世界；而且恰恰相反，他們被穆斯林敵人團團圍住。達維特二世於一五四〇年戰死，四百名葡萄牙志願者發動一次英雄主義的遠征，拚死奮戰，才挽救基督教的衣索比亞。正如祭司王約翰的真實面目被逐漸揭示，葡萄牙地理大發現的第一個世紀裡，透過對地理、氣候、自然史和文化的經驗主義的觀察，中世紀關於世界的許多其他神話，以及古代權威的智慧（如關於狗頭人和能吞得下大象的鳥）也被相繼揭穿和破除。正是這種觀察拉開了現代早期的大幕。

曼努埃爾一世於一五二一年十二月駕崩。儘管當時沒有人意識到，但他的聖戰計畫其實早在多年前，阿爾布開克未能攻克亞丁城牆的時候（梯子破裂的聲響如同致命的手槍聲）就開始破滅了。總督後來被解職並去世，聖戰夢想就更加

圖44　十六世紀葡萄牙地圖上的祭司王約翰國度。

難以為繼了。接替他的先後有三個笨拙而怯懦的人，沒有一位擁有他那樣的戰略天賦。洛波・蘇亞雷斯・德・阿爾貝加里亞擁有一支龐大的艦隊，然而當亞丁的謝赫主動提議讓葡萄牙人在亞丁建造一座要塞時，他竟拒絕了，因為他沒有接到這樣的命令。後來他進攻吉達又遭到慘敗。歷史學家巴羅斯對這次失敗的評價是：「史上最悲慘、最淒涼的悲劇，在這之前和之後都沒有這樣的事情，一支龐大艦隊未經一戰就逃之夭夭。」[3]阿爾貝加里亞還做了更糟糕的事情。他開了歷史的倒車，廢除訓練有素的職業化方陣步兵，而選擇葡萄牙貴族的蠻勇戰術；他放鬆對私人貿易的禁令（這道禁令是阿爾布開克與他在印度的政敵的矛盾核心），而偏袒海盜一般的船長們的派系私利。腐敗和濫用職權現象愈來愈猖獗。

曼努埃爾一世的宏偉計畫還遭受其他打擊。一五一五年，他在摩洛哥的軍隊，即攻打伊斯蘭世界的鉗形攻勢的第二支力量，遭到慘敗。他的王后瑪利亞是他的聖戰夢想的最狂熱支持者，也於一五一七年去世。同年，馬穆魯克王朝滅亡了。鄂圖曼蘇丹「恐怖的」塞利姆一世擊潰馬穆魯克王朝的軍隊，將馬穆魯克王朝末代蘇丹吊死在開羅城門上。從此以後，葡萄牙人在印度洋將面對一個更強悍的穆斯林對手。

曼努埃爾一世非常幸運，曾擁有阿爾梅達和阿爾布開克這兩位清正廉潔、忠心耿耿的指揮官，尤其阿爾布開克是世界歷史上最偉大的征服者和極富遠見的帝國建設者之一。阿爾布開克手中的人力始終只有幾千，只有臨時拼湊的資源、蟲蛀的船隻，卻憑藉令人瞠目結舌的雄心壯志，送給曼努埃爾一世一個由一系列要塞網絡支撐的印度洋帝國。在這個過程中，葡萄牙人令全世界大感意外。歐洲競技場上沒有人預想到，這個處於歐洲邊緣的蕞爾小國，竟能向東方做一個大跳躍，將東、西半球連接起來，並建設起第一個全球性殖民帝國。達伽馬第一次在卡利卡特登陸的時候問道：「卡斯提爾國王、法蘭西國王或者威尼斯共和國政府為什麼不派人來？」[4]是一個合理的問題。只有葡萄牙能夠做得到。答案是，葡萄牙積累了數十載相關的知識，並且在歐洲的船頭堅忍不拔地努力奮鬥，在這期間，探索發現成了國家政策。

曼努埃爾一世駕崩後，印度不再是消滅伊斯蘭世界的跳板，而重新轉變為殖民冒險的最終目的。十六世紀，葡萄牙人經歷數十年血腥戰爭，保衛自己在印度占據的領地，抵抗鄂圖曼帝國領導的持續進攻，這些進攻對阿爾布開克的要塞政策發起了極大的挑戰，將其幾乎逼到崩潰邊緣。少量葡萄牙士兵往往面對遠遠多於他們的敵人，卻能頑強戰鬥，常常以少勝多。一五七〇至一五七一年，印度多國聯合向果阿和朱爾發動一次大規模進攻，也在城牆下潰散。印度人無法將法蘭克人逐出。果阿，「東方的羅馬」，證明了阿爾布開克戰略設想的偉大。在隨後四百年裡，它始終是葡萄牙殖民地，是一種了不起的多種族文化的家園。

漸漸地，鄂圖曼帝國施加的壓力使得葡萄牙人再也無力對紅海實施經濟封鎖。從今往後，開羅和里斯本將分享香料貿易。葡萄牙人有效地擴大了市場：在十六世紀，歐洲人的香料消費翻了一倍。對葡萄牙的海外領地來說，在印度洋和更遙遠海域的貿易變得與葡萄牙本土的貿易同樣重要。葡萄牙的擴張愈來愈被民間商人控制，延伸到麻六甲以東更遠的地方，一直到香料群島、中國和日本。

和所有的帝國主義冒險一樣，歷史對葡萄牙殖民霸業的評判也是褒貶不一。阿爾布開克雖然凶悍，卻始終堅持一種理想主義的正義感。他對葡萄牙人冒險的風險與後果心知肚明。勘察霍爾木茲城牆時，他宣稱：

> ……只要有正義支撐，不要壓迫人民，這些城牆就足夠了。但如果葡萄牙人在這些地區不再信守諾言和維持人道，那麼驕傲就會掀翻我們最堅實的城牆。葡萄牙是個窮國，窮人貪得無厭的時候，就會變成壓迫者。印度的影響是很大的，我擔心有一天，我們今天做為武士的名望會消逝，那時所有人都只說我們是貪婪的暴君。[5]

當時的扎莫林和後來的許多印度歷史學家都將葡萄牙人的暴力入侵視為海盜行徑。馬來西亞政府仿製了「海洋之花」號，做為歷史教訓。它的入口處有一份銘牌：「這艘船運載的貨物包括殖民者於一五一一年征服麻六甲之後從本國擄掠的寶藏。感謝上天，這艘船於一五一二年一月二十六日在返回歐洲途中於麻六甲海峽沉沒。」[6]

儘管亞洲人對法蘭克人入侵之前的夢幻時光有著懷舊憧憬，但在法蘭克人到來之前，這個龐大而大體上安寧的貿易區是一片封閉海域。葡萄牙人用青銅大砲和強大的艦隊既打破這個自給自足的體系，也將世界連接起來。他們是全球化和科學發現時代的先驅。他們的探險家、傳教士、商人和士兵奔波到世界各地。他們來到長崎②和澳門③、衣索比亞的高原和不丹的山巒。他們跋涉在青藏高原，沿著亞馬遜河逆流而上。他們一邊旅行，一邊繪製地圖，學習語言，「一手拿劍，一手拿筆」[7]，記載自己的發現。路易士．瓦斯．德．卡蒙伊斯（Luís Vaz de Camões）的史詩《盧濟塔尼亞人之歌》（*The Lusiads*）為探索的英雄主義譜寫了一曲神話，而他本人身上也彰顯出葡萄牙冒險家有時非常瘋狂的本質。他是文藝復興時期遊歷最廣的詩人。他在摩洛哥失去一隻眼睛，因為一次鬥劍而被放逐到東方，在果阿一貧如洗，在湄公河三角洲失事沉船。他的中國情人不幸淹死，而他把自己的史詩手稿舉在頭頂上，游到岸邊。卡蒙伊斯如此描述葡萄牙探險家們：「如果世界更大，他們也會發現它。」[8]

葡萄牙的強盛只維持了一個世紀多一點，但取得輝煌成就，它締造一種新型態、形式靈活的帝國，以機動的海權為基礎，並創造歐洲殖民擴張的模式。荷蘭人和英國人將緊隨其後。

在這過程中，葡萄牙人啟動無窮盡的全球交流，既有良性的也有惡性的。他們把火器和麵包帶到日本，把星盤和四季豆④引入中國，把非洲奴隸運往美洲；運送茶葉去英格蘭，胡椒去新大陸，中國絲綢和印度藥品去全歐洲；還把一頭大象送給教宗。世界各地的各民族第一次可以互相觀察、互相驚嘆和描述。在日本畫家的筆下，陌生的歐洲來客身穿碩大的氣球般鼓脹的長褲，頭戴五彩繽紛的帽子。僧伽羅人對葡萄牙人普遍的充沛精力和飲食習慣大感困惑，描述他們為「非常白皙和美麗的民族，戴鐵帽子，穿鐵靴子，從不在一處停留。他們吃一種白色石頭，喝血」[9]。

---

② 一五四三年，第一批歐洲人，主要是葡萄牙探險家、軍人和傳教士，來到日本長崎。在一五四三至一六一四年的所謂「南蠻時代」，長崎成為葡萄牙和西方影響日本的中心。

③ 一五五三年，葡萄牙人開始在澳門居住。一八八七年，澳門成為葡萄牙殖民地。

④ 據《中國蔬菜作物圖鑑》（方智遠、張武男主編，二〇一一年江蘇科學技術出版社），四季豆（或稱菜豆、芸豆、豆角等，英文俗名 Green bean 或 Snap bean 等，學名 Phaseolus vulgaris）原產地為中、南美洲，十六世紀傳入舊大陸，十六世紀末傳入中國，產生一些中國特色的變異和栽培品種。

這樣的形象、印象和貿易交換為全球的文化、食品、植物、藝術、歷史、語言和基因留下了巨大而深遠的影響。他們還開啟西方主宰世界的五百年。這個時期直到今天才開始逆轉。在葡萄牙人之後，多層集裝箱船在各大洋穿梭來往，從東方運回製成品。中國在印度洋和非洲的心臟展現出新型態的軟實力。

在今天的貝倫，達伽馬的陵墓和粗暴的阿爾布開克的雕像附近，也就是葡萄牙人啟航的那片海岸，坐落著一座廣受尊敬的蛋糕店／咖啡屋：老貝倫糕餅店（Antiga Confeitaria de Belém）。它或許是葡萄牙全球冒險的正面影響的紀念碑。人們蜂擁前來品嘗它的風味食品「貝倫葡式蛋塔」（pastéis de Belém），即甜蛋奶沙司裹餡餅，烤成褐色，撒著肉桂，再配以黑如焦油的咖啡。肉桂、糖、咖啡：全世界的口味最初就是隨著航船，在這裡登陸的。

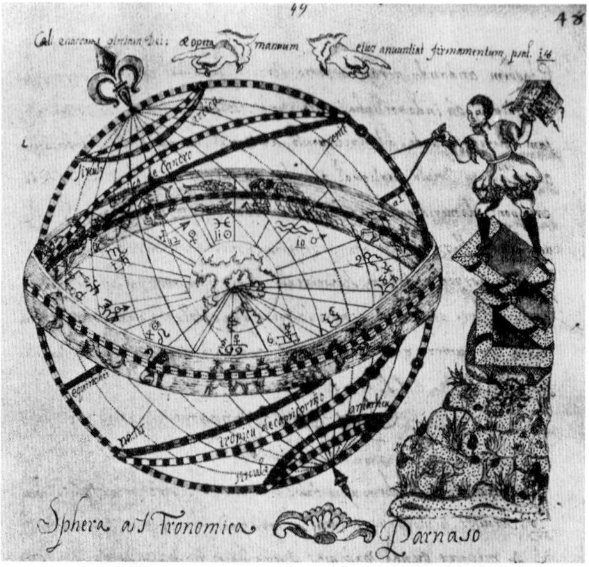

誌謝

撰寫葡萄牙地理大發現的歷史，對我來說是一次精采的個人冒險，我感激許多幫助我前進的個人與組織。

首先感謝Pascal Monteiro de Barros，他給我寫來一封電郵，促使本書誕生。他向我建議寫作這樣一本書，又始終支援我的工作。然後還要感謝Patrick Monteiro de Barros。這兩位在里斯本為我打開一些大門，向我表達許多善意，給我很好的建議。我還不夠睿智，沒有遵從他們的全部建議。無論在所有遠航開始的那座城市，還是在英國，他們都對我幫助極大。我要感謝Mary-Anne Stillwell d'Avillez和Isabel Stillwell及其家人。感謝Isabel Cruz Almeida親自帶我參觀熱羅尼莫修道院。João Lúcio da Costa Lopes給了我登上「真十字架」號卡拉維爾帆船的機會。José Vilas Boas Tavares將軍和Bossa Dionísio將軍幫助我讀到葡萄牙海軍博物館圖書館的珍本書。Pedro de Avillez借閱我一些寶貴的書籍。Ricardo Noronha幫助我翻譯。我要感謝葡萄牙聖靈銀行歷史中心（Centre for the History of Banco Espírito Santo）的Carlos Damas。以下這些人士熱情招待我，我和他們進行有趣的談話：Francisco de Bragança van Uden及其客人、Eduardo Costa Duarte及其客人（他們向我介紹本書開端佩索阿的詩句）、Francisco Andrade、Francisco Duarte Lobo de Vasconcellos和José Duarte Lobo de Vasconcellos、Joaquim Luiz Gomes和Alison Luiz Gomes、Manuel de Melo Pinto Ribeiro和Francisco Magalhães Carneiro。

我還要感謝Stan和Tom Ginn、Ron Morton審讀並評論手稿。感謝Julian Loose、Kate Ward和Eleanor Rees費心修改和製作本書。我感謝Andrew Lownie，以及一貫地感激Jan。沒有包括在上述名單中的許多人，給了我啟發與想法。我無法當面一一致謝，在此道歉。

最後我要感謝作者基金會與作者協會贊助本書的寫作。

註釋

資料來源中使用的縮寫如下：

CAD Albuquerque, Afonso de [1500–80], *The Commentaries of the Great Alfonso de Albuquerque*, trans. Walter de Gray Birch, 4 vols, London, 1875–84

CPR Albuquerque, Afonso de, *Cartas para El-Rei D. Manuel I*, ed. António Baião, Lisbon, 1942

JVG A Journal of the First Voyage of Vasco da Gama, 1497–99, London, 1898

VPC The Voyage of Pedro Álvares Cabral to Brazil and India, trans. W. B. Greenlee, London 1938

VVG Voyages de Vasco de Gama: Relations des Expéditions de 1497–1499 et 1502–1503, ed. and trans. Paul Teyssier and Paul Valentin, Paris, 1995

序幕　歐洲的船頭

1 'with the body of a deer', Sheriff, p. 309

2 'its hoofs do not tread', Hall, p. 84

3 'Our sails loftily unfurled', ibid., p. 81

4 'to go to the [barbarians'] countries', Ferguson, p. 32

5 'The countries beyond the horizon and at the end of the earth', Sheriff, p. 297

6 'the flower of all other cities', Diffie, p. 53

7 'Ethiopia, Alexandria, Syria', ibid.

8 'Our poor houses looked like pigsties', Rogerson, p. 287

9 'beyond the axis', Diffie, p. 53

10 'Of late we have despatched missions', http://www.ceylontoday.lk/64-75733-news-detail-galles-fascinating-museums.html

第一章 印度計畫

1. 'In the era of 6681', at http://www.socgeografialisboa.pt/en/coleccoes/areas-geograficas/portugal/2009/08/05/padrao-de-santo-agostinho
2. 'to invade, search out, capture, vanquish', The Bull *Romanus Pontifex* (Nicholas V), 8 January 1455, in http://www.nativeweb.org/pages/legal/indig-romanus-pontifex.html
3. 'more powerful than any other man', Russell, p. 122
4. 'an air of such gravity', Fonseca (2005), p. 179
5. 'a man who commanded others', ibid., p. 181
6. 'the deep desire to do great things', ibid.
7. 'a sea route from here to India', letter from Toscanelli to Fernam Martins, canon of Lisbon, 25 June 1474, in http://cartographic-images.net/Cartographic_Images/252_Toscanellis_World_Map.html
8. 'The king, because he saw this Cristóvão', Garcia, p. 67
9. 'the well-founded hope of exploring', ibid., p. 69
10. 'He shall have dominion', Psalm 72 v. 8
11. 'Here arrived the ships', *Portugal, the Pathfinder*, p. 97

第二章 競賽

1. 'information of all new discoveries . . . by ocular inspection', Kimble, p. 658
2. 'to carry extra provisions', Fonseca (2005), p. 105
3. 'a man who by his experience', ibid.
4. 'the king ordered that they were to be dropped . . . called Prester John', ibid., p. 106
5. 'with woolly hair, like those of Guinea', Barros, Década I, part 1, p. 187
6. 'when Dias was taking in water', *JVG*, p. 10
7. 'with one voice began to murmur', Barros, Década I, part 1, p. 187
8. 'when [he] departed', ibid.
9. 'He saw the land of India', Peres, p. 300

10. 'because it promised the discovery of India', Barros, Década I, part 1, p. 190
11. 'from the joy of seeing his companions', ibid., p. 191
12. 'Note, that in December of this year', Ravenstein, p. 20
13. 'every day we are trying', 'La configuration cartographique du continent africain avant et après le voyage de Bartolomeu Dias', p. 115, in Randles
14. 'he had seen and found out', Ficalho, p. 107
15. 'his caravels that frequent Guinea', ibid., p. 108
16. 'the desire he had for his friendship', Diffie, p. 165
17. 'puffed up in manner', Fonseca, pp. 120–1
18. 'from the Arctic to the Antarctic pole', *European Treaties*, p. 90
19. 'Show me the clause in Adam's will', Fuentes, p. 159

第三章 瓦斯科・達伽馬

1. 'Among all the western princes of Europe', Oliviera e Costa, p. 176
2. 'the first shall be last', Matthew 19 v. 30
3. 'And giving as an overriding reason', Barros, Década I, part 1, pp. 269–70
4. 'an unmarried man and of the age', Gois (1926), vol. 1, p. 49
5. 'bold in action, severe in his orders', Bouchon (1997), p. 101
6. 'bigger than Nuremberg and much more populous', Münzer, p. 27
7. 'an enormous and extraordinarily well-made golden map', ibid., p. 22
8. 'of which they gave us a lot', ibid., p. 27
9. 'an enormous workshop', ibid.
10. 'They were built by excellent masters', Duarte Pacheco Pereira, p. 166
11. 'the oriental riches so celebrated', Barros, Década I, part 1, p. 273
12. 'a place of tears for those going', ibid., p. 278
13. 'for so many centuries hidden', ibid., p. 276
14. 'in this discovery and conquest', ibid., p. 278
15. 'In this ceremony everyone wept', ibid.
16. 'And with one party looking back at the land', ibid., p. 279

17. 'In the name of God . . . Amen!', *JVG*, p. 1
18. 'And having got speech with him', ibid., p. 3
19. 'On Thursday 3 August', ibid.
20. 'as if making for the land', ibid., p. 4
21. 'On Friday 27 October', ibid.
22. 'and we lay to under foresail', ibid., p. 3
23. 'The watch is changed', *Vasco da Gama and the Linking of Europe and Asia*, p. 89
24. 'we had soundings in 110 fathoms', *JVG*, p. 5
25. 'tawny coloured . . . bark like them', ibid., pp. 5–6
26. 'They speak as if they have hiccups', Bouchon (1997), p. 111
27. 'one of the sheaths which they wore', *JVG*, p.7
28. 'All this happened because we looked upon these people', ibid., p. 8
29. 'that we had the means of doing them an injury', ibid., p. 12
30. 'They brought with them about a dozen oxen', ibid., p. 11
31. 'Henceforward it pleased God . . . thus always!', ibid., p. 16
32. 'Black and well-made . . . nothing which we gave them', ibid., p. 20
33. 'They invited us to proceed further', ibid., p. 22

第四章 「讓魔鬼把你抓走！」

1. 'God had given the sea in common', Sheriff, p. 314
2. 'They came immediately on board', Castanheda, vol. 1, p. 19
3. 'gold, silver, cloves . . . collected in baskets', *JVG*, p. 23
4. 'Prester John resided not far from this place', ibid., p. 24
5. 'We cried with joy and prayed God', ibid., p. 24
6. 'with all of which he was much pleased', Castanheda, vol. 1, p. 21
7. 'We anchored here with much pleasure', *JVG*, p. 35
8. 'who showed them a paper', ibid., p. 36
9. 'And when this torture was being applied', ibid., p. 37
10. 'seeing themselves discovered', ibid.

11. 'because the climate of this place is very good', ibid., p. 39
12. 'and at once gave chase', ibid.
13. 'gold, silver and an abundance of maize', ibid.
14. 'would rejoice to make peace with him', ibid., p. 41
15. 'he was not permitted by his master to go on land', ibid., p. 42
16. 'much pleased, made the circuit of our ships', ibid.
17. 'they prostrated themselves', ibid., p. 45
18. 'Christ! Christ!', ibid.
19. 'These Indians are tawny men', ibid.
20. 'We remained in front of this town during nine days', ibid., p. 46
21. 'for a city called Calicut', ibid., p. 46
22. 'He told us that they were above Calicut', ibid., p. 48
23. 'thanks to God', Castanheda, vol. 1, p. 35
24. 'The Devil take you!', *Roteiro da Viagem*, pp. 50–1
25. 'We came . . . Signoria of Venice send men here?', ibid., p. 51
26. 'Good fortune! . . . where there are such riches!', Subrahmanyam (1997), p. 129
27. 'We were so amazed', ibid.
28. 'gladly receive the general as ambassador', Castanheda, vol. 1, p. 42
29. 'In Calicut, no matter where a ship is from', Subrahmanyam (1997), p. 104
30. 'Formerly there was a king', Sheriff, p. 188
31. 'It is not my intention', Castanheda, vol. 1, p. 44
32. 'We put on our best attire', *JVG*, p. 51
33. 'They had all come to see us . . . entered his palanquin', ibid., p. 52
34. 'of a tawny complexion', ibid., p. 49
35. 'as a rule, short and ugly', ibid.
36. 'well-disposed and apparently of mild temper', ibid., p. 50
37. 'a large church', ibid., p. 52
38. 'within this sanctuary stood a small image', p. 53
39. 'gave us some white earth', ibid., p. 54
40. 'painted variously, with teeth protruding', ibid., p. 55

41. 'We passed through four doors', ibid., p. 56
42. 'a great hall, surrounded with seats', Castanheda, vol. 1, p. 48

第五章 扎莫林

1. 'The king was of a brown complexion', Castanheda, vol. 1, p. 48
2. 'On the right side of the king,' *JVG*, p. 56
3. 'some poured the water into their throats', Castanheda, vol. 1, p. 49
4. 'the possessor of great wealth of every description,' *JVG*, p. 58
5. 'The poorest merchant from Mecca', ibid., p. 60
6. 'he was no merchant but an ambassador', ibid., pp. 60–1
7. 'As to us others', ibid., p. 61
8. 'this separation portended no good', ibid., p. 62
9. 'What had he come to discover', ibid.
10. 'Not golden . . . own country', ibid.
11. 'we ate, notwithstanding our fatigue', ibid., p. 64
12. 'The captain said that if he ordered his vessels', ibid., p. 65
13. 'who was a Christian like himself', ibid.
14. 'none of us being allowed to go outside . . . bear it', ibid.
15. 'with orders to go back to the ships', ibid., p. 66
16. 'once inside they could easily be captured', ibid.
17. 'We passed all that day most anxiously', ibid., pp. 66–7
18. 'better faces', ibid., p. 67
19. 'it was the custom of the country', ibid.
20. 'At this we rejoiced greatly', ibid.
21. 'They spat on the ground', ibid., p. 68
22. 'This was done', ibid.
23. 'bracelets, clothes, new shirts and other articles', ibid., p. 69
24. 'to eat or to sleep', ibid.
25. 'sometimes it was night . . . and not evil', ibid.

26. 'island called Ceylon . . . Malacca', ibid., p. 77
27. 'wore their hair long . . . like those of Spain', ibid., p. 131
28. 'if he desired it', ibid., p. 70
29. 'and that then he might go', ibid., p. 71
30. 'that we were thieves', ibid., pp. 71–2
31. 'all were made welcome by us', ibid., p. 72
32. 'six persons of quality', ibid.
33. 'until the ships of Mecca', ibid., p. 73
34. 'as is the custom of the country', ibid., pp. 74–5
35. 'Vasco Gama, a gentleman of your household', ibid., p. 75
36. 'promised to surrender if on the morrow', ibid.
37. 'be careful, as he hoped shortly to be back', ibid., p. 76
38. 'We therefore set sail and left', ibid.
39. 'About seventy boats approached us . . . whilst we pursued our route', ibid., p. 77
40. 'although at heart still a Christian', *JVG*, p. 84
41. 'we might have anything in his country . . . who had come to attack us', ibid., p. 85
42. 'said that it was not for sale', ibid.
43. 'frequent calms and foul winds', ibid., p. 87
44. 'all our people again suffered from their gums . . . that all the bonds of discipline had gone', ibid., p. 87
45. 'much desired by our sick', ibid., p. 89
46. 'desired to go with us to Portugal', ibid., p. 90
47. 'the rain fell so heavily', ibid., p. 92
48. 'at times nearly dead from the cold', ibid., p. 93
49. 'did reach and discover . . . with much pleasure and satisfaction', ibid., p. 114
50. 'His Holiness and Your Reverence', ibid.
51. 'God ordered and wished', Subrahmanyam (1997), p. 162
52. 'three caravels belonging to the king of Portugal', Priuli, p. 153
53. 'And it all goes to pay . . . to destroy this venture', *VVG*, p. 182

第六章 卡布拉爾

1. 'the Indians . . . might more completely have instruction', *VPC*, p. 170
2. 'and the king went with them to the beach', Correia (1860), vol. 1, p. 155
3. 'When they have the wind behind them', *VPC*, p. 167
4. 'first of a large mountain', ibid., p. 7
5. 'These people are dark . . . with long hair', ibid., p. 59
6. 'beds set up like looms', ibid.
7. 'like sparrows at a feeding place', ibid., p. 22
8. 'large as a barrel', ibid., p. 60
9. 'some as large as hens', ibid., p. 59
10. 'It seems impossible to me', ibid., p. 39
11. 'They began to weep', ibid., p. 60
12. 'with a very long tail in the direction of Arabia', ibid., p. 61
13. 'so sudden that we knew . . . give them aid in any way', ibid.
14. 'the mouth sickness', ibid., p. 65
15. 'if you encounter ships', ibid., p. 180
16. 'you shall put them all in one of the ships', ibid., p. 184
17. 'food and drink and all other good treatment', ibid., p. 169
18. 'with your ships close together', ibid., p. 261
19. 'because it comes to us by direct succession', ibid., p. 180
20. 'because in this he would comply . . . and much more', ibid., p. 181
21. 'as befits the service of God', ibid., p. 170
22. 'were innumerable, with lances and swords . . . they razed it completely', ibid., p. 84
23. 'and with him fifty and more men . . . all nine of the unloaded ships', ibid., p. 85
24. 'and then they ate with great grief and sorrow', ibid., p. 87
25. 'nothing was saved from it', ibid., p. 89
26. 'and thus the ship came [back] with only six men', ibid., p. 91
27. 'has already told the Venetian ambassador', Subrahmanyam (1997), p. 184
28. 'They took on a heavy cargo', *VPC*, p. 123

29. 'If this voyage should continue . . . due form with him', ibid., p. 132
30. 'These new facts are of such importance', Priuli, p. 157
31. 'that I should write to Your Serenity', *VPC*, p. 122
32. 'It is impossible to procure the map of that voyage', ibid., p. 123
33. 'he would forbid the [Mamluk] sultan going for spices', ibid., p. 122
34. 'the worshippers of crucifixes', Zayn al-Dīn 'Abd al-'Azīz, p. 7
35. 'trespass on the property', ibid., p. 79

第七章　「米里」號的命運

1. 'guard the mouth of the Strait', Subrahmanyam (1997), p. 190
2. 'a region with a very agreeable climate . . . ate and drank a lot', *VVG*, pp. 203–4
3. 'Only two found themselves still together', ibid., p. 205
4. 'We put our clothes out to dry in the sun', ibid.
5. 'He did not wish to see me', Subrahmanyam (1997), p. 202
6. 'I am the slave of the king . . . captive of the king of Portugal', Correia (1879), pp. 295–6
7. 'with great noise and manifestations of joy . . . Portugal!', *VVG*, p. 217
8. 'this is the fleet of the king of Portugal', Correia (1860), vol. 1, p. 290
9. 'We took no part . . . to disclose', *VVG*, p. 330
10. 'when I commanded this ship . . . and other commodities', ibid., p. 225
11. 'and we understood that they asked for pity . . . our lord the king', ibid., p. 226
12. 'We could see everything', ibid., p. 227
13. 'so suddenly and with such fury . . . fighting unarmed people', ibid.
14. 'As soon as one of us', ibid., p. 228
15. 'they hurled themselves against us', ibid.
16. 'We were all wounded', ibid., p. 229
17. 'Tomé Lopes, clerk of this ship', ibid.
18. 'They uttered loud shouts . . . nearly all, wounded', ibid.
19. 'They killed one of us', ibid., pp. 229–30

20. 'During the battle we sometimes saw a man', ibid., p. 231
21. 'And so it was, after so many fights', ibid.
22. 'It is unheard of', Sheriff, p. 314

第八章　狂怒與復仇

1. 'as he knew very well', *VVG*, p. 234
2. 'his kaffirs would pay for it', ibid., p. 235
3. 'There remained only one sure solution . . . no intention of acting otherwise', ibid., p. 239
4. 'We could only see a small part of it', ibid., p. 241
5. 'whether merchants or permanent residents', ibid., p. 242
6. 'The Christians took more delight in theft', ibid., p. 243
7. 'At dawn we saw many more people . . . thirty-four were hanged', ibid., p. 245
8. 'a continuous storm and rain of iron balls', Barros, Década I, part 2, pp. 56–7
9. 'like serpents', *VVG*, p. 245
10. 'they fired badly . . . in places hit by shot', ibid., p. 246
11. 'I have come to this port', ibid.
12. 'their faces changed, betraying the seriousness of the matter', ibid., p. 247
13. 'Sometimes they asked more for the spices . . . suddenly they stopped', ibid., p. 261
14. 'a rich and very large island', ibid., p. 256
15. 'some without arms or legs', ibid., p. 267
16. 'O miserable man', ibid., p. 268

第九章　立足點

1. 'to find rapid and secret remedies', Weinstein, p. 77
2. 'The audacity of the Franks knows no limit . . . of this piracy', Ibn Iyas, p. 106
3. 'Goods could be paid for with money', Correia (1860), vol. 1, p. 308
4. 'a place to the Christians', Subrahmanyam (1997), p. 349

5. 'It seems clear that the loss of the two brothers', Castanheda, vol. 1, p. 116
6. 'I am a man . . . tell good from bad', Sanceau (1936), p. 4
7. 'with a pen in one hand, a sword in the other', Camões, p. 154
8. 'Every ship . . . well garrisoned and fortified', Noonan, p. 142
9. 'God rest the souls of Duarte Pacheco and his men', Sanceau (1936), p. 15
10. 'with little water', Noonan, pp. 144–5
11. 'The wind was against us', ibid.
12. 'we will die serving you if necessary', Castanheda, vol. 1, p. 138
13. 'And with this defeat', ibid., p. 203
14. 'horrible prison', Weinstein, p. 81

第十章　印度王國

1. 'Dom Manuel, by the grace of God . . . for three years', Silva, p. 260
2. 'all India should be stripped of the illusion', ibid., p. 96
3. 'Wage war and total destruction on him', ibid.
4. 'whatever other parts have still not been known', Rodrigues and Devezas (2008), p. 212
5. 'out of love for the viceroy', ibid., p. 175
6. 'a noble gentleman', Silva, p. 113
7. 'of white damask emblazoned . . . carrying gilded halberds', Correia (1860), vol. 1, pp. 533–4
8. 'very fertile . . . an intimidating sight', *Grandes Viagens*, p. 84
9. 'Portugal! Portugal!', ibid., p. 82
10. 'saddled in the Portuguese fashion . . . the king of Portugal', Castanheda, vol. 1, p. 215
11. 'Sire, Kilwa . . . than that in the West', Silva, p. 311
12. 'the fire that ran through the city', Castanheda, vol. 1, p. 221
13. 'that our men did not have time to fire our muskets', ibid., p. 223
14. 'a great number of very rich cloths', Hall, p. 207

15. 'of whom many were light-skinned women', Castanheda, vol. 1, p. 226
16. 'as long as the sun and the moon endured', Silva, p. 126
17. 'God keep you, Said Ali', Hall, p. 207

第十一章 巴比倫大淫婦

1. 'the sanctity of the House of the Portuguese Crown', *La Découverte, le Portugal et l'Europe*, p. 70
2. 'Christians may therefore hope . . . each time greater', Silva, p. 133
3. 'I have seen the sailing charts', Ca'Masser, p. 31
4. 'pearls to the value of 40 00 ducats', ibid., p. 20
5. 'all burned with the spices', ibid., p. 21
6. 'I see that this enterprise can't be destroyed', ibid., p. 32
7. 'Speak to the sultan . . . a large quantity of spices', Aubin, vol. 3, p. 455
8. 'hindering them on their journeys', Zayn al-Dīn 'Abd al-'Azīz, pp. 105–7
9. 'Her arrival occasioned . . . in an original way, Ibn Iyas, p. 77
10. 'according to custom . . . as he always did', ibid., p. 78
11. 'to oppose the incursions of the Franks', ibid., p. 79
12. 'The most certain and swift way . . . cheaper in Venice than Lisbon', Aubin, vol. 3, p. 458
13. 'very high with great peaks', *Grandes Viagens*, p. 89
14. 'more indignation than pain', Barros, Década I, part 2, p. 273
15. 'ordered hangings to be set up', *Grandes Viagens*, p. 90
16. 'accepted these things from the hand', Barros, Década I, part 2, p. 357
17. 'that would be the headquarters and seat', ibid., pp. 356–7
18. 'the principal intention of his king', ibid., pp. 353–4
19. 'the viceroy continuously took great care . . . two hours after sunset', Silva, p. 140
20. 'Believe me Your Highness', ibid., p. 144
21. 'my reward is to serve you', ibid., p. 175
22. 'as seen in the books', Ca'Masser, p. 23

23. 'everything is unloaded in the India House', ibid., p. 29
24. 'certainly a very great sum', Silva, p. 33
25. 'It seems to me that Your Highness should strive', Silva, p. 317
26. 'I have decided, My Lord', Silva, p. 313

第十二章 「恐怖的人」

1. 'I, Afonso de Albuquerque', Sanceau (1936), p. 19
2. 'I presumed I could take my ship to India', ibid., p. 21
3. 'Latterly the audacity of the Franks knows no bounds', Ibn Iyas, p. 106
4. 'that in decisions about whether to fight', Barros, Década II, part 1, p. 61
5. 'the sugar of the Portuguese friendship would turn to poison', Bouchon (1988), p. 81
6. 'guard the mouth of the Red Sea', Silva, p. 192
7. 'a very elegant town with very fine houses', *CAD*, vol. 1, p. 83
8. 'a very large and beautiful edifice . . . nothing remained of it', ibid., p. 82
9. 'he ordered the place to be set on fire', ibid., p. 83
10. 'he ordered the ears and noses', ibid.
11. 'a fine large city . . . Ormuz would be the jewel in it', Sheriff, p. 184
12. 'establish treaties', Silva, p. 192
13. 'the great miracle Our Lord performed', *Albuquerque, Caesar of the East*, p. 56
14. 'Sir, we do this in writing', *CAD*, vol. 1, p. 169
15. 'I was out of control . . . and had the Devil in him', Silva, p. 194
16. 'The captains were driven to despair . . . grabbed his beard and pulled it out', ibid., p. 195
17. 'When they saw that their complaints', ibid.

第十三章 朱爾的三日

1. 'I want to arm myself . . . you'll still be laughing at nightfall', Correia (1860),

vol. 1, pp. 754–5
2. 'and entering the river', Castanheda, vol. 1, p. 390
3. 'that seemed like rain', ibid.
4. 'Don't put yourself and your men . . . glory at the point of the sword', Correia (1860), vol. 1, pp. 757–9
5. 'that because their sins demanded that they flee', Castanheda, vol. 1, p. 395
6. 'went back down into the hold', ibid., p. 396
7. 'whether he survived or not was for the honour of Portugal', ibid., p. 397
8. 'the survival of Dom Lourenço lay in his hands', ibid., p. 398
9. 'wanted to row as little as possible', ibid.
10. 'fought like men who wanted revenge before they died', ibid.
11. 'And so ended Dom Lourenço', ibid., p. 399
12. 'the Europeans who infest . . . remaining European forces', Ibn Iyas, p. 138

第十四章　「法蘭克人的狂怒」

1. 'If these men had not deserted me', Sanceau (1936), p. 70
2. 'Sir, I remind you', Silva, p. 193
3. 'He who eats the chicken', Rodrigues and Devezas (2008), p. 242
4. 'To the very high and mighty king, My Lord', Correia (1860), vol. 1, pp. 897–8
5. 'There are more Muslims from Malacca to Ormuz', ibid., p. 898
6. 'instil terror in the enemy', Castanheda, vol. 1, p. 428
7. 'Finally no living thing was left alive', ibid., p. 430
8. 'May the wrath of the Franks fall upon you', ibid.
9. 'I, the viceroy', Correia (1860), vol. 1, p. 927

第十五章　第烏

1. 'be certain that in conquering this fleet', Castanheda, vol. 1, p. 435
2. 'Sirs, the Rumes will not come out', Monteiro, pp. 264–5

3. 'Dom Francisco d'Almeida . . . punished and wiped out', Correia (1860), vol. 1, pp. 937–8
4. 'over everything a rain of shots', Castanheda, vol. 1, pp. 437–8
5. 'the smoke and fire so thick', Correia (1860), vol. 1, pp. 940–1
6. 'so frightening that it seemed to be the work', Castanheda, vol. 1,p. 437
7. 'an infinity of arrows', Castanheda, ibid., p. 437
8. 'so loud that it seemed to be the day of judgement', Correia (1860), vol. 1, p. 941
9. 'highly skilled and extremely accurate', ibid., p. 943
10. 'the sea was red with the blood of the dead', ibid., p. 943
11. 'because through these gates', ibid., p. 952
12. 'These cursed interlopers sailed away victorious', Zayn al-Dīn 'Abd al-'Azīz, p. 44
13. 'In my opinion India is now in greater peril', Sanceau (1936), p. 79
14. 'Here lies Dom Francisco de Almeida', Silva, p. 208

第十六章　扎莫林的大門

1. 'made of richly carved wood . . . plates of silver and gold', Correia (1860), vol. 2, pp. 6–7
2. 'the council of war couldn't act' ibid., p. 9
3. 'the best thing in all the world', ibid.
4. 'You are the first captain to have landed men', ibid., p. 16
5. 'What is this, Afonso de Albuquerque', Castanheda, vol. 1, p. 501
6. 'This honour is yours', Correia (1860), vol. 2, p. 16
7. 'the king my lord will know', ibid., p. 17
8. 'May the Lord help you . . . with your great deed', ibid.
9. 'And the men, avid for what they could plunder . . . won't come back', ibid., p. 18
10. 'Lisuarte Pacheco fell with an arrow', ibid., p. 19
11. 'there was a large courtyard', ibid.
12. 'crooked in one eye', ibid.
13. 'which they hauled outside', ibid.

14. 'He should be content', ibid., p. 21
15. 'he came without him . . . trouble getting away', ibid.
16. 'who all performed valiant deeds', ibid., p. 22
17. 'no one wanted to go back', ibid., p. 23
18. 'of which seventy were noblemen', ibid., p. 25
19. 'who all died, except for a single slave', ibid.
20. 'might burn forever', Castanheda, vol. 1, p. 505

第十七章　「葡萄牙人咬住的，永遠不會鬆口」

1. 'The caulkers and carpenters', *CPR*, p. 1
2. 'There is nothing in India or within myself', Sanceau (1936), p. 103
3. 'to mint new currency', Correia (1860), vol. 2, p. 76
4. 'this was the new currency of the king', ibid., p. 77
5. 'to show who had minted them', Sanceau (1936), p. 118
6. 'Then if God wills that this alliance be concluded', Sanceau (1936), p. 119
7. 'My Portuguese lords', Correia (1860), vol. 2, p. 85
8. 'What the Portuguese win they never give up', ibid., p. 87
9. 'either the children or the women', Castanheda, vol. 1, p. 528
10. 'was completely amazed', ibid.
11. 'and all their tents fluttered with banners', ibid., p. 540

第十八章　雨季的囚徒

1. 'Goa belonged to his lord', Correia (1860), vol. 2, p. 98
2. 'sons of the devil', ibid.
3. 'With great difficulty we managed to fill', ibid., p. 100
4. 'a drop of water cost three of blood', Rodrigues and Oliviera e Costa (2008), p. 43
5. 'that out of stubbornness he wanted to die', Correia (1860), vol. 2, p. 100
6. 'The common people did this', ibid.

7. 'If they had not wintered here', Castanheda, vol. 1, p. 555
8. 'shut himself up in his cabin', ibid., p. 556
9. 'I am your governor', Correia (1860), vol. 2, p. 103
10. 'and many of them had turned Christian', ibid., p. 114
11. 'Then according to the law of Afonso de Albuquerque', ibid., p. 115
12. 'because of the crime of sleeping with the Muslim woman', ibid., p. 116
13. 'You are taken in the name of the king', ibid.
14. 'arbitrary absolute power', Castanheda, vol. 1, p. 563
15. 'And on 15 August, the Day of Our Lady', ibid., p. 120

第十九章 恐怖的手段

1. 'very displeased at the defeat sustained in Goa', Noonan, p. 183
2. 'The news about the Rume', ibid., p. 185
3. 'You will see how good it is', *CPR*, p. 2
4. 'Brother, go on your way', Correia (1860), vol. 2, p. 150
5. 'They came to my aid', *CPR*, p. 7
6. 'Our Lord has done great things', ibid., pp. 7–8
7. 'No one escaped', Bouchon (1992), p. 189
8. 'the destruction was so great', Noonan, p. 189
9. 'This use of terror will bring great things', Bouchon (1992), p. 188
10. 'white and beautiful', ibid., p. 190
11. 'There you can find all the riches . . . a poisoned arrow', ibid., p. 189
12. 'Many were knighted . . . than a merchant', Noonan, p. 189
13. 'and seeing him thus with an arrow', Correia (1860), vol. 2, pp. 153–4
14. 'We await your arrival . . . terror on land and sea', Bouchon (1992), p. 193

第二十章 太陽的眼睛

1. 'it is forty days' sail from Calicut', *JVG*, p. 100

2. 'whatever parts have still not been known', Rodrigues and Oliviera e Costa (2011), p. 17
3. 'a certain Castilian fleet', ibid., p. 18
4. 'Men cannot estimate the worth . . . must come [there]', Pires, vol. 2, p. 286
5. 'There is no doubt that Malacca is of such importance', ibid., p. 285
6. 'which differ . . . so that artillery does not harm it', Noonan, p. 195
7. 'And they came down the gangplank', Correia (1860), vol. 2, p. 218
8. 'He acted like a man . . . French boots and shoes', ibid., p. 195
9. 'is the most populous city of the Indies', ibid., p. 234
10. 'decked out with silk hangings', Castanheda, vol. 1, p. 634
11. 'None of those who had been poisoned by darts survived', *CAD,* vol. 3, p. 73
12. 'as long as he had feet to walk', Castanheda, vol. 1, p. 638
13. 'the centre and terminus', Correia (1860), vol. 2, p. 234
14. 'the source of all the spices', Castanheda, vol. 1, p. 639
15. 'Whoever is lord of Malacca', Crowley, p. 374
16. 'disembark the men, nor to fight', Castanheda, vol. 1, p. 640
17. 'The golden wall', ibid.
18. 'ready for everything, and would build a fort', Correia (1860), vol. 2, p. 234
19. 'We made our stand on the land', Noonan, p. 197
20. 'spare the lives of the Muslims...who had never seen pikes before', Correia (1860), vol. 2, p. 244
21. 'Believe me, things here are of great substance', Noonan, p. 196
22. 'There were rooms full of sandal wood', Correia (1860), vol. 2, p. 246
23. 'held and secure in the king's name', ibid., p. 249
24. 'The captain-major with some men . . . completely unconscious', Noonan, pp. 199–200
25. 'And so we set out . . . awaiting God's mercy', ibid., p. 200
26. 'and so they stayed with their souls in their mouths', Correia (1860), vol. 2, p. 269
27. 'and touching bottom . . . and many other reasons', Noonan, p. 201
28. 'We found ourselves in great trouble', ibid., p. 202

29. 'made their way to Cochin', Correia (1860), vol. 2, p. 270
30. 'I heard [him] say', ibid., p. 247
31. 'was lost a greater wealth of gold and jewels', ibid., p. 269
32. 'a great map drawn by a Javanese pilot', *CPR*, pp. 148–9

第二十一章　蠟的子彈

1. 'Those who wanted to take revenge', *CPR*, p. 98
2. 'I am fifty years old', ibid., p. 21
3. 'feel free to do as they please . . . yet you abandon India', ibid., pp. 24–5
4. 'Does Your Highness know the consequences', ibid., p. 27
5. 'two fine robes . . . and make walls', ibid., p. 57
6. 'where there is a great flow of water . . . they are all Christians', ibid., p. 41
7. 'And again I come back to saying', ibid., p. 35
8. 'Sire, put your trust in good fortresses', ibid., p. 31
9. 'kings and lords', ibid., p. 59
10. 'places here, controlled by Your Highness', p. 53
11. 'Sire, to make fortresses requires planning', ibid., p. 21
12. 'Your Highness should not ignore the things that I say', ibid., p. 44
13. 'I fear that you don't want to favour', ibid., p. 23
14. 'I am kept down . . . in the affairs of India', ibid., pp. 49–50
15. 'to destroy the trade of Mecca', ibid.
16. 'taking the main centres of this trade from the Muslims', ibid., p. 22
17. 'Strongly support Goa', ibid., p. 59
18. '[it is] certain to become peaceful', ibid., p. 60
19. 'Sire, it would greatly please me', ibid., p. 62
20. 'With God's help, if there is no treachery', ibid., p. 59
21. 'Sire, now it seems you have decided', Sanceau (1936), p. 199
22. 'I often upbraided them', ibid., p. 202
23. 'a phalanx well ordered . . . this year from Portugal', Correia (1860), vol. 2, p. 304

24. 'bore their sufferings with much patience', Sanceau (1936), p. 207
25. 'the governor has turned the key', Bouchon (1992), p. 191
26. 'You aim to lay your hands on their trade', ibid., pp. 220–1
27. 'this goat by the neck', Rodrigues and Devezas (2008), p. 269
28. 'piled up in the holds and ships', *Lisboa Quinhentista*, p. 17
29. 'that went in front of him', ibid., p. 22

第二十二章　「全世界的財富，盡在您的掌握」

1. 'Surrounded by bare rock', *CPR*, p. 217
2. 'As our carracks were big . . . the task of fighting', ibid., p. 168
3. 'it was not my practice . . . to destroy a stretch of the wall with gunpowder', ibid., pp. 169–71
4. 'The site of the city at dawn . . . many round towers', Correia (1860), vol. 2, p. 337
5. 'which grieved me considerably . . . and badly injured the men', *CPR*, pp. 173–4
6. 'he refused to enter', Castanheda, vol. 1, p. 752
7. 'I didn't know whether to rally the captains', *CPR*, p. 177
8. 'Sir, help us, otherwise we're all going to die', Correia (1860), vol. 2, p. 342
9. 'I'm not the man to flee death down a rope', ibid., p. 343
10. 'so that they shouldn't be left', Castanheda, vol. 1, p. 755
11. 'so aghast at losing the city in this way', ibid., p. 755
12. 'What I can say to Your Highness', *CPR*, p. 179
13. 'I don't dare to say more', ibid., p. 174
14. 'I think that if I had reconnoitred Aden first', ibid., p. 217
15. 'they clearly perceived that they were going to die', Castanheda, vol. 1, p. 758
16. 'only a cannon shot wide', Correia (1860), p. 758
17. 'We arrived at the mouth of the Straits', *CPR*, p. 182
18. 'always in sight of Prester John's lands', ibid., p. 183
19. 'no storms, only strong blasts of hot wind', Correia (1860), vol. 2, pp. 345–6
20. 'And there they sat', ibid., p. 347

21. 'We found plenty of suitable rock . . . a great abundance of good fish', *CPR*, pp. 194–5
22. 'he was taking them to die', Castanheda, vol. 1, p. 761
23. 'After only two or three fits of fever', Correia (1860), vol. 2, p. 348
24. 'while we were anchored in that place', *CPR*, p. 190
25. 'the coasts behind it are ruled by Prester John', ibid., pp. 222–3
26. 'I now have full information', ibid., p. 201
27. 'he died very poor', Correia (1860), vol. 2, p. 348
28. 'After Hussain left India', *CPR*, pp. 197–8
29. 'I can assure Your Highness', *CPR*, p. 192
30. 'they were presented dressed in mail tunics', Ibn Iyas, p. 289
31. '"We won't go unless we get a bonus', ibid., p. 291
32. 'the audacity of the Europeans . . . goods have been unloaded at Jeddah', ibid., p. 335
33. 'to send reinforcements as quickly as possible', ibid. p. 356
34. 'too weak or stricken with venereal disease', ibid., p. 424
35. 'The sultan's position is very weak', *CPR*, p. 225
36. 'it seems to me that if you make yourself powerful', *CPR*, pp. 221–2
37. 'I have been told that he greatly desires', ibid., p. 201
38. 'your fleet can get to Suez', ibid., p. 224
39. 'The business of India we will leave behind', ibid., p. 223

第二十三章　最後的航行

1. 'Your Highness blames me', Sanceau (1936), p. 242
2. 'Men who are well paid', ibid., p. 246
3. 'Do you know that you change your policy', ibid., p. 245
4. 'with one hand upon my beard', ibid., p. 232
5. 'The governor used to get up . . . as his secretary', Correia (1860), vol. 2, pp. 364–5
6. 'Whenever I receive a petition', Sanceau (1936), p. 247

7. 'So long as I am present all goes well', ibid., p. 232
8. 'the sugar turn to poison', Bouchon (1988), p. 81
9. 'They would not know how to buy', Sanceau (1936), p. 243
10. 'When they have nothing to say . . . my white hairs', Bouchon (1992), p. 243
11. 'that he was already just a sack of straw', Correia (1860), vol. 2, p. 398
12. 'that it seemed that the ships were on fire', ibid., p. 408
13. 'God save the Lord Governor', ibid., p. 409
14. 'He had no hope unless', ibid., p. 420
15. 'that could be defended against all the powers against it', ibid., p. 422
16. 'he would give the governor his treasure', ibid., p. 423
17. 'For the Great Lord who commands', Sanceau (1936), p. 271
18. 'It was agreed no one should carry arms', Correia (1860), vol. 2, p. 431
19. 'Lord Sultan Turan, you are lord and king', ibid., p. 436
20. 'the Muslims remained extremely frightened', ibid., p. 438
21. 'You get doctor's pay . . . benches of those galleys', ibid., pp. 440–1
22. 'dispenses justice and commands on sea and land', Castanheda, vol. 1, p. 857
23. 'First of the First, Captain of many Captains', Sanceau (1936), p. 281
24. 'to draw him from life', Castanheda, vol. 1, p. 858
25. 'With this achievement we shall have settled everything', Sanceau (1936), p. 280
26. 'He was old and very wasted . . . which make me feel alive', Correia (1860), vol. 2, p. 452
27. 'I cannot restrain my tears . . . set sail for India', ibid., p. 456
28. 'very confidentially told him things', Barros, Década II, part 2, p. 491
29. 'What do you think of that', Correia (1860), vol. 2, p. 458
30. 'Sire, I do not write to Your Highness', Sanceau (1936), p. 296
31. 'Afonso de Albuquerque, Friend!', ibid., p. 299

尾聲　「他們從不在一處停留」

1. 'Enough for us to know', Boorstin, p. 145

2. 'And there we saw Prester John', Alvares (1881), pp. 202–3
3. 'the most sad and miserable tragedy ever', Rodrigues and Devezas (2008), p. 284
4. 'Why does not the king of Castile', *Roteiro da Viagem*, p. 51
5. 'so long as they are upheld by justice', Sanceau (1936), p. 286
6. 'The ship's cargo consisted of precious treasures', Rodrigues and Devezas (2008), p. 329
7. 'pen in one hand, a sword in the other', Camões, p. 154
8. 'Had there been more of the world', Pyne, pp. 18–19
9. 'a very white and beautiful people', Suckling, p. 280

參考資料

原始資料

A Journal of the First Voyage of Vasco da Gama, 1497–99, ed. and trans. E.G. Ravenstein, London, 1898

Albuquerque, Afonso de, *Cartas para El-Rei D. Manuel I*, ed. António Baião, Lisbon, 1942

Albuquerque, Afonso de [1500–80], *The Commentaries of the Great Alfonso de Albuquerque*, trans. Walter de Gray Birch, 4 vols, London, 1875–84

Albuquerque, Caesar of the East: Selected Texts by Afonso de Albuquerque and His Son, ed. and trans. T. F. Earle and John Villiers, Warminster, 1990

Alvares, Francisco, *Narrative of the Portuguese Embassy to Abyssinia during the Years 1520–1527*, ed. and trans. Lord Stanley of Alderley, London, 1881

——, *The Prester John of the Indies*, ed. and trans. C. F. Buckingham and G. W. B. Huntingford, vol. 2, Cambridge, 1961

Azurara, Gomes Eannes de, *The Chronicle of the Discovery and Conquest of Guinea*, ed. and trans. Charles Raymond Beazley and Edgar Prestage, 2 vols, London, 1896 and 1899

Barbosa, Duarte, *The Book of Duarte Barbosa*, trans. Mansel Longworth Danes, London, 1918

Barros, João de, *Da Ásia*, Décadas I–II, Lisbon, 1778

Ca'Masser, Leonardo da, 'Relazione di Leonardo da Ca'Masser, alla Serenissima Republica di Venezia sopra il Commercio dei Portoghesi nell'India', *Archivio Storico Italiano*, appendice, vol. 2, 1845

Cadamosto, Alvise, *The Voyages of Cadamosto*, trans. and ed. G. R. Crone, London, 1937

Camões, Luís Vaz de, *The Lusíads*, trans. Landeg White, 1997

Castanheda, Fernão Lopes de, *História do Descobrimento e Conquista da Índia pelos Portugueses*, ed. M. Lopes de Almeida, 2 vols, Porto, 1979

Correia (or Corrêa), Gaspar, *The Three Voyages of Vasco da Gama*, ed. and trans. Henry Stanley, London, 1879

——, *Lendas da India*, 2 vols, Lisbon, 1860

European Treaties Bearing on the History of the United States and its Dependencies to 1648, ed. Frances Gardner, Davenport, 1917

Góis, Damião de, *Crónica do Felicissimo Rei D. Manuel*, vol. 1, Coimbra, 1926

——, *Lisbon in the Renaissance*, trans. Jeffrey S. Ruth, New York, 1996

Grandes Viagens Marítimas, ed. Luís de Albuquerque and Francisco Contente Domingues, Lisbon, 1989

Ibn Iyas, *Journal d'un bourgeois du Caire*, trans. and ed. Gaston Wiet, Paris, 1955

India in the Fifteenth Century, ed. and trans. R. H. Major, London, 1857

Itinerário do Dr. Jerónimo Münzer, ed. Basílio de Vasconcelos, Coimbra, 1931

Pereira, Duarte Pacheco, *Esmeraldo de Situ Orbis*, ed. and trans. George H. T. Kimble, London, 1937

Pires, Tomé, *The Suma Oriental of Tomé Pires*, 2 vols, ed. and trans. Armando Cortesáo, London, 1944

Priuli, G., *Diarii*, ed. A. Segre, in *Rerum Italicarum Scriptores*, vol. 24, part 3, Città di Castello, 1921–34

Roteiro da Viagem que em Descobrimento da India pelo Cabo da Boa Esperança fez Dom. Vasco da Gama em 1497, Porto, 1838

The Voyage of Pedro Álvares Cabral to Brazil and India, trans. W. B. Greenlee, London, 1938

Voyages de Vasco de Gama: Relations des Expéditions de 1497–1499 et 1502– 1503, ed. and trans. Paul Teyssier and Paul Valentin, Paris, 1995

Zayn al-Dīn ʻAbd al-ʻAzīz, *Tohfut-ul-Mujahideen*, trans. M. J. Rowlandson, London, 1883

近人研究

Aubin, Jean, *Le Latin et l'astrolabe : Recherches sur le Portugal de la Renaissance, son expansion en Asie et les relations internationales*, 3 vols, Lisbon, 1996–2006

Axelson, Eric, *The Portuguese in South-East Africa, 1488–1600*, Johannesburg, 1973

Baldridge, Cates, *Prisoners of Prester John: The Portuguese Mission to Ethiopia in Search of the Mythical King, 1520–1526*, Jefferson, 2012

Bedini, Silvano A., *The Pope's Elephant*, Manchester, 1997

Blake, John W., *European Beginnings in West Africa, 1454–1578*, London, 1937

Boorstin, Daniel J., *The Discoverers*, New York, 1986

Bouchon, Geneviève, *Albuquerque: Le Lion des mers d'Asie*, Paris, 1992

——, *Inde découverte, Inde retrouvée, 1498–1630*, Lisbon, 1999

——, *Regent of the Sea*, trans. Louise Shackley, Delhi, 1988

——, *Vasco de Gama*, Paris, 1997

Boxer, C. R., *The Portuguese Seaborne Empire 1415–1825*, New York, 1969

Campos, José Moreira, *Da Fantasia à Realidade: Afonso d'Albuquerque*, Lisbon, 1953

Casale, Giancarlo, *The Ottoman Age of Exploration*, Oxford, 2010

Catz, Rebecca, *Christopher Columbus and the Portuguese, 1476–98*, Westport, 1993

Cliff, Nigel, *Holy War*, New York, 2011

Costa, A. F. de, *Ás Portas da Índia em 1484*, Lisbon, 1935

Coutinho, Gago, *A Náutica dos Descobrimentos*, Lisbon, 1969

Couto, Djanirah and Loureiro, Rui Manuel, *Ormuz 1507 e 1622: Conquista e Perda*, Lisbon, 2007

——, *Ormuz 1507 e 1622*, Lisbon, 2007

Crowley, Roger, *City of Fortune*, London, 2011

Danvers, Frederick Charles, *The Portuguese in India*, vol. 1, London, 1966

Delumeau, Jean, 'L'Escatologie de Manuel le Fortuné', *Journal des Savants*, no. 1, 1995, pp. 179–86

Dictionário de História dos Decobrimentos Portugueses, 2 vols, ed Luís de Albuquerque and Francisco Contente Domingues, Lisbon, 1994

Diffie, Bailey W. and Winius, George D., *Foundations of the Portuguese Empire, 1415–1580*, Minneapolis, 1977

Domingues, Francisco Contente, *Navios e Viagens*, Lisbon, 2008

Donkin, R. A., *Between East and West: The Moluccas and the Trade in Spices up to the Arrival of the Europeans*, Philadelphia, 2003

Ferguson, Niall, *Civilization: The West and the Rest*, London, 2011

Fernández-Armesto, Felipe, *Columbus*, Oxford, 1991

——, *Pathfinders: A Global History of Exploration*, Oxford, 2006

Ficalho, Conde de, *Viagens de Pero da Covilha*, Lisbon, 1988

Fonseca, Luìs Adão da, *The Discoveries and the Formation of the Atlantic Ocean*, Lisbon, 1999

——, *D. João II*, Rio de Mouro, 2005

Frater, Alexander, *Chasing the Monsoon*, London, 1990

Fuentes, Carlos, *The Buried Mirror: Reflecting on Spain and the New World*, New York, 1999

Garcia, José Manuel, *D. João II vs. Colombo*, Vila do Conde, 2012

Gracias, Fátima da Silva, *Kaleidoscope of Women in Goa, 1510–1961*, Delhi, 1996

Granzotto, Gianni, *Christopher Columbus: The Dream and the Obsession*, London, 1986

Great Power Rivalries, ed. William R. Thompson, Columbia, 1999

Hall, Richard, *Empires of the Monsoon*, London, 1996

História da Expansaó Portuguesa no Mundo, ed. António Baiáo, Hernani Cidade, Manuel Múriàs, Lisbon, 1937

Jack, Malcolm, *Lisbon: City of the Sea*, London, 2007

Kimble, George, 'Portuguese Policy and its Influence on Fifteenth- Century Cartography', in *Geographical Review*, vol. 23, no. 4, Oct. 1933

Krondl, Michael, *The Taste of Conquest*, New York, 2007

La Découverte, le Portugal et l'Europe, ed. Jean Aubin, Paris, 1990

Lisboa Quinhentista, a Imagem e a Vida da Cidade, Lisbon, 1983

Lisbonne hors les murs, 1415–1580: L'Invention du monde par les navigateurs Portugais, ed. Michel Chandeigne, Paris, 1990

Magalhães, Joaquim Romero, *The Portuguese in the Sixteenth Century*, Lisbon, 1998

Marques, A. H. de Oliviera, *History of Portugal*, vol. 1, New York, 1972

Monteiro, Saturnino, *Portuguese Sea Battles vol. 1: The First World Sea Power 1139–1521*, Lisbon, 2013

Newitt, M., *A History of Portuguese Overseas Expansion, 1400–1668*, London, 2005

Noonan, Laurence A., *John of Empoli and his Relations with Afonso de Albuquerque*, Lisbon, 1989

Oliviera e Costa, João Paul, *D. Manuel I*, Rio de Mouro, 2005

Page, Martin, *The First Global Village: How Portugal Changed the World*, Lisbon, 2002

Panikkar, K. M., *Asia and Western Dominance*, London, 1953

——, Malabar and the Portuguese, Bombay, 1929

Parry, J. H., *The Age of Reconnaissance*, London, 1966

Pearson, M. N., *The New Cambridge History of India, Part 1, Vol. 1: The Portuguese in India*, Cambridge, 1987

——, *Coastal Western India: Studies from the Portuguese Records*, Delhi, 1981

Pereira, José António Rodrìgues, *Marinha Portuguesa: Nove Séculos de História*, Lisbon, 2010

Pereira, Paulo, *Torre de Belém*, London, 2005

Peres, Damião, *História dos Descobrimentos Portuguêses*, Coimbra, 1960

Pessoa, Fernando, *Mensangem*, Lisbon, 1945

Pissara, José Virgílio Amarao, *Chaul e Diu: O Domínio do Índico*, Lisbon, 2002

Portugal, the Pathfinder: Journeys from the Medieval toward the Modern World 1300–c.1600, ed. George D. Winius, Madison, 1995

Pyne, Stephen J., 'Seeking newer worlds: an historical context for space exploration' at www. history.nasa.gov/SP-2006-4702/chapters/ chapter1.pdf

Ramos, Rui et al, *História de Portugal*, Lisbon, 2009

Randles, W. G. L., *Geography, Cartography and Nautical Science in the Renaissance: The Impact of the Great Discoveries*, Farnham, 2000

Ravenstein, E. G., *The Voyages of Diogo Cão and Bartholomeu Dias, 1482–88*, England, 2010

Rodrigues, J. N. and Devezas, T., *1509*, Famalicão, 2008

——, *Pioneers of Globalization – Why Portugal Surprised the World*, Famalicão, 2007

Rodrigues, Vítor Luís Gaspar and Oliviera e Costa, João Paulo, *Conquista de Goa 1510–1512*, Lisbon, 2008

——, *Conquista de Malaca 1511*, Lisbon, 2011

Rodrigues, Vítor Luís, 'As Companhias de Ordenança no Estado Português da Índia 1510–1580', *Oceanos Nr. 19/20 – Indo Portuguesmente*, Lisbon, CNCDP, 1994, pp. 212–18

Rogerson, Barnaby, *The Last Crusaders: East, West and the Battle for the Centre of the World*, London, 2010

Russell, Peter, *Prince Henry the 'Navigator': a Life*, New Haven, 2000

Sanceau, Elaine, *Indies Adventure*, London, 1936

——, *The Perfect Prince*, Porto, 1959

Santos, José Loureiro dos, *Ceuta 1415: A Conquista*, Lisbon, 2004

Sheriff, Abdul, *Dhow Cultures of the Indian Ocean*, London, 2010

Silva, Joaquim Candeias, *O Fundador do Estado Português da Índia – D. Francisco de Almeida*, Lisbon, 1996

Subrahmanyam, Sanjay, *The Portuguese Empire in Asia, 1500–1700: A Political and Economic History*, London, 1993

——, *The Career and Legend of Vasco da Gama*, Cambridge, 1997

Suckling, Horatio John, *Ceylon: A General Description of the Island*, London, 1876

Teixeira, André, *Fortalezas: Estado Português da India*, Lisbon, 2008

Thomaz, Luís Felipe, *De Ceuta a Timor*, Lisbon, 1994

Vasco da Gama and the Linking of Europe and Asia, ed. Anthony Disney and Emily Booth, Delhi, 2000

Villiers, Alan, *Sons of Sindbad*, London, 1940

Weinstein, Donald, *Ambassador from Venice: Pietro Pasqualigo in Lisbon, 1501*, Minneapolis, 1960

Whiteway, R. S., *The Rise of Portuguese Power in India 1497–1550*, London, 1899

【Historia歷史學堂】MU0005X

征服者：葡萄牙帝國的崛起

Conquerors:*How Portugal Forged the First Global Empire*

作　　者❖羅傑・克勞利（Roger Crowley）
譯　　者❖陸大鵬
封面設計❖許晉維
總 編 輯❖郭寶秀
排　　版❖張彩梅
校　　對❖魏秋綢
責任編輯❖林俶萍
行銷企畫❖力宏勳

事業群總經理❖謝至平
發 行 人❖何飛鵬
出　　版❖馬可孛羅文化
11563台北市南港區昆陽街16號4樓
電話：(886)2-25000888
發　　行❖屬蓋曼群島商家庭傳媒股份有限公司城邦分公司
11563台北市南港區昆陽街16號8樓
客服服務專線：(886)2-25007718；25007719
24小時傳真專線：(886)2-25001990；25001991
服務時間：週一至週五9:00～12:00；13:00～17:00
劃撥帳號：19863813 戶名：書虫股份有限公司
讀者服務信箱：service@readingclub.com.tw
香港發行所❖城邦（香港）出版集團有限公司
香港九龍九龍城土瓜灣道86號順聯工業大廈6樓A室
電話：(852) 25086231　傳真：(852) 25789337
E-mail：hkcite@biznetvigator.com
馬新發行所❖城邦（馬新）出版集團
Cite (M) Sdn Bhd
41, Jalan Radin Anum, Bandar Baru Sri Petaling,
57000 Kuala Lumpur, Malaysia
電話：(603)90563833　傳真：(603)90576622
E-mail：services@cite.com.my
輸出印刷❖中原造像股份有限公司
初版一刷❖2017年7月
二版一刷❖2025年3月
定　　價❖560元（紙書）
定　　價❖392元（電子書）
ISBN：978-626-7520-69-7（平裝）
EISBN：9786267520710（EPUB）

城邦讀書花園
www.cite.com.tw

國家圖書館出版品預行編目(CIP)資料

征服者：葡萄牙帝國的崛起 / 羅傑.克勞利(Roger Crowley)著；陸大鵬譯. -- 二版. -- 臺北市：馬可孛羅文化, 2025.03
面；　公分
譯自：Conquerors : how Portugal forged the first global empire
ISBN 978-626-7520-69-7(平裝)
1.CST: 葡萄牙史　2.CST: 帝國主義
746.21　　114001501